Nutzen und Zierde

Nutzen und Zierde
Fünfzig historische Gärten in der Schweiz

Herausgegeben von Brigitt Sigel, Catherine Waeber
und Katharina Medici-Mall

Fotografien von Heinz Dieter Finck

Scheidegger & Spiess

ICOMOS Schweiz
Arbeitsgruppe Gartendenkmalpflege

Die Publikation wurde ermöglicht durch die grosszügige Unterstützung von Kantonen, Gemeinden, Stiftungen, Firmen und privaten Geldgebern. Die umfassende Liste findet sich auf Seite 334.

Umschlagbild Vorderseite: Bois Murat, Corminbœuf;
Rückseite: Schloss Ortenstein im Domleschg

Gestaltung und Satz: Guido Widmer, Buchgestalter, Zürich
Korrektorat: Andrea Leuthold, Zürich
Lithos, Druck und Bindung: Druckerei zu Altenburg, Altenburg

Die französische Ausgabe erschien unter dem Titel «Utilité et Plaisir. 50 parcs et jardins historiques de Suisse» bei Infolio éditions, Gollion.

© 2006 Verlag Scheidegger & Spiess AG, Zürich
www.scheidegger-spiess.ch

ISBN-10: 3-85881-182-3
ISBN-13: 978-3-85881-182-0

Inhalt

- 8 Vorwort
- 11 Einführung und Dank

Die Anfänge – Schöpfungsmythos und Nutzgärten

- 16 PETER PAUL STÖCKLI
  «… den Menschen zur Lust und zur Labsal beschert»
  Die Gärten des ehemaligen Klosters Wettingen

- 22 ROSMARIE NÜESCH-GAUTSCHI
  Ora et labora trägt Früchte und Blumen
  Kloster Leiden Christi im Jakobsbad

- 26 ALBERT HAUSER
  Halb Sonne – halb Schatten
  Drei Emmentaler Bauerngärten

Nutzen und Zierde

- 34 LEZA DOSCH, ALEX JOST, BRIGITT SIGEL
  Gartenensemble auf dem Burgfelsen
  Die Anlagen von Schloss Ortenstein im Domleschg

- 39 HEINZ GRETER
  Noblesse und Nutzen
  Der Garten im «Hof» der Zurlauben in Zug

- 46 STEFAN BLANK
  Ars topiaria
  Das Sommerhaus de Vigier in Solothurn

- 50 CHRISTINE AMSLER, VERENA BEST
  Ein Aha aus dem 18. Jahrhundert
  Das Gut La Gara in Jussy

- 55 LUCREZIA HARTMANN
  Wandlungen eines Rebbergs
  Romantischer Garten ob Schaffhausen, «in einem Einfang» gelegen

Offiziere in fremden Diensten und die Gartenkunst

- 62 MARKUS BAMERT
  Der Garten als Burghof
  Die Herrenhaus-Gärten in Schwyz

- 70 JANE BIHR-DE SALIS, DIEGO GIOVANOLI
  Alpine Kostbarkeiten
  Die Salis-Gärten in Soglio

- 78 MARGHERITA AZZI VISENTINI
  Eine barocke Residenz in den Alpen
  Der Palazzo Tonatsch in Sils im Domleschg

- 82 CATHERINE WAEBER
  Ein *patte d'oie* im Freiburgerland!
  Der Garten von Schloss Barberêche

- 88 KLAUS HOLZHAUSEN
  Intime Zurückgezogenheit und grosszügige Weite
  Das Landgut Le Désert in Lausanne

95 Ausländische Bauherren und Gartenkünstler als Vermittler neuer Ideen

96 ANNE NAGEL
«Natur und Kunst liebreich untereinander vermischet»
Der Garten des Bäumlihofs in Riehen

102 DOMINIK GÜGEL
Ein vergessenes Juwel
Schloss Arenenberg bei Salenstein am Bodensee

108 MADELEINE VUILLEMIN, MARTIN KLAUSER
«Unterm Stein»
Die Weinburg bei Rheineck, der Herbstsitz
der Fürsten von Hohenzollern-Sigmaringen

114 CATHERINE WAEBER
Eine Schöpfung Achille Duchênes in der Schweiz
Das Gut Bois Murat in Corminbœuf

119 KATHARINA MEDICI-MALL
Ein Garten für einen Kunstfreund
Das Landhaus Waldbühl von M. H. Baillie Scott in Uzwil

125 Pflanzensammlungen und das wissenschaftliche Studium der Natur

126 JOSEPH CHALVERAT
Ein Naturmuseum für das 21. Jahrhundert
Der botanische Garten von Pruntrut

130 CLAUDIO FERRATA
Die Welt auf einer Insel
Der botanische Garten der Brissago-Inseln

136 ANNE VONÈCHE
Alpenflora mitten in der Stadt
Der Alpengarten von Meyrin

140 STEFFEN OSOEGAWA-ROTH
Frühe Spielarten des Historismus am Thunersee
Die Koniferen von Schloss Oberhofen

147 NADIR SUTTER
Südliches Spiel aus Licht und Schatten
zwischen Berg und See
Die Villa Favorita in Castagnola bei Lugano

155 Das Verhältnis von Garten und Landschaft – eine ästhetische Frage

156 KATIA FREY
«… einer der grossartigsten Orte»
Garten und Landschaft von Schloss Vullierens

162 ANNE-LAURE JUILLERAT
Eine Achse zum See
Die Gärten von Le Bied in Colombier

168 JACQUES BUJARD
Ein Garten über dem See
La Grande Rochette in Neuenburg

174 BRIGITTE FREI-HEITZ
O beata solitudo, o sola beatitudo
Die Ermitage in Arlesheim

182 WALTRAUD HÖRSCH
«Spazier-Gang», «Schlösslipark», «Waldkathedrale»:
Metamorphosen einer spätbarocken Alleeanlage
Der Schlössliwald bei Beromünster

186 THOMAS FREIVOGEL
Beausite und Bellevue in einem
Der Bonstetten-Park der Campagne Bellerive
in Gwatt am Thunersee

193 Gartenikonografie

194 BRIGITT SIGEL
«Auf den Bergen ist Freiheit!»
Der Garten Honnerlag in Trogen

200 HANS-CHRISTIAN STEINER
Die Wiedergeburt der Renaissance
Der Park der Villa Bellerive in Luzern

206 SAMUEL RUTISHAUSER
«Kunst und Naturgenuss»
Der Bally-Park in Schönenwerd

211 HELMI GASSER
«Du stilles Gelände am See»
Das Rütli

215 Hotelgärten

216 ANNEMARIE BUCHER
Ein gerahmtes Naturwunder
Der Park des Grandhotel Giessbach

220 MARCUS CASUTT
Ein alpiner Tummelplatz für Europas Aristokratie
Maloja, Hotel Palace, ehemals «Hôtel Maloja Kursaal»

223 PETER OMACHEN
Landschaft als Hotelpark
Die Gartenanlage und Umgebung des Hotel Paxmontana in Flüeli-Ranft

227 Villengärten

228 JUDITH ROHRER-AMBERG
Ein Ort der schönen Künste
Der Rieterpark in Zürich

234 PASCAL RUEDIN
Eine Riviera in den Alpen
Der Park von Schloss Mercier in Siders

239 KATHARINA MEDICI-MALL
Es begann mit dem Paradies
Der Garten Tössertobel in Winterthur

244 JEAN-YVES LE BARON, KLAUS HOLZHAUSEN, JOHN AUBERT
Traum vom Gesamtkunstwerk
Der Garten der Villa Eupalinos in Pully

249 Gartenkultur als Familientradition

250 PIA AMSTUTZ
Ein Refugium für Generationen
Der Garten des Oberhauses in Stans

254 EEVA RUOFF
«Hier sollten Rosen stehen»
Der Garten von Schloss Bothmar in Malans

258 CLAUDIA MOLL
Ein persönliches Stück Gartengeschichte
Der Garten der Villa Schuler in Glarus

265 Öffentliche Anlagen

266 HERMANN SCHÖPFER
Die Promenade bei den Franziskanern
Der Fischmarkt in Freiburg

269 CHRISTOF KÜBLER
Zur letzten Ruhe im «Waldesdom»
Die Waldfriedhöfe von Schaffhausen und Davos

275 LEÏLA EL-WAKIL
Die Entstehung eines Ortes
Die Quaianlagen von Genf als Landschaft

286 REGINE ABEGG
Urbane Promenaden und Aussichtstribünen
Die Seequais von Luzern, Zug und Zürich

301 Blick ins 20. Jahrhundert

302 SONJA OHLENSCHLÄGER
Abbild einer Weltanschauung in Architektur und Landschaft
Das Goetheanum in Dornach

305 ARTHUR RÜEGG
«Licht, Raum – dieses Wasser und diese Berge … damit ist das Spiel schon gewonnen!»
Le Corbusiers Garten der Petite Maison in Corseaux

308 JOHANNES STOFFLER
Die Versöhnung mit der Natur
Der Garten Hauser-Studer in Zürich

313 Anhang

314 Anmerkungen und Literaturhinweise
334 Liste der Gärten nach Kantonen
335 Donatoren
336 Bildnachweis

Vorwort

Gärten entfalten ihre ganze Schönheit erst nach einer langen Entwicklungszeit. Und sie brauchen Pflege, aufwendige Pflege! Bäume und Hecken mit ihrem Spiel von Licht und Schatten erreichen ihre raumformende Funktion erst nach Jahren eines zielgerichteten Schnitts. Die Blumenrabatten mit ihrer Blütenpracht überzeugen schneller. Sie müssen aber periodisch revitalisiert werden und zeigen sich – je nach Wetterlage – nicht immer von ihrer besten Seite. Der Rasen ist ein Dauerthema: er will gedüngt, aerifiziert und vertikütiert werden, im Sommer braucht er Wasser, im Winter muss gegen die Verfilzung und Winterfäule angekämpft werden. Mancher Bauherr legt seine ganze Energie und erhebliche Finanzen in die Komposition einer Anlage. Aber selten erlebt er sie auf dem Höhepunkt, denn er altert schneller, als sein Garten sich entwickelt.
Gärten sind lange nicht als eigenständiges Kulturgut erkannt und anerkannt worden. Als lebendige Gebilde ist ihre Form nicht statisch, sondern verändert sich ständig. Oft kann diese Form kaum mehr wahrgenommen werden, weil die Gärten ungepflegt, überwuchert oder überschüttet sind. Was dann bleibt, ist der Boden, auf dem sie wachsen. Und dieser hat unter Umständen beträchtlich an Wert gewonnen. Anders als bei musealen Kunstwerken liegt bei der «Gebrauchskunst» Architektur und Gartenarchitektur der pekuniäre Wert nicht in der Qualität des Werkes selbst, auch wenn dieses gut erhalten ist, sondern in seinem Träger, eben dem Boden.

Seit den Anfängen der Denkmalpflege hat sich das Spektrum der Schutzobjekte – immer als Folge besonderer Gefährdung – ständig erweitert. Bemühungen um die Erhaltung von Gärten reichen ins 19. Jahrhundert zurück. Zu einer anerkannten Aufgabe wurde die Erhaltung von Gärten aber erst 1975 mit dem Europäischen Jahr für Heimatschutz und Denkmalpflege. ICOMOS, der International Council on Monuments and Sites, hat damals seine Mitgliedländer aufgerufen, Listen der erhaltenswerten historischen Gärten und Parkanlagen anzulegen. Aus dem Aufruf resultierte 1980 das Buch «Historische Gärten der Schweiz» von Hans-Rudolf Heyer. Doch die Listen waren damit noch nicht geschrieben.
1992 haben wir unter einigen Fachkollegen der Landschaftsarchitektur die Idee wieder aufgenommen, die historischen Gärten und Anlagen der Schweiz in einer Liste zu erfassen. Es war klar, dass uns ein langer Weg bevorstand. Die Denkmalpflegeämter verfügten weder über personelle noch finanzielle Ressourcen, um diese noch weitgehend unerforschten Zeugen der Vergangenheit zu inventarisieren. Wir haben deshalb innerhalb von ICOMOS Schweiz die

«Arbeitsgruppe Gartendenkmalpflege» gegründet. Eine ihrer Aufgaben sollte die «ICOMOS-Liste historischer Gärten und Anlagen der Schweiz» sein, die man weitgehend in ehrenamtlicher Arbeit zu erstellen gedachte.

Bis 1995 haben wir die Methodik erarbeitet: Die Objekte werden durch Begehung vor Ort entdeckt, aber nicht betreten. Ein Foto zeigt eine spezifische Situation, sei es die umfassende Mauer, ein Tor oder einen von aussen einsehbaren Ausschnitt des Gartens. Mit Hilfe einer Stichwortsammlung auf dem Fangblatt können weitere Informationen festgehalten und durch eigene Bemerkungen ergänzt werden. Die Liste umfasst oft nicht viel mehr als die Adresse des Objektes. Ein wissenschaftlicher Anspruch konnte und wollte nicht erhoben werden.

Ab 1995 begannen im Kanton Aargau die ersten Aufnahmen als Pilotprojekt. Mit Landschaftsarchitekten und Vertretern verwandter Berufe aus Beschäftigungsprogrammen konnten in anderen Kantonen weitere Erfahrungen gemacht werden. Bereits 1998 wurde im Thurgau die erste abgeschlossene Liste feierlich dem zuständigen Regierungsrat überreicht. 1999 folgte der Aargau und im Jahr 2000 wurden die Listen der Kantone Schaffhausen, St. Gallen und Zug fertig gestellt. Bis 2006 sind auch die Gärten der Kantone Appenzell Innerrhoden und Appenzell Ausserrhoden, Basel Stadt und Basel Landschaft, Freiburg, Genf, Glarus, Graubünden, Luzern, Neuenburg, Obwalden, Schwyz, Tessin und Zürich fertig erfasst. Neu konnten die Aufnahmen in den Kantonen Bern und Jura in Angriff genommen werden. Das Bundesamt für Kultur unterstützt unsere Arbeit massgeblich. Von Anfang an konnten wir auch auf die Hilfe des BSLA (Bund Schweizer Landschaftsarchitekten und Landschaftsarchitektinnen) zählen. Trotzdem wird es noch weitere Jahre in Anspruch nehmen, bis die Erfassung in den acht verbliebenen Kantonen abgeschlossen ist.

Die Listen werden an die Gemeinden, die kantonalen Denkmalpflege- und Planungsämter, die Sektionen des Schweizer Heimatschutzes, das Bundesamt für Kultur und das Archiv für Schweizer Landschaftsarchitektur in Rapperswil übergeben. Sie haben keinen Rechtscharakter. Einzig die Stadt Zürich besitzt seit 1989 ein vom Stadtrat abgesegnetes, rechtsgültiges Inventar der Gartendenkmale! Dennoch werden diese Listen als «Adresskartei für potenziell schützenswerte Gärten» in den Alltag der Denkmalpflege- und Planungsämter übergehen. Bei Baugesuchen oder Strassenbauvorhaben informiert ein rascher Blick in die Kartei, ob nur ein Baudenkmal oder auch ein Garten betroffen ist. Eine Begehung des Objektes oder ein Gutachten wird in solchen Fällen abklären müssen, ob es sich um ein schützwürdiges Objekt handelt. Es liegt an jedem Kanton, die Listen über den Einzelfall hinaus inhaltlich so zu verdichten, dass sie zu einem Rechtsinstrument werden.

Dass heute 18 Kantonslisten nach über zehn Jahren intensiver Arbeit vorliegen, ist an sich ein grosser Erfolg. Die Vielfalt, Schönheit und die Anzahl der noch erhaltenen historischen Gärten hat auch die Bearbeiter immer wieder überrascht.

Von Anfang an haben wir beabsichtigt, einen Ausschnitt davon der Fachwelt und einer interessierten Öffentlichkeit in einem Buch darzustellen. Entstanden ist ein reich bebilderter Band, in dem 44 Gärten und sechs Objektgruppen vorgestellt werden, die zeigen, dass jeder Garten eine eigenständige Schöpfung ist. Seine Eigenheiten gewinnt er durch den Bauherrn und den Gestalter, aufgrund seiner Entstehungszeit, Lage, Exposition und weiterer, ganz unterschiedlicher Einflüsse und natürlich aufgrund seiner Pflege.

Jeder Garten ist ein Individuum. Deshalb wird auch jeder Garten mit einer eigenen kleinen Monografie vorgestellt. Dass dieses Buch unter Mitwirkung namhafter Autorinnen und Autoren geschaffen werden konnte, ist der unermüdlichen Arbeit der Herausgeberinnen Brigitt

Sigel, Katharina Medici-Mall und Catherine Waeber zu verdanken! Ohne sie wäre es nicht möglich gewesen, die Gartenschätze der Schweiz in dieser konzentrierten Weise vorzulegen. Die hier vorgestellten Gärten mögen das Verständnis für die vielfältigen Aspekte der Gartenkultur wecken. Sie sollen aber auch darauf aufmerksam machen, dass nicht nur die bekannten historischen Anlagen mit touristischer Qualität erhaltenswert sind, sondern dass es eine Vielzahl von öffentlichen und privaten Anlagen, von weniger bekannten bis hin zu unspektakulären Gärten gibt, die das Spektrum der Schweizer Gartenkultur ausmachen. Sie alle gilt es zu würdigen, wozu das Buch eine wichtige Voraussetzung schafft.

Gärten bedürfen auch einer geistigen Pflege, die ein massgebliches Moment für die am Anfang erwähnte volle Entfaltung ihrer Schönheit ist. Denn ebenso wenig wie die Gärten selbst statisch sind, ist ihre Betrachtung eine statische. Die Auseinandersetzung des Bauherrn mit seinem Garten ist häufig eine emotionale, intuitive und damit ganz selbstverständliche, mitnichten aufwendige. Er begleitet den Garten und freut sich an seiner stetigen Verwandlung und Entwicklung. Das Nichterleben seiner «vollen Blüte» ist somit nicht Verlust, sondern Geschenk.

Ich wünsche Ihnen – geschätzte Leserin, geschätzter Leser – eine vergnügte Lektüre und manch erholsamen Spaziergang in einer der von Ihnen für einen Besuch ausgewählten Gartenschöpfungen!

GUIDO HAGER
Projektleiter ICOMOS-Liste historischer Gärten
und Anlagen der Schweiz

Einführung und Dank

Dreissig Jahre ist es her, seit in der Schweiz die erste grosse Publikation zum Thema Garten erschienen ist: «Bauerngärten der Schweiz. Ursprünge, Entwicklung und Bedeutung» von Albert Hauser. Für den Ordinarius für Geschichte und Soziologie der Land- und Forstwirtschaft an der ETH Zürich war das Thema nahe liegend und verlockend, verfügte doch die Schweiz damals über eine immer noch vitale bäuerliche Gartentradition. Deshalb erstaunt es nicht, dass diese Publikation schon in den 1970er Jahren, als in unseren Nachbarländern erst allmählich fürstliche Lustgärten ins Blickfeld der Forschung rückten, einen Verleger und eine grosse Leserschaft gefunden hat.
George Ordish beschreibt in seinem Buch «Geschichte eines Gartens» (englische Originalausgabe von 1985: «The Living Garden»), wie Pflanzen und gestalterische Ideen aus herrschaftlichen Anlagen in die Gärten der Bauern, Taglöhner und Arbeiter gewandert sind. Zu allen Zeiten haben Gärtner ihrer Herrschaft seltene Blumen entwendet und in die Gärten ihrer Mütter und Liebsten geschmuggelt, oder ein reicher Bauer hat für seine Braut einen kleinen Garten nach herrschaftlichem Vorbild angelegt. Albert Hauser zeigt diesen Weg ebenfalls auf, indem er den Bauerngarten in die allgemeine Entwicklung seit der römischen Zeit einbettet. Auf diese Weise ist gleichzeitig eine Geschichte der Gartenkultur in der Schweiz entstanden, bei der sich der kulturgeschichtliche und sozioökonomische Ansatz des Historikers als besonders ergiebig erwies, denn er zeigt, dass die Vereinigung von Nutzen und Zierde, die wir spontan im traditionellen Bauerngarten suchen, schon das patrizische und bürgerliche Vorbild prägte.
Nur vier Jahre nach Albert Hausers Publikation veröffentlichte der Kunsthistoriker Hans-Rudolf Heyer das grundlegende Werk «Historische Gärten der Schweiz. Die Entwicklung vom Mittelalter bis zur Gegenwart». Dieser Darstellung verdanken wir Einblicke in die stilgeschichtliche Entwicklung und deren geistesgeschichtliche Voraussetzungen. Der Autor führt uns zudem ein breites typologisches Spektrum vor Augen: Nutz- und Ziergärten als Teil der Wohnkultur, öffentliche Parkanlagen, botanische Gärten, Friedhöfe, Tiergärten, auch städtebauliche Aspekte, Schrebergärten oder Gartenausstellungen.
Viele Themen, die uns heute interessieren, sind bereits angeschnitten, etwa die ausländischen Einflüsse, die durch die internationalen Beziehungen der Botaniker, das Söldnerwesen oder ausländische Bauherren und Gestalter in die Schweiz gelangten. Auch die Frage nach typisch schweizerischen Errungenschaften der Gartenkultur, wie man sie etwa in den öffentlichen Parkanlagen an Seeufern erkennen kann, wird gestellt.

In der vorliegenden Publikation geht es um heute noch existierende Gärten, und zwar Gärten im eigentlichen Sinn: zu einem Wohnhaus gehörende, von einer Einfriedung umgebene und mit Pflanzen gestaltete Freiräume. Ausserdem sind auch Friedhöfe, öffentliche Anlagen und Hotelgärten berücksichtigt. Neben kaum bekannten und neu entdeckten Objekten wurde altbekannten Protagonisten unserer Gartenkultur ebenfalls ein Platz eingeräumt aus der Überzeugung, dass die monografische Untersuchung, bei der auch Pläne, Karten, alte Abbildungen, schriftliche Quellen und gartentheoretische Werke beigezogen werden, zu neuen Einsichten führt. Zur vertieften Auseinandersetzung mit den individuellen Besonderheiten und gestalterischen Qualitäten der Anlagen tragen die aktuellen, nach den Vorgaben der Autoren gemachten Fotografien wesentlich bei.

Aus den vielen Gartenporträts aus allen Kantonen ist ein Kaleidoskop der Gartenkultur in der Schweiz entstanden, aus dem sich drei, vielen Objekten gemeinsame Eigenarten herausschälen lassen. Die Wichtigste hat der Publikation ihren Titel gegeben: Nutzen und Zierde. Der reine Ziergarten ist die Ausnahme, in der Regel hatte ein Garten beiden Funktionen gerecht zu werden. Selbst im 20. Jahrhundert, als längst kein Zwang mehr zur Selbstversorgung bestand, gehörte zum städtischen Villengarten ein oft kunstvoll gestalteter Nutzgarten. Als zweite Eigenart kann die Beziehung zur Landschaft genannt werden, die in unseren Gärten seit dem 17. Jahrhundert in unzähligen Varianten inszeniert wurde, die auch einen Fachmann wie Christian C. L. Hirschfeld begeistert haben. Die Seen- und Voralpenlandschaften und die Ausblicke auf die Alpen waren dann Anlass für eine weitere Besonderheit, nämlich die zahlreichen dem Tourismus dienenden Gartenräume, zu denen auch die städtischen Anlagen an den Seeufern zählen.

Da die bunte Vielfalt des Gartenerbes im Vordergrund steht, haben wir uns für eine Gliederung nach thematischen Gesichtspunkten entschieden. Diese soll in erster Linie einer abwechslungsreichen Lektüre dienen und wissenschaftlich nicht zu ernst genommen werden. Jeder Garten hat viele Facetten und könnte häufig auch einem anderen Kapitel zugeordnet werden. Der zeitliche Rahmen spannt sich vom 17. bis in die erste Hälfte des 20. Jahrhunderts. Waren es ursprünglich Architekten oder Baumeister, die zusammen mit den Gärtnern die Anlagen gestalteten, so übernahmen im 19. Jahrhundert Gartenkünstler oder Kunstgärtner diese Aufgabe. Nach der Phase des Architekturgartenstils um 1900, in der wieder Architekten den Ton angaben, begann sich 1925 mit der Gründung des Bundes Schweizerischer Gartengestalter (BSG) ein spezialisierter Berufsstand zu etablieren. Gleichzeitig öffnete sich das traditionelle Tätigkeitsfeld. Neue Aufgaben wie die Freiraumgestaltung in Wohnsiedlungen, städtische Freiräume, halböffentliche Anlagen bei Schulhäusern, Spitälern oder Verwaltungsgebäuden und Firmen, Sportplätze, Schwimmbäder sowie Autobahnbegrünungen und Ähnliches kamen hinzu. Diese Entwicklung, obwohl auch bereits Geschichte, ist in diesem Band nicht berücksichtigt. Vielleicht unternehmen die Jungen unter unseren Autoren, denen diese Aspekte in unserem Konzept fehlten, bald einmal eine Darstellung der Schweizer Gartenkultur des 20. Jahrhunderts.

Doch bevor an Neues gedacht wird, muss der Dank für das Vorliegende ausgesprochen werden. Beginnen wir mit den Gartenbesitzerinnen und Gartenbesitzern, die uns bereitwillig ihre Tore geöffnet haben und ohne deren Einverständnis das Buch nicht entstanden wäre. An zweiter Stelle sind die 51 Autorinnen und Autoren sowie der Fotograf Heinz Dieter Finck zu nennen, die sich auf dieses Unternehmen eingelassen haben, sich von den Gärten begeistern liessen und viele neue Erkenntnisse zusammengetragen haben. Gedankt sei ihnen auch dafür, dass sie gewisse Hartnäckigkeiten der Herausgeberinnen ertragen haben und deren Forderungen zu erfüllen versuchten.

Wir freuen uns, dass das Buch in einer deutschen und einer französischen Ausgabe erscheinen kann, und hoffen, dass eine der beiden auch unter den sprachgewandten Tessinern ihre Leser finden wird. Den deutschen Übersetzern Jutta Orth und Tobias Scheffel sei für ihre Arbeit herzlich gedankt.
Für fachliche Hilfe, die Übersetzungen aus dem Italienischen, die Mitarbeit bei redaktionellen Arbeiten und beim Fahnenlesen, aber auch für die Unterstützung auf «Nebenschauplätzen» sowie Anteilnahme und Aufmunterung haben wir folgenden Personen zu danken: Jost Albert, Ivan Andrey, Walter Bersorger, Brigitte Frei-Heitz, Georg Germann, Josef Grünenfelder, Lucrezia Hartmann, Erik A. de Jong, Tullio C. Medici, Claudia Moll, Laurence Mugny, Erika Schmidt, Beat Sigel, Peter P. Stöckli, Michel Waeber.
Ein ganz grosser Dank geht an die Geldgeber, die das Projekt zum Teil von Anfang an, als es noch kaum Konturen hatte, aber auch noch in letzter Minute grosszügig unterstützt haben. In diesem Zusammenhang seien auch die Kolleginnen und Kollegen der Denkmalpflegeämter genannt, die nicht nur bei der Suche nach geeigneten Objekten, sondern auch als Fürsprecher bei den kantonalen Geldgebern behilflich waren. Caroline Trebing vom ICOMOS-Sekretariat verdanken wir die routinierte Betreuung der Bankgeschäfte.
Der grösste Dank gebührt unserem Verleger Heiner Spiess. Er hat dem Projekt zu einem Zeitpunkt eine verlegerische Heimat gegeben, als sehr vieles noch offen war. Seine Ratschläge und sein zunehmendes Interesse an den Gärten selbst haben die Entstehung der Publikation begleitet und beeinflusst. Ihm verdanken wir auch die Einsicht, dass nicht ein gemischtsprachliches Buch, sondern nur eine deutsche und eine französische Ausgabe die Leser in beiden Sprachregionen erreichen wird. Er machte uns Mut zu diesem Schritt und setzte sich erfolgreich für Kosteneinsparungen ein, damit der zusätzliche Aufwand finanziert werden konnte. Dank seinem grossen Beziehungsnetz konnte in Frédéric Rossi von Infolio éditions ein welscher Verleger gefunden und für das Projekt gewonnen werden. Heiner Spiess hat das Erscheinen des Buches leider nicht mehr erlebt. Durch seinen plötzlichen Tod haben wir einen engagierten Verleger und einen feinen, liebenswürdigen Menschen verloren.
Dank der Lektorin Monique Zumbrunn und dem Gestalter Guido Widmer konnte die Buchherstellung mit grosser Professionalität weitergeführt werden. Für den Einsatz und die schöne, kollegiale Zusammenarbeit sei ihnen ganz herzlich gedankt. In unseren Dank sind auch die Korrektorin Andrea Leuthold und Patrick Schneebeli eingeschlossen, der die vertriebliche Seite betreut.

Ein letzter Dank geht an die Gärtner und Gärtnerinnen – die einstigen Herrschaftsgärtner, die heutigen «Familienbetriebe», die Gartenbaufirmen und kommunalen Gartenbauämter. Ihrer fachmännisch engagierten Pflege verdanken wir die grosse Zahl noch erhaltener historischer Gärten.

Brigitt Sigel
Katharina Medici-Mall
Catherine Waeber

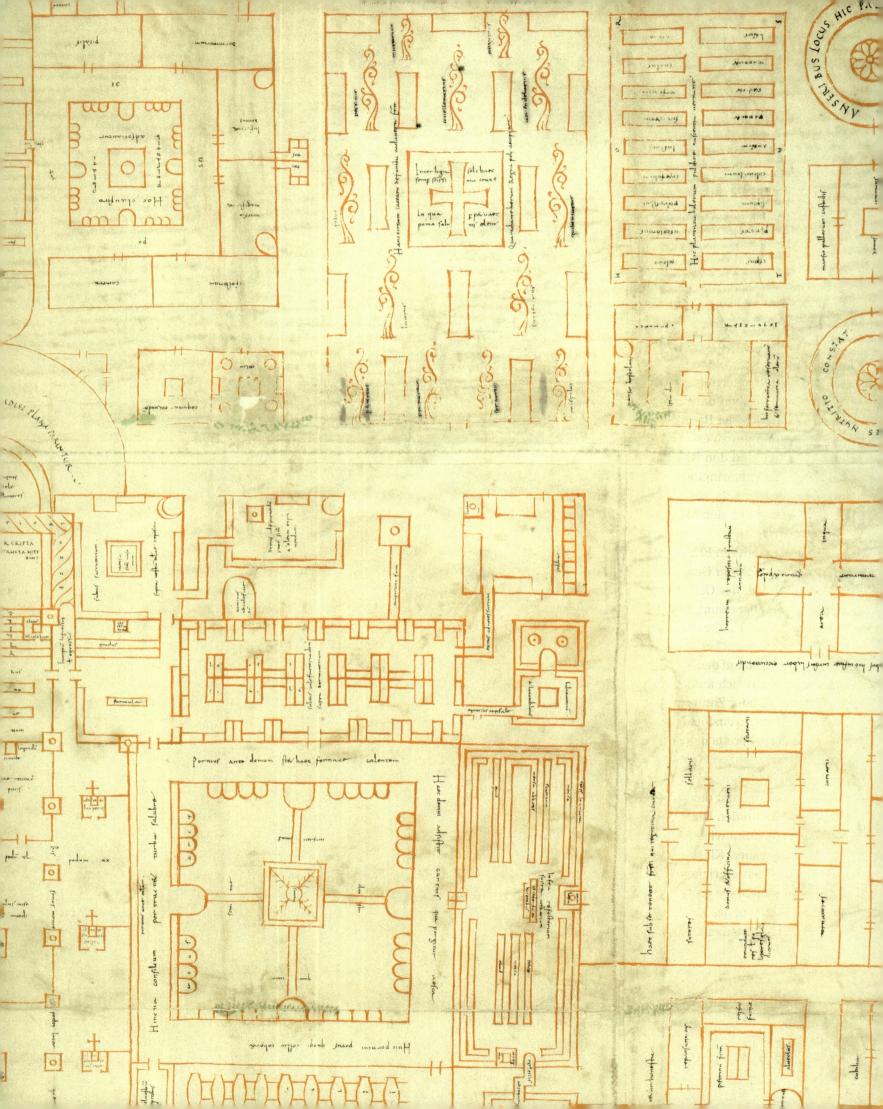

Die Anfänge – Schöpfungsmythos und Nutzgärten

Noch waren die Pflanzen und Tiere nicht erschaffen, als Gott den Menschen bildete und ihm Leben einhauchte. «Dann pflanzte Gott der Herr einen Garten in Eden gegen Osten und setzte den Menschen darein, den er gebildet hatte. Und Gott der Herr liess allerlei Bäume aus der Erde wachsen, lieblich anzusehen und gut zu essen, und den Baum des Lebens mitten im Garten, und den Baum der Erkenntnis des Guten und des Bösen. Es entspringt aber ein Strom in Eden, den Garten zu bewässern; von da aus teilt er sich in vier Arme: [...] Und Gott der Herr nahm den Menschen und setzte ihn in den Garten Eden [...].»
Nach dieser «anderen Erzählung von der Schöpfung», die uns im zweiten Kapitel der Genesis mitgeteilt wird, war am Anfang der Garten Eden, der Garten der Wonne. Dieser Ort war vom übrigen Land abgetrennt, denn «Paradies» – der Untertitel der Kapitelüberschrift – bezeichnete in den verschiedenen altorientalischen Sprachen Umzäunung oder Umwallung und wurde dann auch auf den eingefriedeten Ort selbst übertragen. Nicht anders hat sich aus dem indoeuropäischen Wortstamm für Flechtwerk oder Zaun der Begriff Garten entwickelt.
Der umfriedete, kreuzförmig gegliederte Garten mit betonter Mitte existierte bereits in Mesopotamien, dann in Persien und im Vorderen Orient, von wo er nach Rom gelangte. Auch hier nutzte man die Möglichkeiten dieses Schemas und machte aus dem Atriumhaus und dem begrünten Innenhof eine gestalterische Einheit. In den islamischen Gärten wurden diese Möglichkeiten souverän weiterentwickelt.
In den christlichen Klöstern, die sich häufig in verlassenen römischen Villen einrichteten oder auf deren Fundamenten weiterbauten, lebt die gestalterische Klarheit des antiken Vorbildes im Innenhof des Kreuzgangs weiter, doch wird aus dem irdischen Lustgarten ein himmlischer Garten der Wonne. Vier Wegachsen symbolisieren auf dem St. Galler Klosterplan die vier Flüsse des Paradieses, an die Stelle des zentralen Lebensstroms ist der Baum des Lebens getreten. «Immergrün heisst», nach Gregor dem Grossen, «was nicht durch Vergänglichkeit dahinwelkt.» In südlichen Klöstern trifft man deshalb an dieser Stelle auf die Zypresse, nördlich der Alpen musste sich der Autor des Plans mit einem Stinkwacholder («sauina»: *Juniperus sabina*) zufrieden geben.
Die Geburtsstunde des irdischen Gartens fiel mit dem Sesshaftwerden unserer Vorfahren in der Jungsteinzeit zusammen. Die Entdeckung, dass man eine Erbse nicht nur essen, sondern auch in den Boden stecken kann und sie dann viele Erbsen produziert, hat das Leben grundlegend verändert. Dank der Fähigkeit, Pflanzen zu kultivieren, wurde der Mensch unabhängig vom zufälligen Angebot der Natur.
«Mit Mühsal sollst du dich von ihm [dem Boden] ernähren dein Leben lang. Dornen und Disteln soll er dir tragen», wurde dem Menschen bei der Vertreibung aus dem Paradies angedroht. Die harte Arbeit des Jätens, die Trauer über einen zerstörerischen Hagelschlag oder den Ärger über die allgegenwärtigen Schnecken – wer kennt sie nicht, diese «Mühsal» des Gartens.
Und trotzdem ist der Garten auch für den Gärtner mehr als ein Ort mühseliger Arbeit, immer ist er auch ein Ort der Wonne und der Erbauung. «Und Gott der Herr nahm den Menschen und setzte ihn in den Garten Eden, dass er ihn bebaue und bewahre.» Auch im Paradies wurde gegärtnert, und dass diese Tätigkeit Lust bedeutet, diese Gewissheit hat der Mensch wohl mitgenommen, als er aus dem Paradies vertrieben wurde.

Brigitt Sigel

«...den Menschen zur Lust und zur Labsal beschert»

Die Gärten des ehemaligen Klosters Wettingen

PETER PAUL STÖCKLI

«Beim Einzug ins Kloster im kalten November 1846 ahnte niemand, welch köstlicher Schatz hier noch verborgen lag. Als es aber Frühling wurde, die Vögel zu singen begannen und das Gras sprosste, welche Lust war es, aus den kalten, moderluftigen Klostergängen mit ihren kalten Stein- und Kachelböden hinaus in den wonnevollen Klostergarten zu treten. Wer spricht nicht vom französischen Gartenstil Le Nôtre, wie er sich von Versailles nach den deutschen und österreichischen Höfen Sanssouci, Schönbrunn, Schwetzingen etc. übertrug, und von den englischen Gärten, welche die Natur zu überbieten trachten. Aber wer kennt und wer spricht von den Klostergärten, ihrem Stil und ihren Reizen? Und doch, welch köstliches Cachet hatte gerade der Wettinger Klostergarten vor jenen voraus. Man kann sein unterscheidendes Merkmal gegenüber den Barock- und englischen Gärten darin erblicken, dass der Wettinger Klostergarten die Natur weder korrigieren noch überbieten will, sich aber auch nicht mit schönen Veduten, Baumgruppen, Blumenparkets, Verdüren, Chalets und Springbrunnen allein begnügt, sondern aus dem *Vollen der Natur* schöpft und neben ihrer Blätter- und Blütenpracht auch ihre Früchte nicht vergisst, wie sie der Frühling, der Sommer und der Herbst so rasch aufeinander und in so wunderbarer Abwechslung, Fülle und Güte den Menschen zur Lust und zur Labsal beschert.»[1]

Das Kloster und seine kulturgeschichtliche Bedeutung

Das Zisterzienserkloster Wettingen befindet sich am rechten Ufer der Limmat oberhalb der alten Tagsatzungsstadt Baden, auf einer vom Fluss gebildeten Halbinsel. ▸1 Hier entstand durch das über 700-jährige Wirken der Zisterziensermönche ein Kloster mit Mauern und Toren, mit Sakral- und Profanbauten, mit Werkstätten und Verwaltungsgebäuden, mit landwirtschaftlichen Einrichtungen und mit einem grossen Spektrum von Gärten und Freiräumen auf einer Fläche von rund 87 000 Quadratmetern.[2] Das Kloster Marisstella – Meerstern – wurde im Jahre 1227 vom Mutterkloster Salem bei Überlingen am Bodensee gegründet. Sein Name weist auf die Gründungslegende hin, nach der Graf Heinrich II. Wandelber von Rapperswil an dieser Stelle durch einen Stern an sein Gelübde erinnert wurde, zum Dank für seine Errettung aus Seenot ein Kloster zu gründen. Sein Versprechen einlösend stellte Heinrich II. Grundbesitz und Rechte als Stiftungsgut zur Verfügung. Nach 1803 kam das Kloster mit der Grafschaft Baden zum neu geschaffenen Kanton Aargau. 1841 erfolgte gemäss Beschluss des Kantonsparlaments die Aufhebung aller Klöster, die Auflösung und Vertreibung der klösterlichen Gemeinschaften und die Konfiskation sämtlicher Güter. Das alte Kloster Wettingen und

1 Ansicht der Klosterhalbinsel von Süden. Im Vordergrund die Holzbrücke des Flussübergangs über die Limmat, vor 1930.
Eidgenössisches Archiv für Denkmalpflege, Bern.

damit auch grosse Teile der Limmathalbinsel befinden sich heute im Besitz des Kantons Aargau und beherbergen eine Kantonsschule.

Die Wettinger Zisterzienser zeichneten sich aus durch eigene Druckerzeugnisse, durch die Führung einer Klosterschule und durch eine reiche Musik- und Theaterkultur. Bekanntester Vertreter dieser Musikkultur ist zweifellos P. Alberich Zwyssig, der Komponist des Schweizerpsalms. Wie alle Klöster leistete Wettingen auch wichtige Beiträge zur wirtschaftlichen Entwicklung seines Territoriums. Dazu gehörten der Weinbau, der Getreidebau mit der klösterlichen Mühle und die Bewässerungstechnik. Auch der Obstbau ist zu erwähnen; eine Mostbirnensorte, die «Wettinger Holzbirne», gehörte bis ins 20. Jahrhundert zu den bestbekannten Sorten der Schweiz. Mit dem Obstbau, der wie der Weinbau bis im 19. Jahrhundert ein Bereich der Gartenkultur war, sind auch die Gärten auf der Klosterhalbinsel angesprochen.

Gartengeschichte des Klosters Wettingen

Ein Abschnitt aus der Regel des heiligen Benedikt von Nursia (480–555), die auch für die Zisterzienser verbindlich ist, verdeutlicht die Stellung des Gartens im Mikrokosmos des Klosters: «[...] wenn immer möglich, soll das Kloster so angelegt sein, dass alles Notwendige, das heisst Wasser, Mühle, Garten und Werkstätten, in denen die verschiedenen Handwerke ausgeübt werden, innerhalb der Klostermauern sich befinde [...].»[3] Schon der St. Galler Klosterplan von ca. 820 zeigt nicht nur einen, sondern mehrere Gärten, wie sie für das Leben im Kloster unabdingbar sind. Auch das Kloster Wettingen weist eine ganze Reihe bis heute erhaltene Gärten, Platzanlagen und Höfe auf: innerer und äusserer Küchengarten, Vorplatz Klosterkirche, Vorhof Abtei (Hof des Zwyssigdenkmals), Abteihof, Marstallhof (heute Gärtnerei). Nicht mehr oder nur noch in Fragmenten vorhanden sind der Konversenfriedhof, der Garten der Weberei, die Gärten der Verwaltungsbauten (Kanzlerhaus, Doktorhaus, Fahrhaus), das Inseli

Peter Paul Stöckli: Kloster Wettingen

und die Nusshalde. Die bedeutendsten unter den erhaltenen Gartenanlagen und zugleich die bedeutungsvollsten sind der Kreuzganggarten, der Abtgarten und der Konventgarten, die uns im Folgenden beschäftigen werden.

Die Gärten im Kloster sind nicht nur Arbeitsorte, sondern auch Orte der Spiritualität und der Erholung. Sie dienen dem Körper und der Seele und sind gleicherweise Geschöpf und Zeugnis von Gottes Schöpfung. Gerade für die Zisterzienser mit ihrer starken Bindung an den Boden, die Pflanze und die damit verbundene Arbeit war der Garten mehr als eine künstlerische Gestaltungsaufgabe. Dies bezeugt das Kloster Wettingen bis zu seiner Aufhebung im Jahre 1841, und dies bezeugen seine Gärten noch heute.

Bis ins frühe 19. Jahrhundert blieben diese Gärten und Freiräume ohne wesentliche bauliche Veränderungen, so wie Merian sie 1623 erstmals gezeigt hat – bescheiden und beinahe noch mittelalterlich anmutend.[4] Obwohl das Kloster sich seit 1803 in einer politisch zunehmend prekären Situation befand, entschloss sich der Konvent zwischen 1821 und 1840 zu einer letzten grossen Baukampagne. Diese umfasste die Restaurierung der Klosterkirche, den Neubau der grossen Klosterscheune (heute Löwenscheune), vor allem aber die Neugestaltung des Konventgartens. Damit zeigten sich Abt und Konvent in eindrücklicher Weise dem Wahlspruch ihres Klosters verpflichtet: Non mergor – ich gehe nicht unter! Zudem bewiesen sie ihre Aufgeschlossenheit gegenüber neuen Ideen, denn um 1830 war ein landschaftlich gestalteter Garten in der Schweiz noch eine Seltenheit. Und noch bemerkenswerter ist es, dass er von Abt und Konvent eines Zisterzienserklosters in Auftrag gegeben wurde, steht doch der Landschaftsgarten für die Aufklärung, für die Überwindung von alten Traditionen und gesellschaftlichen Normen. ▸ 2

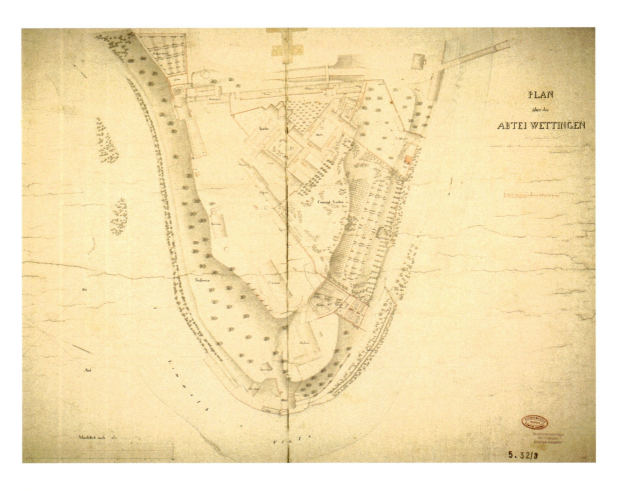

2 Gesamtplan Klosterhalbinsel. Kolorierte Federzeichnung von Adolf Frei von Knonau, 1845. Archiv Abteilung Hochbau, Aarau.

Die Anfänge – Schöpfungsmythos und Nutzgärten

3 Der Kreuzganggarten, mit dem seit 1720 nachgewiesenen Rundweg sowie einem Wasserbecken und einem Nadelbaum, die auf eine Konzeption von 1901 zurückgehen.

4 Der Gnädige-Herren-Garten (Abtgarten).

Der Kreuzganggarten

Dem Garten des Kreuzgangs kommt in jeder Klosteranlage eine zentrale Bedeutung zu. Der Kreuzgang ist nicht nur Verbindungsgang aller Regularräume, sondern vor allem Ort der Stille, der Sammlung, der Lesungen und zahlreicher religiöser Übungen der ganzen Klostergemeinschaft. ▶3 Der Kreuzganggarten ist der erste und damit älteste Garten des Klosters. Der St. Galler Klosterplan zeigt ihn als quadratischen, von Arkaden umgebenen Hof, dessen Fläche durch ein Wegkreuz gegliedert ist. Die Wege führen an allen vier Seiten auf die grossen Mittelöffnungen zu und schaffen so eine Verknüpfung zwischen Architektur und Freiraum. Wolfgang Sörrensen hält deshalb fest, «dass ein Kreuzgang der erste wirkliche Ziergarten […] war.»[5] Im Schnittpunkt der Achsen erhebt sich ein Baum, dessen Art und Bedeutung nach wie vor Gegenstand von wissenschaftlichen Diskussionen ist.[6] Auch die frühen Pläne und Ansichten des Klosters Wettingen zeigen den Baum im Zentrum des Kreuzganggartens. Dem heutigen Rundweg begegnen wir erstmals auf einer Ansicht von 1720. Das Wasserbecken wurde um 1901 eingefügt, vorher führte ein teilweise offener Zweigkanal der Klosterwasserleitung durch den Kreuzganggarten. Die gegenwärtige Gestaltung mit Rosen und dem grossen Nadelgehölz (heute eine Eibe) stammt konzeptionell aus der gleichen Zeit wie das Wasserbassin. Der Kreuzganggarten wurde 1995–1996 restauriert.

Der Gnädige-Herren-Garten

Der kleine, allseitig mit Mauern umfriedete Garten der Äbte mit seinem zweigeschossigen Gartenhaus von 1726 entstand als Erweiterung des ursprünglichen Klausurbereichs. ▶4 Er war Sommerfrische der Äbte und diente dem Empfang von Gästen. Der Garten erstreckt sich über drei zur Limmat abfallende Terrassen, die auf Stützmauern liegen und von einem zentralen Treppenlauf erschlossen werden. Ein Springbrunnen, Zierbeete, Kübelpflanzen und Spalierobst gehörten zur Ausstattung dieses kleinen, aber reizvoll angelegten Terrassengartens.

Peter Paul Stöckli: Kloster Wettingen

5 Der Gemüsegarten in Form eines Hippodroms auf der zweiten Terrasse des Konventgartens.

Arnold Keller sah in ihm «das Sanssouci des kunstliebenden Abtes Peter III.».[7] Während die murale Struktur und der Springbrunnen weitgehend überlebt haben, sind die Treppen, die Binnengliederung und die ganze pflanzliche Ausstattung nach 1845 verloren gegangen. Im Jahre 2006 soll die Bepflanzung jedoch wiederhergestellt werden. Grundlage dafür sind Befunde, der Geometerplan von 1845 und schriftliche Zeugnisse. Der Abtgarten zeichnet sich dadurch aus, dass er die räumliche Struktur des 18. Jahrhunderts unverändert behalten hat – ganz im Gegensatz zum Konventgarten.

Der Konventgarten

Die ersten bekannten Abbildungen datieren aus dem 17. und 18. Jahrhundert. Dieser grösste Garten beginnt an den Südfassaden der Kernbauten des Klosters und fällt in drei natürlichen Terrassen zur Limmat ab. Er diente der Erholung, dem Gespräch und der stillen Kontemplation der Konventualen und wurde dementsprechend mit schattigen Alleen, Sitzplätzen und Pavillons ausgestattet, beherbergte aber gleichzeitig auch Obstbäume, Weinreben und Gemüsekulturen. Diese Tradition der gleichzeitigen Kultivierung von Zier- und Nutzpflanzen – das Schöpfen aus dem «Vollen der Natur»[8] – innerhalb der gleichen Anlage wird ununterbrochen bis zum heutigen Tag weitergepflegt. Ganz im Sinne der zisterziensischen Hortikultur dienen die Gärten des Klosters Wettingen seit 2003 auch als Sortengarten der Schweizerischen Stiftung Pro Specie Rara, deren Ziel die Erhaltung, Produktion und Nutzung gefährdeter historischer Nutz- und Zierpflanzen, Obstgehölze und Nutztiere ist. Wenige Jahre vor der Aufhebung des Klosters, zwischen 1835 und 1840, wurde der Konventgarten grundlegend im Stil des Landschaftsgartens umgestaltet und erfuhr sogleich grosse Beachtung. Dominikus Willi, Abt des Klosters Marienstatt, berichtet in seiner Beschreibung von 1894, dass der Garten «eine Zierde» des Klosters bildete, «aber auch eine Gefahr für die Stille desselben, weil zum grossen Verdruss des Convents der Zutritt […] den männlichen Badegästen des nahen Badens allzu leicht gestattet wurde». Er schreibt weiter, dass der «ganze Garten […] kurz vor der Aufhebung des Klosters mit erheblichen Kosten von tüchtigen Gärtnern neu eingeteilt [wurde]».[9]

Wer waren die «tüchtigen Gärtner»? Leider kennen wir die Namen noch nicht. Überraschend und unübersehbar ist jedoch die Verwandtschaft mit zeitgleichen Entwürfen von Peter Joseph Lenné. Dies gilt für die Pflanzenverwendung, den Einsatz und die Anordnung von formalen und freien Gehölzgruppen für die Raumbildung, die Inszenierung von Blickachsen und die sorgfältige und grosszügige Behandlung des Reliefs. Dies gilt aber ganz besonders für das grösste und eindrücklichste Element des Konventgartens, den als Hippodrom gestalteten Gemüsegarten auf der mittleren Terrasse. ▸5 Ab 1825 wird der Hippodrom von Lenné in zahlreichen Entwürfen eingesetzt. Im Entwurf für die Russische Kolonie in Potsdam (1828) und den Garten beim Palais des Prinzen Albrecht (1830) wird der Hippodrom erstmals für den Küchengarten verwendet.[10]

Die Renaissance des Hippodroms in der Gartengestaltung des 19. Jahrhunderts war durch verschiedene Rekonstruktionsversuche von Plinius' Villa Tuscum angeregt worden.[11] Neben Lenné haben sich auch Karl Friedrich Schinkel und der Lenné-Schüler Gustav Meyer mit der Villa und dem Hippodrom befasst.[12] Über die Vermittlung dieses Motivs nach Wettingen, noch dazu zu einem sehr frühen Zeitpunkt, kann man zurzeit aber nur spekulieren. Ob Theodor Froebel, ein Schüler Lennés, seine Hände im Spiel hatte? Er kam 1834 als gärtnerischer Leiter an den Botanischen Garten der Universität Zürich, wo er sich bald auch als Gartenkünstler profilierte.

Eine besondere Rolle spielt das Wasser. Noch heute wird es über die grosse Distanz von drei Kilometern vom Lägernhang zur Klosterhalbinsel geführt. Ursprünglich und bis ins frühe 20. Jahrhundert die eigentliche Wasserversorgung des Klosters, speist diese noch heute mehrere Brunnen, vor allem aber die vielfältigen Wasseranlagen des Konventgartens. Auf der obersten Terrasse – im eigentlichen Landschaftsgartenteil – begegnen wir dem Wasser in Form einer Fontäne in einem Weiher. Auf der mittleren Gartenterrasse bildet ein Vierpassbecken mit Fontäne das Zentrum des Hippodroms. Am Hangfuss zur obersten Terrasse steht ausserdem ein kleiner Trinkbrunnen, der bis vor kurzem von einer örtlichen Quelle (!) gespiesen wurde. Auf der untersten Terrasse mit der langen Platanenallee und dem Ausblick auf die Limmat tritt das Wasser in einer prächtigen Grotte in Erscheinung. ▸6 Es quillt aus dem Boden über der Grottendecke, sickert durch das Gewölbe und tropft schliesslich aus vielen Kanülen in das Becken der Grotte. So schafft das punktuell eingesetzte Element Wasser eine ideelle Achse, die an zentraler Stelle die drei Terrassen miteinander verbindet. Die Limmat und ihr Vorland bilden schliesslich eine vierte Ebene, die gänzlich vom Wasser beherrscht wird – vom Flusslauf und vom 1930 aufgehobenen Mühlekanal, der 2005 in wichtigen Teilen wieder freigelegt wurde.

Pflege und Entwicklung der Gärten

Trotz der Aufhebung des Klosters blieben die Gärten in ihrem ursprünglichen Zustand weitgehend erhalten, und ihre Pflege und Nutzung erfolgte ohne Unterbruch bis heute weiter. Augustin Keller, der grosse Gegner der Klöster, zog 1847 als erster Direktor im neuen Aargauer Lehrerseminar ein, das im ehemaligen Kloster eingerichtet wurde. Zu seinen inhaltlichen Maximen für die Ausbildung der zukünftigen Lehrer gehörte auch die Gartenkultur – mit der Zielsetzung der sozialen Wohlfahrt der Bevölkerung. Dieses Bildungsziel blieb bis in die erste Hälfte des 20. Jahrhunderts erhalten. Erhalten blieben aber auch der Bestand und die Struktur der Gärten, welche für das Lehrerseminar ein vorzügliches und geschätztes Milieu bildeten. Dies gilt auch für die heutige Kantonsschule Wettingen, die 1976 das Lehrerseminar abgelöst hat. Im Jahre 1986 wurden die Wettinger Landschaftsarchitekten Stöckli, Kienast & Koeppel (heute SKK Landschaftsarchitekten) für erste gartendenkmalpflegerische Aufgaben beigezogen. In der Folge wurde ein Parkpflegewerk erarbeitet.[13] Im Jahre 2001 erklärte der Regierungsrat des Kantons Aargau das Parkpflegewerk im Rahmen des Gestaltungsplanes Klosterhalbinsel der Gemeinde Wettingen als rechtsverbindliches Instrument für die Pflege und Entwicklung des «Klosterparks». Unter diesem Begriff werden heute grosse Teile der historischen Gärten und Freiräume subsummiert.

6 Die Platanenallee auf der dritten Terrasse des Konventgartens.

Öffentlich zugänglich

Ora et labora trägt Früchte und Blumen
Kloster Leiden Christi im Jakobsbad

ROSMARIE NÜESCH-GAUTSCHI

Das raue Appenzeller Klima eignet sich weder für den Anbau von Gemüse noch für den Ackerbau, weshalb die Vieh- und die Milchwirtschaft vorherrschend sind. Trotzdem pflegen die Nonnen der vier innerrhodischen Klöster in ihren Gärten Blumen, Heilkräuter und Gemüse. Schon auf dem St. Galler Klosterplan von ca. 820 findet man einen Gemüse- und einen Heilkräutergarten. Hinter Klostermauern haben alte Kulturpflanzen sowie Kenntnisse des Gartenbaus und der Heilwirkung von Kräutern überlebt.

Auch die Klöster von Grimmenstein (1378), Wonnenstein (1379) und Appenzell (vor 1420) standen in dieser Tradition. Die Nonnen widmeten sich der Krankenpflege in der Umgebung. Das Wissen um die Heilkraft und der Anbau der Kräuter hatten deshalb grosse Bedeutung. Seit der Durchsetzung des Klausurgebots durften die Schwestern nicht mehr zu den Kranken gehen. Herstellung und Verkauf von Naturheilmitteln wurden deshalb eine wichtige Einnahmequelle dieser Klöster. Das gilt auch für das jüngste, erst im 19. Jahrhundert entstandene Kloster Leiden Christi im Jakobsbad.

1 Flugaufnahme des Klosters, vermutlich aus dem Jahr 1954. Südlich der Anlage fährt die Appenzeller Bahn vorbei, im Norden liegt die Durchgangsstrasse, im Westen befinden sich Ökonomiebauten und Kirche, ganz im Osten das Gästehaus. Gut erkennbar sind der baumbestandene Friedhof, der ummauerte Klausurgarten und der grosse Gemüsegarten, von dem heute gut die Hälfte an eine Baumschule verpachtet ist.

Die Anfänge – Schöpfungsmythos und Nutzgärten

2 Blick nach Osten über den Klausurgarten mit dem zentralen Springbrunnen, im Mittelgrund das Gewächshaus und die Treibbeetkästen, im Hintergrund die Gehölze der Baumschule. Im Vordergrund sind die dekorativ geformten Stellriemen zu erkennen.

1851 zog die Luzerner Bauerntochter Rosa Bättig mit drei Schwestern von Wonnenstein in ein Bauernhaus im Jakobsbad, bis 1854 ein Klösterlein mit Kirche bereitstand. Zwischen 1882 und 1928 ist es in mehreren Etappen vergrössert sowie mit einem Gästehaus ausgestattet worden. 1889–1891 wurde die baufällige Kirche weitgehend erneuert.[1]
Das Kloster liegt auf 869 Meter über Meer in der schmalen Talsohle zwischen Appenzell und Urnäsch. Das Gelände steigt gegen Süden an, so dass die Gärten auf einem höheren Niveau als das Erdgeschoss des Klosters und der Hof vor dem Ostflügel liegen.

Im Norden wird der Besucher von einer Baumreihe und Blumenrabatten empfangen. Im Süden, vor der Kirche liegt der von Bäumen beschattete Friedhof.
Neben dem Friedhof liegt der Gemüse- und Kräutergarten, der zum Klausurbereich gehört. Das auf alten Fotos[2] erkennbare Gartenhaus und die freie Wegführung lassen vermuten, dass der Garten schon früher auch als Erholungsraum diente, so wie heute die elf Schwestern ihre Rekreation in der Gartenhalle an der Friedhofsmauer geniessen und an milden Sommerabenden dort ihr Nachtessen einnehmen.
Der Klausurgarten umfasst acht Beetkompartimente, in symmetrischer Ordnung um den zentralen Springbrunnen angelegt. ▸ 2 Die Breite der Beete – doppelte Armlänge – lässt diese be-

3 Der kleine Hof vor dem Gästehaus mit der Mariengrotte und den Treppenläufen, die in den Gemüsegarten hinaufführen.

quem bearbeiten. In den Treibbeeten werden Setzlinge gezogen, und schon früh ernten die Schwestern den ersten Salat. Das Gewächshaus dient ebenfalls der Anzucht von Setzlingen und der Überwinterung von Geranien, die im Sommer die Fenster schmücken.

In den 1930er Jahren musste der Gemüsegarten vergrössert werden.[3] Ein Klosterbruder aus Engelberg plante die Erweiterung ausserhalb der Klausur.[4] Wahrscheinlich geht auch die heutige Gestaltung des Klausurgartens auf diese Zeit zurück. Mit orthogonalen, bekiesten Wegen wurde das unregelmässige Gelände in grosse, mit Stellriemen eingefasste Beetkompartimente gegliedert. Es handelt sich um zirka ein Meter lange Elemente, die oben bogenförmig fassoniert und mit zwei Kerben verziert sind. Im Kloster weiss man noch, dass die Knechte die Einfassungen nach Anleitung des Engelberger Bruders hergestellt haben, indem sie den Mörtel in eine Form pressten. Ein Pavillon, von Gehölzen umschlossene Gartenhäuschen und Sitzplätze sowie zahlreiche Bänke lassen erkennen, dass der Garten den Gästen auch zur Erholung diente.

Vor dem Gästehaus liegt ein kleiner Hof, den man auch von der Strasse durch ein Gittertor betreten kann.[5] Von Polsterstauden überwachsene Trockenmauern stützen das höher gelegene Gelände ab. Die Mittelachse ist durch eine von zwei Treppenläufen umfangene Mariengrotte ausgezeichnet, die ganz von Efeu überwachsen ist. Eine mächtige Blutbuche überschattet die kleine Anlage. ▸ 3

Die Anfänge – Schöpfungsmythos und Nutzgärten

4 Die Schwestern an der Arbeit im grossen Gemüsegarten.

Noch immer werden Gemüse für den Eigenbedarf und Heilkräuter angepflanzt, aber in reduziertem Umfang. Der östliche Teil des Gemüsegartens ist deshalb an eine Baumschule verpachtet worden. Schwester Veronika betreut seit 35 Jahren den grossen Garten mit Hilfe von zwei weiteren Schwestern. Sie ist eine begeisterte Gärtnerin, und ihr biologisch angebautes Gemüse wird geschätzt. Die im Sommer prall gefüllten Beete sind ihre grosse Freude und prächtig anzuschauen. ▸ 4
Eine bedeutende Einnahmequelle des Klosters sind die Naturmittel, die im Klosterladen oder über das Internet angeboten werden. Die Klosterapotheke wird von drei Schwestern und zwei Mitarbeiterinnen betreut.

Die Verbindung von Zier- und Nutzgarten sowie deren Gestaltung in Kreuzform hat sich in traditionellen Bauerngärten bis heute erhalten. In den 1930er Jahren, einer Zeit der Bauerngarten-Renaissance, griffen die klösterlichen Gartengestalter auf dieses bewährte Schema zurück, während sie für die religiösen Elemente wie die Mariengrotte eine naturnahe Gestaltung bevorzugten.

Privatgärten, nicht zugänglich

Halb Sonne – halb Schatten
Drei Emmentaler Bauerngärten

Albert Hauser

Der traditionellerweise von Frauen bewirtschaftete Bauerngarten gehört zu den erklärten Lieblingen vieler Gartenfreunde. Hunderte solcher Gärten sind leider in den letzten Jahrzehnten in den Schatten geraten, haben an Bedeutung verloren, wurden umgewandelt oder sind ganz verschwunden. Nicht so die Emmentaler Bauerngärten.

Die drei Merkmale des Bauerngartens

Ein typisches Kennzeichen des Bauerngartens ist der Hag oder der Zaun. Er musste, wie es mittelalterliche Quellen aussagen, massiv und dicht genug sein, um das Federvieh, die Haustiere sowie ungebetene vier- oder zweibeinige Gäste von einem Besuch abzuhalten. Gartenfrieden bedeutete auch Hausfrieden. Treffend umschreibt dies ein luzernisches Sprichwort: «Heb de Nachbar gärn, aber tue de Haag nid ewägg.» Angesichts der grossen Bedeutung des Zaunes ist es kein Wunder, dass das Wort Garten in seiner ursprünglichen Bedeutung Zaun beinhaltete. Das Wort Garten stammt von «gart», «gärt», «gert», «gerte», was Weidengerte bedeutet. Wie Abbildungen aus dem 17. Jahrhundert zeigen, waren viele Bauerngärten, darunter auch die bernischen, von einem mit Weidenruten geflochtenen Zaun umgeben. Seit dem 19. Jahrhundert besteht er meist aus Holzstaketen («Scheielihaag»). ▸ 1

Zweites Merkmal ist die im Bauerngarten vorherrschende Dreiheit: Neben Blumen gab es immer auch und oft sehr nahe beieinander Gemüse, Gewürzpflanzen und ursprünglich auch Färberpflanzen. Das Urbild ist der Klostergarten, der dem Bauerngarten als Vorbild für die Bepflanzung sowie die Einteilung der Beete diente.

Drittes Kennzeichen ist die Bereitschaft der Gartenbesitzer, sich trotz aller Liebe zur Tradition nach neuen Erkenntnissen, neuen Methoden und neuen Pflanzen umzusehen. Hierbei dienten die Gärten der Landsitze als Vorbild. Diese wurden oft gestützt auf die Literatur angelegt. So lasen die Berner Gutsbesitzer die Schriften ihres Freundes Daniel Rhagor (1577–1648), Landvogt, Gutsbesitzer und Vertreter des mit dem Landbau verbundenen Patriziates. Sein Buch «Pflantz-Gart» ist das früheste bekannte schweizerische Lehrbuch für den Anbau von Gemüse, Obst und Wein.[1] Der Autor schöpfte aus antiken und mittelalterlichen Quellen, so zum Beispiel aus dem Werk des Bologneser Adeligen Pietro de Crescenzi, «Opus ruralium commodorum», von 1305.[2] Neben dem Vorbild der italienischen Renaissancegärten ist dieses Werk wichtigster Anreger für die Gartenkultur des ausgehenden Mittelalters. Rhagor (oder Rhagorius) kannte nicht nur die antiken Agrarschriften, sondern auch die Werke und Gärten zweier berühmter Gelehrter aus der Schweiz: Conrad Gessner (1516–1565) von Zürich sowie Renward Cysat

1 Der Bauerngarten von Vreni Stalder-Berger, im Weiler Waldhaus bei Lützelflüh im Emmental. Wegen der Strasse wurde der Garten auf der Seite angelegt. In der Ecke das aus dem 19. Jahrhundert stammende Gartenhaus. Dahinter ein Speicher aus dem 18. Jahrhundert. Die Beete (Gemüse und Blumen) sind mit Buchs eingefasst, die Wege mit Rindenschnitzel (ursprünglich Gerberlohe) bedeckt. Vorne der typische «Scheielihaag».

(1545–1614) von Luzern. Wie Cysat hat auch Rhagor im Garten selber Hand angelegt. Was er schrieb, entspricht weitgehend damals gängiger Gartenpraxis. Im Vordergrund standen für ihn die verschiedenen Gemüsesorten. Einen viel kleineren Teil seiner Schrift nehmen die Ausführungen über Blumen ein. Ihnen hat dafür ein anderer Schweizer, Emanuel König (1698–1752) von Basel, ein eigenes Kapitel gewidmet.[3] In seinem «Georgica helvetica curiosa» von 1706 rühmt er auch den Buchs, der sich als formierende Hecke eigne und leicht geschnitten werden könne. In der Mitte des Bauerngartens setzte man einen so genannten Musterbaum. Diese Eigenart stammt laut König aus Frankreich. Noch heute gibt es im Garten des Oberhauses in Busswil im Emmental einen solchen nach barocker Manier kegelförmig zugeschnittenen Taxusbaum.

Im Banne Frankreichs

Im 18. Jahrhundert wurde die geometrische Gartenarchitektur, wie sie sich von Frankreich aus in ganz Europa ausbreitete, in der Schweiz wegweisend. Auch die Klöster passten ihre Gartenanlagen dem neuen Stil an. Unternehmer, Kaufleute und Söldnerführer legten vor ihren Palazzi oder Landhäusern Gärten an, und reiche Bürger ahmten sie nach. Selbst Bauern, vor

2 Der Bauerngarten von Andreas Meister in Waldhaus. Im Hintergrund die wunderbare Emmentaler Landschaft.

allem jene, die es zu einem gewissen Wohlstand gebracht hatten, taten ihnen nach. Dies gilt auch für die Emmentaler. Dank der Alpkäserei waren viele Emmentaler Bauern im 18. Jahrhundert reich geworden, im Gegensatz zu den Bauern aus dem benachbarten Entlebuch. Obwohl die klimatischen Voraussetzungen ähnlich waren, blieben die Entlebucher arm. Schon den Zeitgenossen fiel dieser Unterschied auf, und sie suchten nach Erklärungen. Der katholische Entlebucher Pfarrer Franz Josef Stalder (1757–1833), erster Mundartforscher der Schweiz, erkannte längst vor Max Weber, dass die Konfessionszugehörigkeit eine entscheidende Rolle spielte.[4] In einem langen Prozess, man denke an die Predigten und Schulbücher, wurde den Emmentalern das «protestantische Arbeitsethos» eingepflanzt. Deutlich kommt dies im Spruch auf einer Langnauer Platte von 1800 zum Ausdruck: «Es Maitli, wo jätet, isch besser als eis, wo bätet.»

Wie der Bauerngarten im 18. Jahrhundert aussah, erfahren wir aus der Beschreibung von David Ris aus dem Jahr 1764: «Der Kraut- oder Küchengarten liegt gewöhnlich nebst dem Hause bestehet aus wenigen Garten Beeten, weil die Landleuth sich bloss mit Spinat und Mangold behelffen, auch etwas an Salat darinn pflanzen. Zu neben den Kripfen [mit Brettchen eingefasste schmale Beete] halten sie Bluemen Zeug, nemlich das gewohnte auf dem Land: Tulpen, Nägeli, Sternenbluemen [Narzissen], Rosen und Vionli [Veilchen]. Auch findet mann in den meisten dieser Gärten eine Kripfe mit Arzney und Wundtkräutern. Die Garten selbst werden mit einem Zaun von angenagleten Scheylinen [Holzstaketen] eingefristet und dieser Zaun mit Spalier Bäumen besezet.»[5] Die Buchshecke, ein in der barocken Gartenkunst wesentliches Einfassungs- und Zierelement, fehlt in der Beschreibung. Sie tauchte aber in der zweiten Hälfte des 18. Jahrhunderts auch in Emmentaler Bauerngärten auf. Gleichzeitig wurde bei der Beeteinteilung darauf geachtet, dass sich die Hausformen, etwa der Giebelbogen, im Garten spiegelten. Tatsächlich gelang es auf diese Weise, den harmonischen Gesamteindruck zu verstärken. ▸2

Die Anfänge – Schöpfungsmythos und Nutzgärten

Die Gärten werden bunter und spärlicher

Im 19. Jahrhundert kam es im Emmental wie andernorts zu einer Rationalisierung, zu welcher sich vor allem die patriotischen Ökonomen bekannten. So wurden, um das Land intensiver bewirtschaften zu können, die Allmenden aufgehoben. Etwas später tauchten in den Gärten die ersten «Exoten» wie Dahlien auf. Der Garten, zwischen 1850 und 1900 noch sanft getönt und von aristokratischer Würde, wurde bunter. ▸3 Am Beispiel des Blumenschmuckes im Luzerner Bauerngarten hat Josef Brun 1981 den Einfluss der Exotica aufgezeigt.[6] Lieferanten der neuen Pracht waren die damals aufkommenden Gärtnereien. Die grösser werdende Vielfalt ist aber auch auf einen alten Brauch zurückzuführen. Gottfried Keller hat ihn beschrieben: «Ohne dass die Hausväter im geringsten etwa unnütze Ausgaben zu beklagen hätten, wissen die Frauen und Töchter durch allerhand liebenswürdigen Verkehr ihren Gärten und Fenstern jene Zierde zu verschaffen, welche etwa noch fehlen mag, und wenn eine neue Pflanze in die Gegend kommt, so wird das Mittheilen von Reisern, Samen, Knollen und Zwiebeln so eifrig und sorgsam betrieben, es herrschen so strenge Gesetze der Gefälligkeit und des Anstandes, dass in kurzer Zeit jedes Haus im Besitz des neuen Blumenwunders ist.»[7]
Als Neuigkeit tauchte in dieser Zeit auch das Gartenhäuschen auf. Man hatte auch keine Scheu, neuartige Materialien in den Gärten zu verwenden. ▸4 So findet man in einem Bauerngarten in Sumiswald einen geschmiedeten Eisenzaun, der von der zweiten Landesausstellung von 1896 in Genf

3 Der Bauerngarten von Familie Paul Aeschlimann in Waldhaus, aus dem ersten Stock des Hauses aufgenommen.

Albert Hauser: Emmentaler Bauerngärten

stammt. Impulse gingen demnach auch von den Ausstellungen aus. So legten die Architekten der IX. Schweizerischen Ausstellung für Landwirtschaft, Forstwirtschaft und Gartenbau 1925 in Bern laut ihrem Prospekt einen «stimmungsvollen Bauerngarten» an. Ein ähnliches Ziel verfolgte der Gartenarchitekt Johannes Schweizer (1901–1983), als er für die fünfte Landesausstellung 1939 in Zürich zwei Bauerngärten schuf. Der erste war ein klassischer Bauerngarten, der sich vor dem Bauernhaus befindet. Diesen Typus findet man im Mittelland und auch im Emmental. ▸ 5 In den Bergregionen ist der Garten mit einer Trockensteinmauer eingefasst, Buchshecken fehlen. Dieser Typus war das Vorbild für den zweiten Garten.

4 Das geschindelte Bauernhaus der Familie Paul Aeschlimann wurde 1901 erbaut. Aus dieser Zeit stammt wohl auch die eher untypische Gartenmauer statt eines Zaunes.

5 Der 1765 erbaute Bauernhof und der Garten der Familie Andreas Meister in Waldhaus wird heute von der fünften Generation bewohnt und betrieben.

Die Anfänge – Schöpfungsmythos und Nutzgärten

Nach 1945 verlor der traditionelle Bauerngarten im Zuge des allgemeinen Wertewandels an Bedeutung. Die Gärten gerieten in ein Schattendasein. In manchen Kantonen gibt es heute keinen einzigen klassischen Bauerngarten mehr. In anderen Regionen sind sie zu Raritäten geworden, und in einigen, zum Beispiel in der Waadt, blieb die «bernische Bauernkultur» weitgehend unbekannt. Im Emmental, so hat Fritz Gerber in seiner Dissertation der ETH Zürich von 1974 festgehalten, gab es zu dieser Zeit immer noch Bäuerinnen, die einen grossen Teil ihrer Arbeits- und auch Freizeit im Garten verbringen: «Frauen wissen oft auch über nachbarliche Gärten gut Bescheid. Der Garten ist für viele ein Wertmassstab. Eine Frau – und mag

6 Das Bauernhaus von Vreni Stalder-Berger mit dem sommerlichen Blumenschmuck an den Fenstern und den Kübelpflanzen vor dem Haus.

sie noch so tüchtig sein – kommt mit einem wenig gepflegten Garten ohne Blumen vor dem Haus bei den anderen schlecht weg.»[8] ▶ 6 Doch was vor 30 Jahren noch Gültigkeit hatte, ist heute fragwürdig geworden. Im Emmental wie anderswo hat die jüngere Generation andere Sorgen. Das Jäten ist, so die Aussage einer Emmentaler Bauernfrau, bei den jungen Bäuerinnen nicht mehr beliebt.

Trotzdem sind viele Bauerngärten noch intakt. Das Verständnis für die Erhaltung dieses bedeutenden Kulturgutes ist in der Fachwelt im Wachsen. Kein Wunder, verbinden sich in ihm Nützlichkeit und Schönheit, Ökonomie und Kultur. Vielleicht wird der Bauerngarten gerade deshalb erhalten bleiben.

Über den Gartenzaun einsehbar.
Garten Andreas Meister,
Garten Vreni Stalder-Berger,
Garten Paul Aeschlimann in Waldhaus, 3432 Lützelflüh

Nutzen und Zierde

«Eigentliche Lust- und Blumengärten, die nur blos zum Vergnügen unterhalten werden, gibt es nur wenige im Lande [...].» Die «seltensten und schönsten Blumen» schmücken die Gärten, ohne «die einträglichen Gartenfrüchte zu verdrängen». Was Heinrich Ludwig Lehmann 1799 in seinem Werk über «Die Republik Graubünden» feststellt, gilt von wenigen Ausnahmen abgesehen für alle Gärten in der Schweiz.
Jahrhundertelang bedeutete der Gemüsegarten eine wichtige Entlastung für das Haushaltsbudget einer Familie, betrugen die Ausgaben für die Ernährung doch ein Vielfaches des heutigen Anteils am Einkommen. Für die vermögenden Schichten war er zudem eine Möglichkeit, den Speisezettel kulinarisch zu verfeinern. Zwar wurden etwa Südfrüchte, Morcheln oder Gewürze schon im 18. Jahrhundert von ausländischen und bald auch von einheimischen Händlern verkauft. Doch feine oder eine aufwendige Pflege erfordernde Gemüse konnten nur im eigenen Garten kultiviert werden.
Für begüterte Familien, die ihren Wohnsitz auf dem Lande hatten oder die warme Jahreszeit in einem Sommerhaus verbrachten, war der Nutzgarten eine Notwendigkeit, denn die Verkehrswege und Transportmöglichkeiten waren bis ins 19. Jahrhundert bescheiden und das Angebot der Bauern an Gemüse und Obst sehr einfach.
Schon Gartentheoretiker des 17. Jahrhunderts, allen voran Jean de la Quintinye, der Leiter des Potager du Roi unter Ludwig XIV., schreiben, dass ein Nutzgarten auch zur Zierde gereiche, wenn folgende drei Prinzipien berücksichtigt würden: Nutzbarkeit, Bequemlichkeit und Schönheit. Ein Nutzgarten sei so einzurichten, dass optimale Wachstumsbedingungen und ein reibungsloser Ablauf der Pflege und Ernte möglich seien, daneben müsse er das Auge erfreuen und zum Spazieren einladen.

Solche Theorien fielen in der Schweiz, deren Kultur vom städtischen Patriziat und Bürgertum, in ländlichen Kantonen auch von Grossbauern geprägt war, auf fruchtbaren Boden. Ob ummauerter Renaissancegarten oder barockes Parterre: Was auf Plänen wie ein Ziergarten aussieht, ist häufig eine Anlage, in der sich Nutzen und Zierde in reizvoller Weise verbinden. Ein Wegkreuz, mit Buchs gerahmte Beete, in Form geschnittene Gehölze und ein zentraler Springbrunnen können auch der äussere Rahmen für Salat, Spargeln, Erdbeeren und Blumen sein. Pläne geben über die Bepflanzung nur beschränkt Auskunft. Es sind vor allem schriftliche Quellen – Rechnungsbücher, Briefe oder Tagebücher wie dasjenige von Louis-François Guiguer, dem Schlossherrn von Prangins –, die einen noch weitgehend ungehobenen Schatz an Informationen zu diesem Thema bergen.
Christian C. L. Hirschfeld nennt noch einen anderen Grund für die schweizerische «Vereinigung einer gemässigten Anmuth mit der stillen Nutzbarkeit der eingeschränkten Gartenreviere»: «Denn Land gehört zu den Kostbarkeiten des Landes. In den Gärten bleibt nur wenig Raum, den die Göttin des Vergnügens mit ihren Blumen bestreuen und mit ihren Springbrunnen beleben kann.»
Den Gemüse- und Obstpflanzungen werden mit dem Einzug der landschaftlichen Gartengestaltung vom Ziergarten gesonderte Flächen zugewiesen, doch die Göttin scheint ihr Füllhorn auch hier ausgeschüttet zu haben. Elemente wie Rosenbögen, Eibensäulen, Beeteinfassungen aus Buchs, kunstvoll gezogene Spaliere oder Zwergobstbäume und nicht zuletzt Grundrissformen wie der Hippodrom zeigen, dass sich Nutzen und Zierde bis ins 20. Jahrhundert zu einer Einheit verbinden.

Brigitt Sigel

Gartenensemble auf dem Burgfelsen
Die Anlagen von Schloss Ortenstein im Domleschg

Leza Dosch, Alex Jost, Brigitt Sigel

«Das Schloss ist an drey Seiten unzugänglich, hat von der Mittagsseite her eine Art natürlichen Bollwerks, das mit wenig Kosten in eine vollkommene Festung verwandelt werden könnte, und ist überhaupt bey allem äusserlichen Anschein eines Raubnestes, dennoch so romantisch situiret, als ob es der Sitz einer Fee wäre.»[1] ▸ 1

1 Schloss Ortenstein. Ansicht von Süden mit dem kegelförmigen Obst- und Rebspalier in der bewaldeten Felswand. Foto Christian Meisser, 1903. Staatsarchiv Graubünden, Chur.

Kurz nach der Einfahrt ins Domleschg erblickt man hoch oben auf einem Felsen Schloss Ortenstein, das territorial zur Gemeinde Tumegl/Tomils gehört.[2] Ortenstein und Tarasp im Unterengadin sind die bekanntesten Bündner Burganlagen, die im Laufe der Zeit zu Schlössern ausgebaut wurden. Weitgehend unbeachtet blieben in Ortenstein die Gärten, die zu den bedeutendsten ihrer Art gehören. Sie bilden ein einmaliges Ensemble verschiedener Nutzungen in extremer topografischer Situation. Dass Ortenstein schon früh über Nutzgärten verfügte, ist zu vermuten. Doch auch über die weitere Geschichte der Gärten weiss man bisher sehr wenig.[3] Um die Mitte des 18. Jahrhunderts unterhielt Johann Viktor III. von Travers (1721–1776), der letzte bedeutende Vertreter seines Geschlechts, einen vielgerühmten Garten mit Boskеtten, Wasserkünsten und Gewächshäusern und beschäftigte einen französischen Gärtner.[4] Überliefert ist aus dieser Zeit auch der Diebstahl einiger rarer Nelkenstöcke.[5] Seit der Verbannung von Johann Viktor III. von Travers bis zum Kauf von Ortenstein 1860 durch Wolfgang von Juvalt (1838–1873) erlebten Gebäude und Gärten eine Zeit extremer Vernachlässigung. Der neue, später hauptsächlich als Historiker hervor-

2 Blick von Norden auf den von Robinien umstandenen Hof. Im Hintergrund die Stützmauer des Parterregartens und die doppelläufige Treppe mit dem Wandbrunnen.

getretene Besitzer liess die Bauten sanieren und ausbauen.[6] Unter ihm, seiner Gemahlin Bertha Maria, geborene von Salis-Soglio, und der Tochter Meta, verheiratete von Tscharner, wurden die Gärten in Teilen neu gestaltet.

In einem ersten Überblick sind die oberen, schlossnahen und ebenen Gärten auf dem Plateau des Burgfelsens von den unteren zu unterscheiden, die sich hangabwärts in Richtung des Domleschger Talbodens erstrecken. Zum oberen Bestand gehören der Gemüsegarten und das Zierparterre, die über den Hof erreicht werden. Dieser Hof bildet das Herzstück der Anlage. ▶2
Im Norden erhebt sich der mächtige, verschiedenen Bauphasen entstammende Komplex des Schlosses. Im Westen schliessen der ehemalige Rossstall, die Waschküche und eine Garage den schräg verlaufenden Bereich entlang der Felskante ab, und im Osten wird der Hof von Remisen begrenzt. Entlang der vierten Seite erhebt sich die Stützmauer des südlich anschliessenden Parterregartens. Die Zufahrt riegelt ein schmiedeeisernes Tor ab.
Der Hof ist von kugelförmigen Robinien (Scheinakazien) gesäumt. Im Sommer geben ihm die vor den Robinien aufgestellten Oleanderkübel eine südländische Ausstrahlung. Brückenrampen führen von hier aus in die beiden Wohnteile des Schlosses; gegenüber erschliesst ein doppelseitiger Aufgang mit Wandbrunnen den Parterregarten.
Der grosse Gemüsegarten liegt an der Ostseite des Schlosses. Eine hohe Stützmauer erlaubte in nachmittelalterlicher Zeit die Aufschüttung des einst steil abfallenden Geländes.[7] Die aufragende Wand des Schlosses, die hohe Bruchsteinmauer der Einfriedung und der südlich anschliessende massive Stallbau geben diesem Garten einen muralen Charakter. Im Sommer allerdings verschwinden die Mauern und die Geometrie der Beete unter der wuchernden Vegetation. ▶3 Den Übergang von diesem *hortus conclusus* in die Berglandschaft zeigen ein kleines Gartentor im Norden und eine dahinter gegen den Nordwind gepflanzte Linde an.
Den höchsten Punkt des Geländes nimmt ein Gartenparterre ein, das vermutlich in der ersten Hälfte des 18. Jahrhunderts auf anstehendem Felsen entstand und zu jenem vielgerühmten

3 Blick von Norden in den Gemüsegarten. Rechts die hoch aufragende Ostfassade des Schlosses, im Hintergrund ein Stallgebäude. Im Sommer, wenn die üppigen Nutzpflanzen die Einfriedungsmauern überwuchern, verschwindet der Charakter des *hortus conclusus,* und der Gemüsegarten erscheint als Teil der umgebenden Landschaft.

Garten gehörte, von dem die Quellen berichten sollen.[8] Der französische Einfluss darf zwar als sicher angenommen werden, denn der Bauherr Johann Viktor III. von Travers, bereits in jungen Jahren im Dienst des französischen Königs, war mit dieser Kultur und Lebensart vertraut. Da aber Bild- oder Schriftquellen bisher nicht bekannt sind, können keine konkreten Aussagen über den barocken Garten gemacht werden.

Die Fläche des Parterregartens mag auf das 18. Jahrhundert zurückgehen, die heutige Anlage ist jedoch erst im 20. Jahrhundert entstanden. Auf der Fotografie von 1903 ist undeutlich eine flächige Gestaltung mit rautenförmigen Elementen und ohne vertikale Akzente zu erkennen, die vermutlich auf die Zeit der Wiederbelebung von Ortenstein zurückgeht.[9] Heute wird das Parterre durch ein Wegkreuz in vier einfache Rasenkompartimente gegliedert, während an der östlichen Seite eine breite, von einer Blumenrabatte begleitete Querachse über Stufen auf das Terrain des Hofs im Norden und des Landschaftsgartens im Süden hinuntergleitet. ▸4 Von Rabatten begleitete Kieswege ziehen sich auch an der Nord- und Südseite des Parterres entlang. In den von Tuffsteinbrocken eingefassten schmalen Beeten blühen je nach Jahreszeit Zwiebel- und Polsterpflanzen, Blütenstauden, Rosen und Dahlien. Ein mit Rosen bepflanztes Rondell, umgeben von einem breiten Rasenband und einem Kiesweg, nimmt die Mitte ein. Die Ecken der Rasenkompartimente werden durch kleine Buchsbaumkugeln *(Buxus sempervirens* 'Rotundifolia') akzentuiert. Nur an den äusseren Ecken der westlichen Kompartimente stehen grosse, behäbige Eibenkegel *(Taxus baccata).* Es sind Zeugen aus der Anlagezeit des heutigen Parterres, als alle Ecken der Rasenkompartimente durch hohe, damals noch schlanke Eibenkegel ausgezeichnet waren.[10] Die Dimensionen dieser Formgehölze erinnern an Gärten wie denjenigen von Schloss Bothmar in Malans und sind Gestaltungsmerkmale des Architekturgartenstils der 1910/20er Jahre, was mit einer Entstehungszeit nach 1903 übereinstimmen würde.

Nutzen und Zierde

4 Blick von Osten über das Parterre zum Pavillon. Kleine Buchskugeln akzentuieren heute die Ecken der Rasenkompartimente. An ihrer Stelle standen einst grosse Eibenkegel, von denen zwei neben dem Pavillon noch erhalten sind.

Die Längsachse geht im Osten auf das Bassin und den Treppenabgang zwischen Treibhaus und Orangerie zu; in der Südostecke dieses Bereichs fügt sich ein nachträglich erhöhter Wasserturm ein. Diese kleinteiligen, feingliedrigen Bauten wie auch der Wandbrunnen dürften auf Wolfgang von Juvalt und seine Familie zurückgehen. Im Westen, an der steil abfallenden Felskante, endet die Längsachse in einem Pavillon im Schweizer Holzstil, der stilistisch ebenso in die zweite Hälfte des 19. Jahrhunderts passt und dessen erkerartiger Vorbau über die Felswand hinausragt. In prononcierter Form wird mit diesen Gestaltungsmitteln der Typus des geometrischen Ziergartens auf dem Felsen thematisiert.

Der zweite, untere Bestand umfasst einen Landschaftsgarten sowie das hangabwärts folgende Obst- und Rebspalier. Vom Gartenparterre und einem Zugang im Westen gelangt man in ein scheinbar natürliches, abfallendes Gelände. Dass aber auch dieser Gartenteil einem gestalterischen Konzept unterliegt, belegen die geschwungenen Spazierwege, die zu Sitz- und Aussichtsplätzen führen. An anderer Stelle vermitteln schmale, hohe und in kleinen Abständen gepflanzte Scheinzypressen das Bild einer gotischen Architektur. Vollends deutlich wird der Kunstcharakter dieser Anlage durch die Bepflanzung. Scheinzypresse *(Chamaecyparis)*, Schwarznussbaum *(Juglans nigra)*, Weymouthskiefer *(Pinus strobus)* und Atlaszeder *(Cedrus atlantica* 'Glauca') gehören zu jenen exotischen Bäumen, die sich im späten 19. Jahrhundert grosser Beliebtheit erfreuten und in kaum einer Anlage fehlten.[11] Da Wolfgang von Juvalt in jungen Jahren an Tuberkulose erkrankte und bereits 1873 starb, könnte die Anlage dieses landschaftlichen Gartens auch auf seine Tochter Meta und deren Gatten Eduard von Tscharner zurückgehen. Eine grosse, gerundete Geländeterrasse mit gemauerter Brüstung («Rondell») kündet den Übergang vom Landschaftsgarten zum Obst- und Rebspalier an. ▸ 5

5 Das Rondell – oberer Abschluss des Reb- und Obstspaliers und Aussichtsterrasse.

6 Der mit Reben und Obst überwachsene terrassierte Spalierkegel.

Obst, häufig auch Wein, gehörte während Jahrhunderten ins Programm der herrschaftlichen Selbstversorgung und wurde überall, wo es die klimatischen Verhältnisse zuliessen, neben dem Gemüse kultiviert. Das Ortenstein'sche Reb- und Obstspalier ist jedoch keine reine Nutzeinrichtung. An der nach Süden exponierten Seite wurde es dem Burgfelsen buchstäblich abgerungen. Diese Lage erinnert zwar an Walliser Rebberge, doch die kegelförmige Anordnung der Terrassen gibt der angetroffenen Topografie eine Gestalt, formt sie zu einem abstrakten geometrischen Körper um. Den untersten Punkt markiert eine kleine Grotte, deren Innenraum geradezu klassisch als Oktogon mit Wandnischen und Impluvium gestaltet ist. Neben ihr erhebt sich ein kleiner, turmartiger Pavillon. Von da türmen sich die schmalen, in einer flachen Kurve angelegten Terrassen übereinander und werden von der steinernen Balustrade des darüberliegenden Aussichtsplatzes, des Rondells, bekrönt. ▶ 6

Schon 1548 beschreibt Johannes Stumpf in seiner Schweizerchronik das Domleschg als ein «gar fruchtbar Ländle von Obst und guotem Weyngewächs».[12] Nach Ansicht von Salome Linder-von Tscharner und ihrer Tochter Ursula Linder könnte das Obst- und Rebspalier aus der Zeit der Herren von Travers stammen. Ähnlich halsbrecherische Lagen gab es nämlich schon früher an anderen Orten im Domleschg, zum Beispiel am Ausfluss der Albula aus der Schynschlucht.[13]

Seit der Wiederbelebung von Schloss Ortenstein waren es die Frauen, die sich mit Leidenschaft um die Gärten gekümmert haben, darunter vor allem Meta von Tscharner-von Juvalt und seit den 1930er Jahren Joan von Tscharner-Dickinson, deren englischer Einfluss in der Familie und bei den Mitarbeitern bedeutsam war. Ihnen verdanken wir die Schaffung von neuen, zeitgemässen Gartenteilen oder Schmuckelementen. Dazu gehören die landschaftliche Anlage mit den exotischen Bäumen, die verschiedenen Phasen der Parterregestaltung und die Staudenrabatten. Nie stand zur Diskussion, die Nutzgärten aufzugeben. Sie waren selbstverständlicher Teil einer herrschaftlichen Haushaltung und gehören zu einer jahrhundertealten Tradition, in der Nutzen und Zierde gleichberechtigte Teile des Gartenglücks waren. Bis zum heutigen Tag werden die Nutzgärten bestellt. Im Sommer reift hinter schützenden Mauern das Gemüse heran, während Reben und Obstbäume den gestuften Steinkegel in üppiges Grün hüllen.

Privatgarten, nicht zugänglich

Noblesse und Nutzen
Der Garten im «Hof» der Zurlauben in Zug

«Der Hof» ist laut Urkunden der offizielle Name für den Patriziersitz der inzwischen ausgestorbenen Adelsfamilie der Zurlauben in Zug. Keine andere Bezeichnung ist in ihrer Mehrdeutigkeit treffender als diese, könnte doch ein Fürstenhof oder ein Bauernhof gemeint sein. Tatsächlich treten beide Aspekte, das Adelige und das Bäuerliche, nicht nur im gesamten Ensemble der Bauten in Erscheinung, sondern auch die Gartenanlagen selbst widerspiegeln auf reizvolle Weise die Vereinigung von adeliger Noblesse und landwirtschaftlichem Nutzen. Ein Architekturgarten, umgeben von Bauernland, das ist die eine Besonderheit der Gartenanlagen im Hof. Die andere ist, dass der Garten selbst dieses Zweiseitige aufweist: er ist ein parkähnlicher Ziergarten und mit seinen darin integrierten Gemüse- und Pflanzbeeten auch ein Nutzgarten.

Der am südlichen Rand der Stadt Zug gelegene «Hof», heute von der Bevölkerung «Zurlaubenhof» genannt, wurde in den Jahren 1597–1621 im Auftrag von Konrad Zurlauben (1571–1629) durch Jost Knopflin (1552–1615), dem namhaftesten in Zug tätigen Baumeister seiner Zeit, erbaut. Die Kapelle St. Konrad, mit dem Herrenhaus durch einen gedeckten Übergang verbunden, wurde 1623 errichtet. Neben dem kunsthistorisch bedeutenden Festsaal von 1621 und dem Renaissancezimmer von 1617 im Herrenhaus ist ebenso erwähnenswert der im Jahre 1747 erfolgte Einbau des Rokokosaales in den ursprünglich grösseren, von Heinrich Zurlauben (1607–1650) erbauten Repräsentationsraum von 1645 im Obergeschoss des Pächterhauses. Obgleich im ersten Stock gelegen, wird er als Gartensaal bezeichnet, wohl weil die Fensterfront auf den Springbrunnengarten ausgerichtet ist. Mit einer Loggia in französischem Stil und einem geschlossenen gedeckten Übergang ist dieser Festsaal seit 1736 mit dem Treppenturm des Hauptgebäudes verbunden. Südlich des Pächterhauses steht, umgeben von mehreren Ökonomiegebäuden, die 1832 erbaute Scheune, eine der grössten im Kanton Zug. Den «Hof» umgibt eine im Lauf der letzten 150 Jahre zwar reduzierte, aber noch immer beachtliche, landwirtschaftlich genutzte Grünzone.

Vom Renaissance- zum Barockgarten

Die älteste Darstellung des Hofes befindet sich auf der Ansicht der Stadt Zug von Matthäus Merian d. Ä. aus dem Jahre 1641.[1] Obwohl «ganz ungenau»[2] und noch ohne Gartenanlage, deutet sie zumindest darauf hin, dass wohl erst mit dem vier Jahre später von Heinrich Zurlauben veranlassten Bau des Pächterhauses und dem grosszügig bemessenen Repräsentationsraum in dessen Obergeschoss auch die Gärten definitiv konzipiert worden sind. Bereits auf dem «Älteren Stadtkalender» von 1675[3], dann auf dem «Älteren Zuger Staatskalender» von 1700[4] und, noch genauer im Detail, auf der Ansicht der Stadt Zug aus dem von Johannes Brandenberg gezeichneten «Staatskalender» ab 1712[5] erscheinen die Gartenanlagen mit zwei in sich geschlossenen, sozusagen aneinander gereihten Gartenräumen, wie das für die Zeit der Renaissance typisch war.

In dem von der Südseite des Herrenhauses und der Westseite des Pächterhauses gebildeten Gebäudewinkel wurde der obere Herrschaftsgarten angelegt und vor der nach Westen und dem See ausgerichteten Fassade des Herrenhauses ein leicht abfallendes, fast quadratisches und etwas tiefer gelegenes Gartenparterre, das von der Nordseite des Haupthauses bis zum südlichen Ende des Herrschaftsgartens und gegen Westen an den zum Hof führenden Weg reichte. In beiden Gärten lag zu unterschiedlichen Zeiten ein Springbrunnen, typisches Merkmal aller Herrschaftsgärten. Der Bauerngarten lag an der Südseite des Pächterhauses und damit, für einen Innerschweizer Familiensitz jener Zeit eher ungewöhnlich, von den beiden Ziergärten vollständig getrennt. Die äussere und formale Struktur sowohl des oberen als auch des unteren architektonischen Gartens ist bis heute erhalten, doch die inhaltliche Gestaltung der beiden Gärten hat im Verlauf der Jahrhunderte entsprechend dem Geschmack der Zeit einige Veränderungen erfahren. ▸ 1

Wie alle in französischen Diensten stehenden Schweizer Offiziere kannten auch die Zurlauben die französischen Schlösser und Gärten der Renaissance und des Barock. Diese Vorbilder prägten in der Innerschweiz die Landsitze und Gärten der Patrizier vom 16. bis ins 18. Jahrhundert. Auch die Bauherren des «Hofes» hielten sich eng an die in der ersten Hälfte des 17. Jahrhunderts verbindliche Formensprache eines ländlichen Familiensitzes: ein am Hang gelegenes Haus mit einem von hohen Mauern umgebenen Ziergarten mit Ecktürmchen oder Eckpavillons, dazu Holzgitter an den Mauern, Hauswänden und Türmchen für Spalierbäume, Reben und Efeu.[6]

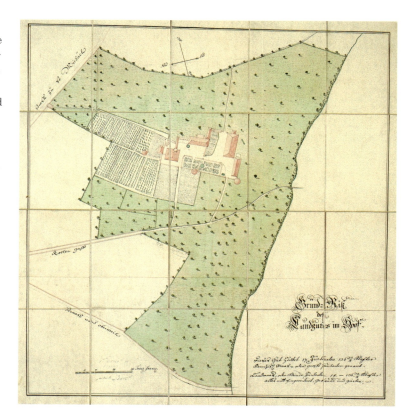

1 «Grund-Riss des Landgutes im Hoof», ca. 1830. Augenfällig sind die drei getrennten Gartenanlagen: Der Nutzgarten südlich des Pächterhauses, das barocke Broderie-Parterre im einstigen Renaissancegarten und der westliche Gartenraum mit den beiden hier ungestalteten Wiesenflächen links und rechts der Mittelachse. Noch sind das nördliche und das südliche Türmchen zu sehen. Es handelt sich um die letzte Darstellung der Gesamtanlage vor dem Abbruch der Türmchen und vor der markanten Umgestaltung der Gärten in der zweiten Hälfte des 19. Jahrhunderts.
Zug, Privatbesitz.

2 Die von Paul Melchior von Deschwanden (1811–1881), Stans, gezeichnete Darstellung zeigt den oberen Herrschaftsgarten vor 1832, hier noch mit den hohen Umfassungsmauern des einstigen Barockgartens mit dem Springbrunnen, der Bepflanzung des frühen 19. Jahrhunderts und der heute noch bestehenden Sitzbank in der kleinen Rosenlaube links auf der Westseite. Standort des Originals unbekannt.

Von den ursprünglich drei Türmchen fehlen heute das südliche und das in der Mauerlinie an die damaligen Rebberge im Norden angrenzende, etwas grössere Türmchen. Das einzige noch bestehende und in die Mauer des Renaissancegartens eingebaute Türmchen mit seinen drei Schlüssellochscharten und dem Stübchen im Obergeschoss hatte keine militärische Funktion, sondern war Teil eines zeittypischen emblematischen Programms. Hingegen fehlte das für die Renaissance- und später auch für die Barockgärten typische Boskett, ein kleines Gehölz oder Wäldchen, welches Haus und Garten gegen die offenen Wiesen im Süden abgegrenzt hätte. Dieser ursprüngliche Renaissancegarten, im Gebäudewinkel von Herrschaftshaus und Pächterhaus angelegt, wurde im 18. Jahrhundert nach Süden hin um fast das Doppelte erweitert. Der Springbrunnen kam jetzt auf die südliche Grenzlinie des ursprünglichen Gartens zu liegen und markierte die Mitte des in barocker Manier angelegten Broderie-Parterres. Eine Darstellung, die vor dem Bau der neuen Scheune im Jahre 1832 entstanden sein muss, zeigt neben der alten Scheune die noch bestehenden hohen Umfassungsmauern des oberen Herrschaftsgartens mit dem Springbrunnen und der typischen Bepflanzung des frühen 19. Jahrhunderts sowie der Rosenlaube an der Westseite. ▸2

19. Jahrhundert: neue Köpfe – neue Gärten

Dieser obere Ziergarten erfuhr in der zweiten Hälfte des 19. Jahrhunderts eine gründliche Veränderung, was zweifellos mit den neuen Besitzverhältnissen im Zusammenhang stand. Mit dem General und Historiker Beat Fidel Zurlauben starb 1799 die männliche Linie des Geschlechts aus. Seine Töchter verkauften den «Hof», der schliesslich 1844 in den Besitz von Joseph Mathias Damian Bossard (1802–1877) kam. Sein Sohn, Johann Jakob Damian Bossard (1850–1885), war der erste Zuger Kantonsförster, und es darf angenommen werden, dass die von hoher Professionalität zeugende Umgestaltung und Erweiterung der gesamten Gartenanlagen seine Handschrift trägt.

Die über mannshohen Mauern des einstigen Barockgartens wurden jetzt bis auf eine Höhe von 80 Zentimeter abgetragen. ▸3 Im südlich des Springbrunnens gelegenen Drittel des Gartens wurde ein «Wäldchen» angelegt, das verspätete Boskett des Renaissancegartens sozusagen, mit Föhren, Zypressen, Stechpalmen, Kirschlorbeer und Eiben. Der sechseckige Springbrunnen liegt noch heute in der Mitte einer Rasenfläche, die gegen Osten zum Pächterhaus mit Rhododendren abgeschlossen wird. Im nördlichen, jetzt mit Kies bedeckten Drittel des Gartens steht ein gewaltiger Tulpenbaum. Der einstige Renaissance- und spätere Barockgarten ist zu

3 Der in der zweiten Hälfte des 19. Jahrhunderts zum Wohngarten umgestaltete einstige Renaissance- und spätere Barockgarten mit dem Boskett hinter dem Springbrunnen und dem Tulpenbaum im Kiesplatz auf der rechten Seite.

4 Ansicht des «Hofes» von Westen, Kupferstich von N. Perignon und Cl. Niquet, Erstdruck 1780 in den vom letzten Zurlauben, dem General und Historiker Beat Fidel Zurlauben (1720–1799), herausgegebenen «Tableaux topographiques».

5 Blick aus der Rosenlaube auf den Ziergarten und den darin integrierten Nutzgarten. Im Hintergrund das einzige noch bestehende von den ursprünglich drei Türmchen, welche in die westliche Umfassungsmauer eingebaut waren.

einem zeitgemässen Wohngarten geworden, möbliert mit eleganten Tischen und Bänken. Einzig die westliche, zum See hin gelegene Seite des Gartens hat ihre ursprüngliche Gestalt behalten: da steht die Gartenbank in der kleinen Rosenlaube gleich neben dem Treppenaufgang zum lauschigen Stübchen im Obergeschoss des von Rosen und Klettertrompeten *(Campsis radicans)* umrankten Türmchens. Und gleich geblieben ist der zauberhafte Blick zum See und auf den andern Architekturgarten vor dem Herrschaftshaus.

Dieser zweite Gartenraum, das der Hauptfassade gegen Westen vorgelagerte Parterre, wird vom Haus her durch einen von Efeu umrankten Torbogen aus Sandstein über drei Treppenstufen erreicht. In seinen fast quadratischen Ausmassen erscheint der Garten heute noch so, wie er auf dem «Älteren Stadtkalender» von 1675 zu sehen ist. Die Gestaltung entspricht hier dem seit dem 17. und bis ins 18. Jahrhundert in der Gartenkunst beliebten Rasenparterre in geometrischen Grundformen.[7] Im Zentrum lag der Springbrunnen, der später zugunsten des neuen Springbrunnens im oberen, im 18. Jahrhundert erweiterten Barockgarten aufgegeben wurde. Sein Standort ist aufgrund der noch im Boden liegenden Fundamente bekannt, doch fehlt er bereits 1780 auf der wohl bekanntesten Ansicht des «Hofes». ▸4 Durch das Gartenparterre führt jetzt auf der Mittelachse, wo einst der Brunnen lag, ein auf den Torbogen zum

Haus hin führender repräsentativer Aufgabe. So entstand die in der Barockzeit typische Verbindung von Gartenlandschaft und Architektur. Auf der linken und rechten Seite dieser Hauptachse liegen zwei ziemlich identische Gartenräume, die aber im Detail nicht symmetrisch gestaltet sind. Die hier wie ein barocker Sammlergarten wirkende Gartenanlage ist mit Hecken beziehungsweise hohem Gebüsch vom Bauernland abgegrenzt. So liegt der Garten wie ein vor dem Haus ausgelegter Teppich da.

Keine 100 Jahre später erfährt auch dieses Gartenparterre eine Neugestaltung. Es scheint, als wollte man die im oberen Gartenraum zugunsten eines Wohngartens aufgegebene barocke Formensprache in diesem unteren Garten nochmals neu erstehen lassen: Es entstand der heute noch bestehende formale Parterregarten in freier Landschaft mit Buchsrondellen und Buchseinfassungen. ▸ 5, 6 Diese im 19. Jahrhundert erfolgte Wiederentdeckung des Architekturgartens brachte auch ein neues Interesse und eine Aufwertung des alten Bauerngartens mit seiner Verbindung von Blumen- und Gemüsebeeten.[8]

Im «Hof» wurde jetzt erst die Jahrhunderte früher auf den Landsitzen übliche Verbindung von Zier- und Nutzgarten realisiert. Sie könnte augenfälliger nicht sein: auf der nördlichen Seite ist der Garten nun von einer prachtvollen Rosenlaube begrenzt und auf der südlichen Seite von einer Brombeerhecke. Die quadratische Anlage ist wie im 17. Jahrhundert in vier gleich grosse, durch Buchs getrennte Flächen aufgeteilt, wobei die beiden unteren heute reine Wiesenflächen sind und die beiden oberen je zur Hälfte den Nutz- und Ziergarten bilden. Bis zum Anfang des 20. Jahrhunderts standen zwei Pappeln am westlichen, strassenseitigen Eingang zum Garten. Heute begrenzen vier in Etagen geschnittene runde Buchsbäume die Westseite. Sie sind eine perfekte Ergänzung zu der in diesem Gartenparterre exzellent nachempfundenen Architektur eines formalen Gartens, deren Klarheit und konsequente Form noch heute überzeugen.

Der Landschaftsgarten

Die beiden im 17. Jahrhundert angelegten Gartenräume erhielten im Zuge ihrer Umgestaltung in der zweiten Hälfte des 19. Jahrhunderts eine Ergänzung durch einen kleinen landschaftlich gestalteten Garten. Auf einem Plan der Stadt Zug von 1867 ist ersichtlich, dass zu diesem Zeitpunkt die nördlich und südlich den einstigen Patriziersitz begrenzenden Türmchen bereits abgebrochen waren.[9] Auf dem im Norden der Kapelle gelegenen Gelände des ehemaligen Rebberges wurde dem Geschmack der Zeit entsprechend die Randzone des Barockgartens um einen landschaftlichen Garten ergänzt, eine zeittypische Erscheinung in der ganzen Schweiz.[10] An der Stelle des einstigen Rebtürmchens steht heute eine runde Bank, umgeben von Kirschlorbeer, Stechpalmen, einer Zeder und einem Magnolienbaum.
Nordöstlich der Kapelle wurden zwei Blutbuchen und eine Amerikanische Eiche gesetzt, die heute zu gewaltiger Grösse ausgewachsen sind. Und als Pendant zum südlichen Boskett im Wohngarten entstand im Norden ein zweites kleines Gehölz, eine Baumgruppe mit einer Spanischen Igeltanne *(Picea abies* 'Echiniformis'), einer Weisstanne, einer Zeder, mit Birken, einer Schwarzföhre *(Pinus nigra), Ilex, Taxus* und Kirschlorbeer. Sie bilden heute eine Art schützenden Paravent vor der Strasse und der dominanten St. Michaelskirche. Bis ins frühe 20. Jahrhundert war dieser kleine Landschaftsgarten mit verschiedenen schmalen Wegen durchsetzt. Heute stehen Bäume und Wäldchen in der freien Wiese, umgeben von den zahlreichen Obstbäumen des Bauernlandes.

Die bis heute sorgfältig gepflegten Gartenanlagen im «Hof» der Zurlauben sind in ihrer äusseren Form aus dem 17. Jahrhundert erhalten geblieben. Allerdings erfuhren sie, dem Stilempfinden der Zeit entsprechend, immer wieder inhaltliche Veränderungen. Die gegenwärtige Gestaltung zeugt vom erlesenen Geschmack der Gartenkünstler aus dem 19. Jahrhundert, die mit Respekt vor dem Alten sich dem Neuen nicht verschlossen.

6 Das Gartenparterre vor der Westfassade des «Hofes» liegt wie ein vor dem Haus ausgelegter Teppich da. Seine heutige Gestaltung als Nutz- und Ziergarten stammt aus der zweiten Hälfte des 19. Jahrhunderts und ist der Architektur eines barocken Gartens nachempfunden.

Privatgarten, nicht zugänglich

Ars topiaria
Das Sommerhaus de Vigier in Solothurn

STEFAN BLANK

Zehn mächtige geschnittene Eiben bilden das Herzstück des Parterregartens des Sommerhauses de Vigier. Die bis in die Antike zurückreichende Tradition der *ars topiaria* – des kunstvollen Baumschnitts – findet hier einen monumentalen Ausdruck.[1]

Vom barocken Nutzgarten zum neobarocken Ziergarten

1648–1650 errichtete der in französischen Diensten stehende Hauptmann Philipp Wallier-Schauenstein (1608–1654) nördlich der Altstadt von Solothurn in der Art der so genannten Türmlihäuser ein zweigeschossiges Sommerhaus.[2] Wie die kurz nach der Bauvollendung 1653 entstandene und in der Darstellung recht zuverlässige Vogelschauansicht der Stadt Solothurn von Urs Küng (Vorzeichnung) und Sigmund Schlenrit (Stich) zeigt, lag südlich des Wohnhauses ein ummauerter Garten mit zwei Eckpavillons. Der Garten erstreckte sich auf einer ungefähr quadratischen Grundfläche, die durch ein einfaches Wegkreuz mit zentralem Springbrunnen in ein vierteiliges Parterre gegliedert war. Angaben insbesondere über die Gestaltung der Parterrefelder sind nicht bekannt.

Nachdem das Sommerhaus im Jahr 1691 durch Heirat an die alteingesessene und einflussreiche Familie von Roll gelangt war, kam es um 1700 oder im frühen 18. Jahrhundert zu einer Erneuerung des Gartens, die auf einem detailreichen Stadtplan von 1712 dokumentiert ist.[3] Unter Beibehaltung der Umfassungsmauer und der Eckpavillons bekam die ebene Gartenfläche durch ein orthogonales Wegnetz eine kleinteiligere Struktur als bisher, und vermutlich wurden auch die heute so auffälligen Eiben beim Springbrunnen und beim südlichen Gartentor gepflanzt.[4]

Eine Planaufnahme von Feldmesser Joseph Derendinger aus dem Jahr 1763 überliefert den damaligen Zustand des Gartens.[5] Auffallend tritt die streifenartige Struktur der Parterrefelder, eine Plansignatur für Nutzgärten, in Erscheinung. Die Allee an der Westseite des Parterres weist junge Bäume mit tropfenförmigen Kronen auf. Deutlich sind auch die erwähnten Eiben zu erkennen. Sie zeigen einen geometrischen Schnitt mit kastenförmigen Sockeln, kahlen Stämmen und kegelförmigen Kronen. Nimmt man die auf dem Plan dargestellten Proportionen ernst, besassen die Formbäume damals eine ideale Grösse für einen barocken Garten, da sie Akzente setzten, ohne den Überblick über das Parterre zu verstellen. Ausserdem zeigt der Plan entlang der östlichen und der südlichen Gartenmauer schmale Streifen, die als Pflanzflächen für Spaliere interpretiert werden können, denn Spaliere waren im 18. Jahrhundert sehr beliebt und in einem ummauerten Nutzgarten eigentlich zu erwarten.

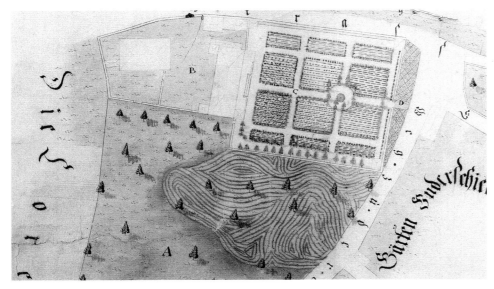

1 Der Plan zeigt die heute noch bestehende Gartenstruktur mit den sechs Parterrekompartimenten vor der Fassade, den je drei seitlichen Beetfeldern sowie den geschnittenen Eiben um das Brunnenbassin und beim Gartentor. Situationsplan von Joseph Derendinger 1763 (Ausschnitt, Norden links).
Bill de Vigier-Stiftung, Solothurn.

Seit 1822 befindet sich das Sommerhaus ununterbrochen im Besitz der Familie de Vigier. In der Folge wurden im Garten einige Veränderungen vorgenommen, die den Nutzgarten allmählich in einen Ziergarten umwandelten. Zu den wichtigsten Massnahmen gehörten die wiederholte Neugestaltung der beiden Parterrekompartimente direkt vor dem Haus. Der barocken französischen Gartentheorie entsprechend kam den Parterreflächen, die dem Haus am nächsten lagen, die grösste Bedeutung zu. Dementsprechend wurden diese Flächen nicht nur am reichsten verziert und ausgestattet, sondern sie waren auch häufiger modischen Umgestaltungen unterworfen. Überliefert ist beispielsweise der Zustand um 1870 mit einer kleinteiligen Gliederung der Flächen durch zahlreiche Rasen- und Blumeninseln in organischen Formen. Zu den Veränderungen des 19. und frühen 20. Jahrhunderts gehören auch die Umwandlung der reicheren pflanzlichen Ausstattung in einfache Rasenflächen, der Abbruch der beiden Eckpavillons an der Umfassungsmauer zwischen 1822 und 1867, der Ersatz des ursprünglich runden Springbrunnenbassins durch ein achteckiges Becken sowie die Entfernung eines an den östlichen Wohnhausturm angebauten Pavillons aus Lattenwerk. Anstelle des östlichen Gartenpavillons wurde eine kleine Aussichtsplattform mit einem Steingarten angelegt, wie er im späten 19. Jahrhundert sehr beliebt war.

Der Garten heute – ein Geflecht aus verschiedenen Epochen

Das Sommerhaus de Vigier steht unweit nördlich der Solothurner Altstadt auf einem eingeebneten Gelände, das wegen seiner windexponierten Lage seit dem 14. Jahrhundert «zu kalten Häusern» genannt wurde. Südlich des Hauses und axial auf dieses bezogen liegt das Gartenparterre. Es ist von einer schmalen Terrasse überblickbar, die sich zwischen den beiden Seitentürmen des Hauses erstreckt und im Sommer mit Kübelpflanzen geschmückt ist. Der westliche Turm öffnet sich im Erdgeschoss zu einem überwölbten Sitzplatz, daneben führen zwei Fenstertüren in einen grossen Gartensaal, der im Stil des Rokoko mit galanten Festszenen in arkadischen Landschaften ausgemalt ist.

Noch immer hat der Garten die annähernd quadratische Grundfläche des 17. Jahrhunderts, und die umgebende Mauer öffnet sich einzig in der verlängerten Mittelachse in einem Gittertor mit vasenbekrönten Steinpfeilern aus dem 18. Jahrhundert. ▸ 2 Der Grundriss mit seinem orthogonalen Wegsystem und den sechs rechteckigen, ungefähr gleich grossen Parterrefeldern entspricht noch weitgehend dem Plan von 1763. Die Breite dieser Felder entspricht genau derjenigen des Hauses, womit eine wichtige Regel der barocken Gartenkunst befolgt

2 Blick von Süden über den Garten zum Sommerhaus.

wird. Statt Beeten mit vielfältigen Pflanzungen enthalten die Parterrefelder seit dem 19. Jahrhundert Rasen und werden heute von kniehohen Rahmenrabatten oder einfachen Hecken aus Buchs eingefasst. Die Rahmenrabatten um die beiden Kompartimente direkt vor dem Haus und entlang des mittleren Weges sind mit verschiedenfarbigen Rosen bepflanzt. Diese Bepflanzung stammt aus dem 20. Jahrhundert und bildet einen der wenigen Farbtupfer im ansonsten weitgehend grünen Parterregarten.

Die ursprüngliche Allee aus Winter- und Sommerlinden auf der Westseite des Parterres erhielt nach 1920 einen kastenförmigen Schnitt.[6] An ihrem südlichen Ende steht seit einigen Jahren eine Marmorbüste des Landammanns Wilhelm Vigier (1823–1886).[7] Auf der Ostseite des Gartens besteht keine Allee, dafür sind die das Mittelfeld begleitenden Kompartimente breiter, und die dahinter liegende Gartenmauer ist mit Obstspalieren (Aprikose, Pfirsich, Pflaume, Birne) überwachsen. In der Südostecke befindet sich eine künstlich aufgeschüttete Aussichtsplattform (Känzeli), die heute von einer geschnittenen Kirschlorbeerhecke eingefasst wird. Die Aufschüttung selbst ist ein Überrest des Steingartens, der im späten 19. Jahrhundert anstelle des ursprünglichen Eckpavillons angelegt wurde. Aus der gleichen Zeit stammen auch die Rabatteneinfassungen aus Zementziegeln entlang der südlichen Gartenmauer. Die Rabatten sind mit Obstspalieren und verschiedenen Hortensiensorten bepflanzt.

Nutzen und Zierde

Das gestalterische Hauptaugenmerk liegt auf den insgesamt zehn mächtigen Eiben im südlichen Gartenbereich. ▸3 Acht von ihnen sind um das Brunnenbassin herum gepflanzt, zwei flankieren das Gartentor. Sie sind rund sechs Meter hoch und haben einen Durchmesser von ungefähr vier Metern. Während die in der Querachse stehenden Eiben zu einfachen Zylindern geschnitten wurden, zeigen die Exemplare entlang der Hauptachse abwechslungsreichere Formen. Hier kommen der Etagen- und der Spiralschnitt sowie eine Kombination von Kubus und Zylinder vor. Allen gemeinsam ist der kuppelartige obere Abschluss. Dieser geometrische Schnitt in Verbindung mit ihrer monumentalen Grösse macht die Eiben zum bestimmenden, skulpturhaften Element des Gartens.

Die gleichzeitige Nutzung als Zier- und Nutzgarten ist seit 1763 überliefert. Der Garten besass also nicht nur eine gesellschaftliche Bedeutung als ein Ort der Erholung und Ablenkung vom hektischen Alltagsleben in der Stadt sowie als repräsentatives Vorzeigeobjekt. Als privater Gemüse- und Obstgarten war er nicht zuletzt auch eine wirtschaftliche Notwendigkeit für einen herrschaftlichen Haushalt, dem an einer abwechslungsreichen und quantitativ genügenden Selbstversorgung gelegen war.

Besondere Bedeutung kommt den mächtigen Eiben zu, die einmal jährlich von einem Fachmann aus Paris geschnitten werden. ▸4 Sie setzen einen markanten skulpturalen Akzent im Garten, der nach den im 19. und 20. Jahrhundert vorgenommenen Veränderungen heute insgesamt streng und nüchtern wirkt. Ihre beeindruckende Grösse haben die Eiben trotz regelmässigem Schnitt allmählich in ihrer rund 300-jährigen Lebensdauer erreicht. Damit rufen sie im Vergleich zum barocken Garten des 18. Jahrhunderts, als die noch kleinwüchsigen Formbäume einen Überblick über das gesamte Parterre ermöglichten, ein Raumgefühl hervor, das eher für die europäische Gartengestaltung um 1900 charakteristisch ist. Damals waren grossformatige Formgehölze sowohl in Neuanlagen als auch in historischen Gärten ein wichtiges und verbreitetes Stilmerkmal. Zu den noch zahlreich erhaltenen Vertretern dieses Gartenstils gehört beispielsweise auch der Garten von Schloss Bothmar in Malans mit seinen ebenfalls skulpturhaften und mächtigen Buchs- und Eibenbäumen.[8]

4 Der Meister im Baumschneiden Laurent Michel aus Paris bei der (Hand-)Arbeit nach Augenmass.

3 Ansicht der Eibenskulpturen beim Brunnenbassin.

Privatgarten, nicht zugänglich

Ein Aha aus dem 18. Jahrhundert
Das Gut La Gara in Jussy

CHRISTINE AMSLER,
VERENA BEST

Vom ummauerten Garten zum Spiel mit den Perspektiven

In Genf legen die vermögenden Patrizier im 18. Jahrhundert ihre Lustgärten vor allem auf dem Land bei den herrschaftlichen Häusern ihrer landwirtschaftlichen Güter an, während die Vauban'schen Befestigungsmauern, die die Stadt einschnüren, sich allmählich mit öffentlichen Promenaden schmücken.[1]

La Gara, ein Landgut abseits der Ortschaft Jussy in einer buschreichen Hügellandschaft mit herrlichen hundertjährigen Eichen, erhält seine grosszügige rechtwinklige Gestalt, das Zentrum des Besitzes, in zwei Bauphasen.[2] Die erste, gegen Ende des 17. Jahrhunderts durch die einflussreiche Familie Favre eingeleitet, ist weitgehend auf hauswirtschaftliche Belange zugeschnitten. Dies zeigt sich in der weitläufigen trapezförmigen Umfassungsmauer, in deren Mitte, vor einer geschlossenen Gebäudefront, ein viereckiger Gemüsegarten das Angenehme mit dem Nützlichen verbindet. Zwei Laubengänge säumen die Süd- und die Nordseite, dahinter erstrecken sich in ungeschützter Lage grosse Obstgärten. Aus dieser Anfangsphase sind die rechteckige Grundform sowie der nördliche Obstgarten erhalten.

Der zweite Bauabschnitt ab 1754 betrifft den Umbau für die Thellussons und führt zur jetzigen Gestalt der Gebäude. Unter Einbezug der existierenden Dreiteilung des Geländes werden ausgedehnte Achsen geschaffen, die dem Ganzen eine Struktur verleihen sollen. Im Zentrum entsteht ein neues Herrenhaus, das dem Gemüsegarten der Favres zugewendet ist. Auf der Hofseite umschliesst es mit den beiden symmetrischen Nebengebäuden einen regelmässigen, von Kastanien überschatteten Platz, der von einer langen, geraden Allee aus erschlossen wird. Diese Allee – zugleich die Hauptachse und die bedeutendste Symmetrieachse – wird von Querachsen durchschnitten, die die Perspektiven in Richtung Norden vervielfältigen. ▸1

Auf der Gartenseite verdrängen zwei Zierparterres den Gemüsegarten, der nach Süden verlegt wird. Das Nützliche ist nun vom Angenehmen getrennt. Damit der Blick ins Weite gehen kann – was die Anziehungskraft dieses am raffiniertesten gestalteten Teils des Gutes noch erhöht –, wird die Umfassungsmauer mit hohem Kostenaufwand durch einen langen, aus der Ferne unsichtbaren Wassergraben ersetzt. Dank dieser einfallsreichen, in der Schweiz wahrscheinlich einmaligen Art der Einfriedung kann das Auge wieder ungehindert in die Ferne schweifen, während die Grenze zwischen Garten und Ackerland weiterhin unüberwindbar bleibt. Das Prinzip ist vom Schlossgraben übernommen und als Aha oder Haha bekannt – Begriffe, in denen sich die Überraschung ausdrückt, die der unverhoffte Anblick des Grabens auslöst.

Nutzen und Zierde

Der Graben umgibt die Anlage an zwei Seiten und wird entlang der Parterres als Gartenkanal, das heisst als Zierelement, behandelt. ▶2 In der Mitte weitet er sich in ein rundes Becken mit Fontäne, während die Endpunkte durch gemauerte Plattformen markiert werden, die das spiegelnde Wasser überspannen. Längs des Aha ragen da und dort weitere Zierelemente in die Parterres. Im Süden stehen drei Lindenreihen, die einen zum Flanieren einladenden Platz in schattiges Dunkel tauchen. Im Norden – davon zeugen Pläne aus dem 18. Jahrhundert – gab es eine ähnliche Bepflanzung, von der allerdings keinerlei Spuren mehr zu sehen sind.

Vom formalen Garten zum englischen Park

Kurz nach 1791, als der Geschmack sich allmählich ändert, werden die als «etwas antiquiert»[3] erachteten Parterres Opfer einer ersten Vereinfachung. Dies belegt ein Plan, den aller Wahrscheinlichkeit nach der Geometer Jean Heberlé um 1800 zeichnet. Bei diesem Eingriff geht es weniger um eine Vereinfachung als vielmehr um eine erste, noch relativ dezente räumliche Vereinheitlichung. Es ist der Auftakt zu einem allmählichen Umwandlungsprozess, bei dem

1 La Gara.
Luftaufnahme von Südosten, 2005.

Christine Amsler, Verena Best: La Gara, Jussy

Gärten aus dem 18. Jahrhundert in landschaftliche Parks verwandelt werden. Diese Entwicklung ist durch eine kontinuierliche Öffnung des Raums, eine Lockerung des orthogonalen Prinzips und die Einführung neuer Zierelemente gekennzeichnet.

Ihre Auswirkungen erstrecken sich auf die ganze südliche Partie des Favre-Gebietes – einschliesslich des Gemüsegartens, der noch einmal verlegt wird. In welchen zeitlichen Abschnitten die Verwandlung des Gartens erfolgte, ist nicht bekannt. Die Jahre 1835–1840 könnten ausschlaggebend gewesen sein, denn da wird die Orangerie im Süden umgebaut, und sogar im Inneren des Herrenhauses finden wichtige Veränderungen statt, damit die nach Süden orientierten Räume noch mehr als zuvor von der Sonneneinstrahlung profitieren können.

Die Dokumente aus den Jahren 1870–1890[4] ▸3 zeigen auf beiden Seiten der langen, einst dem Parterre zugewendeten Fassade Gruppen von Laubbäumen und Koniferen, darunter auch ein paar Libanonzedern, die eine grosse, zusammenhängende Rasenfläche einfassen, die in der Nähe der Salons durch ovale *corbeilles de fleurs* aufgelockert wird. Am Rand dieser Rasenfläche schlängelt sich ein Pfad zu dem mit Linden bepflanzten Platz. In eleganten Windungen führt er auf die neue Wiese, die den Gemüsegarten der Thellussons verdrängt hatte und mit Bäumen bepflanzt wurde, und gelangt schliesslich zur südwestlichen Ecke des Parks, wo in einem Blumengarten vor der Orangerie seltene und anspruchsvolle Pflanzen gedeihen. Halb begraben in den kleinen Wäldchen fügen sich zwei filigrane Gartenpavillons in die natürliche Umgebung ein.

Restaurierung und Modernisierung

In dieser Form überdauert der Garten ohne bemerkenswerte Veränderungen das 20. Jahrhundert. Zum Nachteil gereichen ihm jedoch die drei Jahrzehnte nach 1970, in denen das Gut

2 Das Aha.

Nutzen und Zierde

3 Das Zentrum der Domaine La Gara um 1870–1890 mit den hufeisenförmig angeordneten Gebäuden und dem grossen, längsrechteckigen Garten mit den Obstbäumen im Norden und, an zwei Seiten, der Begrenzung durch ein Aha in Form eines Kanals.
Sammlung Luc-Eric Revilliod, Jussy.

kaum bewirtschaftet und meist nur vom Pächter mit seiner Familie bewohnt wird. Unter neuen Besitzern wird im Jahr 2000 im Zug der Restaurierung und Sanierung der Anlage die mit Schlaglöchern übersäte Zufahrtsallee erneuert: Die alten Ulmen weichen auf Lücke gesetzten Kastanien, Linden und Nussbäumen. Der Obstgarten, in dem es um 1950 an die 100 Bäume gab, weist nur noch 14 gesunde Exemplare auf. Der Hof hatte mehrere seiner altehrwürdigen Kastanien für immer eingebüsst. Die Gartenpavillons waren verschwunden, der Kanal unter Schilfrohr begraben, und die Ziergehölze, die in den Wäldchen und an den Promenaden überdauert hatten, bedurften dringend einer Auslichtung, die sich nach so vielen Jahren der Vernachlässigung schwierig gestaltete.

Die gegenwärtige Sanierung der Gärten erfolgt in Etappen. Grundlage dafür sind eine fundierte Analyse der örtlichen Verhältnisse und des Gesundheitszustandes der Bäume, gute Kenntnisse über die Geschichte der Anlage und punktuelle Bodenuntersuchungen, die zur Wiederentdeckung der verschwundenen Ebenen und Spuren beitragen sollen. Obwohl das vorrangige Ziel darin besteht, die rechtwinklige Struktur aus dem 17. und 18. Jahrhundert und die romantisch inspirierten Neuerungen des 19. Jahrhunderts freizulegen, geht es auch darum, zeitgenössische Elemente einzufügen, um neueren Bedürfnissen gerecht zu werden und die Geschichte des Gartens um eine neue Schicht zu bereichern.

Im Obstgarten ist der Bestand von 14 ungeschützten, noch tragenden Bäumen im Rahmen eines von den Behörden unterhaltenen landwirtschaftlichen Umweltprogramms um 68 Jungpflanzen, alles alte lokale Sorten (Pfirsich, Pflaume, Zwetschge, Kirsche, Sauerkirsche, Birne, Apfel, Quitte, Mispel) aufgestockt worden.[5] Ihre schachbrettartige Anordnung lässt die Achse, die auf dem um 1800 entstandenen Plan zu sehen ist, in Form einer grünen Allee wiedererstehen. Zwei angewinkelte Buchenhecken rahmen deren Anfang. ▸4

4 Der nördliche, kürzlich bepflanzte Obstgarten, nach Norden gesehen.

Dieses zeitgenössische Element des «Heckenwinkels» wiederholt sich an anderer Stelle des Gartens als eine Art Leitmotiv. Zwar sind Vokabular und Syntax der französischen Tradition des 17., 18. Jahrhunderts entliehen, doch wird dieses Element nur an Eckpartien eingesetzt, um nach der Art eines Paravents je nach Bedarf untergeordnete Räume zu schaffen.

Die Zufahrtsallee, eingeebnet und mit feinem Material auf Kalkbasis bedeckt, hat ihre alte Noblesse wiedererlangt. Sie wird auf beiden Seiten von Schatten spendenden Kastanien und Linden gesäumt. 200 Meter lange Hainbuchenhecken schliessen die Allee nach aussen ab. Der Hof, dessen Fläche kurz nach 1800 verdoppelt worden ist, um ein zusätzliches landwirtschaftliches Gebäude aufzunehmen, wird in zwei Teile gegliedert. Der jüngere Teil wird zu einer Art Vorhof, in dem winkelförmige Spaliere von leicht schräg gepflanzten Hainbuchen auf beiden Seiten der Achse kleinere offene Räume definieren, die in erster Linie als Parkplätze dienen.

Im hinteren, ursprünglichen Teil des Hofs, wo das Gelände leicht nach Süden abfällt, wird mit einer hellen Betoneinfassung und vier Kastanien in den Ecken ein grosser zentraler Platz geschaffen, der wieder einen Eindruck von Horizontalität vermittelt. An seinen Seiten werden zwei grosse Buchsbaumgruppen auf Dauer eine Sichtblende zwischen den Gebäuden bilden. Inzwischen muss nur noch für die Restaurierung des Kanals eine Lösung gefunden werden. Seine Mauern sind porös, und die Quelle, die ihn einst speiste, ist versiegt. Trotzdem: Fünf Jahre Arbeit haben genügt, um den Gärten von La Gara wieder Leben einzuhauchen und ihnen als Ensemble ihre ursprüngliche, aussergewöhnliche Qualität zurückzugeben – ein Ergebnis der Ablagerungen einer jahrhundertelangen Baugeschichte.

Übersetzung: Jutta Orth

Privatgarten, Besichtigung auf Anfrage möglich

Wandlungen eines Rebbergs
Romantischer Garten ob Schaffhausen, «in einem Einfang» gelegen

LUCREZIA HARTMANN

In einer Strassengabelung am Hang oberhalb der Altstadt liegt ein stattliches zweigeschossiges, gelbes Haus mit barockem Walmdach, das den spitzen Winkel zwischen beiden Strassen wie ein Riegel füllt. Eine zwei Meter hohe Mauer umgibt den Kiesvorplatz und öffnet sich in der Mittelachse des Hauses mit einem Tor. Hinter ihr ist hohes Gebüsch sichtbar, aus dem zwei Kastanien ragen, die wie Wächter auf dem Vorplatz postiert sind und die Hausfassade teilweise verbergen. Im Hintergrund lassen hohe Baumkronen alten Baumbestand erahnen. Geschützt durch Mauer und Vorgarten, wirkt das Haus mit seinen grossen Fenstern dennoch einladend, und man betritt neugierig den Kiesplatz. Die Blumenrabatte entlang der Hausfront bildet den Auftakt zu den Gartenfreuden, die sich hinter dem Haus verbergen.

Links und rechts führen schmale Durchlässe in den Garten. Hier beginnen die Überraschungen. Zunächst sieht man sich vor einer weiten, von stattlichen Bäumen und Büschen umschlossenen Rasenfläche, an deren Rand drei mit Rosen und Lavendel bepflanzte Beete Farbtupfer setzen. ▶ 1 Von hier führen fast verborgene Wege in einen etwas höher gelegenen zweiten Garten. Dort erstreckt sich ein Parterre mit rechteckigen Beeten, deren korrekte

1 Blick vom Landschaftsgarten nach Süden auf die Gartenfront des Hauses.

Lucrezia Hartmann: Erkergut, Schaffhausen

2 Nutz- und Ziergarten mit Mittelweg nach Norden, seitlich und dahinter Streuobstwiese und Villa Neugut, im Hintergrund Lindenrondell.

Buchseinfassung im Sommer mit einer verschwenderischen Fülle von Blumen, Beerensträuchern und Gemüse kontrastiert. Von Kletterrosen umrankte Bogen markieren zwei der Wegkreuze. Der Mittelweg führt auf eine Bank zu, hinter der eine hohe, mit Reben und Aprikosen bewachsene Mauer quer zur Sichtachse einen deutlichen Abschluss bildet. Dahinter und links schliesst eine leicht ansteigende weitläufige Obstbaumwiese an, über der eine stattliche Villa thront, während am Ende des Anwesens eine Gruppe alter Linden eine kleine Anhöhe krönt. ▸2

Der Hang ist locker bebaut. Das war natürlich nicht immer so. Als Johann Jacob Wepfer, seines Zeichens Urteilsprecher, ab 1715 hier oben mehrere Grundstücke kaufte[1] und darauf ein Sommerhaus baute, fand er ausgedehnte Rebhänge und Obstwiesen sowie in der Nähe eine Siedlung aus wenigen Häusern vor. Das Gebiet hiess «die Steig» nach der Strasse, die vom Obertor steil auf die Höhe führte. Hier hatten sich schon lange vorher wohlhabende Bürger, vor allem Ratsleute und Zunftmeister, niedergelassen. Wepfers Stadthaus «Zum Erker» gab seinem Sommerhaus und Gut den Namen «Erkergut». 1826 erwarb es Johann Conrad Peyer,[2] verkaufte es jedoch 1868 an den Arzt Bernhard Conrad Frey. Im Besitz von dessen Familie ist es bis heute geblieben.

Schon lange vor 1715 wurde dort oben Wein angebaut: «Uf beiden siten dieser bsetzten Steig hat es schöne win- und boumgärten […]», schreibt 1600 der Chronist Johann Jacob Rüeger.[3] So erstreckte sich ursprünglich auch über den grössten Teil, wenn nicht über die gesamte Fläche des heutigen Anwesens ein Weinberg. Davon zeugt noch heute eine möglicherweise aus dem 16. Jahrhundert stammende Weinkelter an dem unten entlangführenden Strässchen. J. J. Wepfer errichtete hier aber nicht nur das heute noch bestehende Sommerhaus, sondern legte vermutlich auch schon den ersten Garten an. Ein Mittelportal führte in und durch das Haus dorthin. 1717 erhielt Wepfer das Recht, für Haus und Gut «Wasser ab dem Riet» zu beziehen.[4]

Nutzen und Zierde

Der erste grosse Stadtplan von Schaffhausen, gezeichnet 1820 von Johann Ludwig Peyer[5], zeigt vor dem Haus einen symmetrischen Vorgarten, hinter dem Haus ein durch eine Stützmauer gegen das höher gelegene Rebengelände deutlich abgegrenztes geometrisches Gartenparterre mit einem Brunnen in der nordsüdlich verlaufenden Mittelachse, also eine typisch barocke Anlage. Diese existierte vermutlich noch 1826. Laut Kaufvertrag bestand sie damals aus einem «geräumigen Wohnhaus [...], einem Hof und Hühnerhof, einem grossen Gemüssgarten mit lauffendem Brunnen, sodann in circa 2 Juchart Reben u. circa einer Juchart Feld, so vormals Reben gewesen, alles an und bey einander u. in einem Einfang gelegen [...]».[6] Mit dem Gemüsegarten ist zweifellos das Parterre hinter dem Haus gemeint.

Der Katasterplan von 1863 (gedruckt 1875)[7] weist demgegenüber beträchtliche Veränderungen auf. An die Stelle des geometrischen Parterres ist ein Landschaftsgarten mit Rasenfläche und Blumenbeeten, geschwungenem Rundweg, einzeln stehenden Bäumen und Randgehölzen getreten. Die Stützmauer ist durch eine sanfte Böschung ersetzt. Ein geometrisches Wegenetz nördlich davon verrät, dass der Nutzgarten hierher verlegt worden ist. Reben wachsen nur noch auf einem knapp zehn Are grossen Feld. Der Rest ist Wiesengelände. Den Grundstücksgrenzen folgen Wege, und am nördlichen Ende zweigen zwei Pfade ab zu einem runden, von Bäumen umstandenen Platz, dem heutigen Lindenrondell.

Der Garten ist demnach zwischen 1820 und 1863, vermutlich ab 1826 von den neuen Besitzern umgestaltet worden. Dies entsprach durchaus dem Geschmack der Zeit: das Interesse hatte sich allmählich vom streng geometrischen Garten ab- und dem (scheinbar) natürlichen Landschaftsgarten zugewandt. Der zuerst in England praktizierte «natürliche» Gartenstil übte seit der zweiten Hälfte des 18. Jahrhunderts grosse Anziehungskraft auch auf dem Kontinent aus. Die Prinzipien, nach denen in grossem Massstab Schlossgärten und herrschaftliche Landsitze geschaffen oder umgestaltet wurden, machten sich nach 1800 auch wohlhabende Bürger zu Eigen. Sie umgaben ihre Häuser oder Villen mit kleineren Landschaftsgärten, die häufig durch Blumen und auch exotische Pflanzen bereichert wurden.

Als das Erkergut 1868 zum zweiten Mal verkauft wurde, müssen die im Zuge der Umgestaltung gepflanzten Bäume schon recht gross gewesen sein, sonst wäre im Kaufvertrag nicht von «Wald» die Rede, der neben Reben, Garten, Hof usw. zum Gut gehörte.[8] Unterhalb des Lindenrondells war zudem am Rundweg eine Nische mit Bank als Aussichtspunkt entstanden. Von hier aus bot sich ein grossartiger Blick auf die Stadt. Heute von Bäumen verstellt, ist er auf einer alten Fotografie festgehalten. Der Umgestaltungsprozess schloss aber auch den Vorgarten ein: aus ihm ist spätestens 1863 der heute noch bestehende Platz mit Rabatten entlang der Hauswand und der Gartenmauern geworden.

1902 liess Bernhard Conrad Freys Sohn Hermann Frey an der oberen Grenze des Grundstücks eine Villa in historisierendem Stil bauen und beauftragte Evariste Mertens mit der Gestaltung des umliegenden Geländes. Von diesem Garten sind nur Spuren erhalten, der Entwurf ist verschollen. Ein erhaltener Zustandsplan aus dem Büro Mertens[9] zeigt weder die Spaliermauer am Ende des Nutzgartens noch ein dahinter verstecktes Gartenhäuschen, noch ein weiter hinten gelegenes Gewächshaus.[10] Möglicherweise gehen aber diese Bauten wie auch die heute noch existierenden Treibkästen in der Obstwiese und der ummauerte Kompostplatz auf den Entwurf von Mertens zurück.

Seither erfuhr die Anlage keine gravierenden Veränderungen mehr. Wohl aber wurde 1939/40 das alte Sommerhaus umgebaut. Hauseingang und Treppenhaus hat man von der Mittelachse an die linke Seite verlegt und die Durchfahrt zum Garten geschlossen, das heisst, der repräsentative Charakter wurde zugunsten einer praktischeren Nutzung – es gab nun zwei Woh-

3 Blick vom Haus nach Norden in den Landschaftsgarten.

nungen – zurückgedrängt. Vielleicht hat man im Zuge dieser Massnahme auch das noch bestehende Rebenfeld (das auf einer Fotografie um 1930 noch zu sehen ist) beseitigt. Das Gewächshaus riss man nach Ausbruch des Zweiten Weltkriegs ab, da es an Kohle zur Beheizung mangelte. Später wurde der nach wie vor existierende, vom Rietwasser gespeiste Brunnen um einige Meter nach hinten verlegt.

Im Grossen und Ganzen entspricht die heutige Anlage den Plänen, die aus dem 19. Jahrhundert überliefert sind; mehr noch, sie hat den Charakter eines mehrfach genutzten Gartens aus jener Zeit gewahrt. Ebenso hat das alte Haus auch ohne barockes Mittelportal und Dekor die behagliche Ausstrahlung eines spätbarocken Landhauses behalten. Seine Gartenfront öffnet sich mit grossen Fenstern zum landschaftlichen Garten, dessen weites und doch intimes Rund wie eine Erweiterung der Wohnräume wirkt. Dieser Gartenraum ist stark geprägt durch die vor die dunklen Eiben- und Buchskulissen tretenden und sie weit überragenden Baumindividuen: Gelbe Pavie, Winterlinde, Blutbuche, Scheinzypresse und eine prächtige Platane. Etwa 130–150 Jahre alt und als schützenswert eingestuft, sind sie eindrucksvolle Zeugnisse jener Zeit, als die Menschen, ihrem Bedürfnis und vielleicht auch der Mode folgend, nächst dem Haus einen «naturnahen» Garten wünschten. ▸ 3

Leicht vertieft zwischen Rasenfläche und Gehölzgürtel, tritt der Flanierweg heute wie damals kaum in Erscheinung. Die aus Feldsteinen gemauerte Nische, zu der er sich an einer Stelle erweitert, um einer Bank Platz zu bieten, ist unverändert erhalten, ebenso der den Gehölzgürtel begrenzende Saum aus hochkant gestellten Kalksteinen.

Das Lindenrondell auf dem höchsten Punkt des Geländes, wo Sommer-, Winter- und Kaiserlinden (auch sie geschützte Exemplare) einen runden Steintisch umstehen und im Frühling ein Meer von Winterlingen den Boden gelb färbt, ist heute wie damals Zielpunkt einer Sichtachse, die die hintereinander gestaffelten Gartenräume zusammenfasst. ▸ 4

Die Streuobstwiese mit Apfel-, Birn-, Kirsch-, Quitten- und Zwetschgenbäumen ist das zweite Bindeglied zwischen den verschiedenen Gartenräumen. Mit dem grössten Anteil an der Gesamtfläche bewahrt sie anstelle des ehemaligen Weinbergs ein Stück traditioneller Kulturlandschaft in Stadtnähe.

Die alles umschliessende Mauer bezieht an der Talseite besonderen Reiz aus der üppigen Vegetation auf ihrer Krone, wo neben Gräsern und Kräutern auch Hauswurz und Iris wach-

4 Blick vom unteren Rundweg mit der bewachsenen Gartenmauer zum Lindenrondell.

sen. Mit den sie begleitenden und stellenweise überwuchernden wilden Reben und Goldruten wird dem natürlichen Wachstum zusätzlich Raum gewährt.

Es ist die Mischung aus parkartig und formal gestalteten Quartieren sowie landwirtschaftlicher Nutzung, die den Garten so reizvoll macht, zusammen mit seiner am Ganzen und an Details ablesbaren Geschichte. Dafür, dass dies so bleibt, sorgt das heutige Besitzerpaar mit hingebungsvoller Pflege, mit grossem Sachverstand, Einfühlungsvermögen und Traditionsbewusstsein.

Privatgarten, nicht zugänglich

Offiziere in fremden Diensten und die Gartenkunst

Die Geschichte der Schweizer Gärten ist von der politischen und militärischen Geschichte der Schweiz nicht zu trennen. Vom Dienst an den Waffen angezogen, oft aber auch durch die ungünstigen ökonomischen Bedingungen getrieben, traten die Männer der alten Eidgenossenschaft schon sehr früh als Söldner in den Dienst der deutschen Kaiser oder italienischer Städte. Seit den Kriegen in Italien wurde das Söldnerwesen immer wichtiger. So stellte die Schweiz der französischen Krone seit 1453, als König Karl VII. den ersten ständigen Bündnisvertrag mit den Eidgenossen schloss, bis zur Auflösung der Monarchie Söldner zur Verfügung. Aus diesem Grund akkreditierte Franz I. 1522 einen ständigen Botschafter bei der Eidgenossenschaft, der seinen Sitz in Solothurn hatte.

Nicht nur der französische König, auch die meisten anderen europäischen Nationen wandten sich zur Ausbildung ihrer Infanteriekorps an die Eidgenossen und schufen dadurch weitere Söldnerheere. Im 15. Jahrhundert dienten die Schweizer in Spanien, Savoyen und Ungarn, im 17. Jahrhundert, vor allem während des Dreissigjährigen Krieges, in Spanien, Schweden und an der Seite der venezianischen Armee. Die protestantischen Kantone verbündeten sich dauerhaft mit Holland. Im 18. Jahrhundert waren Eidgenossen auf allen Schlachtfeldern Europas anzutreffen. Der Dienst in der Fremde setzte sich bis in die Mitte des 19. Jahrhunderts fort. Die päpstliche Schweizergarde, die Papst Julius II. im Jahr 1506 gründete und die noch immer auf ihrem Posten steht, ist vielleicht das letzte Glied in der Kette.

Die hochrangigen Offiziere, die fast alle aus den führenden Familien der Schweizer Kantone stammten, betrachteten ihr Engagement als Gelegenheit zum Erwerb von Vermögen, Prestige und Titeln und als Möglichkeit für den Aufbau von Beziehungen. Sie verschafften sich Zugang zu zahlreichen Privilegien, etwa zu Gratifikationen und königlichen Pensionen. Die angehäuften Reichtümer und die im Ausland geknüpften Kontakte wirkten sich in der Schweiz spürbar auf die Architektur, die angewandten Künste, Sprache, Sitten und Gebräuche aus. Unter den Gartenanlagen des 17. und 18. Jahrhunderts, die vor allem durch Bild- und Schriftquellen bekannt sind, nimmt deshalb diejenige von Schloss Waldegg in Feldbrunnen bei Solothurn einen besonderen Platz ein. Sie wurde zwischen 1682 und 1684 für den Avoyer Johann Viktor Besenval erbaut und weist sowohl italienische als auch französische Einflüsse auf. Im Jahr 1991 konnte sie auf der Grundlage archäologischer Quellen teilweise rekonstruiert werden.

Wie der Garten von Schloss Waldegg spiegeln die Offiziersgärten die Einflüsse des Dienstes in der Fremde auf je eigene Weise wider. Als Folge dieser Einflüsse setzte sich im Laufe des 18. Jahrhunderts der französische Stil in allen unseren Gärten durch. Die Beiträge dieses Kapitels bestätigen – neben der Vermittlung weiterer Erkenntnisse – dieses Phänomen, ohne allerdings konkrete Vorbilder ausfindig machen zu können. Zum Schluss seien – als Beispiel für einen sozusagen umgekehrten Einfluss – noch die Cent-Suisses erwähnt, die königliche Garde, die für Ludwig XIV. in Versailles das Bassin des Suisses aushoben und dafür mit ihrem Leben bezahlten!

Catherine Waeber
Übersetzung: Jutta Orth

Der Garten als Burghof
Die Herrenhaus-Gärten in Schwyz

MARKUS BAMERT

«Schwitz, schöner Anblick des völlig grünen, mit hohen zerstreuten Fruchtbäumen und weissen Häusern übersäten Landes […]»[1] Johann Wolfgang von Goethe notierte diese Zeilen auf seiner dritten Schweizerreise nach der Überquerung der Haggenegg von Einsiedeln her kommend am Samstag, dem 30. September 1797, in sein Tagebuch. Denselben Eindruck geben die zahlreich erhaltenen Ansichten von Schwyz aus der Hand der Schwyzer Kleinmeister in der ersten Hälfte des 19. Jahrhunderts wieder.[2] Am eindrücklichsten ist die von Goethe beschrie-

1 Von den ehemals zahlreichen wegbegleitenden Obstbaumalleen hat sich als einzige diejenige unterhalb des Hauses Ab Yberg im Grund erhalten.

Offiziere in fremden Diensten und die Gartenkunst

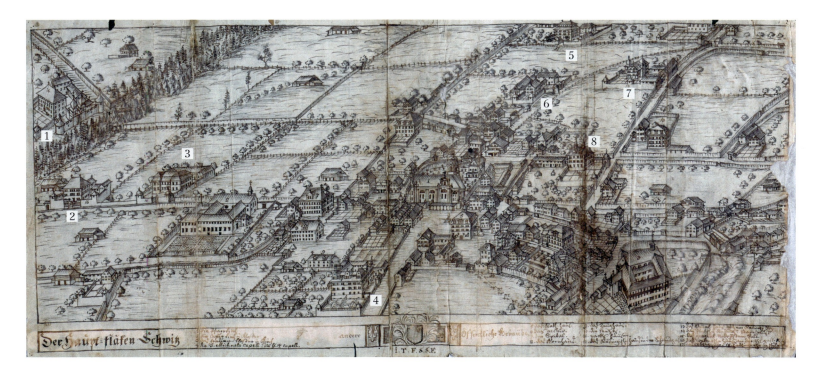

bene Situation auf einer um 1800 entstandenen Federzeichnung von Pfarrer Thomas Fassbind (1755–1824) zu sehen.³ ▸2 Die etwas übertriebene, die Details jedoch äusserst akribisch beschreibende Vogelschau von Südwesten zeigt alle wichtigen Besiedlungselemente des Fleckens Schwyz und seiner Umgebung, den Hauptplatz mit Kirche und Rathaus, die Klöster, die umliegenden Bürgerhäuser, längs der vom Hauptplatz in alle Richtungen gehenden Ausfallstrassen, den Kranz der Herrenhäuser rund um den Flecken sowie die von Obstbaumalleen gesäumten Wege und tieferen Gassen. ▸1

Der Talkessel von Schwyz ist mit einer städtischen Siedlung vergleichbar, in der alle Funktionen, öffentliche wie private, innerhalb der Stadtmauern stattfinden. Bei den Hofstätten, die den kleinen Dorfkern umgeben, handelt es sich um Ganzjahresniederlassungen der führenden Oberschicht. Hier können die zum täglichen Leben notwendigen Bedürfnisse der Familien erfüllt werden. Es sind somit nicht lediglich feudale Sommersitze, die nur während der fruchtbaren Sommerperiode aufgesucht werden.⁴ ▸3 Ihre Situierung an den sanft nach Südwesten geneigten Abhängen des Talkessels abseits vom Dorfkern begründet sich auf der Form der alemannischen Streusiedlung. Die Niederlassungen sind aus den Stammsitzen alter Familienverbände hervorgegangen, die bei der Landnahme hier gesiedelt haben. Es sind dieselben Familien, die ab dem 15. bis ins frühe 19. Jahrhundert nicht nur die öffentlichen Ämter in Schwyz innehatten, sondern sich insbesondere auch im Söldnerwesen intensiv engagierten. Dadurch kamen sie über die eigenen Grenzen hinaus auch mit fremdem Gedankengut und neuen Bauideen in Berührung.

So gestalteten die Reding-Brüder Ital (1573–1651) und Rudolf (1582–1616) ihre beiden neuen Wohnhäuser unmittelbar am Dorfrand von Schwyz nach neuen architektonischen Gesichtspunkten, also nicht mehr als talorientierte, der örtlichen Bautradition verpflichtete Giebelbauten. Nach diesem Vorbild erhielten auch andere Herrenhäuser den Charakter von streng kubischen Palais mit dekorativen Dachaufbauten. Sie orientieren sich an süddeutschen sowie französischen Vorbildern der Spätrenaissance.⁵ Im Gegensatz etwa zu italienischen Palazzi der Spätrenaissance besitzen die steilen, ziegelgedeckten, mit grossen Aufbauten bestückten Dächer der Schwyzer Herrenhäuser ein grosses optisches Gewicht.

2 Vogelschau von Schwyz um 1800, gezeichnet von Pfarrer Thomas Fassbird. Die Zeichnung zeigt die Schwyzer Siedlungsstruktur mit dem kleinen Dorfkern, der Kirche im Zentrum und den umliegenden herrschaftlichen Hofstätten, vor den Häusern die von Mauern umgebenen Gärten mit den beiden Schattenhäuschen. Das weit verzweigte Wegnetz ist von Obstbaumalleen begleitet.
Graphische Sammlung Staatsarchiv Schwyz.

1 Maihof
2 Palais Kyd
3 Palais Büeler
4 Reding-Haus an der Schmiedgasse
5 Haus Ceberg im Oberen Feldli
6 Haus Benziger im Unteren Feldli
7 Haus Ab Yberg im Mittleren Feldli
8 Ital-Reding-Haus

Markus Bamert: Herrenhaus-Gärten, Schwyz

3 Beim Haus Ab Yberg im Grund sind alle für die Schwyzer Hofstätten typischen Elemente erhalten. Vor dem Haus breitet sich der von einer Mauer eingefasste Herrengarten aus, der von zwei, an Eckbastionen erinnernde Gartenhäuschen begleitet wird; rechts stehen der Stall und die übrigen Ökonomiegebäude, links liegt der Obstgarten.

Der Burghof als Gartentyp

Die herrschaftlichen Hofstätten, von denen heute noch gegen 25 existieren, sind architektonisch alle auffallend ähnlich gestaltet. An ein Wegnetz angebunden steht im Zentrum der Liegenschaft das von einer hohen Mauer eingefasste Herrenhaus.[6] Dem Hauptgebäude ist der Herrengarten vorgelagert, der von den übrigen Bereichen der Hofstatt deutlich abgesetzt ist. Der rechteckige Garten ist seitlich von mannshohen Mauern begleitet, gegen das Tal ist das leichte Gefälle des Hanges mit einer Stützmauer aufgefangen. Die markant in der Landschaft stehenden Mauern bleiben vom Garten her gesehen allerdings niedrig. Die Steinabdeckung der breiten Mauerkrone überragt das aufgeschüttete Gartenniveau nur knapp. Die Terrassierungen sind so angelegt, dass der Garten auf eine Ebene zu liegen kommt. ▸4 Weitere Abtreppungen innerhalb des Herrengartens sind selten.[7] Dadurch sind die talseitigen Stützmauern bis zu drei Meter hoch. Zum Teil sind auf der Gartenseite dieser Mauern Entwässerungssysteme mit senkrechten Kanälen erhalten, die das versickernde Wasser sammeln und zu den in die Mauer eingelassenen Öffnungen führen.[8] Die Gartenterrassierungen sind somit das Resultat von beachtlichen Aufschüttungen. Denkbar ist, dass der Aushub der in etwa zur Hälfte in das gewachsene Terrain eingetieften Keller zur Aufschüttung verwendet worden ist. Die seitlichen Abschlüsse der Herrengärten bilden Gartenhäuschen, die direkt auf die talseitige Stützmauer aufgesetzt sind. Dadurch erscheinen die Eckpavillons von aussen gesehen turmartig hoch. Dieser Charakter wird zusätzlich unterstrichen, indem diese bis ins Erdreich hinunter verputzt werden, während die dazwischen eingespannte Gartenmauer vielfach lediglich ausgefugt und damit steinsichtig belassen ist.[9] Die architektonische Ausbildung der Häuschen ist unterschiedlich. Teilweise sind sie gegen den Garten offen und mit Sitzbänken ausgestattet, andere hingegen besitzen Türen. Gegen das freie Feld ist an jeder Seite ein Fenster eingelassen. Der Grundriss der Gartenpavillons ist meist quadratisch, kann aber auch sechseckig[10] oder gar dreieckig sein. Die Ziegeldächer sind entweder geschweift oder als einfache Pyramiden ausgebildet. ▸5

Der Herrengarten kann meist durch ein in die hohe Seitenmauer eingelassenes Tor betreten werden. Direkte Zugänge vom Haus aus scheinen erst um 1700 in Mode gekommen zu sein. So genannte Gartensäle im Hochparterre, die die ganze südliche Hausbreite einnehmen, existieren zwar bereits bei den Herrenhäusern des frühen 17. Jahrhunderts. Sie sind jedoch nicht direkt mit dem Garten verbunden, sondern lediglich über den hangparallel verlaufenden Mittelgang im Hausinnern erschlossen. Vermutlich ist der Gartensaal des Ab-Yberg-Hauses im

Mittleren Feldli der erste, der mit einem Mittelportal direkt mit dem Garten verbunden ist.[11] Erst ab diesem Zeitpunkt kann von eigentlichen repräsentativen Gartensälen gesprochen werden.

Der für Schwyzer Herrenhäuser traditionelle Mittelgang[12] führt zu zwei Portalen. Das eine orientiert sich über einen Vorhof zum Dorf und zur Kirche; der andere Ausgang führt in den Wirtschaftshof mit dem grossen Brunnen, der einzigen Wasserstelle innerhalb der Hofstatt. Der Wirtschaftshof ist zudem mit lang gezogenen, den Umfassungsmauern vorgebauten Ökonomiebauten wie Remisen, Kleintierställen oder auch Pächterwohnungen umgeben. In die hohe Umfassungsmauer mit Ziegelabdeckungen sind ein bis zwei grosse Öffnungen mit doppelflügligen Holztoren eingelassen. Von aussen kann somit der Hof kaum eingesehen werden. Die Gestaltung dieser Wirtschaftshöfe ist schlicht und praxisbezogen. Die Flächen um den Brunnen und vor den Ökonomiebauten sind mit Kies belegt. Teilweise sind Reste von ornamental ausgebildeten Katzenkopfpflästerungen erhalten. An den besonnten Stellen der Mauern ist Spalier gepflanzt. Die grossen Tore in den Umfassungsmauern sind auf die Obst-

4 Haus Ceberg im Oberen Feldli. Blick über den Garten zu einem der beiden Schattenhäuschen. Durch die erhöhte Lage bleibt die Sicht über die knapp die Gartenfläche überragende Mauer hinweg auf den Flecken Schwyz frei. Die einzelnen Gartenbeete sind mit Buchs eingefasst.

Markus Bamert: Herrenhaus-Gärten, Schwyz

5 Blick in den Garten des Hauses Ab Yberg im Grund.

6 Beim Haus Ceberg im Oberen Feldli ist der Charakter eines Burggartens durch die vier Schattenhäuschen und die auf die vordere Gartenmauer aufgesetzten Zinnen deutlich unterstrichen. Federzeichnung um 1800.
Thomas Fassbind, Vaterländische Profangeschichte, Bd. 2 (Staatsarchiv Schwyz).

gärten und die Ställe ausgerichtet. Weitere Obstbäume säumen die Zugangswege zu den Hofstätten, so dass die Wiesen frei von Bäumen bleiben.[13] Die Ställe stehen in einem Abstand von etwa 100 Metern in der Regel auf der dorfabgewandten Seite der Herrenhäuser. Herrenhaus und Ställe sind zudem hangparallel angeordnet, so dass die Verbindungswege zwischen Wirtschaftshof und Ställen ohne Steigungen angelegt werden konnten.

Von Gartenanlagen dieser Hofgüter geht eine fortifikatorische Wirkung aus. Die in die Umfassungsmauer integrierten Gartenhäuschen wirken wie Eckbastionen einer Burganlage. Der Wehrcharakter wird beim Garten des Ital-Reding-Hauses zusätzlich durch die in die ostseitige Gartenmauer eingelassenen kleinen Schiessscharten betont. Auch die Lüftungslöcher im Giebeldreieck erinnern mit ihrer unten ausgerundeten Form an Schiesslöcher zum Auflegen der Musketen.[14] Denselben Zweck, nämlich die Hofstatt als Burganlage erscheinen zu lassen, verfolgen beim Haus Ceberg die auf die Einfassungsmauer des Herrengartens aufgesetzten Zinnen. ▸6

Eine 200-jährige Entwicklung

Anhand des heute noch erhaltenen, relativ grossen Bestandes kann man annehmen, dass die ersten Gartenanlagen in der beschriebenen Form in den ersten Jahrzehnten des 17. Jahrhunderts entstanden sind. In dieser Epoche wurden die drei grossen Reding-Häuser und zumindest in ihren Grundzügen ihre Gärten erbaut, beim Ital-Reding-Haus ab 1609, beim Reding-Haus an der Schmiedgasse ab 1614. In der Folge wurden die gleichen Gestaltungselemente auch bei den anderen Herrenhäusern aufgenommen. Insbesondere die den Herrengarten flankierenden Schattenhäuschen und die dazwischen eingespannten mannshohen Stützmauern wurden zum Markenzeichen der Schwyzer Herrenhausgärten.[15]

In den folgenden Jahrzehnten ist eine sukzessive Entwicklung der architektonischen Gestaltung der Gärten zu beobachten. Vermutlich wurde erstmals bei der Realisierung des Gartens beim Haus Ceberg im Oberen Feldli kurz vor 1700 die talseitige Gartenmauer durchbrochen und von dort über eine in die Mauer eingelassene Treppe ein Zugang zum Haus geschaffen. Zudem wurden auf der Vorderkante der Gartenmauer ausnahmsweise vier Schattenhäuschen errichtet, zwei an den äussern Eckpunkten, zwei weitere flankierten die zentrale Treppenanlage. Dazwischen waren Zinnen aufgereiht. Im Laufe eines weiteren Gartenumbaus kurz nach 1800 wurden die beiden mittleren Häuschen abgebrochen, die Zinnen entfernt und die Treppenanlage sowie das Tor klassizistisch erneuert. ▸7

Die Schaffung von talseitigen zentralen Zugängen erlaubt nun, den Hauptzugang des Herrenhauses in Anlehnung an moderne Palastbauten nicht mehr in der Seitenfront, sondern auf der repräsentativen Südseite zu integrieren. Der Eingang ist ins Erdgeschoss verlegt, und dahinter öffnet sich ein repräsentatives Treppenhaus.[16] Diesem Schema folgen nun auch die beiden Palais an der Herrengasse, das Palais Kyd und das Palais Büeler. Beim Palais Kyd, dessen Kernbau ins 17. Jahrhundert zurückreicht, wird der Zugang um die Mitte des 18. Jahrhunderts zu einem kleinen Ehrenhof mit breiter Steintreppe ausgeweitet. Gegen die Strasse hin ist dieser mit einem qualitätvollen Eisengitter mit integriertem Tor abgeschlossen. ▸9 Allerdings wird dadurch der dem Haus vorgelagerte Garten zweigeteilt.

Als Endpunkt der 200-jährigen Geschichte dieses Schwyzer Gartentyps kann der anlässlich des Umbaus des Herrenhauses Auf der Maur im Brüel angelegte Garten bezeichnet werden. ▸8 Im Zusammenhang mit diesem eingreifenden, klassizistischen Umbau des Hauses in der ersten Hälfte des 19. Jahrhunderts und der Realisierung eines Peristyls vor dem Gartensaal wurde der Garten mit zwei Gartenhäuschen und einer doppelläufigen Treppenanlage mit Gusseisengeländer als Verbindung vom Herrenhausgarten zum tiefer liegenden Obstgarten angelegt. Die Gartenhäuschen sind jedoch nicht mehr allseitig massiv gemauert, sondern zumindest von der Gartenseite her gesehen als luftige, mit Pyramiden aus Zinkblech gedeckte Holzarchitekturen ausgebildet. Gartenanlagen, die in den folgenden Jahrzehnten erneuert oder gar neu geschaffen wurden, nehmen den Gartentyp bereits im Sinne des Historismus auf und sind somit als Stilreprisen zu bezeichnen. Zudem bringen sie neue Elemente wie Springbrunnen und reichere Formen der Buchsbeete nach Schwyz.[17] Dazu gehört auch der um 1900 durch den Berner Architekten Hans Beat von Fischer entworfene Garten beim Reding-Haus an der Schmiedgasse mit reichem, nach Berner Muster gestaltetem Zugang zum gleichzeitigen Gartensaal.[18]

Die Bepflanzung

Während wir über die architektonische Entwicklung der Anlagen dank der zahlreichen erhaltenen Beispiele gut unterrichtet sind, wissen wir über die Detailgestaltung und Bepflanzung der Gartenbeete wenig. Immerhin ist auf der Fassbind'schen Vogelschau die Gliederung der Gartenparterres deutlich zu erkennen. Sie sind abgesehen von wenigen Ausnahmen einfach in ihrer Gestaltung, indem lediglich rechteckige Aufteilungen der Flächen auszumachen sind. Eine Ausnahme ist der mit einem Zaun zweigeteilte Garten vor dem Reding-Haus an der Schmiedgasse.[19] Im Zentrum jeder Gartenhälfte liegt ein rundes Beet, das von je vier ausge-

7 Haus Ceberg im Oberen Feldli. Um 1800 wurden die beiden mittleren Schattenhäuschen und die Zinnen abgetragen. Durch das neue Portal erhielt der Garten einen klassizistischen Charakter.

8 Bei dem in der ersten Hälfte des 19. Jahrhunderts umgestalteten Garten beim Haus Auf der Maur im Brüel sind noch alle Elemente der Schwyzer Gartengestaltung des 17./18. Jahrhunderts vorhanden, jedoch biedermeierlich feingliederiger.

9 Um die Mitte des 18. Jahrhunderts wurde der neu gestaltete Zugang zum Palais Kyd an der Herrengasse als in die Mauer integrierter Ehrenhof mit breiter Mitteltreppe gestaltet. Gegen die Strasse schliesst ein hohes geschmiedetes Eisengitter den Privatbereich ab.

rundeten Zwickeln zu einem Rechteck vervollständigt wird. Wesentlich mehr Informationen erhalten wir aus einem Aquarell von 1763, das den Garten des Ital-Reding-Hauses wiedergibt.[20] ▸10 Sowohl an den Einfassungsmauern wie auch an der Hausmauer ist Spalier zu erkennen. Die kräftigen Stämme lassen Obstbäume und nicht Reben vermuten. Das Gartenparterre ist in vier Beete aufgeteilt, die durch vermutlich mit Kies beziehungsweise Sand belegte Wege getrennt sind. Im Vordergrund stehen auf der breiten talseitigen Gartenmauer mit grauer Steinplattenabdeckung Pflanzkübel aus Holzdauben. Darin sind buschige, niederstämmige Bäumchen gepflanzt. Da Früchte oder Blüten fehlen, sind sie nicht näher identifizierbar.[21] Die Gartenwege sind von spitzen, schlanken Bäumchen, vielleicht Säuleneiben, gesäumt. Bei der Bepflanzung dazwischen sowie den kleinen grünen Kugeln innerhalb der Gartenbeete dürfte es sich um in Form geschnittenen Buchs handeln.

Schwieriger zu interpretieren ist hingegen die Bepflanzung beim dunkler kolorierten Viereck in der Mitte der Gartenbeete sowie in den merkwürdig kahlen Randzonen. Tatsächlich stellt sich die Frage, wo denn das Gemüse gepflanzt worden ist. Auf der Fassbind'schen Vogelschau sind neben den Hofstätten lediglich Obstgärten auszumachen, Gartenflächen mit Gemüsepflanzungen fehlen dagegen. Wären solche «Pflanzblätze» vorhanden, hätte sie Fassbind in Anbetracht seiner zeichnerischen Präzision sicher festgehalten.[22] Deshalb müssen wir annehmen, dass es sich bei den Gärten vor den Herrenhäusern nicht lediglich um Ziergärten, sondern in erster Linie um Nutzgärten handelte, in denen Gemüse gepflanzt worden ist. Dies würde die einfache, wenig dekorative Beeteinteilung auf der Fassbind'schen Zeichnung erklären. Der Wechsel zu reinen Ziergärten mit vielfältigen Beetformen vollzog sich im erst im Lauf des späten 19. Jahrhunderts.

Offiziere in fremden Diensten und die Gartenkunst

10 Die kolorierte Federzeichnung von Jost Rudolf Nideröst aus dem Jahre 1763 gibt Einblick in die Bepflanzung des Gartens beim Ital-Reding-Haus. Auf der vorderen Gartenmauer stehen Pflanzkübel, die Fläche ist in rechteckige Kompartimente unterteilt, die von einem *plate-bande*-ähnlichen, mit Formbäumchen akzentuierten Element eingefasst sind. An Haus- und Gartenmauern wachsen Spaliere. Stiftung Ital-Reding-Haus, Schwyz.

Die Schwyzer Gärten sind landschaftsprägend und auf Fernwirkung angelegt. Vergleichbare, durch Stützmauern von der umgebenden Landschaft abgehobene terrassenartige Gärten mit Festungscharakter finden wir in Ansätzen bei den französischen Renaissancegärten und ausgeprägt bei der deutschen Garten- und Palastarchitektur. Ein typisches Beispiel ist der Pomeranzengarten aus dem frühen 17. Jahrhundert, der dem Schloss Leonberg vorgebaut ist.[23] Hohe Stützmauern gleichen das Niveau aus, und an den Eckpunkten der Terrasse sind offene Pavillons angeordnet. Dieses Motiv mit auf die Landschaft schauenden Pavillons ist bereits eine Generation früher bei der grossen Terrasse vor dem Friedrichsbau des Heidelberger Schlosses angewandt worden.[24] Welche nun allerdings die unmittelbaren Vorbilder für die Schwyzer Gärten waren, lässt sich nicht ausmachen. Leider fanden sich in den Bibliotheken der Herrenhäuser keine architektur- oder gartentheoretischen Schriften des 16./17. Jahrhunderts, die herangezogen werden könnten. Es scheint, dass die Söldnerführer die damals modernen Gärten durch eigene Anschauung in verschiedenen Gebieten kennen gelernt und dann, wenn auch in vereinfachter, weniger dekorativen Ausführung bei ihren Herrenhäusern realisiert haben.

Privatgärten, nicht zugänglich

Alpine Kostbarkeiten
Die Salis-Gärten in Soglio

JANE BIHR-DE SALIS,
DIEGO GIOVANOLI

Unzählige Male sind wir durch die engen Gassen des dicht gefügten Dorfes gegangen, und jedes Mal wiederholt sich das Staunen. Unvermittelt stehen sie vor uns: die Palazzi Salis. Die hellen Fassaden der so genannten Tre Case wirken im kleinmassstäblichen Dorf eindrucksvoll und städtisch. Hinter den schlicht gegliederten und zurückhaltend verzierten Fassaden findet der Besucher reiche Innenausstattungen. Wenn aber die Flügel der Gartentüre aufgehen, ist die Überraschung vollkommen: vor uns – verborgen zwischen Haus und Berghang – liegen prachtvolle Gartenanlagen. ▸1

Das mutmasslich aus Como eingewanderte Geschlecht der Salis war bereits vor 1400 in Soglio ansässig und innerhalb der dörflichen Bauerngemeinschaft unbeirrt zur lokalen Oberschicht

1 Blick auf die beiden Mammutbäume im Garten der Casa Battista, im Hintergrund die Gipfel der Sciora-Gruppe und der Bondasca-Gletscher.

Offiziere in fremden Diensten und die Gartenkunst

aufgestiegen. Sie nahmen die Schlüsselposition an der damals wichtigen Alpentransversale wahr und nutzten die strategisch günstige Lage zwischen den benachbarten politischen Mächten. Während der Bündner Herrschaft über das Veltlin (1512–1797) vermehrten sie ihr Vermögen durch umsichtige Verwaltung ihres Grundbesitzes und als Geldvermittler. Ihre herrschaftliche Stellung stärkten sie durch vorteilhafte Heiratsbündnisse[1], ihren Reichtum äufneten sie als Inhaber der politischen Ämter im Bergell, in Cleven und im Veltlin oder als Offiziere und Diplomaten an den europäischen Höfen. Dabei war es den protestantischen Salis und den Bündner Protestanten überhaupt verboten, länger als drei Monate im Veltlin oder in Chiavenna als Verwalter ihrer Güter zu residieren. Der Wirtschaftsraum in Südbünden war für die Salis-Soglio geografisch und politisch unerlässlich und prägte auch ihre kulturelle Wesensart, die in früher Zeit landadlige und zuletzt absolutistische Züge annahm. Dieser mentale Wandel ist auch in der Gartenarchitektur spürbar.

Gärten in Soglio

Das schon im Spätmittelalter ausserordentlich dichte Ortsgefüge von Soglio machte die Anlage von Hausgärten innerhalb der Siedlung fast unmöglich. Die bäuerlichen Gemüse- und Obstflächen säumten daher den Rand des Dorfs. Ob die Salis zu dieser Zeit auch Ziergärten hatten, ist nicht belegt. Es kann jedoch angenommen werden, dass die prunkvolle, 1622 durch die Spanier zerstörte Casa Augustin aus der zweiten Hälfte des 15. Jahrhunderts[2] einen solchen Garten besass. Der erste noch in seinem ursprünglichen Umfang erhaltene Garten der Salis in Soglio entstand nach 1550 um die Casa Gubert.[3] Obwohl einiges grösser als die Gemüsegärten der ortsansässigen Bauern, ist die Anlage im natürlich abfallenden Gelände und mit schlichter Ummauerung ohne gestalterischen Anspruch.

Ab 1650 begannen die Brüder und Gründer der so genannten Tre Case, Friedrich, Rudolf und Anton von Salis-Soglio, landwirtschaftliche Gebäude und Gartenparzellen möglichst nahe ihrer Wohnhäuser zu kaufen, um ihre damals noch bescheidenen Gärten zu erweitern oder neue anzulegen.[4] Dadurch schufen sie die Voraussetzungen für die zwischen 1700 und 1770 errichteten Prunkgärten. Der Anspruch, nach Möglichkeit eine Einheit zwischen Wohnhaus und Garten zu bilden, zeugt von ihrer aristokratischen Gesinnung. ▸ 3

Der Garten der Casa Battista

Als Erster legte Baptista von Salis der Jüngere im Jahr 1701 einen grosszügigen Ziergarten an. Auf der Rückseite des Palazzo führt eine doppelläufige Treppe schwungvoll über die öffentliche Gasse zum Parterre hinunter. Das zweiachsige Gartenparterre ist auf zwei Ebenen verteilt und weist sechs Kompartimente auf. Auf der unteren Terrasse flankieren zwei hohe Buchskabinette den Palazzo. Auf der oberen werden die Kompartimente von Blumenrabatten umrahmt, die einseitig von Buchshecken eingefasst sind. Die Achsen führen zu kleinen Architekturen wie Pavillons, Brunnen oder einer Ädikula an den Umfassungsmauern. Seit 1884 stehen anstelle der Loggien zwei Mammutbäume am Ende der Längsachsen.[5] Der Weg zum zweistöckigen Gartenhaus in der Nordwestecke führt an eindrücklichen Topiarien vorbei. ▸ 2

Stilistisch steht der Garten Battista am Übergang von der Spätrenaissance zum Barock. Frei platzierte Zierbäume zeugen vom späteren Einfluss der Landschaftsgärtnerei, alte Obstbäume von den Interessen an der ökonomischen Bewegung. Rosenbogen, Strauchpfingstrosen, Phlox und Iris gehören zur Gartenkultur bis zirka 1940. Auch der Garten Battista ist nach der jewei-

2 Garten der Casa Battista (heute Hotel Palazzo Salis). Stammfuss des 1884 gepflanzten Mammutbaums, dahinter das Gartenhaus.

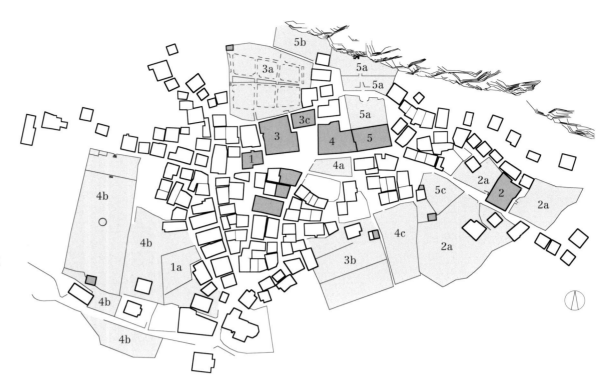

3 Plan von Soglio. Hellgrau die Gärten, dunkelgrau die Häuser der Familien von Salis.

1   Casa Alta 1524/1678–1680
1a Garten Ravair
2   Casa Gubert 1557–1574
2a Gärten Casa Gubert
3   Casa Battista um 1630/1701
3a Ziergarten Casa Battista
3b Nutzgarten Casa Battista in Dasun (heute Garten Willy)
3c Pferdestall
4   Casa Rodolfo 1696
4a Garten Casa Rodolfo: Ortet
4b Garten Casa Rodolfo: Ort Grand
4c Garten Casa Rodolfo in Dasun
5   Casa Antonio
5a Garten Casa Antonio: Ort Sot i Cop
5b Garten Casa Antonio: Bög
5c Garten Casa Antonio: Curtin

ligen Gartenmode sowie den Bedürfnissen der Eigentümer und Pächter entsprechend weiterentwickelt worden, wobei die Verflechtung von Bestehendem und Neuem eine einzigartige Atmosphäre erzeugt. Rilke schrieb im Sommer 1919: «Kein Begriff, wie klein dieser Garten ist und doch – wie abgewandelt, wie offen und doch wieder voller Verstecke, wie einfach und ländlich und doch wie höfisch zugleich.»[6]

Ort Grand – der Garten der Casa Rodolfo

Beim Bau der gegenüberliegenden Casa Rodolfo (1694–1696) entstand hinter dem Herrenhaus erstaunlicherweise kein Garten. Hingegen wurde ab 1731 – nach Abbruch einer ganzen Häuserzeile – vor dem Palazzo der noch heute bestehende, ummauerte Ortet eingerichtet.[7] Um den Ort Grand, den Hauptziergarten der Casa Rodolfo, zu erreichen, mussten die Herrschaften die Dorfgasse Richtung Westen benützen. Erst nach dem Gang über die geschwungene Treppe, an kunstvollen Wandvasen, steinernen Knospen und dem runden Springbrunnen vorbei, erreichte man den zierlichen Pavillon mit spektakulärem Panoramablick.

Der Ort Grand (grosser Garten) bestand in bescheidenerem Umfang schon vor 1700.[8] Er ist als Zier- und Nutzgarten aber erst mit der Arrondierung von 1738[9] in barocken Formen definiert worden. Die Doppelfunktion dieses Gartens ist in dem um 1750[10] erbauten Pavillon architektonisch vereinigt: Der dreitürige Raum im Obergeschoss ist ein Gartenfestsaal mit Kamin, das darunter liegende Gewölbe diente einerseits der Überwinterung der Kübelpflanzen und anderseits der Konservierung des Gemüses, das an der Decke aufgehängt oder im sandigen Boden eingegraben wurde. Dazumal umfasste der Garten auch die Flächen im Osten, da die Hälfte der dortigen Umfassungsmauer erst nach 1860 errichtet wurde. Im Jahr 1897 berichtete Johann Rudolf Rahn: «Ein Roccoco-Pavillon über der Strasse, Trümmer von Zopfalleen, Bassins von Springbrunnen, Terrassen und die jetzt wild wuchernden Zierpflanzen erinnern an die Zeit des berühmten Gartens.»[11]

Sowohl die Casa Battista als auch die Casa Rodolfo besassen zudem grosse Baumgärten am südöstlichen Dorfrand in Dasun. Der zur Casa Battista gehörende Garten ist terrassiert und auch mit einem Gartenhaus sowie unterirdischen Gemüsegrotten ausgestattet ▸6 und daher viel anspruchsvoller gestaltet als der nur von Trockenmauern begrenzte Baumgarten der Casa Rodolfo.¹²

Ort Sot i Cop – der Garten der Casa Antonio

Der jüngste herrschaftliche Garten, der so genannte Ort Sot i Cop (Garten unter den Felsköpfen) der Casa Antonio, wurde zwischen 1763 und 1768 von Andrea von Salis nach den Entwürfen des lombardischen Architekten Pietro Solari erbaut.¹³ Schon mehr als 100 Jahre zuvor ist ein reger Handel mit kleinen Äckern, Ställen und Bauernhäusern belegt, welche nach Abbruch und Umgestaltung in die heutige Anlage einbezogen wurden. Mit perspektivischen Mitteln schuf Solari auf der Rückseite des Hauses einen eindrücklichen Garten in vorklassizistischem Stil. Die Mittelachse ist mit Portalen und Treppen markiert, verbindet die aufeinander folgenden Terrassen und überspielt aristokratisch die den Garten zwischen hohen Mauern querende Dorfgasse durch perspektivische Verkürzung. Wie bei der Casa Battista, wo Haus und Garten durch eine Gasse getrennt sind, war auch hier das Wegrecht zu respektieren. Die zentrale Achse endet dort, wo der Garten an den nackten Felsen stösst, mit einer Rundbogennische, die 1997 nach einem gewaltigen Felssturz wieder hergestellt wurde.¹⁴ ▸7

Belege jährlicher Ausgaben für das Ein- und Ausräumen von Kübelpflanzen¹⁵ und die Vermutung, dass im unteren Gartenteil ein zugeschütteter Springbrunnen unter der ovalen Blumenrabatte im Zentrum liegt, beschwören Bilder von einem klassischen Orangerieparterre, herauf.

4 Ort Grand. Hauptachse vom Südende des Gartens über den Springbrunnen nach Norden zum Portal.

5 Ansicht des Dorfs von Westen. Blick auf die Umfassungsmauern des Ort Grand.

6 Obst- und Gemüsegarten der Casa Battista in Dasun (heute Garten Willy). Die ehemalige Gemüsegrotte wird heute als Schuppen für die Gartengeräte gebraucht.

Jane Bihr-de Salis, Diego Giovanoli: Salis-Gärten, Soglio

Östlich des Dorfbrunnens in Piäla besass die Casa Antonio auch einen kleineren Garten, genannt Curtin. Nahe dem an die Umfassungsmauer angebauten Gerätehaus befand sich früher ein kleines Fischbecken.[16] ▶ 8

Die Salis-Soglio und der *furor hortensis*

Neben dem individuellen Ehrgeiz ist die ausserordentliche Bautätigkeit der Salis in der Barockzeit grossenteils auf den Wettbewerb innerhalb der verschiedenen Zweige der Familie zurückzuführen. Um ihren sozialen Ambitionen gerecht zu werden, mussten sie ihre künstlerischen, architektonischen und gartengestalterischen Inspirationen vom europäischen Umfeld übernehmen. Sie adaptierten in Zusammenarbeit mit ihren Architekten die zeitgenössischen Stilrichtungen der Renaissance und des Barock, wie sie sie in Venedig, Parma, Turin, Salzburg, München, Paris oder gar in Den Haag kennen gelernt hatten. Stets passten sie die fremden Anregungen den eigenen Bedürfnissen, dem Klima und der Topografie an, bauten nach den lokalen Traditionen und mit den örtlichen Materialien. Die tiefe und nachhaltige Verwurzelung der Familie im historischen Stammdorf, ihre Treue zum eigenen Geschlecht und der überregional vernetzte Handlungsraum kennzeichnet die Mentalität der Bauherren.

8 Curtin der Casa Antonio. Standort des ehemaligen Fischbeckens.

Zwischen 1696 und 1768 zogen sie für den Bau ihrer Palazzi und Gärten Architekten und ausgewiesene Handwerker bei, bewahrten jedoch den eigenen Entscheidungsspielraum. Die Gärten der Salis waren trotz der Weltgewandtheit ihrer Auftraggeber stilistisch eher konservativ. Eine Ausnahme bildet der Garten der Casa Antonio, dessen Bezug zum Haus sowie die Terrassierungen und die zentrale Achse mit den kunstvollen Portalen an italienische Anlagen erinnern. Nicht zuletzt verrät aber die Rundbogennische am Schnittpunkt zwischen Garten und Landschaft, dass aktuelle Themen der Zeit, wie das Verhältnis von Kunst und Natur, die Gartengestaltung beeinflussten. Leider ist über einen Figurenschmuck der Nische nichts bekannt, und Bruchstücke des zerstörten Originals, auf denen noch Teile einer Inschrift zu erkennen waren, sind in jüngster Zeit verschwunden.

Der *furor hortensis* war im ausgehenden 18. Jahrhundert innerhalb der zahlreichen Zweige der Familie geografisch weit gestreut. Es ist manchmal schwierig, zu erkennen, wer von wem beeinflusst wurde oder wer versucht hat, wen zu übertreffen. Im ausgehenden 16. Jahrhundert waren die nach hinten angelegten Gärten Chiavennas fester Bestandteil der herrschaftlichen Stadthäuser. Bereits vor dem nach 1570 errichteten Garten der Familie Vertemate in Piuro hatte Herkules von Salis-Marschlins einen vielbeachteten Garten auf dem Hügel des Paradiso in Chiavenna eingerichtet «mit allerlei Weinreben, auch mit Pomeranzen, Lemonen, Citronen, Granaten, Feigen, Mandel und dergleichen auserlesenen edlen Bäumen wie auch mit köstlichem Kräuter- und Blumenwerk [...]»[17] In Marschlins baute ein anderer Herkules von Salis um die Mitte des 17. Jahrhunderts einen prächtigen Garten um sein Wasserschloss.

Da Belege für das Ausmass des Gartens der Casa Augustin in Soglio fehlen, müssen wir davon ausgehen, dass der Garten der Casa Battista vom Anfang des 18. Jahrhunderts den Ruhm der von Salis-Soglio als Erbauer erlesener Gärten in Graubünden und in Chiavenna begründete. In der ersten Hälfte des 18. Jahrhunderts legten die Salis bei vier neu erworbenen, bedeutenden Objekten in Chiavenna Zier- und Nutzgärten an. Andrea von Salis liess bei seinen Residenzen in Soglio und in Chiavenna sogar gleichzeitig je einen Garten bauen. In dieser Epoche ent-

7 Garten der Casa Antonio. Blick vom Balkon in der Mittelachse des Hauses hinauf zur Rundbogennische vor der Felswand am Ende des Gartens.

9 Garten der Casa Battista (heute Hotel Palazzo Salis). Die von Blumenrabatten und einseitigen Buchshecken umgebenen Kompartimente der oberen Terrasse.

10 Obst- und Gemüsegarten der Casa Battista in Dasun (heute Garten Willy).

standen auch die Anlagen beim Alten Gebäu und beim Neuen Gebäu in Chur sowie Erweiterungen und Umgestaltungen der Gartenanlagen der Schlösser in Malans, Marschlins und Haldenstein im Norden und in Sondrio und Tirano im Süden.

In den Dokumenten der umfangreichen Familienarchive gibt es nur spärliche Hinweise über die Bepflanzung der Gärten. Notizen über den Obstbau, Kräuter und Zierpflanzen, wie zum Beispiel Aurikeln, sowie ein Herbarium geben ein paar Aufschlüsse über die pflanzliche Vielfalt. Im Archiv der Casa Battista haben sich auch Gartenbücher des 17. und 18. Jahrhunderts erhalten.[18] Die überlieferten Namen der Gärtner[19] lassen auf eine nördliche Herkunft schliessen.

Trotz des Wettbewerbs ist ein reger Austausch von Pflanzen in der grossen Verwandtschaft anzunehmen. Die weit gereisten Gartenbesitzer brachten sicher auch Samen und Zwiebeln oder gar Pflanzen mit nach Hause. Die Vettern in fremden Diensten waren bei der Besorgung von begehrten Pflanzen behilflich.[20] Der Basler Gärtner Karl Meissner lieferte Peter de Salis für seinen Garten in Bondo und/oder Chiavenna pflanzliche Neuheiten und Raritäten: Samen, Zwiebeln, Stauden, Sträucher und Bäume, von Cantaloupmelonen über Lilien, Lichtnelken, Jasmin und Rosen zu Trompetenbäumen, Magnolien, Amberbäumen und Scheinzypressen.[21]

Die Salis-Gärten heute

Nur im Garten der Casa Battista, die 1876 in ein Hotel umgewandelt wurde, sind das Wegnetz und die pflanzliche Ausstattung erhalten geblieben. ▸9 Im Ort Grand sind, neben neuzeitlichen Obstbäumen, noch zwei Stechpalmen, vereinzelte Buchsbäume und verwilderte *Tulipa sylvestris* vorhanden. Die Konfiskation der Veltliner Güter im Jahr 1797 war ein arger Schlag für die Familie. Verloren waren nicht nur Häuser und Ländereien, sondern vor allem die politische Machtarena. Die Gärten als Spiegel der Familiengeschichte verwilderten, die kostbaren Zierpflanzen starben aus, Unkraut überwucherte die Wege. Seither dienen sie, den Bedürfnissen der neuen Besitzer und Benützer angepasst, als Obst- und Gemüsegärten der Ortsansässigen. ▸11

Die gartenbaulichen Grundzüge und die bauliche Substanz der Gärten sind noch weitgehend sichtbar: Die hohen, ursprünglich auch verputzten Mauerzüge, die anspruchsvollen Tore, Terrassen, Treppenanlagen, Springbrunnen, steinernen Aufsätze, Ädikulen, Gartenhäuser, Pavillons, Wege und Brunnen sind, teils auch unter der Erde, erhalten geblieben. Die Gärten sind vielleicht verwildert, aber nicht zerstört!

Die Salis-Gärten sind heute nur noch Raumhüllen, die uns aber die Freiheit lassen zu träumen, wie sie zur Zeit ihrer Hochblüte ausgestattet und belebt gewesen sein mögen – der Duft der Blumen, die silbrige Musik der Springbrunnen, das Lachen der Kinder, flüsternde Liebende, das Gemurmel der Staatsmänner oder die vertrauliche Stimme von Freundinnen, Festmusik oder das Knirschen des Kieses. Man spürt die Geschichte des Orts und fragt sich manchmal, was diese Gärten alles erzählen könnten: «Wer mag alles hier gewandelt sein? Wer und wie? Wer hier den Frühling empfangen haben; wer sass und sah vom Haus aus dem Sommer nach, wenn er unter des Bergnebels Last in den Boden zurücksank? Wer mag hier verlassen gewesen sein, wer von wem? Wer auf wen gewartet haben [...]»[22]

Von den Gärten blickt man immer über die hohen Gartenmauern hinaus auf die umliegende Berglandschaft. Das Gefühl von unmittelbarer Nähe zwischen rauer und gezähmter Natur, zwischen der Verborgenheit der Gärten und der Wildnis der südlichen Landschaft, zwischen dem Menschenmass und den hoch ragenden, wilden Berggipfeln ist jedes Mal überwältigend. ▸ 10

11 Die oberen Terrassen der Casa Antonio, die heute als Gemüsegarten genutzt werden.

Privatgärten, nicht zugänglich, zum Teil einsehbar
Garten Hotel Palazzo Salis für Gäste zugänglich

Eine barocke Residenz in den Alpen
Der Palazzo Tonatsch in Sils im Domleschg

MARGHERITA AZZI VISENTINI

Der Palazzo Tonatsch bietet dank seiner imposanten Treppenanlage und seiner ausgesprochen urbanen, doch bewusst der Landschaft angepassten Architektur ein ungewöhnliches Bild. Am meisten ins Auge fällt die geglückte Verbindung von gebauter Architektur und Gartenarchitektur, die offensichtlich als Einheit geplant und ausgeführt worden sind. Den Regeln barocker Dramaturgie folgend, ergänzen sich Bauten und Gärten gegenseitig: aus den oberen Palastgeschossen öffnet sich der Blick auf die malerische Bergkulisse und bezieht sie in das Bild ein. Wer jedoch auf der obersten Terrasse der den Garten abschliessenden Treppenanlage steht, sieht den mächtigen, eindrucksvollen Palast vor sich.

Bauherr war Conradin Tonatsch[1], der 1677 vermutlich in Sils im Domleschg zur Welt kam. Er hatte in jungen Jahren die militärische Laufbahn ergriffen und im bernischen Regiment des Herzogs von Savoyen schnell Karriere gemacht, wo er 1735 zum Brigadier ernannt wurde. 1727 heiratete er Ursina Paravicini de Capelli aus Sils im Engadin, die einer wohlhabenden Familie entstammte und eine ansehnliche Mitgift in die Ehe einbrachte. Nachdem das Regiment bereits 1737 aufgelöst worden war, wurde er 1744 mit einer Pension von 5000 Livres in den Ruhestand versetzt.[2]

Tonatsch zog sich nach Sils zurück, wo er, über 60 Jahre alt und kinderlos, bereits 1739 mit dem Bau des Palazzo begonnen hatte. Auf seine glänzende Militärkarriere und vermutlich mit einer gewissen Wehmut auf das prunkvolle höfische Ambiente in Turin zurückblickend, investierte er sowohl beträchtliche finanzielle Mittel als auch grossen Ehrgeiz in den Bau. Dieser war 1743 vollendet.[3]

Während Conradin Tonatsch im Dienst des Herzogs von Savoyen stand, erreichte die barocke Erneuerung von Turin ihren Höhepunkt. Baumeister wie Francesco Paciotto, Ascanio Vitozzi, Carlo und Amadeo di Castellamonte, Guarino Guarini und Filippo Juvarra hatten sowohl an der Erweiterung und Umgestaltung der alten römischen Stadt als auch an der Errichtung der prächtigen Jagdschlösser ausserhalb Turins mitgewirkt. Als Tonatsch 1744 Turin verliess, waren diese Anlagen – die so genannte *corona di delitie* (Kranz der Vergnügungen) – noch nicht vollendet, wohl aber einige Bauten in den Vorstädten, zum Beispiel das Castello di Valentino, die Vigna di Madama Reale sowie die Vigna des Kardinals Maurizio (später Villa della Regina). Diese Letztere, in den 20er Jahren des 17. Jahrhunderts nach einem Entwurf von Vitozzi errichtet, hat eines mit dem Palazzo Tonatsch gemeinsam: auch sie liegt am Fuss eines Hügels, der als Bühnenhintergrund genutzt wird.

Offiziere in fremden Diensten und die Gartenkunst

1 Luftaufnahme des Palazzo kurz nach der Restaurierung 1974/75, Norden rechts oben. Nördlich am Palazzo vorbeiführend die alte Strasse, an die vor der Eindämmung das breite Bett des Rheins nahe heranreichte. Gut erkennbar die Dreiteilung des Gartens.

Für dieses Motiv finden sich allerdings schon ältere Vorbilder. Auch für Schloss und Park der Vigna di Madama Reale war ursprünglich eine solche Nutzung des Hügels als Staffage geplant. Dies zeigt eine Abbildung in dem Tafelwerk «Theatrum Sabaudiae» von Tommaso Borgonio (Amsterdam 1682), dessen zweite Auflage von 1725 Tonatsch möglicherweise gekannt hat.

Für sein Vorhaben wählte Tonatsch ein Grundstück unterhalb des Dorfes Sils an der Strasse, die Thusis mit Fürstenau verband. Der Rhein schlängelte sich vor der Eindämmung im 19. Jahrhundert in einem breiten Bett, nur durch die Strasse vom Anwesen getrennt, an dessen West- und Nordseite vorbei. Die Grundstücksform, ein unregelmässiges Viereck von etwa 85 × 85 Metern Seitenlänge, blieb bis heute fast unverändert. Es wurde in drei nach Süden orientierte Streifen gegliedert, deren mittlerer breiter als die beiden seitlichen war und sich auch durch seine Gestaltung auszeichnete. ▸1 Hier befanden sich die herrschaftlichen Gebäude und der Ziergarten, an den Seiten die Wirtschaftsbereiche.

Im Westen steht ein kleines Wirtschaftsgebäude, dem wahrscheinlich im Osten ein Pendant entsprechen sollte. Die bescheidenen Masse des Gebäudes steigern die monumentale Wirkung des Palastes und bringen eine soziale Hierarchie zum Ausdruck. Dies entspricht einer langen, bis in die Antike zurückreichenden Tradition – man denke an die Einteilung des römischen Landgutes in *pars urbana, pars rustica und pars fructuaria* –, an die Renaissancebaumeister wie Palladio wieder angeknüpft haben.

Der Mittelteil des Grundstücks ist in Vorhof, Palast und Garten gegliedert und wird von der eindrucksvollen Treppenanlage abgeschlossen. Der Palast selbst steht ganz in der Tradition schweizerischer, herrschaftlicher Barockarchitektur. ▸2 Beeindruckend erhebt sich über hohem Sockel der mächtige Baukörper in drei Geschossen; hinter seinem steilen Walmdach verbergen sich nochmals drei Stockwerke.[4] Die eindrücklichen Dimensionen des Palazzo sind auf zahlreichen Veduten von Thusis zu erkennen, die in Reisebeschreibungen des 19. Jahrhunderts den Weg von Zürich durch die Viamala und über die Pässe nach Italien illustrieren. Das originellste Element des vierteiligen Gartenparterres mit zentralem Wasserbecken ist zweifellos sein Abschluss im Süden – gegenüber dem Palast. ▸ 3 Die durch die Nivellierung des Hangs notwendige hohe Stützmauer ist in zwei übereinander liegende, nur etwa fünf Meter breite Terrassen gestuft, die durch eine zentrale Treppenanlage miteinander verbunden sind. Das Motiv der betonten Mittelachse wird auch hier aufgegriffen und mit auseinander und aufeinander zuführenden Treppenläufen und dazwischen eingelassenen Nischen spielerisch zu einer Art Bühnenbild komponiert.

Dieses Motiv geht auf das antike Heiligtum der Fortuna Primigenia in Palestrina zurück und ist im frühen 16. Jahrhundert von Bramante im Belvederehof des Vatikans wieder aufgegriffen worden. Beide Anlagen genossen schon bald grosse Beachtung, und zahlreiche Veduten machten sie weithin bekannt. So finden wir das Motiv in vielen Anlagen der Spätrenaissance und des Barock wieder.

Die Terrassen erstrecken sich über die ganze Breite des Anwesens. Zwei kleine, zum Garten hin offene Pavillons markieren die seitlichen Endpunkte der oberen Terrasse.

Die Funktion dieser Terrassen- beziehungsweise Treppenanlage ist ungewöhnlich: sie verbindet nicht wie in allen oben erwähnten Anlagen zwei Teile eines Gartens, sondern schliesst einen Garten ab. Ist man auf der obersten Ebene angelangt, bleibt nichts übrig, als sich umzudrehen und dem Palast zuzuwenden, da der Blick über die Mauer hinweg nicht möglich ist. Tatsächlich hat man den Eindruck, dass Treppen und Terrassen nur für den Ausblick vom Palast geschaffen sind, gleichsam als Kulisse – ähnlich einer antiken *frons scaenae* –, die den grossartigen natürlichen Bühnenhintergrund aus Berggipfeln und der vor ihnen aufragenden Burg Ehrenfels rahmt. Möglicherweise verdankt die ganze Anlage ihre Ausrichtung dem malerischen, bildartigen Hintergrund.

2 Blick auf die nach Süden gerichtete Gartenfassade des Palazzo, links das Wirtschaftgebäude, im Vordergrund das schlichte Parterre mit Wegkreuz und zentralem Springbrunnen, wie es sich heute darbietet.

3 Blick auf die den Garten abschliessenden Terrassen mit der zentralen Treppenanlage.

Nach dem Tod von Conradin Tonatsch, 1750, ging das Anwesen in den Besitz seiner Neffen und danach entfernterer Verwandter über. Später kaufte die Gemeinde das Gut und nutzte den Palast als Schule, in jüngerer Zeit als Gemeinde- und Pfarrhaus Der Garten wurde zum öffentlichen Park.

Durch die Nutzung als Pfarrgarten begannen sich die gestalterischen Spuren zu verlieren. In den Planaufnahmen zur Publikation «Das Bürgerhaus in der Schweiz» macht Erwin Poeschel 1925 einen Rekonstruktionsvorschlag, der die ursprüngliche Aufteilung des Grundstücks in den zentralen herrschaftlichen Bereich und die beiden seitlichen Wirtschafts- und Nutzbereiche durch Baumreihen betont und das zweite Wirtschaftsgebäude im Osten des Palastes als Pendant zum westlichen Gebäude ergänzt.[5] Doch erst anlässlich der Restaurierung von 1974/75 wurden das Wegkreuz vom Humus befreit, die vier Rasenkompartimente angelegt und die Schale des Springbrunnens sowie das Mauerwerk der Terrassenanlage instand gestellt. Die Ecken der Rasenkompartimente sowie die mittlere Wegachse hatte man mit Rosenbäumchen ausgezeichnet, während einige neue Gehölze die bestehende Pflanzung im östlichen Bereich ergänzten.[6]

Vom Garten Conradin Tonatschs existiert nur noch die Raumhülle: das vierteilige Parterre als simple Wiese, die Treppen und Terrassen als nacktes, wenn auch neu befestigtes Mauerwerk, die früher vermutlich mit Statuen und Brunnen bestückten Nischen leer. Der östliche, vielleicht schon im 19. Jahrhundert arboretumartig bepflanzte Teil des Gartens beherbergt heute einen Spielplatz. Der Vorhof dient als Parkplatz.

Diese Situation reizt zu Spekulationen, wie der Garten nach einer Wiederbelebung unter modernen Vorzeichen, aber unter Bewahrung der historischen Substanz aussehen könnte: Gemüsegarten und Obstbaumgarten an den Seiten, in der Mitte das Parterre und, als Höhepunkt, die den Blick begrenzende Terrassen- und Treppenanlage. Diese verdient eine eigentliche Wiederbelebung, wobei nicht nur an die Vegetation zu denken ist, sondern auch an die Wasserspiele und die Möglichkeiten für einen Skulpturenschmuck. Hat der Garten auf diese Weise seine Würde wiedererlangt, könnte er mit seiner aussergewöhnlichen Bühne wie in der Barockzeit für Aufführungen genutzt werden.

Übersetzung: Lucrezia Hartmann   Öffentlich zugänglich

Ein *patte d'oie* im Freiburgerland!
Der Garten von Schloss Barberêche

Catherine Waeber

Ob der Avoyer Nicolas de Praroman (um 1556–1607) anlässlich einer Gesandtschaft beim französischen König[1] im Jahre 1602 wohl Gelegenheit hatte, sich mit Heinrich IV. über Gärten – ihre gemeinsame Leidenschaft – zu unterhalten? Die Antwort ist höchst ungewiss. Sehr viel sicherer dagegen ist der Einfluss, den die 1588 von Nicolas in Barberêche angelegte Spazierallee auf die Landschaft der Freiburger Schlösser und Herrensitze des 17. und 18. Jahrhunderts ausübte, der Alleen-Epoche par excellence.

In Barberêche nahm die Anlage in der Mitte des 18. Jahrhunderts grössere Ausmasse an, als vom Schlosshof ausgehend drei Alleen angelegt wurden, die einen klassischen «Gänsefuss» bilden. Bei der Umgestaltung in den 1840er Jahren wurden die Alleen bewahrt und in die neue landschaftliche Gestaltung integriert. Seit 1964 bildet die Gesamtanlage des Schlosses von Barberêche, auf einem Felsvorsprung oberhalb der Saane gelegen, ein harmonisches Ensemble mit dem künstlichen Schiffenensee, der dem romantischen Ort einen zusätzlichen Zauber verleiht.

Die Gärten der Renaissance

Der erste schriftlich belegte Garten von Schloss Barberêche ist ein grosser Obstgarten, der in einer offiziellen Urkunde von 1507[2] als «Herrenn gartenn» bezeichnet wird und über einen Taubenschlag verfügt, der heute nicht mehr zu lokalisieren ist. In den 1520er Jahren wird das Schloss von Petermann von Praroman (um 1511–1552) zu einem für die Zeit der Spätgotik[3] aussergewöhnlichen Anwesen umgebaut. Der Garten, den Nicolas von Praroman ab 1588 hinzufügt, ist ganz auf den Gebäudebestand zugeschnitten, soweit man nach der Beschreibung Nicolas' von 1606[4] urteilen kann, die ihn als einen leidenschaftlichen Baumzüchter ausweist. Diese Gartenanlage – auf einem Plan von 1715 noch zu sehen – wird durch eine vierreihige «Spazier»-Allee, wie es bei Nicolas heisst, charakterisiert. ▸1 Dieser Hinweis ist von grosser Bedeutung, da er bereits auf die Funktion der barocken Allee verweist, von der schon Olivier de Serres 1600 sagt, dass es sich um eine Anlage von 12 bis 15 Fuss Breite handle, mit einem Boden, der «zur Bequemlichkeit und Schönheit des Wandelns vollkommen geglättet wurde».[5]

Zu der majestätischen Allee kommen ein Parterre aus acht durch Wegachsen gebildete Beete hinzu sowie ein Ensemble aus Wegen, darunter derjenige, der den neuen Garten mit der Kirche von Barberêche verbindet – ein bleibendes Element der Anlage.

Zum anderen vermerkt die Beschreibung eine Gruppe von Buchshecken in der Nähe des Schlosses sowie Rosenbüsche, Quittenbäume und Jasmin im Garten. Nicolas präzisiert, dass

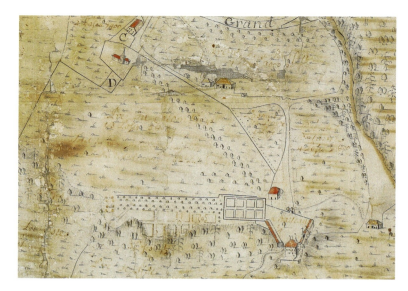 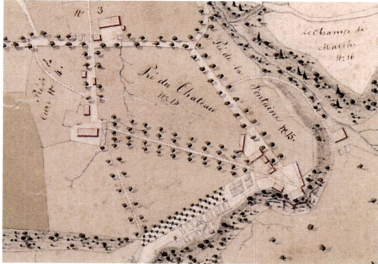

man dort Stecklinge von Pflaumen- und Kirschbäumen aus der Türkei pfropft, die von Diebold von Erlach aus Oberhofen geschickt wurden. Weitere Pflaumenbäume kommen aus La Sarraz und bestimmte Birnbäume aus dem Kanton Uri. Was die Pflege der Spalierobstbäume betrifft, die wahrscheinlich entlang der Mauern des Gartens angeordnet waren, so empfiehlt Nicolas de Praroman, das Werk «Le théâtre d'agriculture ou ménage des champs» von Olivier de Serres zu konsultieren, das erst kurz zuvor erschienen ist, sich aber bereits in seinem Besitz befindet.

Die klassische Gestaltung des 18. Jahrhunderts

1662 geht Barberêche in den Besitz der bedeutenden Familie d'Estavayer-Mollondin über, die sich sowohl im Dienst Frankreichs wie in den Stadtregierungen von Neuenburg und Solothurn engagiert. Ein Plan aus dem Jahr 1786 von François Pierre Zillweger zeigt den Garten auf seinem Höhepunkt. Nahezu der gleiche Zustand ist 1826 auf dem besser erhaltenen Plan von Langhans festgehalten. ▸2

Die dreieckige Anlage mit dem Schloss im Nordosten und einem Nebengebäude im Südwesten richtet sich nach der Topografie des Ortes und definiert den Schlosshof als Ausgangspunkt dreier strahlenförmiger Alleen, die einen *patte d'oie*, einen Gänsefuss, bilden, ein klassisches, in unserer Region jedoch einzigartiges Motiv.

Erhalten geblieben ist der südliche Arm dieser Komposition: eine gedeckte Allee aus vier auf Lücke gesetzten Lindenreihen, die einen breiten Haupt- und zwei schmalere Seitengänge bilden. ▸3 Diese Linden, die 1744[6] von François-Henri d'Estavayer-Mollondin (1673–1749) anstelle der ehemaligen Allee von Nicolas de Praroman gepflanzt wurden, haben die Funktion einer Schatten spendenden Spazierallee wieder aufgenommen. Diese wird heute auf der Nordseite durch eine geschnittene Buchenhecke abgeschlossen, eine sicherlich originale Anordnung. Am östlichen Ende der Allee befindet sich ein Gemüsegarten mit sechs Beetkompartimenten, während sie auf ihrer Südseite, oberhalb der Saaneschlucht, von einem Parterre à la française mit zwei Pavillons begleitet wird. An ihrem westlichen Ende fällt das Gelände stark ab. Von dort führt ein Weg nach Süden, zu einem kleinen Pavillon[7] in der bewaldeten Schlucht. Der nördliche Arm des *patte d'oie*, die Zugangsstrasse zum Schloss, besteht aus einer einfachen Kastanienallee, die auf den Treppenturm des Schlosses ausgerichtet ist. Der zentrale Arm halbiert den Winkel, den die beiden Seitenalleen bilden, und verbindet das Schloss mit der Pfarrkirche. Die vierreihige Allee mit auf Lücke gesetzten Bäumen bestand wahrscheinlich

1 Der Garten und die Spazierallee, die 1583 von Nicolas de Praroman geschaffen wurden, lassen sich auf diesem von François-Pierre-Louis d'Estavayer-Mollondin (1681–1736) in Auftrag gegebenen Plan des Territoriums von Barberêche noch erkennen. Das Parterre des 18. Jahrhunderts südlich der Allee ist eine spätere Übertragung.
Pierre Sevin, 1715 (Ausschnitt).
Archives Pierre de Zurich, Barberêche.

2 Dieser Planausschnitt der Domäne Barberêche von Langhans aus dem Jahr 1826 zeigt sehr deutlich die charakteristische *patte-d'oie*-Anlage aus dem 18. Jahrhundert.
Archives Pierre de Zurich, Barberêche.

aus Obstgehölzen, von denen bis in die jüngste Vergangenheit noch einige existierten. Eine weitere Allee, parallel zu der des Nordarms, verbindet ausserdem das südliche Ende der grossen Lindenallee und die Kirche.

Diese Gestaltung, entstanden zwischen 1715 und 1786, geht im Wesentlichen auf François-Henri d'Estavayer-Mollondin[8] zurück. Es handelt sich zwar nicht im engeren Sinn um einen klassischen Garten, der auf das Schloss ausgerichtet wäre und dessen Innenraum nach aussen fortsetzen würde, da er sich bereits zuvor existierenden Gebäuden anzupassen hatte. Dennoch sind die grossen Linien und wesentlichen klassischen Motive durchaus vorhanden: die Zugangsalleen, die vom Schlosshof ausstrahlen und zusammen mit der vierreihigen, gedeckten Lindenalle und den begleitenden Hecken einen *patte d'oie* bilden, das Parterre à la française – alles Elemente, deren Verwendung ab 1708 von Antoine Dezallier d'Argenville auf der Grundlage von Le Nôtres Wirken kodifiziert wurde. In diesen Motiven kommt auch der absolutistische Wille zum Ausdruck, einen weiten Raum um das Schloss herum zu domestizieren: die den Hof definierenden Alleen, das Parterre und den Gemüsegarten, den Scheunenkomplex sowie die Wiesen, die den Übergang zur landschaftlichen Umgebung bilden.

Die d'Estavayer-Mollondins hatten ihren Wohnsitz neben Barberêche auch in Solothurn, wo sie zahlreiche Ämter in der Regierung innehatten. In Solothurn, der Residenz der Botschafter Frankreichs, lernten sie wohl die Mode kennen, aristokratische Anwesen durch häufig sehr grosse Gärten zu ergänzen. Als Beispiel seien die Anlagen von Schloss Steinbrugg (1670–1672)

3 Blick in den Mittelgang der grossen vierreihigen Lindenallee, die 1744 gepflanzt wurde.

4 Der von den beiden Platanen beherrschte Schlosshof. In der Mitte hinter den Bäumen die ehemaligen Ställe, links das Gewächshaus.

oder von Schloss Waldegg (1682–1684) genannt. Schloss Blumenstein dagegen, im Besitz von François-Henri d'Estavayer-Mollondin[9], war 1717 Gegenstand eines grossen Gartenprojekts, von dem aber nur ein kleiner Teil realisiert wurde.[10] Wenn es auch kühn ist zu behaupten, dass die in Blumenstein nicht verwirklichten Absichten in Barberêche umgesetzt wurden, so darf doch aufgrund des Umstands, dass die beiden Schlösser gleichzeitig im Besitz von François-Henri waren, ein gewisser Einfluss auf Barberêche vermutet werden.

Die romantische Anlage

Das gegenwärtige Aussehen von Schloss Barberêche ist auf die umfangreichen klassizistischen und neugotischen Umgestaltungen zurückzuführen, denen die Gebäude und ihre Umgebung in den 40er Jahren des 19. Jahrhunderts durch Alexis de Zurich (1816–1901) unterworfen waren. Kurz nachdem dieser im Alter von 20 Jahren in den Besitz des Guts gelangt war, hielt er sich in München auf. Dieser Aufenthalt zwischen 1838 und 1842 sollte für Barberêche bestimmend werden.

In Übereinstimmung mit der neuen Architektur des Schlosses wandelt sich der Garten in eine Anlage im gemischten Stil. Er wird vollständig erneuert und unregelmässig gestaltet und bildet doch eine Einheit mit den drei regelmässigen Alleen und dem Gemüsegarten aus dem 18. Jahrhundert, die beibehalten werden; allein das Schmuckparterre südlich der Lindenallee wurde nach und nach sich selbst überlassen.

Der Abriss des Nebengebäudes im Südwesten des Schlosses, die Errichtung der Stallungen 1842 (heute das Haus des Aufsehers) und eines Gewächshauses mit Bassin 1847 erlauben eine neue Gestaltung des Hofs und erschliessen auf diese Weise neue Perspektiven. Aus einem viereckigen Hof wird einer mit abgerundeten Formen und leichter Steigung vom Schlossgebäude nach Nordwesten. Die höchste Stelle markieren zwei Platanen, die exakt in die Verlängerung der zur Kirche führenden Mittelallee gepflanzt wurden. Das Ensemble dieses Hofs besteht aus sanft modellierten Rasenflächen, die von kiesbedeckten gewundenen Wegen begrenzt werden. ▶4 Der Hauptweg und die Westfront der Galerie des Schlosses werden von gepflästerten Rinnen aus Kieselsteinen gesäumt, die mäandrieren oder einfach dem Umriss der Rasenflächen folgen. ▶5

Die Stallungen und das Gewächshaus, zu denen nördlich der neugotischen Kapelle noch ein Taubenschlag und ein – heute verschwundener – Eiskeller kommen, sind eher ihrer Lage als ihrer Beschaffenheit wegen hervorzuheben: So trennt das Stallgebäude, das parallel zum Bauernhof des 18. Jahrhunderts errichtet wurde, den landwirtschaftlichen Bereich radikal von dem des Schlosses; das Gewächshaus, schräg zur Achse Schloss – Kirche gestellt, reicht mit seinem südwestlichen Pavillon in die Lindenallee und wird als ein sehr differenziertes Übergangselement zwischen Gärten und Schloss wahrgenommen.[11] Der alte Gemüsegarten mit seinen sechs Beetkompartimenten, dessen Nordwestmauer bewahrt wird, dient weiterhin der gleichen Nutzung. Seine Längsachse – ein bekiester Weg – wird durch eine doppelte Reihe von zylinderförmig geschnittenen Thujas betont. ▶6

Der Münchner Einfluss,[12] der bei den Umgestaltungen des Schlossgebäudes so deutlich hervortritt, ist auch bei der Gartengestaltung unübersehbar. In der Tat vermittelt der in einen Landschaftsgarten verwandelte Schlosshof den Geist des englischen Gartens, wie er sich dank der «Theorie der Gartenkunst» (1779–1785) von Christian Cay Lorenz Hirschfeld in den deutschsprachigen Ländern des 19. Jahrhunderts verbreitet hat.

Das Hauptmotiv dieser Gestaltung, ein leicht abfallender Rasen mit unregelmässigen Umrissen, den ein mit zwei grossen Platanen bepflanzter Hügel begrenzt, scheint seine Begründung in Hirschfelds Text zu finden: «Man kann Hügel aufwerfen, ihren Gipfel mit hohen Baum-

5 Der Schlosshof, vom Erdgeschoss des Ostflügels aus gesehen: Dynamik der geschwungenen Linien des Gartens und feine Kieseleinfassung.

6 Der Gemüsegarten vor der Lindenallee. Oberhalb der ursprünglichen Mauer sieht man den Turm der Kirche von Barberêche emporragen.

gruppen noch mehr erhöhen und ihre hinfliessenden Abhänge zu schönen Rasen bereiten.»[13] Das Prinzip der Bewegung, hervorgerufen durch natürliche Formen mit geschwungenen Linien, wie es beispielsweise im Landschaftsgarten von Schwetzingen oder in dem von Friedrich Ludwig von Sckell (1750–1823) geschaffenen Englischen Garten in München verwirklicht wurde, ist bei aller Unterschiedlichkeit der Dimensionen auch in Barberêche sehr präsent. Die Wahl exotischer Bäume, wie etwa das Platanenpaar *(Platanus acerifolia)* und einige Solitäre, darunter Rotbuchen *(Acer rubrum)*, ein Tulpenbaum *(Liriodendron tulipifera)* und ein Eschenahorn *(Acer negundo)*, ist vom empfindsamen Garten beeinflusst, der nach Hirschfeld mittels Farben und Formen des Blattwerks differenzierte Atmosphären schaffen soll.

Die Architekten des Schlossumbaus scheinen nicht an der Gestaltung des Gartens beteiligt gewesen zu sein.[14] Hierzu wurde ein gewisser Marquis de Molac beigezogen, der in den Dokumenten des Jahres 1841 mehrmals erwähnt wird.[15] In jenem Jahr besichtigt er Barberêche, bevor er Alexis de Zurich nach München begleitet, und hinterlässt die Skizze eines Gartenplans.[16] Obwohl dieses Dokument an zahlreiche Gartenpläne der Epoche erinnert, zwingen die Ungenauigkeit und Plumpheit der Zeichnung – verglichen mit der Subtilität der heutigen Anlage – zu dem Schluss, dass dieses Projekt überarbeitet wurde. Sind zwei Honorarzahlungen von 1842 zugunsten eines «deutschen Gärtners»[17] Beweis genug für die Beteiligung eines Fachmanns der Gartenkunst, den Alexis de Zurich von München mitgebracht hat? Was die Konzeption der Anlage im gemischten Stil betrifft, so zeigt sie eindeutig Bezüge zum Park von Nymphenburg, den Sckell bereits 1804 in einen Landschaftsgarten verwandelte, der auf harmonische Weise bestehende formale Gartenbereiche einschliesst.[18]

Die Bäume der Allee zwischen Schloss und Kirche haben sich nur vereinzelt erhalten, die Nebenallee, die 1826 noch die Lindenallee mit der Kirche verband, ist ganz verschwunden, und die Pappeln der Zugangsallee wurden gegen rot blühende Kastanien ausgetauscht, was eher dem ursprünglichen, barocken Konzept entspricht. Trotzdem vermitteln Schloss und Park von Barberêche noch immer jene romantische Atmosphäre von 1840, die heute durch den See noch verklärt wird.

Übersetzung: Tobias Scheffel

Privatgarten, Besichtigung auf Anfrage möglich

Intime Zurückgezogenheit und grosszügige Weite
Das Landgut Le Désert in Lausanne

Klaus Holzhausen

Le Désert mit seinem klassischen französisch-holländisch inspirierten Garten war eines der zahlreichen, *campagnes* genannten Landgüter der grossen Lausanner Familien des 18. und 19. Jahrhunderts. Der Kanal, der Potager und die übrigen erhaltenen Elemente bilden noch heute ein Ensemble von grosser Stileinheit. Mit der Restaurierung und der Nutzung von Le Désert als Quartierpark hat die Stadt Lausanne, die seit 1989 Besitzerin ist, ein aussergewöhnliches Zeugnis ihrer kulturellen, geistigen und gesellschaftlichen Geschichte wieder aufleben lassen.[1]

Lage und Namensgebung

Le Désert liegt auf einer natürlichen Terrasse im Nordwesten von Lausanne, angeschmiegt an eine der zahlreichen bewaldeten Molassebänke, die diese Region gliedern. Nach Westen orientiert, profitiert die Anlage von einer prächtigen Aussicht über das Genferseebecken.
Vom Ende des 13. Jahrhunderts bis 1461 diente der Ort, die Maladière d'Epesses, den Leprakranken als Wohnstätte. 1782 wird das Gut zum ersten Mal Campagne du Désert genannt.[2] Wüste, unbewohnter Ort oder Einöde bedeutet «désert», aber auch Eremitage, Ort der Einsamkeit, der Spiritualität – die französischen Protestanten suchten Zuflucht vor Verfolgung im «désert». Dieser Name, den auch andere Gärten in Europa tragen, zum Beispiel Le Désert de Retz in der Île de France, entspricht ganz der Sensibilität der am Ende des 18. Jahrhunderts aufkommenden Romantik.

Entstehung und Geschichte

Louis-Arnold Juste de Constant, genannt de Rebecque (1726–1812), Karriereoffizier in holländischen Diensten, erwarb 1764 die ehemalige Maladière. Sein Sohn Benjamin Constant, bekannter Autor und Politiker, hat hier einen Teil seiner Kindheit verbracht. Das Herrenhaus und sein Park wurden zwischen 1771 und 1782 gebaut. 1799 wird Le Désert Eigentum der Rivier, einer Bankiers-, Politiker- und Pastorenfamilie, die das Landgut bis 1987 besitzt.
1821 gelangte Le Désert in den Besitz von Jacques-François-Théodor Rivier, der sich in der Erweckungsbewegung Le Reveil[3] engagierte, deren Treffen 1824 vom Staatsrat verboten wurden. Nun fanden geheime Gottesdienste und Versammlungen in Le Désert statt, und zwar in der Maison Neuve, einem Anbau, der 1831 unter der Bezeichnung «bâtiment pour gymnastique» errichtet wurde. Jacques-François-Théodor Rivier war einer der Gründer der Eglise libre des Kantons Waadt, deren Gründungssynode im Juni 1847 heimlich in Le Désert abge-

halten wurde. Nach seinem Tod 1875 unternahmen seine drei Söhne bedeutende Restaurierungs- und Umbauarbeiten.

Seit den 1950er Jahren führte die fortschreitende Urbanisierung zum Verkauf von immer mehr Baulandparzellen. Dieser Prozess der Aufteilung und Überbauung des Landguts sowie die zunehmende Verwilderung nahmen ihren Lauf, bis 1989, als Folge eines letzten Quartierplanverfahrens, die Stadt das, was von Le Désert noch übrig geblieben war, übernahm.

Louis-Arnold Juste de Constant und der französisch-holländische Garten

Die Grundstrukturen des französisch-holländisch inspirierten Gartens wurden mit grossem Geschick in die natürliche Topografie eingefügt. Allerdings haben Juste de Constant und sein leider unbekannter Architekt nicht alles selbst erfunden. Ein Plan des Gutes von 1771 zeigt recht detailliert die Elemente, die bereits 1764 beim Kauf der ehemaligen Maladière vorhanden waren: eine 350 Meter lange Hauptachse, der natürlichen Geländeterrasse folgend, mit einer Obstbaumallee bepflanzt, in welcher später der Kanal gebaut wurde; parallel dazu, etwas höher gelegen, der Ansatz einer *allée de promenade,* einer Spazierallee, zwischen geschnittenen Hecken, die spätere Lindenallee; ein erstes Haus, das später in das heutige Herrenhaus integriert wurde, und ein Gemüsegarten.

1 Das Herrenhaus erscheint in der Perspektive als Abschluss des Kanals, der rechterhand von der etwas höher gelegenen Lindenallee begleitet wird.

Klaus Holzhausen: Le Désert, Lausanne

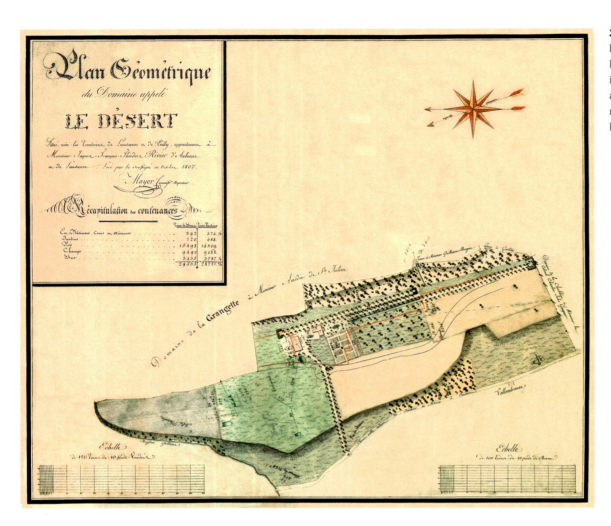

2 Blick in die Lindenallee, die an beiden Enden durch ein Heckenkabinett aus Hainbuchen und vier im Quadrat gepflanzten Platanen abgeschlossen wird. Die Allee führt nirgends hin, sondern dient dem besinnlichen Spazieren.

3 Bestandesplan des Landgutes, 1807 (Ausschnitt). Die rote Linie umgrenzt den noch erhaltenen Teil des historischen Gartens. Archives de la Ville de Lausanne, fonds Rivier.

Zwischen 1771 und 1782 realisierte Constant gemäss dieser überzeugenden Grunddisposition ein Programm, das folgende Gartenelemente enthält: die Terrasse, den Potager, den Kanal, einen Obstgarten, das Belvedere und die Lindenallee. ▸ 1, 2 Ist der von Constant ausgehobene Kanal eine Erinnerung an Holland, wo er jahrzehntelang gedient hat? Man kann sich gut vorstellen, dass Constant nicht nur von der holländischen Landschaft mit ihren Kanälen beeindruckt war, sondern auch von Anlagen aus der zweiten Hälfte des 17. Jahrhunderts, die er in Verbindung mit seinem Beruf wahrscheinlich besuchen konnte: etwa Gärten Wilhelms II. von Oranien-Nassau wie Huis Honselaarsdijk, von Kanälen und Alleen eingefasst, oder Huis Nieuwburg mit seinen zwei seitlichen Kanälen (beide in der Nähe von Den Haag).[4]

Jean-Théodor Rivier und der Garten des beginnenden 19. Jahrhunderts

Was den Park von Le Désert so besonders macht, ist nicht nur seine klare und grosszügige Architektur, sondern auch die Tatsache, dass zwischen 1800 und 1810 Jean-Théodor Rivier mit seinem Architekten Alexandre Perregaux und dessen Sohn Henry den Park nicht der romantischen Landschaftsgartenmode folgend umbaute, sondern ihn so erhielt, wie er war. Gewisse Teile wurden ergänzt oder bereichert; so bekamen der Potager ein rundes Bassin mit Fontaine und das Belvedere einen Kastanienkreis. Andere wurden neu gebaut, wie der Gutshof, der neugotische Geflügelhof, der ovale Teich, der Zufahrtsbereich mit seinen zwei Platanen und dem Brunnen. Umgestaltet wurden das Herrenhaus sowie die Mauern der Terrasse, während man das Wassersystem perfektionierte und durch neue Quellfassungen bereicherte.

Offiziere in fremden Diensten und die Gartenkunst

Der schöne Bestandesplan von 1807 zeigt, wie geschickt die Komposition die natürlichen Geländestufen auszunützen verstand, als abgeschiedener Ort gestaltet war und doch die Weite der Landschaft miteinbezog. ▸3

Der grosse Kanal in der vom Haus bis zum Belvedere sich erstreckenden Hauptachse spielt eine zentrale Rolle und bereichert den Garten auf vielfältige Weise: mit Perspektiven vom Haus nach Süden und vom südlichen Ende aufs Haus; mit der Möglichkeit des Lustwandelns am Wasser; mit dem Wasser als Biotop mit Seerosen und Amphibien. Für die Spaziergänger in der drei Meter höher liegenden Lindenallee reflektiert er den Himmel und bildet den Vordergrund vor der Weite des Sees.

Die Lindenallee, eine reine Spazierallee, an beiden Enden durch Heckenkabinette abgeschlossen, erlaubt im Rhythmus der Stämme, im Schatten des Laubgewölbes zu wandeln und den Blick über den Garten und die Genfersee-Landschaft zu geniessen.

Der Potager schliesslich, weiter unten gelegen, mit seiner für die Region typischen Umfassungsmauer und dem zentralen Bassin, verbindet das Angenehme mit dem Nützlichen.

Jacques-François-Théodor Rivier und der Einfluss der Romantik

Zwei Phänomene des 19. Jahrhunderts haben in Le Désert Spuren hinterlassen: die Romantik und das religiöse Engagement der Besitzer. Ausgehend vom neugotischen Turm des Hühnerhofs legte man ein Netz von Fusspfaden an, die den Hang hinauf den Wald erschliessen und zu einigen natürlichen oder künstlichen Schmuckelementen und Parkarchitekturen *(fabriques)* führen: zwei Grotten in den Molassefelsen, zwei Einsiedlerhütten, einem Kreuz sowie einigen Sitzplätzen – Orten der religiösen Einkehr und des Vergnügens, zu denen man hinaufstieg, um zu beten, die Bibel zu lesen oder Tee zu trinken.

Der einzige Bereich des Gartens, der entsprechend der Landschaftsgarten-Mode umgestaltet wurde, ist die südlich ans Haus anschliessende Terrasse. Um ein grosses Rasenoval schlängeln sich Wege zwischen Bäumen und Blumenbeeten. Aber die Umgestaltung ordnet sich diskret dem grossen, klassischen Rechteck unter.

Konservierung und Niedergang

Die drei Söhne von Jacques-François-Théodor Rivier investierten bedeutende Mittel in die Restaurierung und Konservierung der Gebäude und des Gartens. Der Kanal aus Lehm, mit Holz eingefasst, war bereits 100-jährig und wurde 1877 vollständig neu gebaut, diesmal aus Beton. Mit seinen Dimensionen (140 × 6 × 1,10 Meter), in nicht armiertem Ortbeton, ist er für seine Zeit ein kühnes Bauwerk. An seinen Rändern wurden Stauden und einige Blütensträucher gepflanzt.

Théodor (1823–1891), einer der Söhne Riviers, zeichnete gerne. Sein, glücklicherweise erhaltenes, Skizzenbuch dokumentiert den Garten von 1834 bis 1890 – eine kostbare Informationsquelle über den Zustand des Gartens im 19. Jahrhundert.

In den 1950er Jahren begann eine Phase des Niedergangs. Die Anlage wurde schrittweise amputiert und von Wohnblöcken umzingelt. Das Herz des Gartens existiert indessen noch immer, als das Gartenbauamt der Stadt Lausanne ihn 1989 übernimmt.

Sanierung und Aufwertung

Die Erforschung der Geschichte des Parks und die Analyse seines Zustands erlaubten es, seinen Wert als Gartendenkmal zu entdecken und auf die Notwendigkeit hinzuweisen, ihn zu erhalten und zu schützen. Ein Parkpflegewerk sowie das Ausführungsprojekt für eine erste Restaurierungsetappe und seine Nutzung als öffentlicher Park wurden erarbeitet.[5] Von 1999

4 Im Potager kommt die Freude zum Ausdruck, mit der die Bewohner der benachbarten Wohnbauten gärtnern.

bis 2001 hat man den Potager wieder hergestellt sowie den Kanal und die Lindenallee saniert. In Form von kleinen Pflanzgartenparzellen von den Bewohnern der umliegenden Wohnblocks kultiviert, erlebt der Potager eine Renaissance und hilft der Bevölkerung, sich «ihren» Quartierpark anzueignen. ▸ 4

Ein Restaurant im früheren Ökonomiegebäude trägt zur Belebung der Anlage bei. Da die zukünftige Nutzung des Herrenhauses noch unklar ist, warten der Eingangshof, die Terrasse und die romantischen Spazierpfade noch auf ihre Restaurierung.

Dieser älteste, noch erhaltene Garten der Stadt und Zeuge des Jahrhunderts der Aufklärung – heute umgeben von überdimensionierten Wohnblöcken und Infrastrukturen – ist aber auch ein Zeuge der gefühllosen Stadtexpansion der 1950er bis 80er Jahre. Früher ein entlegenes Refugium, das in Symbiose mit der Grossartigkeit der weiten Landschaft lebte, ist er zu einem nach innen gerichteten Ort geworden, der aber immer noch seinen Charme und die Kraft der grossen Linien seiner Komposition ausstrahlt.

Park öffentlich zugänglich, Potager einsehbar, Chemin de Pierrefleur 74, 1004 Lausanne

Ausländische Bauherren und Gartenkünstler als Vermittler neuer Ideen

Wie Jacques Wirtz oder Russel Page, so haben andere ausländische Gartenkünstler und vor ihnen Gärtner dazu beigetragen, die gartengeschichtliche Entwicklung in der Schweiz voranzutreiben. Daneben sind auch Bauherren Vorreiter neuer Gestaltungsideen gewesen. Im 16. und 17. Jahrhundert waren es die in die Heimat zurückgekehrten Offiziere, im 19. und frühen 20. Jahrhundert Ausländer, die sich in der Schweiz niederliessen und befruchtend auf die Entwicklung der Gartenkunst wirkten.

Aufgrund persönlicher Affinität oder in Ermangelung geeigneter einheimischer Kräfte betrauten zahlreiche Auftraggeber ausländische Gartenkünstler mit der Anlage ihrer Gärten. So entwarf Jean-François Blondel im Auftrag des Genfers Ami Lullin den berühmten französischen Garten von Creux-de-Genthod. Berner Patrizier beauftragten den französischen Architekten Joseph Abeille mit der Gestaltung ihrer Landsitze, und Basler Auftraggeber wandten sich an Johann Michael Zeyher, den Gartenbaudirektor im Dienste des badischen Hofs, der bei dieser Gelegenheit den Landschaftsgarten nach Basel brachte.

Vincent Perdonnet betraute den Pariser Gartenkünstler Monsailler d. Ä. mit der Anlage des pittoresken Parks von Mon-Repos in Lausanne. Der Industrielle Theodor Bühler liess sein Landhaus in Uzwil von dem englischen Architekten Baillie Scott erbauen, dessen Konzept für die Gartenanlage am Erfolg des Architekturgartens in der Schweiz teilhatte.

Zahlreich müssen auch die ausländischen Gärtner gewesen sein, über die meist nur noch Rechnungsbücher Auskunft geben. Noch heute überlässt die de Vigier Stiftung den Schnitt der mehrhundertjährigen Eiben im Garten ihres Sommerhauses französischen Fachleuten.

Von den zahlreichen ausländischen Bauherren, die sich in der Schweiz niederliessen, seien jene hervorgehoben, die im 19. Jahrhundert dem Landschaftsgarten zum Durchbruch verhalfen. So liess die russische Grossherzogin Anna Feodorowna in Bern den Park der Elfenau anlegen; der Arenenberger Park von Königin Hortense und ihrem Sohn steht am Anfang einer ganzen Reihe von landschaftlichen Anlagen am südlichen Bodenseeufer; die Baronin de Saint Léger, ebenfalls eine Dame russischer Herkunft, machte in dem Landschaftsgarten, den sie auf der Isola Grande bei Brissago anlegen liess, zahlreiche subtropische Pflanzen heimisch und veränderte so die gesamte Landschaft der Region auf Dauer. Dann beauftragte der französische Graf Abel-Henri-Georges Armand seinen Landsmann Achille Duchêne mit der Anlage des Gartens von Bois Murat, einer Anlage im gemischten Stil, die beispielhaft für die internationale Bewegung zur Erneuerung des französischen Gartens ist.

Schliesslich liessen sich in der zweiten Hälfte des 19. Jahrhunderts zahlreiche ausländische Landschaftsarchitekten in der Schweiz nieder und trugen damit auch zur Professionalisierung dieses Berufsstandes in unserem Land bei. Erwähnt werden soll hier nur die holländische Dynastie der Mertens, die in der deutschen Schweiz eine entscheidende Rolle spielte. Der Jardin de Julie in Clarens aus Jean-Jacques Rousseaus «La Nouvelle Héloïse» ist zweifellos der berühmteste «ausländische» Garten in der Schweiz. Dieses literarische Werk, das die Anlage von Landschaftsgärten in ganz Europa so sehr inspirierte, förderte in der Schweiz darüber hinaus die Entstehung einer neuen Beziehung zur Natur, die zur romantischen «Erfindung» des Gebirges beitrug.

Catherine Waeber
Übersetzung: Jutta Orth

«Natur und Kunst liebreich untereinander vermischet»
Der Garten des Bäumlihofs in Riehen

ANNE NAGEL

Der alte Garten des Landguts Bäumlihof wie auch die historischen Pläne und Ansichten desselben veranschaulichen in beispielhafter Weise die Umwandlung einer ursprünglich streng symmetrischen in eine weitgehend landschaftlich gestaltete Anlage. Der 1802 erstellte Landschaftsgarten ist ein Werk Johann Michael Zeyhers (1770–1843), der als markgräflich-badischer Hofgärtner und späterer Gartenbaudirektor des Schwetzinger Schlossgartens «in der Botanik und höheren Gartenkunst einen wohlbegründeten europäischen Ruf genoss»[1].

Der Barockgarten ...

In der weiten Ebene zwischen Basel und Riehen abseits der Strassen, welche die Stadt mit der Landgemeinde verbinden, liegt das idyllische Landgut Bäumlihof, auch Klein-Riehen genannt.[2] Das aus einem Rebgut des Klosters Klingental hervorgegangene Anwesen entwickelte sich durch stetige Landkäufe und die schrittweise Erweiterung des 1686 errichteten Herrenhauses zu einem der schönsten grossbürgerlichen Sommersitze Basels. Das Gut mit weitreichenden Ländereien und einem landwirtschaftlichen Betrieb ging 1733 an Samuel Burckhardt-Zäslin über. Dieser hatte sich durch Salzhandel und den Besitz von Eisenwerken sowie durch Heirat ein für die damaligen Verhältnisse aussergewöhnliches Vermögen erworben. Vom Reichtum und von der luxuriösen Lebensart des vornehmen Basler Grandseigneurs zeugte seine rege Bautätigkeit in feudalem Stil. In Klein-Riehen liess er 1735 die Wohn- und Ökonomiegebäude zu einem ausgewogenen, einheitlichen Ensemble zusammenfassen und in axialem Bezug dazu einen Lustgarten erstellen. Als Zufahrt von der Stadt her wurde eine Lindenallee angelegt, die seitlich in die *cour d'honneur* zwischen der Häusergruppe und dem Garten mündet. Mit dem Bau eines eigenständigen Garten- und Festsaals in der südwestlichen Ecke des Ehrenhofs 1738 und der gleichartig ausgebildeten Schmalseite der grossen Scheune in der nordöstlichen Ecke gelang es dem Bauherrn, zum Garten hin ein symmetrisches Bild zu schaffen.

Verschiedene Ansichten, darunter auch ein Ölgemälde des 18. Jahrhunderts von unbekannter Hand, dokumentieren das Aussehen der barocken Gesamtanlage. Der den klassischen französischen Prinzipien folgende Garten erstreckte sich in der Breite des Gebäudekomplexes als Längsrechteck Richtung Süden. Das Geviert war zum Ehrenhof hin durch ein schmiedeeisernes Gitter mit prunkvollem Mittelportal abgegrenzt und an den übrigen drei Seiten von hohen Mauern, an denen Spalierbäume wuchsen, umschlossen. Zwei offene Pavillons standen in den hinteren Ecken der Umfassungsmauern. Entlang der Mauern waren Kastanienalleen angelegt, von denen die beiden seitlichen auf die Mittelachse des Gartensaals und seines Pendants ausgerichtet waren.

Die Pflanzung von Rosskastanien war nach französischem Vorbild auch in den deutschen Gärten des frühen 18. Jahrhunderts aufgekommen. Aufgrund ihres schönen Wuchses, ihres dichten, Schatten spendenden Blattwerks und ihrer prächtigen Blüten hatten sie sich zu einem eigentlichen Modebaum entwickelt und fanden mit Vorliebe in Reihen und zur Begrenzung einzelner Gartenstücke Verwendung. Kein Geringerer als der für den barocken Ausbau des Bäumlihofs verantwortliche Samuel Burckhardt-Zäslin liess die Rosskastanie *(Aesculus hippocastanum)* um 1735 von der Pfalz nach Basel bringen und sie nicht nur im Garten seines Landsitzes, sondern auch im öffentlichen Raum, unter anderem auf dem Münsterplatz, pflanzen.[3]

Der Gartenbereich innerhalb der Alleen war durch ein Wegkreuz, dessen Querarm und dessen hinterer Längsarm wiederum von Baumreihen gesäumt waren, viergeteilt. Reich ornamentierte Broderiefelder, von Kübelbäumchen, gestutzten Bäumchen und Obelisken umstanden, schmückten das vordere Parterre. Im Achsenkreuz, das heisst im Zentrum des Gartens, lag ein rundes Wasserbecken mit Springstrahl, von Figuren und Vasen umstellt. Die hintere Gartenhälfte war in Bosketts unterteilt. Ein von Bäumen gesäumtes Rasenoval mit einer antikisierenden Figur auf hohem Piedestal bildete jeweils das Zentrum. An den Lustgarten grenzte im Osten der Küchengarten.

... und seine Umwandlung in einen Landschaftsgarten

Der formale Garten des Bäumlihofs blieb bis 1802 erhalten. Unterdessen hatte sich auch in Basel ein Stilwandel in der Gartenkunst zumindest ansatzweise etabliert. In der Nachfolge der Eremitage in Arlesheim (1785) waren sowohl innerhalb wie auch auf den Landgütern ausserhalb der Stadtmauern erste Landschaftsgärten entstanden: Johann Jakob Merian-De Bary hatte 1789 auf einer Anhöhe hinter dem alten Wenkengut in Riehen einen kleinen landschaftlichen Garten mit einem Badhaus, einem Borkenkabinett, der Ruine eines Turms und römischen Architekturfragmenten anlegen lassen. Der für die Zulieferung der antiken Fundstücke aus Augst verantwortliche französische Architekt Aubert Joseph Parent wandelte in den Jahren nach 1792 das Hinterland des Württemberger Hofs (St. Alban-Graben) in einen einzigartigen Naturpark um, der aufgrund seines Staffagereichtums als Sehenswürdigkeit weit über die Grenzen Basels bekannt war.[4]

1799 war der Bäumlihof durch Heirat an den Handelsmann Samuel Merian-Kuder übergegangen. Der naturverbundene Gutsbesitzer, der sich mit grosser Leidenschaft auch der Landwirtschaft und der Jagd zuwandte, beauftragte 1802 Johann Michael Zeyher mit der Umgestaltung seines Gartens. Der in Ansbach zum Gärtner ausgebildete, an der Hohen Karlsschule in Ludwigsburg theoretisch geschulte Zeyher hatte bei Hofgärtner Schweickart in Karlsruhe die Kenntnisse über den englischen Gartenstil erworben und war 1792 für den botanischen Garten der Universität nach Basel geholt worden.[5] 1794 heiratete Zeyher Maria Magdalena

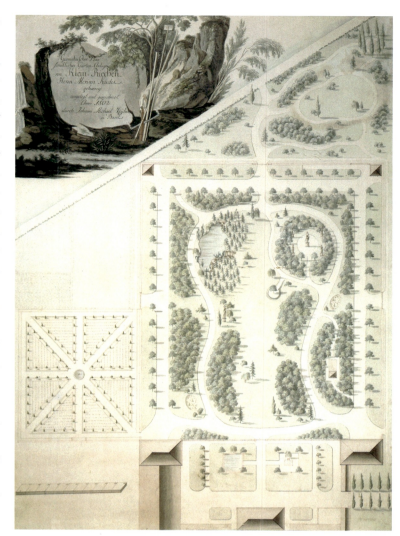

1 Johann Michael Zeyher, Plan zur Umgestaltung des Gartens, kolorierte Federzeichnung, 1802. Privatbesitz.

2 Matthias Bachofen, Blick von Süden in den Garten und auf das Herrenhaus, Aquarell, 1816, Privatbesitz.
Die Ansicht zeigt im Vordergrund zwei alte Alleekastanien, im Mittelgrund die dichte raumabschliessende Randpflanzung der Zeyher'schen Anlage.

3 Das mit Borken verkleidete Bienenhaus in Form eines dorischen Tempelchens von 1808.

Petersen, die Tochter des für die Stadt Basel tätigen Kunstgärtners Nicolaus Petersen. Vorübergehend auch bei Johann Rudolf Burckhardt im Haus zum Kirschgarten als Privatgärtner angestellt, stand Zeyher seit 1801 im markgräflich-badischen Dienst den Gartenanlagen des Markgräfler Hofs an der Neuen Vorstadt (Hebelstrasse) vor. 1804 wurde er nach Schwetzingen berufen, wo er die Nachfolge von Friedrich Ludwig von Sckell antrat. Während seines Aufenthalts am Rheinknie wie auch von Schwetzingen aus entwarf Zeyher zahlreiche Gärten in der Schweiz – in Basel etwa den Vischer'schen Garten am Grossbasler Rheinufer (1807) oder die nördliche Gartenpartie des Schlosses Ebenrain in Sissach (1818). Ausserdem belieferte er die hiesigen Gartenliebhaber mit Bäumen und Sträuchern aus der grossen, von ihm stetig erweiterten Baumschule des Schwetzinger Schlossgartens.

Der 1802 datierte Gartenplan von Klein-Riehen belegt, dass Zeyher den regelmässigen Grundriss, die Umfassungsmauern einschliesslich der axialen Gartentore und der symmetrischen Eckpavillons sowie die rahmenden Kastanienalleen als Gestaltungselemente der barocken Anlage beibehielt. Einzig der innere Gartenbereich erfuhr eine Neugestaltung im landschaftlichen Stil und wurde durch dichte Gehölzgruppen von den Umschliessungsalleen abgegrenzt. Ein solch behutsamer Umgang mit dem Barockgarten war damals keine Seltenheit, wie etwa Sckells Umwandlung der Barockgärten von Schwetzingen und Nymphenburg zeigen.

In Klein-Riehen wurde ein natürlich geschwungener Umgangsweg mit kleineren Nebenwegen angelegt. Innerhalb dieses Rundwegs breitete sich in der auf die Hauptgebäude ausgerichteten Längsachse eine unregelmässige Rasenfläche aus, die in ihren Randzonen mit dichten geschlossenen und locker

4 Eibenboskett und von Buchs gerahmtes Plätzchen mit peripher aufgestellten antikisierenden Figuren: Aphrodite Kallipygos, Venus Urania und Apollo von Belvedere.

5 Blick durch die westliche, 1988 erneuerte Kastanienallee auf den Gartensaal.

hainartigen Gehölzbeständen sowie Solitärbäumen in scheinbar zufälliger Anordnung bepflanzt war. Den Gehölzpflanzungen waren unterschiedliche Funktionen zugedacht: So wurden die dichten, geschlossenen Bestände als raumbildende und raumabschliessende Gestaltungsmittel, die hainartigen Bestände und Einzelbäume als erlebniswirksame Elemente, zur Erzeugung von Tiefenwirkungen und Stimmungsbildern beziehungsweise als Vordergrundmotive und Akzente eingesetzt. Zeyher ergänzte diese künstlich geschaffenen Naturszenen durch in sich geschlossene Gartenräume mit Kleinarchitekturen und Plastiken, namentlich einem kreisförmigen Platz mit vier peripher aufgestellten Skulpturen und einer zentralen Figur, einem natürlich geformten, von Tuffsteinen gerahmten Wasserbecken sowie einem durch Gehölzpflanzungen abgeschirmten Gartenhäuschen. Durch die natürliche Linienführung der Wege erschlossen sich die Räume dem Gartenbesucher nach und nach wie abwechslungsreiche Bildfolgen. ▸ 2 Ausblicke durch die axialen Gartentore in die umgebende Landschaft wurden in das Raumerlebnis mit einbezogen und bewirkten, dass die gärtnerische Anlage dem Besucher grösser erschien. Eine optische Vergrösserung des Gartengeviertes beabsichtigte Zeyher auch, indem er das südlich angrenzende Geländedreieck als natürlich erscheinenden Übergang zur freien Natur der Umgebung mit einer auffallend lichteren Bepflanzung versah. 1808 liess Samuel Merian-Kuder am Rand der inneren Rasenfläche ein mit Borken verkleidetes Bienenhaus in Form eines dorischen Tempelchens errichten ▸ 3, das sich als Stimmungsträger mit bildhafter Wirkung harmonisch in die Zeyher'sche Anlage einfügte.

Der Garten heute

Aus der Zeit nach der Umgestaltung des Gartens durch Zeyher sind keine Umwandlungen grösseren Ausmasses bekannt. In unmittelbarer Nachbarschaft entstanden weitere Grünanlagen, Wohn- und Ökonomiegebäude, die zwar den näheren Sichtbereich, nicht aber den Zeyher'schen Garten tangierten. Einzig der Gartensaal wurde 1865 in neubarockem Stil umgebaut und erhielt ein Flachdach mit umlaufender Balustrade. Die Schauseite gegen den Garten

wurde mit einer prächtigen Stuckmarmorfassade und einer feingliedrigen, verglasten Veranda versehen. ▶6 Dennoch haben sich im Laufe der Zeit, bedingt durch die natürliche Entwicklung und den naturgegebenen Verfall des Gehölzbestands, augenfällige Veränderungen an der gärtnerischen Anlage vollzogen.

Die den inneren Rundweg beidseitig begleitenden und abschirmenden Gehölzpflanzungen entwuchsen dem Idealzustand und verschwanden nach und nach. Ebenso verschwanden einzelne Abschnitte des zunehmend einsehbaren Weges und andere Gestaltungselemente. Damit ging die ursprüngliche Konzeption, das heisst die abwechslungsreichen Bildfolgen und deren überraschende Wirkungen auf den Gartenbesucher, verloren. Eine offene Rasenfläche, einzeln oder in Gruppen angeordnete Bäume von beachtlichem Wuchs – Eichen, Buchen, eine Scheinzypresse und eine Platane – bestimmen heute die vordere Gartenpartie. Von den stimmungsvollen Bildveduten der Zeyher'schen Anlage sind im hinteren Teil zwei der oben erwähnten Gartenräume erhalten: Der von künstlichen Felsformationen und einer Gruppe alter (Hage-)Buchen hinterfangene Weiher ist als spiegelnde Fläche von Bäumen und Wolken ein unentbehrliches Gestaltungsmittel des Landschaftsgartens, während jene von Buchshecken gerahmte Platzfläche in einem Eibenhain, die mit vier antikisierenden Sandstein-Figuren aus dem 18. Jahrhundert – Aphrodite Kallipygos, Bacchus, Venus Urania, Apollo von Belvedere – bestückt ist, eher eine Reminiszenz auf den Barockgarten darstellt. ▶4

Als wichtiges Gestaltungselement der historischen Gesamtanlage wurden 1988 die von Anbeginn den Garten optisch und räumlich begrenzenden Kastanienalleen erneuert. ▶5 Extreme Überalterungserscheinungen, schwer geschädigte und absterbende Bäume sowie zahlreiche Lücken prägten die ursprünglich aus insgesamt 80 Rosskastanien bestehenden Reihen. Der hinsichtlich seines Alters sehr unterschiedliche Bestand wies noch einzelne Bäume der Erstbepflanzung aus der Zeit um 1735 auf. Gestützt auf ein gartendenkmalpflegerisches Gutachten[6] wurde die Gesamterneuerung einer Reparatur der Alleen vorgezogen. Als Ersatzpflanzung entschied sich der Besitzer nicht für die herkömmliche Rosskastanie, sondern wählte eine gefüllt blühende und nicht fruchtende Art (*Aesculus hippocastanum* 'Baumannii'). Die Jungbäume wurden in den seitlichen Alleen im historischen Abstand von 5,7 Metern, in der südlichen Querallee in einem erweiterten Abstand von 6,7 Metern gepflanzt, wodurch sich ihre Anzahl auf 74 reduzierte.[7]

Mit der Neupflanzung der Kastanienalleen wurde ein Anfang zur Wiederherstellung des historischen Gartens gemacht. Weitere, auf dem Zeyer'schen Plan basierende Regenerierungsmassnahmen wären wünschenswert, um die ursprünglichen und wesentlichen Gestaltungsziele zurückzugewinnen. Denn der Garten des Bäumlihofs ist durch den Verlust vieler Landsitze um Basel ein einzigartiges Denkmal und ein herausragendes Zeugnis einer gartenkünstlerischen Leistung.

6 Die Schauseite des barocken Gartensaals erhielt 1865 eine farbenprächtige Stuckmarmorverkleidung und eine verglaste, gusseiserne Veranda.

Privatgarten, nicht zugänglich

Ein vergessenes Juwel
Schloss Arenenberg bei Salenstein am Bodensee

Dominik Gügel

«Endlich [...] überschritt [ich] wahrhaftig die Schwelle von Hortenses Besitz. Er war ein geliebtes Kleinod, bei dem an gutem Geschmack nicht gespart worden war. Was Terrassen, Spaliere, Geissblatt und exotische Pflanzen zu vollbringen vermochten, war hier in Vollendung zu sehen. Der Blick, den man – da durch den Wald, dort über den Steilhang – genoss, wurde immer wieder aufs Malerischste gefesselt. Hier die rebenüberwachsene Insel Reichenau mit ihren Häuschen, die sich schimmernd im Zwielicht des Sees spiegelten, dort der edle Bereich des blauen Rheins [...], und weiter weilte das Auge auf den Umrissen des Schwarzwalds, die im Westen dahinschwanden. In der dritten Richtung schienen die Türme von Konstanz in Dunst und Wasser zu versinken, und noch weiter weg unterschied man kleine Uferdörfer, wie entschwindende Gestirne immer schwächer leuchtend, bis Land, See und Himmel in der Dunkelheit verschmolzen.»[1]

Diese Schilderung der Arenenberger Parkanlage wurde 1823 erstmals veröffentlicht und stammt aus der Feder eines Unbekannten, der sich selbst «writer of eminence» nennt. Wahrscheinlich versteckt sich hinter dem Pseudonym kein Geringerer als Lord Byron.

Eine Parkanlage im Wandel

Das lang gestreckte, parallel zum Seerücken sich entwickelnde Grundstück von zirka zwölf Hektar gliedert sich in einen ebenen südlichen Teil, auf dem das Schloss und seine Nebenbauten stehen, und einem nördlichen Teil, der zum Ufer des Untersees steil abfällt. Eingebettet in diesen Hang liegt eine schmale unbewaldete Terrasse, die sich nach Osten platzartig erweitert. Anders als im 19. Jahrhundert, liegt der «herrschaftliche» Zugang zum Schloss Arenenberg heute im Südwesten. Ein kurzer, gerader Weg führt zwischen der ehemaligen so genannten Dépendance und einem längsrechteckigen Rasenstück zu einer hofartigen Situation zwischen dem Schloss – eigentlich ein schlichter Landsitz –, der Kapelle und dem Gebäudekomplex dieser Dépendance.[2] Die von hohen Mauern gestützte Terrasse, die das Wohngebäude im Westen und im Norden umgibt und sich bei der Kapelle erkerartig ausweitet, bietet noch immer die glanzvollen Ausblicke auf die Bodenseelandschaft, die den «writer of eminence» einst entzückten. Wie auf den historischen Darstellungen zieren Topfpflanzen die Terrassenmauern; eine breite, mit blühenden Sträuchern bepflanzte Rabatte trägt zum gärtnerischen Reiz dieses Ortes bei. ▸1

Das parterreartige Rasenstück vor der Südfassade des Schlösschens wird gegen Westen durch ein Eisengeländer mit Steinpostamenten begrenzt und durch ein ornamentales Rosenbeet mit zentralem Springbrunnen ausgezeichnet – eine Gestaltung, die auf die 1950er Jahre zurückgeht. ▸ 2 Zu Beginn des 19. Jahrhunderts befand sich an dieser Stelle ein Rebberg, der später von einem kleinen, landschaftlich gestalteten Garten abgelöst wurde: einer nach Westen leicht abfallenden Rasenfläche mit einer Gehölzgruppe im Süden, locker verteilten Strauchgruppen, reich bepflanzten Blumenbeeten und einem Springbrunnen.

So wie dieses Rasenstück hat die gesamte Anlage von Arenenberg eine lange Geschichte, denn sie verdankt ihre Entstehung nicht einem einheitlichen Entwurf, sondern ist langsam über die Jahrzehnte entstanden, dann aber in Vergessenheit geraten. Daran hat sich auch wenig geändert, nachdem das Gut 1906 als Schenkung in den Besitz des Kantons Thurgau gelangte. Für das damals eingerichtete Napoleonmuseum war die Gartenanlage nicht verfügbar. Sie geriet durch die Nutzung der Dépendance und der Ländereien als landwirtschaftliche Schule des Kantons sogar zunehmend in Bedrängnis.

So sind es nur noch einzelne, oft unzusammenhängende Spuren, die erahnen lassen, was einmal war. Auf einem Spaziergang durch die Anlage stösst man auf kleine Raumnischen, exotische Gehölze oder ein 1958 rekonstruiertes Zelt. ▸ 3

1 Die 1831/32 errichtete Kapelle mit der nach Norden, zum Untersee ausgerichteten Terrasse im Schmuck blühender Pflanzen.

Geschichte und Neuanfang

Das Gut mit seinem landwirtschaftlichen Umschwung gehörte – von wenigen Ausnahmen abgesehen – bis 1817 namhaften Konstanzer oder Thurgauer Patrizierfamilien.

Hortense de Beauharnais, die Exkönigin von Holland, Stieftochter und Schwägerin Kaiser Napoleons I., lebte seit Dezember 1815 zusammen mit ihrem Sohn Louis Napoléon in Konstanz im Exil. 1816 weilte sie zum ersten Mal auf Schloss Arenenberg. Schon bevor das Gut in ihrem Besitz war, begann Hortense Entwürfe für eine Gartenanlage zu zeichnen, wie sich Louise Cochelet, ihre Vorleserin, erinnert: «Die Königin, in ihr Kaufprojekt vertieft, zeichnete im Voraus schöne Wege in den charmanten Wald, der die Seiten des Hanges bedeckte. Anstelle des Hühnerstalles und -hofes wollte sie eine Blumenterrasse.»[3] Der Kauf kam am 10. Februar 1817 zustande.[4]

Hortense hatte seit der Verheiratung ihrer Mutter Joséphine de Beauharnais mit Napoléon Bonaparte in einem gartenbegeisterten familiären Umfeld gelebt. Sie selbst bewohnte vor ihrer Vertreibung aus Frankreich das nördlich von Paris gelegene Schlossgut St. Leu, dessen Park sie über die Jahre umgestaltete.[5] Auch für Arenenberg darf ihre Mitwirkung bei der Parkgestaltung angenommen werden, fehlt doch in kaum einem der zeitgenössischen Texte

2 Von der in den 1950er Jahren angelegten Rasenterrasse bietet sich ein weiter Blick nach Westen. Das ornamentale Rosenbeet um den Springbrunnen ist eine Gestaltung vom Ende des 20. Jahrhunderts.

der Hinweis auf sie als eigentliche Schöpferin des Gartens: «Sie hat hier alles gestaltet: den Garten, den Hof, die Terrasse, verschlungene Pfade, Wege für die Kutschen und den kleinen Park am Eingang.»[6] Weiter legen ihre Briefe und Zeichnungen Zeugnis von dieser Leidenschaft ab.

Nicht nur Hortense, sondern auch ihre Mutter und viele andere Gartenbesitzer haben Vorstellungen und Ideen für ihre Gärten entwickelt, die dann von – oft genervten – Fachleuten in realisierbare Projekte umgesetzt werden mussten.[7] Für Arenenberg könnte Louis-Martin Berthault als Bearbeiter der königlichen Wünsche in Frage kommen, der bereits in St. Leu und in Malmaison tätig gewesen war. Ausgeführt hat Berthault die Arbeiten auf Arenenberg aber wohl kaum, zumindest sind keine Reisen von ihm in den Thurgau überliefert – nachgewiesen in einem Briefwechsel sind einzig zu teure Pflanzenlieferungen. Viel eher werden lokale Bauleute und Gärtner verpflichtet worden sein, so wie für den Umbau des Schlosses und die Neubauten – Ökonomiebauten, Stallungen, Wohnungen und ein Theater, die in der Dépendance vereinigt waren – vermutlich Johann Baptist Wehrle, der Stadtbaumeister von Konstanz, beigezogen wurde.

Die Parkanlage einst und jetzt

Der älteste bisher bekannte und später ergänzte Plan stammt aus dem Jahr 1835 und zeigt die Anlage am Ende einer fast 20-jährigen Entwicklung. ▸4 Den Zugang im Osten erreichte man über einen von der Uferstrasse abzweigenden Weg, der in Serpentinen durch Obstbaumwiesen auf das Plateau und zum Schlösschen führte. Die mittlere Partie des steilen Hangs, also des nördlichen Grundstücksteils, war mit Wald bestockt, der im Bereich der Dépendance an die obere Hangkante heranreichte, die Geländeterrasse auf halber Höhe umschloss und sich nach Nordosten hinunterzog. Westlich des Schlosses bildete eine abfallende, beträchtlich über die heutige Begrenzung hinausreichende Wiese den Abschluss der Anlage.

In grossen Bogen geführte Wege, verschlungene Pfade, kleine Parkarchitekturen, Sichtschneisen sowie locker hingestreute Gehölzgruppen und Solitäre vermitteln uns den Eindruck einer weitläufigen landschaftlichen Parkanlage, in die auch landwirtschaftlich genutzte Flächen, der Wald am steilen Nordhang und die umgebende Landschaft einbezogen waren. Von dem im Plan dokumentierten Zustand hat sich indessen nicht allzu viel erhalten.

Die Parkwiese im Westen ist wieder mit Reben bepflanzt. Einzig das grosse Rasenstück vor der Südfassade des Hauses ist in der veränderten Form der 1950er Jahre noch da. Einzelne exotische Bäume (z. B. *Juniperus virginiana, Liriodendron*) erinnern jedoch an den früheren Zustand dieses Bereichs. Von der Geländeterrasse im Nordhang, wo sich der darunter liegende Wald fensterartig öffnet und eine alte, freistehende Eiche das «Bild» romantisch auflädt, geniesst man noch immer den Blick auf den See. Von dieser Stelle führt der Weg zur Eremitage, dem eigentlichen Zentrum der Anlage, die heute unter Erdrutschen, Schuttablagerungen und dem sich ausbreitenden Wald buchstäblich begraben liegt. Eingebettet in die platzartige Erweiterung der Geländeterrasse, fand sich hier einst eine hölzerne Eremitenklause, davor schoss der Strahl eines Springbrunnens in die Höhe, und von der Bank, die den Stamm eines alten Baumes umgab, genoss man wiederum den Blick auf den See. ▶ 5 Die Bodenmodellierung war offensichtlich sorgsam gestaltet, und pflanzlicher Schmuck muss den Ort zusätzlich ausgezeichnet haben. Eine Fotografie von ca. 1860 zeigt eine reiche Bepflanzung beim Springbrunnen, aber auch eine lichte, offene Situation, wo heute eine eher düstere Atmosphäre herrscht.[8] Weitere Schmuck- und Stimmungselemente, aber zum Beispiel auch ein Eiskeller haben die Anlage bereichert.

Ein abwechslungsreiches Wegnetz, das nun wieder begehbar gemacht wird, verknüpfte Schloss und Kapelle mit den gestalterischen Höhepunkten der Anlage und den berühmten Aussichtspunkten. «[...] auf der Seeseite, am Ende des Plateaus [trifft man] auf ein grosses, quadratisches Zelt aus gestreiftem und gemaltem Drill. Von dort aus entdeckt man in der Ferne zunächst die Stadt Konstanz mit den zwei roten Kirchturmspitzen ihres Domes [...].»[9] Kirchtürme, Ruinen und andere markante Architekturen wurden schon von englischen Gartenkünstlern dazu benutzt, den Blick über die Grenzen des Gartens hinauszulocken und so die Kulturlandschaft zu einem Teil des Gartens werden zu lassen. Hortense kannte diesen «Trick» aus Malmaison, wo man den am Horizont sichtbaren Aquädukt von Marly geschickt in das Gartenkonzept einbezogen hatte.[10] Das 1958 frei rekonstruierte Zelt, mit seiner Sicht auf die Landzunge von Ermatingen, das ferne Konstanz und den Bodensee, ist noch heute ein Anziehungspunkt der Anlage. ▶ 6

3 Umgeben von einer Gehölzgruppe am Südende der Rasenterrasse, findet sich noch die Andeutung einer jener Raumnischen, in denen im 19. Jahrhundert kleine Sitzplätze eingerichtet wurden.

Fixpunkt in dem weiten Panorama, das sich von Arenenberg aus bietet, war auch die Insel Reichenau mit ihren kirchlichen Denkmälern und dem 1838 errichteten Damm. Die dort aufgereihten Pappeln setzten einen geradezu grafischen Akzent in die Landschaft und verknüpften so die beiden Ufer miteinander. Hortense hatte nämlich einen ganzen Schwarm von Verwandten, Freunden und Napoleonverehrern an den Bodensee gezogen, die sich zwischen Konstanz und Steckborn niederliessen. Eugensberg, der Sitz ihres Bruders, Louisenberg, Lilienberg, Salenstein und Wolfsberg gehören zu den bekanntesten dieser Landsitze. Alle

Dominik Gügel: Schloss Arenenberg

4 Situationsplan des Schlossgutes Arenenberg. Kolorierte Feder- und Bleistiftzeichnung, mehrfach überarbeitet, 1835/1861/1906. Staatsarchiv des Kantons Thurgau, Frauenfeld.

waren von zum Teil weitläufigen Parkanlagen umgeben – auch in diesem Bereich wurde der Ex-Königin nachgeeifert –, und überall sind an exponierter Stelle Pappeln gepflanzt worden, die als markantes, weithin sichtbares Zeichen das südliche Ufer zu einem grossen Landschaftspark zusammenfassten.[11] Die Pyramidenpappel war schon in der zweiten Hälfte des 18. Jahrhunderts der Ersatzbaum für die südländische Zypresse gewesen und somit geeignet, den Bodensee in eine italienische Landschaft zu transzendieren – auch das eine durch viele schriftliche Quellen verbürgte Betrachtungsweise.

Zukunftsvisionen

Hortense darf als Hauptakteurin der Umgestaltung des Rebgutes Arenenberg in einen Landsitz mit Landschaftspark betrachtet werden. Seit den 1830er Jahren beteiligte sich auch ihr Sohn Louis Napoléon an der Parkgestaltung und setzte dabei sogar eigenhändig Projekte um.[12] Wesentliche Einflüsse gingen dabei vom Werk des Fürsten Hermann von Pückler-Muskau aus, der die Unterseeregion und die kaiserliche Familie gut kannte. Einer seiner Schüler, Joseph Stanislaus Kodym, übernahm 1859 zunächst die Leitung der Gärtnerei auf Arenenberg und später sogar die Intendanz des gesamten Schlossgutes. Zusammen mit der auf Arenenberg tätigen Thurgauer Gärtnerdynastie Simon (Vater und Sohn) realisierte er die neuesten Gedanken Napoleons III. und des Fürsten. Die in grosser Zahl gefundenen Bild- und Schriftquellen sowie die bereits erfolgte Untersuchung und Kartierung der Anlage harrt noch einer detaillierten Auswertung. Von dieser erhofft man genauere Informationen zur Entstehungsgeschichte der Parkanlage, zu den beteiligten Personen, aber auch zur Anlage selbst und zu den gestalterischen Einflüssen.

Die bevorstehende Modernisierung und Umstrukturierung im Bereich der Landwirtschaftlichen Schule gibt dem Napoleonmuseum nicht nur die Chance zu einer räumlichen Erweiterung, sondern auch zur Wiederbelebung der «vergessenen» Parkanlage. So werden Möglich-

L'ERMITAGE, DANS LE PARC DU CHATEAU D'ARENENBERG.— Page 271.

5 Die Eremitage von Schloss Arenenberg. Kolorierte Xylografie nach einem verlorenen Gemälde von Egidius Federle, 1859. Napoleonmuseum Schloss Arenenberg, Grafiksammlung.

keiten gesucht, nicht nur die Einheit von Haus, Garten und Landschaft wieder erlebbar zu machen, sondern auch, wie der Garten für eine im Exil lebende Frau zum Lebensinhalt wurde: «Die Königin hatte die Güte, mir ihre ländliche Residenz zu zeigen und auf Verbesserungen aufmerksam zu machen, die sie angebracht hatte, sowie diejenigen zu erklären, die sie plante.»[13]

6 Von dem in den 1950er Jahren frei rekonstruierten Zelt geniesst man den Blick auf die Landzunge von Ermatingen, wo die Schifflände bis heute mit Pappeln markiert ist. Die Skulptur im Vordergrund wurde zu einem späteren Zeitpunkt aufgestellt und hat nichts mit der ursprünglichen Situation zu tun.

Öffentlich zugänglich

«Unterm Stein»
Die Weinburg bei Rheineck, der Herbstsitz der Fürsten von Hohenzollern-Sigmaringen

Madeleine Vuillemin, Martin Klauser

«So wie ich im vorigen Herbst den Platz in der ‹Felsengrotte›, den Du ja kennst, zu Ehren gebracht habe, so habe ich mich heute Morgen gleich nach dem Kaffee, da es sehr schönes sonniges Wetter war, auf die lange Weinlaub-Veranda am Abhange des Felsens nahe dem eisernen Sonnenschirm begeben, von wo man so ziemlich einen Rundblick über Bodensee und Rheintal hat, und begann eine Ölstudie. Nicht lange sass ich, so kam der Erbprinz mit Malkasten und Staffelei nachgezogen und begann ebenfalls zu malen.»[1]

Die romantische Landschaft im Bodenseegebiet erfreute sich im 19. Jahrhundert beim europäischen Adel grosser Beliebtheit, und so war es nahe liegend, dass in dieser Gegend verschiedene Herrensitze entstanden. 1817 erwirbt Erbprinz Karl von Hohenzollern-Sigmaringen (1785–1853) für seine Gattin Antoinette, geborene Murat (1793–1847), die Weinburg bei Rheineck.[2] Die prächtige Aussicht auf den Bodensee, die Rheinebene und die Alpen, eine der «allergepriesensten der Schweiz», wird Erbprinz Karl beim Kauf besonders empfohlen.[3]

Das Anwesen liegt westlich von Rheineck, in der Nähe der einstigen Rheinmündung; es zieht sich dem Ausläufer des Buchbergs unterhalb einer markanten Felswand entlang: «Klostermühle unter dem Steine» – so wird denn auch das Gut 1307 erstmals in einer Urkunde der Abtei St. Gallen erwähnt.[4] Als «Hof unterm Stein», zu dem neben Äckern, Wiesen und Wasserläufen auch Weingärten gehören, erlebt es eine wechselvolle Besitzergeschichte. 1623 wird der Hof geteilt, und 1712 entsteht auf dem westlichen Teil die Sternburg. Am Ende des 18. Jahrhunderts baut der Vorgänger der Fürstenfamilie das alte Herrenhaus im östlichen Teil zu einem Schloss um und gibt diesem den Namen «Weinburg».

Das Grundstück, das die Hohenzollern wenig später erwerben, erstreckt sich vom Steinlibach im Osten bis zur Felswand im Westen und in nordsüdlicher Richtung vom Galli-Stapfen-Weg bis zur Sternburg.[5] Die Weinburg selber wird als ein stattliches, modernes Steingebäude mit den üblichen Nebenbauten beschrieben; um das Schloss liegt ein Garten mit ungefähr 300 Bäumen, darunter viele Obstbäume, und – wie es sich für eine Weinburg gehört – mit 900 Rebstöcken.

Nach der Unterzeichnung des Kaufvertrags widmet sich Erbprinzessin Antoinette der Verschönerung ihres Landsitzes und lässt sich aus ihrer Heimat, dem Quercy, neben anderen Gewächsen einen Pfirsichbaum und einen Jasmin schicken.[6] Die Weinburg wird allmählich zum fürstlichen Herbstsitz umgestaltet, sie wird mit ihrem farbigen Rebberg zum stimmungsvollen Ort der Erholung und des Naturgenusses sowie zum Treffpunkt des europäischen Hochadels. ▸1

Ausländische Bauherren und Gartenkünstler als Vermittler neuer Ideen

1 Die Fotografie von 1910 zeigt das Anwesen der Weinburg unterhalb der langen Felswand des Buchbergs. Das Schloss (links der Bildmitte) ist umgeben von Parkbäumen, links davon die Sternburg.
Archiv Steyler-Missionare, Rheineck.

1845 erweitern die Hohenzollern die Liegenschaft durch den Kauf der Sternburg, und 1856 lässt Fürst Karl Anton (1811–1885) zwischen der Wein- und der Sternburg einen Pavillon im italienischen Landhausstil bauen. Er verfügt zudem, dass sein Hofgärtner Veränderungen vornimmt, und zwar nach Anweisung von Peter Joseph Lenné, damals Generalgartendirektor in Berlin.[7] Unter Fürst Karl Anton wird die Weinburg als eine «der schönsten Besitzungen der Ostschweiz» gerühmt.[8]

Im Jahr 1929 kann sich das Fürstenhaus der Hohenzollern-Sigmaringen «den Luxus eines gänzlich unproduktiven, kostspieligen Besitzes wie es die Weinburg ist, leider nicht mehr länger gestatten».[9] Das fürstliche Landgut wird an die Steyler-Missionare verkauft, die es unter dem Namen «Marienburg» als Missionsschule führen; heute ist diese ein Gymnasium. Zwischen 1957 und 1970 wird die Sternburg abgebrochen, und es entstehen moderne Schulgebäude sowie eine Kapelle.

Wie sah die Gartenanlage zur Zeit der Hohenzollern-Sigmaringen aus? Welche Promenaden boten sich den Spaziergängern an? Und was ist davon heute für die Besucher noch nachvollziehbar? Die Weinburg präsentiert sich als eine vielgestaltige Anlage, bestehend aus einem landschaftlichen Park in der Nähe der Gebäude, einer ausgedehnten Obstwiese im Süden und dem bewaldeten Abhang entlang des Felsens. Von den einstigen Weingärten bestehen nur noch die von Trockenmauern gestützten Terrassen. Fels und Rebberg wurden schon im 19. Jahrhundert durch steile Treppen und Wege, Lauben und Aussichtspunkte erschlossen.

Wir betreten das Parkgelände im Osten von der Töberstrasse her, wo ein gerader Asphaltweg zur Marienburg führt. Einst erreichte man das Schloss über zwei Zufahrten beidseits des heutigen Eingangs. Die rechte ist noch erhalten und mit einem schmiedeeisernen Gittertor verschlossen, das mit Weinranken und dem fürstlichen Wappen verziert ist. ▸2

Der landschaftliche Park in Schlossnähe ist durch geschwungene Wege geprägt, die um Grünflächen und den Gebäuden entlangführen. Baumgruppen und Solitäre – etwa eine prächtige Blutbuche neben dem Eingang der Marienburg oder der Tulpenbaum vor dem Stall – sorgen für einen malerischen Wechsel zwischen beschatteten und besonnten Teilen und für ein abwechslungsreiches Spiel unterschiedlicher Farben. Auffallend ist der exotische Baumbestand entlang der Einfriedung bei der Töberstrasse, zu dem eine Sicheltanne, Geweihbäume und zwei Mammutbäume gehören. Eine Tafel erinnert daran, dass diese Sequoien 1858 ein Geschenk

2 Von den ursprünglichen zwei Zufahrten zur Weinburg ist eine erhalten geblieben. Ein schmiedeeisernes Gitter, verziert mit Weinranken und dem fürstlichen Wappen, verschliesst das Tor.

der englischen Königin Viktoria waren. Sie gelten als die ältesten im Bodenseegebiet. Alte Abbildungen zeigen, dass die Grünflächen teilweise üppig mit Blumenbeeten geschmückt waren.

Hinter der Turnhalle führt eine Sandsteintreppe den Hang hinauf; sie wird von einer zierlichen Laubenkonstruktion aus Gusseisenbogen begleitet. ▸3 Oben an der Laube stossen wir auf eine gemauerte Nische mit einem neueren religiösen Symbol und eine erste kleine Terrasse, deren Installationen nur noch fragmentarisch erhalten sind. Rechts zieht in einem flachen Bogen eine zweite Terrasse nordwärts den Hang entlang; sie war ursprünglich von einer Wein- oder Glyzinenlaube beschattet. ▸4

Diese Laube galt einst als einer der schönsten Orte der Weinburg. Von hier genoss man einen weiten Blick auf den noch ungebändigten Rhein, der in unmittelbarer Nähe an der Weinburg vorbeifloss, und die Alpen als krönenden Abschluss: ein «point de vue par excellence» und ein Platz wie geschaffen zum Malen! Hier sass der deutsche Landschaftsmaler August Becker (1821–1887), der für seine Studien mehrmals auf der Weinburg wohnte und einigen Mitgliedern der Fürstenfamilie Malunterricht erteilte; hier malte er auch das Bild, von dem er 1876 im eingangs zitierten Brief berichtet. Heute ist die Sicht stark zugewachsen und durch Indus-

Ausländische Bauherren und Gartenkünstler als Vermittler neuer Ideen

triebauten beeinträchtigt, so dass Becker wohl Mühe hätte, seine Studie «sur le motif» wiederzuerkennen.

Der von Becker erwähnte «eiserne Sonnenschirm» befand sich etwas oberhalb der Weinlaube. Wir erreichen ihn über einen kurzen Treppenweg. Eine alte Fotografie zeigt, dass es sich um einen *parasol chinois* handelte. Chinoiserien, Formen und Gestaltungselemente, die von China inspiriert sind, waren seit der zweiten Hälfte des 18. Jahrhunderts auch in der Gartengestaltung beliebt. Der stoffbespannte Schirm hat nicht überlebt, so dass heute nur noch der zweistufige Sockel vorhanden ist sowie eine Sandsteinsäule, deren Basis in eine Sitzbank übergeht. Ein weithin sichtbarer Mammutbaum prägt den einst einmaligen Aussichtsplatz. ▶ 5

Vom *parasol* führt ein schmaler Weg – meist auf einer Mauerkrone – durch den Wald und am Fuss der Felswand entlang bis zur südwestlichen Ecke des Parks. Zunächst steigen wir aber über weitere Treppen hinauf bis zur Krete, wo sich der herrliche Fernblick über den Bodensee eröffnet. Auf dem Felsen stehen als malerische Bekrönung in einer Reihe alte Edelkastanien und Eichen. Am südlichen Rand des daran anschliessenden Parkwäldchens befand sich einst ein runder Steintisch mit einer Sitzbank.

Dann kehren wir wieder auf den Weg am Fuss des Felsens zurück, der über weite Strecken Relikte von Rankgerüsten und Wellblechabdeckungen aufweist: ein Zeichen, dass auch hier Reben und Spalierobst kultiviert wurden. Zudem treffen wir auf verschiedene Installationen der Steyler-Missionare: eine in den Felsen gehauene Sitzbank, eine Nische mit einer lateinischen Inschrift und eine Bruder-Klaus-Figur.

Nach einigen Schritten erreichen wir einen weiteren bemerkenswerten Ort des Parks. Es ist ein kleiner Platz unter der hier besonders imposanten, überhängenden Felswand. August Becker bezeichnete ihn in seinem Brief von 1876 als «Felsengrotte» und malte von hier aus sein Bild «Blick ins Tal». Das Gemälde zeigt die damals noch offene Sicht über die Sternburg hinweg ins Rheintal und die Voralpen sowie im Vordergrund die noch erhaltene Flatterulme

3 Die alte Sandsteintreppe, die durch den Weinberg hinaufführt, ist noch vorhanden. Sie wird von einer Laubenkonstruktion begleitet.

4 Die Wein- oder Glyzinenlaube galt einst als einer der schönsten Orte der Weinburg. Historische Fotografie, Datum unbekannt. Archiv Steyler-Missionare, Rheineck.

Madeleine Vuillemin, Martin Klauser: Weinburg, Rheineck

und eine an den Felsen gebaute Pergola. Heute wird der Ort durch den Wald und die von den Missionaren nach 1957 gepflanzte Blautannenkultur verschattet. ▸ 6

In der südwestlichen Ecke des Parks, der hier durch eine Panzersperre aus dem Zweiten Weltkrieg begrenzt wird, finden wir eine weitere Felsnische mit einer Sitzbank, die wohl noch auf die Hohenzollern zurückgeht. Nun führt der Weg hangabwärts, der südlichen Grenze des Parks entlang zum «oberen Känzeli», einem kleinen, älteren Aussichtspunkt auf einem Nagelfluhfelsen. Unser Blick gleitet über einen Wiesenhang mit Obstbäumen, der im oberen Teil mit alten Rebmauern terrassiert ist. Weiter unten befindet sich an der südöstlichen Parkgrenze das «untere Känzeli», eine alte, halbkreisförmige Aussichtsplattform, die von ausladenden Bäumen gefasst wird.

Nun kehren wir zum Schloss zurück. Einer der Wege geht durch die Wiesen und an der von den Missionaren um 1936 errichteten Lourdesgrotte vorbei. Sie wird von Scheinzypressen flankiert und steht im Zusammenhang mit einem zur selben Zeit angelegten Stationenweg, von dem nur noch eine Holztafel erhalten ist. Der zweite Weg führt am Rand der Wiese zu dem um die Jahrhundertwende erbauten Hohenzoller'schen Chalet und zur *Thuja plicata,* dem mächtigen Riesenlebensbaum. Seine eindrücklichen Schleppen begeisterten schon 1931 die Mitglieder der Deutschen Dendrologischen Gesellschaft.

Geschwungene Wegführung, weite Grünflächen, kunstvoll gruppierte, oft exotische Baumgruppen, die malerische Inszenierung der Natur durch Terrassen, Laubengänge und Aussichtspunkte, der «wilde» Felsen, der als attraktives Motiv in die Parklandschaft einbezogen wurde – das alles sind charakteristische Merkmale des Landschaftsgartens. Der Park der Weinburg diente aber nicht nur der geselligen Erholung. Zum Charme des Ortes trugen einst auch die Reben und die Obstbäume bei, die den herrschaftlichen Tisch mit Wein und auserlesenen Früchten versorgten.

5 Vom *parasol chinois* sind heute noch der Steinsockel und die Säule vorhanden. Die weite Sicht ist inzwischen zugewachsen.

Ausländische Bauherren und Gartenkünstler als Vermittler neuer Ideen

6 1879 malte August Becker den «Blick ins Tal». Das Bild zeigt den Blick auf die Sternburg und die Weite der Rheinebene, im Hintergrund wohl die so genannte Felsengrotte. Die kleine Pergola existiert nicht mehr. Historische Fotografie, Datum unbekannt, Bild verschollen. Archiv August Becker, Lotte Hoffmann-Kuhnt.

Die Verbindung von fürstlichem Lustgarten und Weingut findet sich bereits unter Friedrich II. in Sanssouci. Lenné, dessen Einfluss für die Weinburg anzunehmen ist, hat das Thema des Weinbaus in den römischen Bädern und Schloss Charlottenhof in Potsdam weiter bearbeitet. Die Pergola ist dort künstlerisches Element und Symbol der für die Zeit typischen Italiensehnsucht. Als weitere Inspirationsquelle könnte der Königliche Weinberg in Dresden-Wachwitz in Betracht kommen, dessen Rebberge ebenfalls in steilem, terrassiertem Gelände liegen, während in der Ferne das Elbsandsteingebirge aufragt.

Leider fehlt ein Plan, so dass keine genauen Aufschlüsse möglich sind, wie die fürstliche Anlage im 19. Jahrhundert im Ganzen ausgesehen hat.[10] Fotografien aus der Zeit um 1900 gestatten jedoch, einzelne Teile präziser zu bestimmen.

Trotz massiver Eingriffe in den östlichen Teil des Gartens durch Neubauten ist das ursprüngliche Konzept des Landsitzes noch immer ersichtlich. Seit dem Auszug der Hohenzollern ist der Park der ehemaligen Weinburg nie einer Gesamterneuerung unterzogen worden. Die jetzigen Besitzer nutzen und pflegen den unteren Teil des Parks. Für den Unterhalt des gartenhistorisch besonders interessanten oberen Teils fehlen die finanziellen Mittel. Die Wege und Treppen sind in schlechtem, ja zum Teil in gefährlichem Zustand, und von der reichen Ausstattung sind nur noch Fragmente erhalten. «Unterm Stein» werden keine Reben mehr angebaut. Die Vegetation ist mehr oder weniger dem Wildwuchs preisgegeben und verdeckt die einst hochgerühmte Aussicht. Dadurch hat der Ort viel von seinem Reiz verloren.

Seit einigen Jahren ist aber das Interesse an der Weinburg gewachsen. Man hat erkannt, dass der Park ein Gartendenkmal von überregionaler Bedeutung darstellt. 2003 wurde eine Arbeitsgruppe gebildet mit dem Bestreben, die Anlage landschaftlich und ökologisch aufzuwerten. Nach dem Willen der Beteiligten soll der Landschaftsgarten der ehemals fürstlichen Weinburg schon bald wieder als kulturgeschichtlich bedeutsamer Zeuge erlebbar werden.

Nicht öffentlich zugänglich.
Gymnasium Marienburg,
9424 Rheineck

Eine Schöpfung Achille Duchênes in der Schweiz
Das Gut Bois Murat in Corminbœuf

CATHERINE WAEBER

«Gegenwärtig bin ich mit dem Bau einer kleinen Anlage in der Schweiz beschäftigt. Ich werde einige Terrassierungen vorzunehmen haben, und der Plan, den man mir schickt, erscheint mir ausgesprochen plump. Darf ich Sie als Berater zu mir bitten, um darüber zu plaudern und mir Ihre Meinung kundzutun?»[1] Diese wenigen Zeilen, die Gräfin Armand im Oktober 1909 an Achille Duchêne (1866–1947) richtet, sind der Auftakt zu einem Abenteuer: der Schaffung eines von insgesamt drei Werken, die der grosse französische Landschaftsarchitekt in der Schweiz verwirklicht hat.

Bei der kleinen Anlage, die Gräfin Armand, geborene Brantès und Gattin des Grafen Abel-Henri-Georges Armand (†1919), erwähnt, handelt es sich um den Landsitz, den das Ehepaar sich im Bois Murat erbauen lässt. Dieser Wald liegt zwischen den Weilern Le Bugnon und Nonan auf dem Territorium der Gemeinden Corminbœuf und Matran, einige Kilometer von Freiburg entfernt an der Strasse nach Avry-sur-Matran.[2]

Der Bauherr von Bois Murat und seine Villa

Wie der Name sagt, zeichnet sich Bois Murat sowohl durch den schützenden Wald als auch durch die Überreste eines Grabhügels aus der Hallstattzeit (700–450 v. Chr.) aus, die 1909 beim Bau der Fundamente für die Villa entdeckt wurden.

Das etwa 17,5 Hektar grosse Anwesen entstand aus einem ehemaligen Patriziergut, das der in Paris ansässige Graf Armand im Jahr 1908 zu einem grossen Teil Oberst Alfred-Louis de Reynold abgekauft hatte. Abel-Henri-Georges Armand machte – wie sein Vater, den Papst Pius IX. 1867 zum Grafen ernannt hatte – Karriere in der französischen Politik. Die Gründe für seine Niederlassung in Bois Murat im Jahr 1911, am Vorabend des Ersten Weltkriegs, hängen zweifellos damit zusammen, dass er als Soldat und Patriot in diesen turbulenten Zeiten ahnte, Frankreich von der Schweiz aus am besten dienen zu können.[3]

Als Mann von Geschmack umgab sich Graf Armand mit einer Sammlung von Kunstobjekten des 18. und 19. Jahrhunderts und einer grossartigen Bibliothek. Die Erbauung seiner Villa vertraute er dem Architekten Adolphe Burnat (1872–1946) aus Vevey an, der für die Restaurierung historischer Baudenkmäler bekannt war. Die Villa – gemäss Burnat dem Ort entsprechend ein Jagdpavillon – ist architektonisch überaus konventionell. Die Plumpheit, insbesondere der ersten Version der Nordfassade und des Portals mit Vorhalle, entging weder der Gräfin Armand noch Achille Duchêne.[4]

Das Programm und die Anlage des Gartens

Die Suche nach Gartenplänen im Fonds Duchêne war bislang vergeblich. Doch wissen wir dank des Leistungsverzeichnisses, das dem Bauunternehmen vorgelegt wurde, sehr genau, was Duchêne vorhatte.[5] Auf eine Fläche von 24 700 Quadratmetern plante er um die Villa Terrassen aufzuschütten, nördlich davon einen Ehrenhof und südlich ein halbrundes, tiefer liegendes Rasenparterre anzulegen. Auf der Westseite war ein *miroir d'eau* (längsrechteckiges Wasserbecken) vorgesehen, gefolgt von einem *tapis vert* (Rasenteppich), weiter ein Tennisplatz, eine Verbindung zwischen der Zufahrtsstrasse und dem Ehrenhof sowie Wege mit Sand- und Schotterbelag. ▸1

Für Absenkungen und Aufschüttungen mussten 12 900 Kubikmeter Erde bewegt werden. In den ersten Monaten, von September 1910 bis März 1911, waren etwa 30 Arbeiter am Werk. Zu ihren Hauptaufgaben gehörten die Abholzung für den *tapis vert* und den Tennisplatz, das Ausgraben der Baumstümpfe, die Beseitigung von Brombeergestrüpp, die Unkrautbekämpfung und schliesslich die Erdverschiebungen. Von Abholzen kann in Bois Murat eigentlich nur bedingt gesprochen werden: Nur ein kleiner Teil der Bäume wurde gefällt, die anderen, insbesondere Buchen und Rottannen, wurden ausgegraben, an anderer Stelle wieder eingepflanzt und verspannt, um den Wald zu verdichten und so Wege zu säumen oder den *tapis vert* zu rahmen.

Wegen des extrem unebenen Geländes gestaltete sich der Bau der Zufahrtsstrasse von der Garage (heute Pförtnerwohnung) zum Ehrenhof am schwierigsten. Die Arbeiten waren jedoch bereits im Juni 1911 abgeschlossen – das vertraglich vereinbarte Fertigstellungsdatum war der 1. August 1912.

Der Garten heute

Achille Duchênes Gestaltung ist in den grossen Linien noch immer vorhanden. Manche Details sind allerdings in der Zwischenzeit verschwunden, so zum Beispiel die *plates-bandes* (schmale Blumenrabatten), die Kiesstreifen und insbesondere eine Broderie an der östlichen Seite des *tapis vert* – Einzelelemente, die zweifellos zur subtilen Wirkung der Anlage beigetragen haben.

Die Villa steht auf einer aufgeschütteten Terrasse mit quadratischem Grundriss. Auf der Nordseite ist ihr der halbrunde Ehrenhof vorgelagert, im Süden ein tiefer liegendes, ebenfalls halbrundes Rasenparterre, das von einem Kiesweg gesäumt ist. Der Höhenunterschied wird durch eine Rasenböschung mit einer Steintreppe in der Achse der Villa überwunden. Buchskugeln an der oberen Kante und Hainbuchenhecken beidseits der Treppe beleben die Böschung. ▸2

Von der westlichen Kiesterrasse gelangt man über eine zentrale, von Hainbuchenhecken begleitete Treppe zu dem tiefer liegenden *miroir d'eau,* einem längsrechteckigen, von Rasenstreifen gerahmten Bassin. ▸3 Die seitlichen Kieswege führen wiederum über Granittreppen zu einer dritten Ebene, wo sie, begleitet von regelmässig gepflanzten Buchen, den etwa 200 Meter langen *tapis vert* einfassen. Die südliche Baumreihe wird bis zur Querachse, die zum Tennisplatz führt, von einer geschnittenen Thujahecke begleitet. ▸4 Das geringe Gefälle der Terrassen nach Norden, auf denen Wasserbecken und Rasenteppich angelegt sind, wurde durch kleine Schrägen ausgeglichen. Der heute nicht mehr benutzte Tennisplatz hat noch

1 Auszug aus dem Flurplan der Gemeinde Corminbœuf mit dem Gut Bois Murat.

- ■ Gut
- ▇ Anlage von Achille Duchêne
- ▒ vorherige Anlage
- 1 Zufahrt
- 2 Ehrenhof
- 3 Südterrasse
- 4 Rasenparterre
- 5 *miroir d'eau*
- 6 Standort der ehemaligen Broderie
- 7 *tapis vert*
- 8 Tennisplatz mit Allee
- 9 Buchenallee
- 10 Teich

2 Die Südterrasse: Klarheit und Nüchternheit.

immer einen Zaun, vier Schiebetüren und eine Einfassung mit Hainbuchen. Auch der Weg von der unteren Terrasse im Süden ist bis heute von einer Hainbuchenhecke gesäumt.
Der Rest der Anlage, das heisst der Wald von Bois Murat, in den Duchêne seinen Garten integriert hat, besteht aus einer naturbelassenen Landschaft, in die da und dort bereits verändernd eingegriffen worden war. So waren im Süden ein Netz von Waldwegen, zwei Sandsteintreppen und ein Teich angelegt worden. ▸5 Auch die herrliche, nach Matran führende Buchenallee gehört zu diesen Elementen, die offenbar Fernand Correvon (1879–1964), dem Sohn Henry Correvons, zuzuschreiben sind. ▸6 Er soll vor 1910 in Bois Murat gearbeitet und den Weg zum Bahnhof von Matran angelegt haben.⁶

Die Treppen und das Gartenmobiliar

Die Freitreppe der Villa und die vier Gartentreppen aus Granit sind für die Anlagen Duchênes charakteristisch. ▸4 Ähnliche Treppen finden sich auf der Ostterrasse von Château de la Verrerie in Le Creusot (Frankreich), dessen gesamten Aussenbereich Duchêne 1919 für die Industriellenfamilie Schneider gestaltet hat. Die Freitreppe von Bois Murat war bis vor kurzem mit einem Paar prächtiger bronzener Vasen geschmückt – Kopien von Exemplaren, die in der zweiten Hälfte des 19. Jahrhunderts im Garten von Schloss Bagatelle in Paris standen. Diese wiederum waren Nachbildungen jener 13 Vasenpaare, die in Versailles als Trennelemente zwischen dem Nordparterre und dem Südparterre aufgestellt waren.⁷
Die beiden steinernen Gartenbänke am westlichen Ende des *tapis vert* entsprechen einem von Duchêne entworfenen Modell, das sich in zahlreichen seiner französischen Anlagen wiederfindet, zum Beispiel im Château de Breteuil und in Vaux-le-Vicomte. Die Venus aus weissem Marmor, die Kopie einer Statue von Christophe-Gabriel Allegrin (1710–1795)⁸, die noch vor kurzem zwischen zwei Bäumen im Norden des *tapis vert* stand, ist zweifellos das letzte Überbleibsel eines verloren gegangenen Ensembles von Skulpturen, die auf sehr klassische Weise eine oder beide Seiten dieses Gartenteils schmücken sollten, vergleichbar der Anlage des *miroir d'eau* im Garten von Courences.⁹

3 Blick über die westliche Terrasse auf den *miroir d'eau* und den *tapis vert*.

Bois Murat und das Werk Achille Duchênes

Bei Duchênes Ankunft in Bois Murat stand die Villa bereits. Die wunderbare Aussicht auf die Voralpen waren für die Standortwahl und Ausrichtung des Hauses ausschlaggebend gewesen und lagen Graf Armand sehr am Herzen.[10] Duchêne übernahm diese Disposition in seinen Entwurf. Auf drei Seiten der Villa beschränkten sich die Eingriffe auf die Akzentuierung der vom Architekten getroffenen Entscheidungen: Die Aufschüttung hebt die beherrschende Stellung des Hauses und der südlichen Terrasse hervor, während sich von der halbkreisförmigen Rasenterrasse die Sicht auf die Berge öffnet. Richtung Westen, der architektonischen Hauptachse der Anlage, arrangierte Duchêne als Gegengewicht zum umgebenden Wald die Abfolge von Bassin, Broderie (heute verschwunden) und *tapis vert,* die an zahlreiche seiner Schöpfungen wie Wattignies (Belgien), Le Tremblay (Frankreich), Château de Dampierre (Frankreich) und Matignon in Paris erinnert.

In Bois Murat scheint der *tapis vert* – mehr als anderswo ein eher ländlicher Rasen – rahmender Elemente zu bedürfen, um die Perspektive zu verstärken und dem Ganzen einen klassischen Anstrich zu verleihen. Im Hinblick auf die Broderie sei an Duchênes virtuose Gestaltung solcher Schmuckelemente erinnert, die mit Buchshecken auf Erd- oder Sandboden von klassischen Motiven inspiriertes Blätterwerk nachahmen, durchsetzt allerdings mit leuchtend farbigen Blumen. Der Tennisplatz von Bois Murat beschwört den olympischen Geist vom Anfang des 20. Jahrhunderts herauf und korrespondiert mit der Wiederentdeckung des Sports: So hatte Duchêne beispielsweise 1907 mitten in Paris im Garten des amerikanischen Botschafters einen Rasentennisplatz angelegt.[11]

Achille Duchêne schuf in Bois Murat eine Anlage im gemischten Stil, in dem klassische Kompositionselemente mit solchen des Landschaftsgartens und der natürlichen Umgebung verschmelzen, ohne das Auge durch das Miteinander sich widersprechender Erscheinungsbilder zu irritieren.[12] Nach diesem Prinzip gestaltete er seine prunkvollsten Anlagen: Vaux-le-Vicomte, Champs und Tréport-Terrasse in Frankreich, Blenheim in England oder Nordkirchen in Deutschland.

4 Blick über den *tapis vert* auf die Westfassade der Villa. Gut zu erkennen sind die charakteristischen Gartentreppen von Achille Duchêne.

5 Der Teich.

6 Die Buchenallee nach Matran wird zu einem wesentlichen Element der Anlage im gemischten Stil von Achille Duchêne.

Bois Murat ist eine von insgesamt drei bekannten Anlagen Achille Duchênes in der Schweiz. Dazu gehören weiter der ehemalige Garten des Hotels Beau-Rivage in Lausanne und der Parc des Eaux-Vives in Genf, den er mitprägte.

Im Vergleich mit Duchênes internationalen Werken kommt Bois Murat nur eine bescheidene Bedeutung zu. Aber er lässt sich gut mit dem Garten des Tössertobels in Winterthur von 1908 und dem des Landhauses Waldbühl in Uzwil von 1910 oder im kleineren Rahmen mit der reichlich späteren Anlage der Villa Eupalinos in Pully von 1927 vergleichen, die alle drei wie damals üblich im gemischten Stil gehalten sind. In Freiburg sei noch das Werk des Schweizer Landschaftsarchitekten Adolf Vivell erwähnt, der 1910–1911 auf der Südseite des Schlosses La Poya einen «französischen Garten» schuf. Wie in Bois Murat ist er aus der Erneuerung des französischen Barockgartens entstanden.

Seine ungewöhnlichen Dimensionen, der Wald als Mittel der Verhüllung und Enthüllung und die Dominanz der Vegetation über die Architektur machen Bois Murat zu einem anschaulichen Beispiel für die Neuinterpretation des französischen Barockgartens durch Achille Duchêne und seinen Vater Henri (1841–1902) an der Wende zum 20. Jahrhundert.

Privatgarten, nicht zugänglich

Übersetzung: Jutta Orth

Ein Garten für einen Kunstfreund
Das Landhaus Waldbühl von M. H. Baillie Scott in Uzwil

> Die Kunst zu verbergen, ist die Kunst
>
> *Humphry Repton*[1]

KATHARINA MEDICI-MALL

Das Arts and Crafts Movement war eine Reformbewegung für Haus und Kunstgewerbe, aber nicht für den Garten. Als Mackey Hugh Baillie Scott (1865–1945) Anfang Februar 1910 den Zeichenstift in die Hand nahm, um den Garten rund um das Landhaus Waldbühl in Uzwil zu entwerfen, war alles erlaubt. Zwar wurde der Streit für und wider den Architekturgarten nochmals kurz aufgewärmt, aber ohne langfristige Folgen. Längst hatten die beiden Gartenstile im Eklektizismus des 19. Jahrhunderts friedlich zu Typen mutiert, der architektonische Garten in Hausnähe und der landschaftliche in Hausferne.[2] So konnte Scott 1906 in seinem vielbeachteten Buch «Houses and Gardens» getrost schreiben: «Ich habe keine Lust, mich als Partisan im Kampf zwischen den Naturalisten und den Formalisten zu profilieren: In einem grossen Garten wird jede Richtung zu ihrem Recht kommen. Der natürliche Garten und der formale Garten werden keine Rivalitäten austragen, sondern jeder wird den besonderen Charme des anderen steigern und unterschiedlichen Stimmungen entgegenkommen.»[3] Manifeste, egal welcher Couleur, liessen ihn kalt. Scott war ein Poet, dem ein Spiel von Stimmungen wichtiger war als ein Stilbekenntnis. Je nach dem Geist der Zeit lobte oder bestrafte ihn die Geschichte dafür. Während sein Zeitgenosse Hermann Muthesius die Befreiung von den Stilen in Scotts Werk feierte, schätzte ihn eine Generation später der Architekturhistoriker Nikolaus Pevsner nicht mehr, da Scott sich nicht in das Korsett eines Pioniers der Moderne zwängen liess. Pevsners Denkmuster blieb bis zur Postmoderne gültig.[4] Erst seit sich die Stillage entspannt hat, ist der Weg wieder frei für eine ungetrübte Rezeption von Scotts fantasievollem Œuvre.

«Un natural artifizio» und «una artifiziosa natura»[5]

Das Vorbild für einen Garten um 1900 war der Renaissancegarten. Er besteht, wie heute noch die Villa Lante, aus drei Teilen, dem *bosco* oder *selvatico* als Symbol für die Hausferne, dem *prato* oder *orto,* das heisst dem Obst- und Küchengarten dazwischen, sowie dem *giardino* als axiale geometrische Anlage, wo in Hausnähe die Architektur über die Natur herrscht. Indem Scott in seinem ersten Gartenplan für das Landhaus Waldbühl vom 12. Februar 1910 diese Trias *bosco, orto* und *giardino* aufs Papier bringt, legt er eine für seine Zeit erstaunliche historische Kenntnis über den Renaissancegarten an den Tag.[6] ▸1 Als Erstes forstet er das ganze

1 Auf dem ersten Gartenplan von 1910 erfasst Baillie Scott das ganze Terrain des Waldbühls und gliedert es nach dem Vorbild des Renaissancegartens in *giardino, orto* und *bosco*. Projektplan von M. H. Baillie Scott, 12. Juli 1910. Privatbesitz.

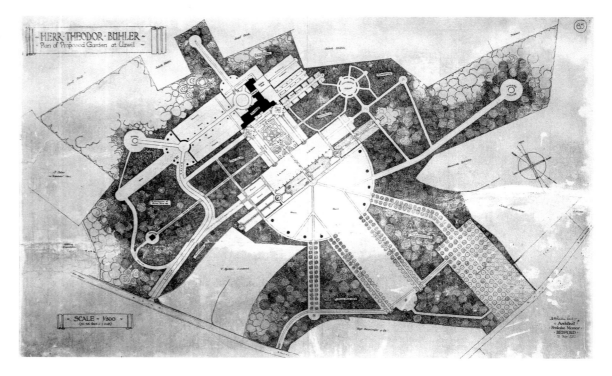

aus Wiesen bestehende Gelände von rund 16 Hektaren mit einem Mischwald auf und legt grosszügige Sichtachsen an, die bis dicht an den ausgefransten Geländerand reichen, um das Terrain noch grösser erscheinen zu lassen. Scott liebte den dunkeln Tannenwald als Hintergrund für seine Steinhäuser. In seinem Begleitbrief zum Gartenplan versucht er den Bauherrn mit den ökonomischen Vorteilen dafür zu gewinnen.[7]

Die Hauptachse geht vom Nordzipfel mitten durch die Halle des Hauses, teilt den *giardino,* verläuft durch die Pergola und über die Brücke des Wassergartens, von wo sie in einen Wiesenfächer mündet und im Süden in einem *patte d'oie* aus Obstalleen endet, die wiederum zum Obstgarten führen. In der West-Ost-Richtung parallel zur Gartenfront des Hauses zerschneidet ein Stakkato von vier Querachsen den Wald, die alle auf der s-förmigen Zufahrt mit einem Blick erfasst werden sollen. Die oberste begleitet den Besucher von einem Hippodrom aus Rasen, Blumenbeeten und einer Allee in den kreisförmigen Hof, von wo es durch die Durchfahrt zum Küchengarten weitergeht. Die zweite betont die untere Terrasse vor dem Haus und endet in einem durch Taxushecken gegliederten Staudengarten, der im Historismus als Inbegriff des altenglischen Gartens galt. Die dritte trennt den Rosengarten von der Pergola und läuft in einem runden Cottagegarten einerseits sowie dem Kinderspielplatz andererseits aus. Und die vierte Querachse endlich besteht aus einem von Blumenbeeten flankierten Rasenraum, unterstrichen von dem stattlichen Wasserbecken, das in drei Rondells kommuniziert und sich im Osten in ein tiefer liegendes Alpinum mit einer Grotte verwandelt.

Welch ein Szenario! Virtuos führt uns Scott in diesem Entwurf vor Augen, welche beiden Elemente er für die wichtigsten für das Gelingen eines Gartens betrachtet: Das erste ist die richtige Lage des Hauses im Terrain und das zweite die sorgfältige Inszenierung der Sichtachsen vom Haus aus. Sie sind ihm wichtiger als die Sicht in die Landschaft.[8]

Die Beschränkung auf schweizerische Masse

Der anglophile Industrielle Theodor Bühler (1877–1915), Mitinhaber der Maschinenfabrik Gebrüder Bühler AG in Uzwil, war Baillie Scotts grosszügigster Bauherr. Er wollte für seine Familie nicht wie damals viele Schweizer ein gemütliches Landhaus nach englischem Vorbild bauen, sondern sein Ehrgeiz war es, zusammen mit einem von ihm fachkundig ausgewählten, in Europa berühmten englischen Architekten «ein Haus für einen Kunstfreund» zu schaffen. 1901 fand in Darmstadt ein gleichnamiger Wettbewerb statt, den Scott gewann. Bühler gab ihm sechs Jahre später die Möglichkeit, diesen Papiertraum in die Wirklichkeit umzusetzen, das heisst, auch die ganze Einrichtung bis zum Spiegel auf dem Toilettentisch zu entwerfen und meist in England oder Dresden anfertigen zu lassen. Bereichert durch Hodler- und Vallottonbilder, Morristapeten, Tiffanylampen, ist das Waldbühl dank der liebevollen Pflege von Sina Bühler eines der letzten noch bewohnten Denkmäler dieser raffinierten, versunkenen Alltagskultur jener Zeit, etwa dem Palais Stoclet von Josef Hoffmann in Brüssel vergleichbar.

Der herrschaftliche Gartenplan jedoch scheint den Bauherrn von seinem Baufieber geheilt zu haben. Er dankte am 14. März 1910 Scott dafür: «Was den Gartenplan betrifft, so danke ich Ihnen sehr für den grossartigen Entwurf. Die Art und Weise, wie Sie das ganze Gelände behandeln, ist höchst eindrücklich. Würde der Entwurf ausgeführt, der Landsitz käme an die besten der Zeit heran. Was ich fürchte, sind die Kosten. Trotzdem werde ich die nähere Umgebung und die Terrassierung vor dem Haus nach Ihren Plänen ausführen lassen.»[9] Schon im ersten Baujahr 1909 wurde das Gelände mit 400 Laub- und Nadelbäumen aufgeforstet. Ende September 1910 schickte Scott die Detailpläne für den architektonischen Südgarten und den Brunnen. Die Hausfassade bestimmt Masse und Geometrie des Parterres: Wie die Treppen übernimmt auch der Brunnen auf der Mittelachse die Breite des Risalits, der die zentrale Halle des Hauses birgt, und markiert die Mitte zwischen dem Hallenrisalit und dem Ende der Pergola. Strukturierendes Zentrum des Parterres ist der ehemalige Rosengarten, wo das radiale Mosaik des Brunnens das kreis- und sternförmige Wegsystem bestimmt. ▸ 2, 3

2 Die symmetrische Gartenfassade des Hauses bestimmt Mass und Mitte des Gartens.

Katharina Medici-Mall: Landhaus Waldbühl, Uzwil

Scott gliedert ausschliesslich mit Mauern und Balustraden aus demselben Tuffstein wie an der Hausfassade mit dem Argument, dass alles Gemauerte auf die Dauer billiger komme als Hecken, die mehrmals im Jahr geschnitten werden müssen. Dem Thema des pflegeleichten Gartens räumt er in seinem Buch «Houses and Gardens» vor allem mit Blick auf das schmale Budget viel Raum ein. Man soll die praktischen Argumente in der Architekturgeschichte in Ehren halten, die Ästhetik dahinter dennoch nicht vergessen. So bekennt Scott mit dem gemauerten Garten auch, dass die Architektur in Hausnähe über die Natur herrschen soll. Ganz im Sinne der Renaissance, aus welcher der paradigmatische Satz stammt: «Das Gebaute bestimmt und hat Vorrang vor dem Gepflanzten.»[10]

Schon im Haus hat sich Scott als ein Meister der Niveauunterschiede erwiesen. In diesem grünen Salon mit dem von Norden nach Süden um rund zwei Meter abfallenden Gelände zeichnen drei Mauerhöhen, von einem bis drei Fuss, die fünf Ebenen aus. Die wichtigen Punkte der Blickachsen sind mit Lilien und Rauten aus Glasflusskeramik verziert: der Brunnen, die Treppenstufen, die Balustrade der ersten Terrasse, die beiden Sitzbänke in dem heute von vier Magnolien bepflanzten Blumenparterre sowie die Lisenen des Badehäuschens. ▶4 Den Plan für das verkleinerte, immer noch stattliche Schwimmbad lieferte Scott erst am 22. Januar 1913: die Pergola verbreitert sich nun in drei Stufen zum mittleren Bassin hin, das in zwei kleinere Seitenbecken fliesst. Das ursprünglich mit Stroh bedachte Badehäuschen, eine Mauer und eine seitliche Hecke aus Tannen statt Taxus, bildet die Grenze zur Obstwiese. Die Bepflanzung, die nicht seine Domäne war, überliess Scott der Bauherrin Lonia Bühler. Als beste Literatur empfiehlt Scott in «Houses and Gardens» die Bücher von Gertrud Jekyll, mit der er auch dreimal zusammengearbeitet haben soll.[11] Wie sie liebte er das englische Landleben in üppig blühenden Cottagegärten, die er für seine kolorierten Gartenperspektiven zum Vorbild nahm. Nachdem die Familie Bühler im Mai 1911 ins Waldbühl eingezogen war, benötigten die Gärtner in den nächsten drei Jahren für die Anlage rund 1000 Arbeitstage.

Haus und Garten als eine Einheit zu verstehen und demzufolge ein ebenso versierter Haus- wie Gartenarchitekt zu sein, war in der Arts-and-Crafts-Bewegung selbstverständlich. Edwin Lutyens ist der bekannteste unter ihnen, wohl auch dank seiner Zusammenarbeit mit der ebenso berühmten Gertrud Jekyll und dem glücklichen Umstand, dass einige ihrer Gärten nicht nur überlebt haben, sondern kürzlich aufwendig restauriert wurden. Mit der raffinierten Mathematik in Lutyens bestem Werk, dem Deanery Garden in Berkshire von 1899–1901, kann die des Waldbühls nicht mithalten.[12] Allerdings ist die streng axiale Anlage weder in Scotts Hausgrundrissen noch Gärten typisch. In seinen Gartenentwürfen, die nur in der Literatur überlebt haben, da sein Archiv zweimal verbrannt ist, strebt er zwischen *giardino* und *orto* je nach Gelände ein jeweils spannendes asymmetrisches Gleichgewicht aus Kreisen, Quadraten und Rechtecken an wie etwa im Garten des Hauses Everdene oder dem ebenfalls herrschaftlichen Gartenplan für ein Haus im damaligen Polen. Von den rund 300 Häusern und Gärten, die Scott entworfen hat, hat kaum ein Dutzend Gärten überlebt.[13] Der Garten vom Waldbühl ist von allen der am besten erhaltene. Hier ist Baillie Scott das Kunststück gelungen, die Kunst zu verbergen.

3 Blick von der oberen Südterrasse über die sanften Niveauunterschiede bis hinunter zum Schwimmbecken.

4 Ein Blick auf die Bank mit der Glasflusskeramik im Magnoliengarten.

Privatgarten, nicht zugänglich

Pflanzensammlungen und das wissenschaftliche Studium der Natur

Dem Zürcher Conrad Gesner ist eine der ersten, 1561 publizierte Tulpendarstellung zu verdanken, die mit Sicherheit zu der stürmischen Begeisterung für diese ursprünglich aus der Türkei stammende Pflanze beigetragen hat, die bald den ganzen Kontinent erfasste. Die *tulipomania,* die im 16. und 17. Jahrhundert vor allem Holland erfasste, ist beispielhaft für die Rolle, die Humanisten für die Botanik spielten. Sie legten – zunächst in Italien – die ersten botanischen Gärten in der Nähe von Universitäten an, um dort Heilkräuter und exotische Pflanzen zu kultivieren, die von den ersten grossen Entdeckern nach Europa gebracht wurden. Auch in der Schweiz entstanden in der Nachfolge Gesners im Kreis von Medizinern und Naturwissenschaftlern sowie im patrizischen und grossbürgerlichen Milieu wichtige Pflanzensammlungen.

Die Botanik, die sich zunächst auf Fragen der Medizin und der Ernährung konzentrierte, erlangte erst Ende des 17. Jahrhunderts ihren Status als autonome Wissenschaft und entwickelt sich bis in unsere Tage in viele Richtungen weiter. Der Schwede Carl von Linné, dessen binäre Nomenklatur noch immer gültig ist, gab ihr im 18. Jahrhundert enormen Auftrieb. Dem goldenen Zeitalter der botanischen Gärten in Europa entspricht die Epoche des Kolonialismus im 18. und 19. Jahrhundert. Wer zu den Antipoden reiste, brachte von dort bisher unbekannte Pflanzenarten mit. Um sie zu konservieren und zu vermehren, baute man beheizte Gewächshäuser – neuartige Bauten aus Eisen und Glas.

Auch in der Schweiz entstanden im 19. Jahrhundert zahlreiche botanische Gärten, die wichtigsten in unmittelbarer Nähe von Universitäten. Bei ihrer Konzeption orientierte man sich zunächst an rein wissenschaftlichen Interessen, öffnete sich aber nach und nach auch den Belangen des Publikums. Andere Anlagen, darunter der sehr alte botanische Garten von Pruntrut, wurden von Privatleuten oder lokalen Vereinen für Naturgeschichte angeregt.

Unter den zahlreichen in den 1950er Jahren aufgebauten Pflanzensammlungen seien der Staudengarten der Kantonalen Gartenbauschule Oeschberg in Koppigen erwähnt, die Rosengärten von Schloss Heidegg und von La Grange in Genf sowie die Irissammlung von Schloss Vullierens. Subtropische Pflanzen sind in den botanischen Gärten gut vertreten und wurden zum Beispiel Ende des 19. Jahrhunderts auf der Isola Grande bei Brissago heimisch gemacht. Auch die Besitzer der Villa Favorita haben die Gunst des Tessiner Klimas genutzt, um einen Hauch des ostasiatischen Blütenzaubers an den Luganersee zu bringen.

Es ist vor allem Henry Correvon zu verdanken, dass der Alpengarten in der Schweiz einen herausragenden Rang einnimmt. Durch die Schaffung der Anlage von La Linnaea in Bourg-Saint-Pierre im Jahr 1889 und die Integration alpiner Pflanzensammlungen in private Anlagen wie bei Schloss Mercier in Siders wurde er zum Pionier einer Bewegung zum Schutz der Alpenflora.

Das wissenschaftliche Interesse für Bäume, das erst Ende des 18. Jahrhunderts aufflammte, manifestierte sich in der Schweiz durch die Schaffung mehrerer Arboreten, etwa in den Quaianlagen von Zürich und im Vallon de l'Aubonne. Des Weiteren ist die hochinteressante Koniferensammlung von Schloss Oberhofen zu erwähnen.

In den botanischen Gärten wird es in Zukunft vor allem darum gehen, Tausende vom Aussterben bedrohter Pflanzen zu erhalten und das Publikum für die Rettung der Pflanzenwelt zu sensibilisieren.

Catherine Waeber
Übersetzung: Jutta Orth

Ein Naturmuseum für das 21. Jahrhundert
Der botanische Garten von Pruntrut

JOSEPH CHALVERAT

Der botanische Garten von Pruntrut gehört zu den ältesten der Schweiz. Er wurde 1798, nach der Annektierung der Helvetischen Republik durch Frankreich und dem Aufstieg der Stadt in den Rang einer Präfektur, auf Befehl von Paris geschaffen. Die Gebäude des ehemaligen, 1591 von Fürstbischof Christoph Blarer von Wartensee gegründeten Jesuitenkollegiums bieten ihm einen einzigartigen Rahmen.

Geschichtlicher Überblick

Im Frühling 1799 erfolgte nach längerer Ungewissheit die erste Bepflanzung des Gartens auf Betreiben von Antoine Lémane (1747–1818), Priester und Lehrer für Naturgeschichte an der Ecole centrale von Pruntrut. Er brachte nach Plänen von Antoine Laurent de Jussieu (1748–1836), dem Verfasser eines Werks über Pflanzenklassifikation[1], etwa 240 Samenarten aus, die er vom Jardin des Plantes in Paris erhalten hatte. Leider scheiterte sein Versuch 1815, da der Jura – durch den Wiener Kongress dem Kanton Bern zugeschlagen – nicht mehr über die erforderlichen Mittel verfügte, einen botanischen Garten zu unterhalten. Die Anlage wurde in einen Gemüsegarten zur Versorgung der Klosterschule verwandelt, die in den Räumlichkeiten der Jesuiten anstelle der republikanischen Schule eingerichtet wurde.

Im Jahr 1832 beschloss die Schulverwaltung, für den naturwissenschaftlichen Unterricht wieder einen botanischen Garten einzurichten. Als Gründer kommt der Geologe und Botaniker Jules Thurmann (1804–1855) in Frage. Er verfügte über Verwaltungsgeschick und umfangreiche wissenschaftliche Kenntnisse vor allem auf dem Gebiet der jurassischen Flora. Die Beete wurden im Frühjahr 1833 nach dem System des damals bekannten Genfer Botanikers Augustin Pyramus de Candolle (1778–1841) angelegt.[2] Trotz mehrfacher Umwandlungen steht der Garten noch heute im Dienst des Naturschutzes und der Bildung.

Die Pflanzenensembles des botanischen Gartens

Der Kern der Anlage mit ihrem von 80 verschiedenen Rosensorten gesäumten Mittelweg liegt zwischen den Gebäuden des ehemaligen Jesuitenklosters, in dem heute das Kantonale Gymnasium untergebracht ist. ▸ 1 360 Blütenpflanzen veranschaulichen die botanische Ordnung, darunter 180 Irissorten, die für eine jährliche Blütenpracht im Juni sorgen.[3] Rabatten mit Giftpflanzen, Küchenkräutern und Gewürzpflanzen rahmen die Anlage ein.

Am äussersten Ende der Beetanlagen, ausserhalb der prachtvollen Gebäude befindet sich der im 19. Jahrhundert parkartig gestaltete Teil des botanischen Gartens. Hier gibt es eine unge-

1 Das Jesuitenkollegium dient als historischer Rahmen für die thematisch geordneten Beete und die Irissammlung.

2 Die Gewächshäuser mit ihrem Reichtum an Pflanzen sollen nicht nur belehren, sondern auch bezaubern.

wöhnliche *Thuya plicata* zu bewundern, deren Äste Ableger in der Form einer grünen Insel gebildet haben. Eine grosse Rotbuche, ein amerikanischer Nussbaum und ein herrlicher Ginkgo spenden daneben weitreichenden Schatten. Ein Torfmoor, das einen lebendigen Eindruck vom Hochjura vermittelt, bildet den Lebensraum für saure Böden liebende Pflanzen wie Rhododendren und Heidekrautgewächse.

Die Abteilung des jurassischen Gartens, die sich östlich der Jesuitenkirche erstreckt, umfasst 600 regionale Arten in ihren jeweiligen Kleinbiotopen: Sumpfgebiete, Uferzonen, Waldrand, Geröll und Gebirgsweide, Torfmoor und Gratzonen.

Ein zauberhaftes grünes Schauspiel bietet sich in den 1960 neben dem Garten errichteten Gewächshäusern. ▸2 Ihr Renommee verdanken sie den Tropenpflanzen, einer Sammlung von 600 Kakteen und der grossen Zahl von Orchideensorten. ▸3 Hier stehen Bromeliazeen (Ananasgewächse) in unmittelbarer Nachbarschaft von Baumfarnen und Palmen, Palmfarne in allen Formen und ebenso seltene wie erstaunliche fleischfressende Pflanzen. Ein kürzlich errichtetes Gewächshaus beherbergt mediterrane Pflanzen.

Der Park des Musée jurassien des sciences naturelles vervollständigt das botanische Ensemble und veranschaulicht das darin vermittelte Thema der Evolution. In diesem Park stehen mutierte Nadelbäume neben lebenden Fossilien wie Ginkgo und *Metasequoia* oder Magnolien, an denen einst die Dinosaurier der Kreidezeit vorbeiliefen. Ein aus regionalen Obstbäumen bestehendes Arboretum sichert den Fortbestand von selten gewordenen Sorten und sorgt für ein wenig Nostalgie.

Würdigung

Der botanische Garten von Pruntrut ist ein Ort für Studien und Entspannung. Er ist geprägt durch seine Iris- und Kakteensammlungen, seinen schönen Bestand an fleischfressenden Pflanzen wie durch die Orchideensammlung und ist ebenso ein touristischer Anziehungspunkt des Juras. Seinem Publikum aus Schulklassen und Pflanzenliebhabern vermittelt er das Bewusstsein für den Reichtum der Natur und den Respekt ihr gegenüber.

Seine Bekanntheit und internationale Ausstrahlung resultiert jedoch unzweifelhaft aus dem Samenkatalog «Index Semium», der die Grundlage für die Tauschbeziehungen zu botanischen Gärten auf der ganzen Welt darstellt. Durch das Angebot an Saatgut und Pfropfreisern spielt der Garten eine wichtige Rolle für die Erhaltung der Arten innerhalb eines weltweiten Netzes, das sich für die Bewahrung der Biodiversität engagiert und auf diese Weise massgeblich zum Kampf gegen die Ausrottung bedrohter Pflanzen beiträgt.

Übersetzung: Tobias Scheffel

3 Den Sukkulenten-Freunden bietet sich eine der reichsten Kakteensammlungen der Schweiz.

Öffentlich zugänglich, Eintrittsgebühr.
Musée jurassien des sciences naturelles, 22, route de Fontenay, 2900 Porrentruy

Die Welt auf einer Insel
Der botanische Garten der Brissago-Inseln

Claudio Ferrata

Ein exotischer Garten im Verbano

Eine kleine kahle Insel im Langensee, nur als Jagdrevier benutzt und als Sitz einer Dynamitfabrik vorgesehen – das Dynamit sollte beim Bau des Gotthardtunnels Verwendung finden –, wurde am Ende des 19. Jahrhunderts zu einem der ersten modernen Gärten des Tessins und ein international bekannter botanischer Garten.

Der Besucher der Brissago-Insel kann vielleicht heute noch die Faszination der ersten Besitzer für diesen Garten nachempfinden, wenn er durch die schattigen Alleen der Isola Grande schlendert und die vielen Pflanzenarten aus fünf Kontinenten bewundert. Mehr als 15 000 Arten, die hier gedeihen, sind nach ihrer Herkunft über die 2,5 Hektaren Land der Insel verteilt. Sie stammen im Norden der Insel aus dem Mittelmeergebiet, rund um die Villa aus dem subtropischen Asien, im Westen aus Nord- und Südamerika, im Süden ebenfalls von dort sowie aus Afrika, Australien, Neuseeland, Tasmanien und wiederum dem subtropischen Asien, beim Belvedere nochmals aus Afrika.

Der Garten mit seiner pflanzlichen Vielfalt wäre nicht möglich ohne das spezielle Mikroklima innerhalb des insubrischen Tessiner Klimas. Im Winter fallen die Temperaturen nur an wenigen Tagen unter null Grad Celsius, die Sonnenbestrahlung ist optimal, und im Frühling und Herbst fällt viel Regen. Der See trägt ebenfalls zur Thermoregulation bei. Ausserdem besteht eine enge Beziehung zwischen den Inseln und dem weiten Horizont des Langensees, der von zwei Bergzügen – der eine im Nordosten, der andere im Südwesten – begrenzt ist. Es versteht sich von selbst, dass das Einzigartige dieses botanischen Gartens, nämlich seine Insellage, den Besucher nicht unberührt lässt. Die kleinere Schwesterinsel, die Isola di Sant'Apollinare, ist wilder und zeigt heute noch die ursprüngliche Vegetation. ▸ 1

Die Brissago-Inseln und ihre Umgebung wurden während des 19. und zu Beginn des 20. Jahrhunderts vom Tourismus entdeckt. Dazu gehörten auch Ascona und der Monte Verità, Heimstätte einer esoterischen Bewegung mit künstlerischen und sozialen Reformideen. Doch auch die piemontesische Seite des Langensees ist Teil dieser Landschaft mit den Villen von Stresa und Pallanza – zum Beispiel die Villa San Remigio der Familie della Valle di Casanova und die Villa Ada der Familie Troubetzkoy – und mit den von jeher berühmten Borromeischen Inseln.

Die Brissago-Inseln waren schon vor ihrer Umwandlung in einen Garten bewohnt. Beweis dafür sind zwei kleine Kirchen: San Pancrazio auf der Isola Grande, heute zerstört, und Sant'-Apollinare auf dem Isolino, der kleinen Insel, deren Reste noch erkennbar sind. Ein Fragment eines römischen Altars reicht nicht als Beweis für eine mögliche Besiedlung durch die Römer

1 Blick vom Dorf Ronco auf die Isola Grande mit dem botanischen Garten und den Isolino mit der einheimischen Vegetation.

aus. Für den heutigen Zustand der Inseln sind drei Ereignisse wichtig: der Kauf der Inseln durch die Baronin Antoinette de Saint Léger, der wir in grossen Zügen den botanischen Garten verdanken, zweitens die Übernahme durch Max James Emden, der die bauliche Substanz änderte, und drittens schliesslich die Umwandlung in einen öffentlichen Park.

Vom Privatgarten zum öffentlichen Park

Im Jahre 1885 besuchte die russische Baronin Antoinette de Saint Léger (1856–1948), vermutlich eine Tochter Zar Alexanders II., die seit langem verlassenen Brissago-Inseln und beschloss, diese zu kaufen. Als sie die Isola Grande (Isola di San Pancrazio) in Besitz nahm, war diese nicht mehr als eine öde Fläche in der Felslandschaft, die aus dem Wasser ragte. Die Gartenanlage entstand nach den Plänen der Baronin, die auch bei der Umsetzung aktiv mitarbeitete. In einem Bericht, den sie unter dem Titel «The Vegetation of the Island of Saint Léger in Lago Maggiore» im «Journal of the Royal Horticultural Society» veröffentlichte, beschreibt sie unter anderem die Pflanzenwahl, die Erfolge und Misserfolge beim Versuch, neue Pflanzen anzusiedeln, die Umsetzung der architektonischen Gestaltung und schliesslich ihre Sorgen wegen der Inkompetenz der Gärtner. Sie beschreibt auch, wie sie neben dem Kauf von unzähligen Gartenbüchern viele Zeitschriften abonnierte, unter anderem «The Garden», dessen Herausgeber William Robinson, der auch der Begründer des englischen Staudengartens war, sie öfters mit Fragen bestürmte.

Die ersten Arbeiten waren struktureller Natur und gaben dem Garten eine Form, die vom englischen Landschaftsgarten inspiriert war. Wie die Baronin in ihrem Artikel schreibt, legte sie die ersten Wege in «a certain instinctive sense of perspective and beauty» an.[1] Ihr Ziel war erstens, szenische Effekte zu kreieren, und zweitens, die Besucher bequem zu den gewünschten Zielen zu führen. So entstand ein beschaulicher Spazierweg, der sich zuerst gegen Norden und dann in einem weiten Bogen auf einer Steinkonstruktion nach Süden wendet, wo er den Blick auf die italienische Seite des Sees erlaubt. Ein weiterer Weg sollte das Zentrum der Insel mit

2 Ein gerader Weg mit einer Pergola führt zum südlichen Teil des Gartens.

dem Südufer verbinden, wo eine Terrasse geplant war. ▸2 Dieser Entwurf erlaubte, den unterschiedlichen Vegetationen eigene Gartenräume zuzuordnen. Nun konnte man mit der eigentlichen Anlage des Gartens beginnen. Als Erstes pflanzte die Baronin eine Palme namens *Trachycarpus excelsa* und eine Konifere, *Cryptomeria japonica* 'Elegans'. Die Tatsache, dass unter den ersten Pflanzen eine Palme war, ist insofern bedeutsam, als diese Pflanze später zur Ikone des touristischen Tessins wurde. ▸3

Nach einigen Misserfolgen kam die Baronin zum Schluss, dass man über einen guten Boden verfügen musste, wollte man einen schönen Garten. Sie liess Erde und Mist von beiden Ufern des Sees heranführen. Die Wahl der fortlaufenden Pflanzungen erfolgte entsprechend dem Charakter des Standorts, wo sie gedeihen sollten. Darüber hinaus legte die Baronin in der Komposition ihres Gartens auch grossen Wert auf ästhetische Kriterien. Sie pflanzte Araukarien, Zedern, allerlei Zypressen, unter anderem die seltene *Cupressus obtusa* 'Troubezkoyana', die von der Villa Ada auf der piemontesischen Seite des Sees stammte. Dann jene Pflanzen, die den Stolz des Inselgartens ausmachen: *Pinus longaeva, Sequoia gigantea,* aber auch wunderschöne *Eucalyptus amygdalina, Liquidambar styraciflua,* Agaven, Bambus verschiedener Grösse und viele andere Pflanzen.[2] Die internationalen Kontakte, welche die Baronin unterhielt, bestimmten den Charakter dieses Gartens, indem sie die zu seiner Anlage notwendigen Pflanzen aus den hintersten Winkeln der fünf Kontinente zusammensuchte. Das Ergebnis war erstaunlich: die neue Vegetation unterschied sich wesentlich von der der Umgebung, wobei ihre exklusive und fremdartige Wirkung vielleicht nur halb gewollt war.

Weitere wichtige Strukturen des Parks verdanken wir der Unternehmungslust des reichen Hamburger Kaufmanns Max James Emden (1874–1940). Er kam als Gast von Eduard Freiherr von der Heydt ins Tessin und kaufte 1927 die Insel von der verschuldeten Baronin. Der neue Besitzer führte in den Jahrzehnten, während derer er auf der Insel lebte, neben seinen Geschäften ein mondänes Leben. Sein Motto über dem Eingang des Hafenbeckens lautet: «Anche vivere è un'arte». Zwar beliess und vervollständigte er die Pflanzungen, änderte jedoch vor allem die bauliche Substanz, indem er die Alleen vergrösserte und vor allem jene verlängerte,

3 Die Pflanzung von zwei Palmen, der *Phoenix canariensis* und der *Jubaea chilensis,* war der Anfang des Inselgartens der Baronin Antoinette de Saint Léger.

Pflanzensammlungen und das wissenschaftliche Studium der Natur

133

4 Das Belvedere am Südende der Insel gibt den Blick frei auf den Langensee und das italienische Ufer.

5 Max Emden liess für sein mondänes Leben das römische Bad erbauen mit Blick auf Ascona und den Monte Verità, historische Fotografie. Archiv Brissago-Inseln.

die ans Südufer der Insel führte. ▶ 4 Dort errichtete er ein Belvedere, in dessen Zentrum er den achteckigen Brunnen von 1689 beliess. Das Haus der Baronin und die Reste der Kirche von San Pancrazio, einschliesslich des kleinen Klosters, liess er abreissen und beauftragte den Berliner Villen-Architekten Alfred Breslauer (1866–1954), eine neue Villa in neoklassizistischem Stil zu entwerfen.

Heute ist diese Villa Sitz der Verwaltung und beherbergt auch ein Restaurant. Im Soussol befinden sich eine grosse Halle, im Erdgeschoss elegante Räume sowie weite gedeckte Terrassen mit einer stattlichen weissen Marmortreppe. Auf dem Dach befand sich einst eine grosse Terrasse mit acht Statuen des Zürcher Bildhauers Paolo Osswald (1883–1952). Emden liess auch das Hafenbecken bauen, das er mit verschiedenen Statuen verschönerte, darunter einem Faun, der eine Nymphe beim Verlassen des Wassers bedrängt. Diesen Bauten fügte er noch das römische Bad hinzu, dessen Becken noch heute die Bronzestatue einer Badenden des Hamburger Künstlers Georg Wrba (1872–1939) schmückt. In der nördlichen Abschlussmauer liess er ein Fenster anbringen, von dem aus man Ascona und darüber den Monte Verità erblickte. ▶ 5

Nach dem Tod von Max James Emden im Jahr 1940 blieben die Inseln für fast ein Jahrzehnt sich selbst überlassen, so dass sich die Vegetation mehr der Natur als den Gärtnern gemäss entwickelte. Dies war der Wendepunkt zum botanischen Garten und öffentlichen Park. Weitsichtig kaufte der Kanton Tessin zusammen mit den Gemeinden Ascona, Brissago und Ronco sopra Ascona sowie dem Heimatschutz und Pro Natura die Inseln von Emdens Erben, der ihnen grosszügig entgegenkam. Der Kaufvertrag zwischen den Parteien hielt insbesondere fest, dass «die Inseln ausschliesslich der Konservierung und Verbreitung von Naturschönheiten und kulturellen, wissenschaftlichen sowie touristischen Zwecken dienen sollen. Der Park wird zum botanischen Garten des Kantons Tessin und ist direkt dem Kanton unterstellt. Mit der Unterstützung der zwei genannten Organisationen soll er sich zu einem Park mit einheimischen und exotischen Pflanzen entwickeln.»[3]

Am 2. April 1950 wurde der botanische Garten offiziell eingeweiht und für das Publikum geöffnet. Die wissenschaftliche Leitung wurde Albert Däniker, dem Direktor des Zürcher botanischen Gartens anvertraut, später der Società Ticinese di Scienze Naturali, die den Botaniker Friedrich Markgraf als Ratgeber beizog. Der Park wurde somit ein Objekt intensiver Forschung und für das Publikum ein Ort, wo es die botanischen Sehenswürdigkeiten und landschaftlichen Schönheiten geniessen konnte. Tatsächlich nahm die Besucherzahl rasch zu.

Ein neues Bild der Natur

Die Geschichte der Inseln mit ihren Wechselfällen gibt Anlass zu einer besonders interessanten Diskussion. Durch die auf originell ganzheitliche Art angelegten Gärten an den Tessiner Seen wie dem Langensee, dem Luganer See, aber natürlich auch am italienischen Comer See wurde die ganze Region verändert: die Brissago-Inseln waren das Zentrum dieser Entwicklung, die dazu führte, dass dieser kleine Teil der voralpinen Landschaft fast die gesamte Vegetation des Planeten enthält und repräsentiert. Mit der Anlage ihres Gartens gab die Baronin de Saint Léger den Anstoss zur Entwicklung der Gartenarchitektur im Südtessin und bereicherte das Bild der Tessiner Landschaft mit exotischen Farben. Daneben wurde ein Bild der Natur skizziert, das anfänglich nicht jenem der Einheimischen entsprach, die einen pragmatischen Umgang mit der Natur pflegten. Die Mehrheit der Tessiner betrachtete die Natur einerseits als Grundlage ihres Lebensunterhalts und andererseits als Gefahr, gegen die sie sich schützen mussten, aber sicher nahmen sie sie noch nicht als ästhetische Kategorie wahr.

Die Ästhetisierung erfolgte langsam als Folge des Tourismus, der neue Tendenzen der Gartenarchitektur mit sich brachte. Die europäische Bourgeoisie hatte eine Vorliebe für die exotische Vegetation der mediterranen und subtropischen Zonen. Diese ist das Symbol für das Fremde und Andersartige, das seit langem den Westen faszinierte. Die in fernen Ländern entdeckten und in die botanischen Gärten und privaten Gärten eingeführten Pflanzen ermöglichten es allmählich, eine unbekannte Welt einzuführen, die das unersättliche Bedürfnis nach Neuheit und Fremdheit stillte.[4] ▸ 6

Und von all dem zeugen die Brissago-Inseln.

Übersetzung: Tullio C. Medici

6 Entlang dem westlichen Ufer wachsen mit ihren Luftwurzeln im Wasser viele Sumpfzypressen, die aus den Sumpfgebieten der Südstaaten der USA stammen.

Öffentlich zugänglich, Einrittsgebühr. Parco Botanico, Isole di Brissago, 6614 Brissago

Alpenflora mitten in der Stadt
Der Alpengarten von Meyrin

ANNE VONÈCHE

Wenige Kilometer vom internationalen Flughafen Genf-Cointrin entfernt, inmitten eines von Hauptverkehrsrouten durchschnittenen Industrieviertels, versteckt sich der Alpengarten von Meyrin. Von der Strasse durch einen grossen Grünvorhang abgeschirmt, kann der Städter während seines Spaziergangs dort der Hektik der Stadt entfliehen.

Die Geschichte des Gartens

1 Die Wege durch den Alpengarten erlauben es dem Besucher, die Pflanzen aus nächster Nähe zu bewundern.

2 Teiche, Bäche und kleine Kaskaden schaffen vielfältige Gartenbilder.

Der Alpengarten von Meyrin gehört zu den ehemaligen Ländereien der Familie Gras, die die Gemeinde Meyrin im Jahr 1960 von den Nachkommen des Eigentümers kaufte und in einen öffentlichen Park umwandelte. Dieses etwa drei Hektar grosse Anwesen besteht aus einem weitläufigen Landschaftsgarten, in dem das Haus des ehemaligen Eigentümers steht, einer heute fast vollständig verschwundenen Gärtnerei sowie einem Alpengarten. Während der Rest des Gutes starken Veränderungen unterlag – 1987 wurden ein Rosengarten, Kinderspielplätze und ein kleines Tiergehege geschaffen –, blieb der Alpengarten erhalten.

Die übrig gebliebenen felsigen Partien des Alpengartens sowie die Angaben des ehemaligen Gärtners der Familie Gras dienten den städtischen Verantwortlichen als Grundlage für die Rekonstruktion, bei der die Anlage wiederhergestellt und die Pflanzensammlung vervollständigt wurde. In den letzten Jahren entwickelte sich der Alpengarten bedeutend weiter, indem entlang der geteerten Wege neue Beete angelegt und die Pflanzenarten dank des Austauschs von Samen und Sämlingen mit botanischen Instituten auf der ganzen Welt ergänzt wurden. Zur Unterstützung dieser Tauschgeschäfte wurde bis 2003 ein Pflanzenkatalog publiziert.

Diese vielfältigen Massnahmen wurden vorübergehend eingestellt, da zurzeit die Beete systematisiert, das heisst die Pflanzen, die bislang nach dem Zufallsprinzip verteilt waren, nach Regionen eingeteilt werden, wie in botanischen Gärten üblich. Dieses Gestaltungsprinzip nach ästhetischen und pädagogischen Gesichtspunkten ist ein Rückgriff auf das Konzept von La Linnaea in Bourg-Saint-Pierre bei Martigny, dem ersten alpinen botanischen Garten in der Schweiz, der 1889 von Henry Correvon angelegt wurde und sich heute im Besitz der Universität von Genf befindet. Damit bekommt der Alpengarten von Meyrin endgültig ein anderes Gepräge: Er wird zu einem wissenschaftlichen und pädagogischen Instrument, wie das Henry Correvon gefordert hatte.

Der Alpengarten nach Henry Correvon

Der Typ des Alpengartens entstand in der zweiten Hälfte des 19. Jahrhunderts infolge der rasch wachsenden Begeisterung für den Bergtourismus und soll nach Henry Correvon (1854–1939) ein getreues Abbild der bewunderten Alpenlandschaften im Flachland sein.[1] So mutieren die Alpengärten unter seinem Einfluss bald einmal von Ziergärten zu wissenschaftlichen und pädagogischen Anlagen. Denn Correvon war der Gründervater mehrerer Initiativen zum Schutz der alpinen Flora, etwa der Vereinigung «Pro Montibus et Sylvis», die 1896 auf dem Pass des Kleinen Sankt Bernhard gegründet wurde. Er war ausserdem an der Schaffung von schweizerischen und ausländischen Nationalparks beteiligt.

So wie Correvon den Alpengarten begriff, war er tatsächlich zentral für die ökologische Strategie der «Association pour la protection des plantes» (Vereinigung zum Schutz der Pflanzen). Diese wurde 1883 nach dem Turiner Kongress gegründet, auf dem bereits auf die Gefahr des Aussterbens bestimmter Arten hingewiesen wurde. Die Vereinigung verschrieb sich dem Schutz der Pflanzen in den Alpen, deren Bestände schon Ende des 19. Jahrhunderts geplündert wurden. Sie setzte sich zum Ziel, wirksame Schutzmassnahmen zu erarbeiten und umzusetzen. Dazu gehörte auch die Schaffung eines botanischen Gartens im Genfer Plainpalais, wo die Pflanzen akklimatisiert wurden.

Durch die Einbürgerung seltener Pflanzen und den Verkauf zu günstigen Preisen trug der Genfer Alpengarten sowohl zur Unterbindung des Schmuggels mit Wildpflanzen als auch zur Förderung der botanischen Forschung bei. Versuche *in vivo* untersuchten die Rolle, die das Klima und die chemische Zusammensetzung des Bodens für die Entwicklung der Pflanzen spielen. Ausserdem sollte ein Alpengarten die Stadtbevölkerung für ökologische Probleme sensibilisieren. Einen Steinwurf von ihrem Zuhause entfernt, konnte sie die schönsten Exemplare der Alpenflora bewundern. Als buchstäblich lebendiges Museum warb der Garten für die Beschäftigung mit der Vielfalt der alpinen Flora.

Im Sinne seines umfassenden, ganzheitlichen Schutzbegriffs favorisierte Correvon Gartenanlagen, in denen die Pflanzen in ihrem natürlichen Umfeld stehen. Um sein Bild realistischer erscheinen zu lassen, bestückte er solche Gärten, ohne zu zögern, mit Motiven aus der alpinen Ikonografie.

Der Alpengarten von Meyrin heute

Der Alpengarten von Meyrin liegt nur wenige Schritte vom Herrenhaus entfernt, im Schatten jahrhundertealter Parkbäume. Der hügeligen Topografie des Geländes folgend, setzt er sich aus mehreren unterschiedlich hohen Erhebungen zusammen, die geteerte Wege miteinander verbinden. Die kleinen Inseln, die dadurch entstehen, beherbergen die Steingärten mit den Alpenpflanzen. Sie sind durchzogen von schmalen Pfaden, damit die Besucher die Pflanzen aus nächster Nähe bewundern können. ▸1

Dem Wasser als strukturierendem Element kommt eine entscheidende Bedeutung zu. Es spendet den Pflanzen die nötige Feuchtigkeit und teilt den Garten überdies in mehrere Szenerien. Tröpfelt es im oberen Teil noch spärlich aus einer Quelle, wird es schon bald zu einem von Stein zu Stein hüpfenden Bergbach, der sich schliesslich in einen Teich ergiesst. ▸2 Träge geworden, plätschert es lässig durch den Garten hinab. Auch die Pflanzen verändern sich entlang des Wasserlaufs. Das frische Nass und die Schatten spendenden Bäume im oberen Teil des Gartens prädestinieren diesen Bereich für den Anbau von Unterholzpflanzen, während im sonnenbeschienenen Teich Sumpfpflanzenarten gedeihen.

Als Kontrast zu dieser Szenerie erhebt sich an anderer Stelle ein kleines Chalet. ▸3 Einerseits konnten es die Gärtner nutzen, andererseits hat es die Aufgabe, dem Garten mehr Glaub-

3 Das Chalet und der rustikale Brunnen tragen zur malerischen Wirkung des Alpengartens bei.

würdigkeit zu verleihen. Da es inmitten von Steingärten liegt und sich perfekt in die Umgebung einfügt, erinnert es unweigerlich an eine Alphütte. Ein rustikaler Brunnen vor dem Haus unterstreicht den malerischen Charakter der Anlage.

Nach dem Vorbild des Landschaftsgartens war man auch beim Alpengarten um eine pittoreske Wirkung bemüht, indem man wie in den nationalen Diskursen und in der Malerei auf Motive der alpinen Ikonografie zurückgriff.[2] So kommt es zur Ausstattung mit architektonischen Elementen wie einer Holzbrücke, einer bäuerlichen Bank oder dem Brunnen, die dazu beitragen sollen, den Garten in der schweizerischen Landschaft zu verankern und ihm mehr Authentizität zu verleihen.

Übersetzung: Jutta Orth

Öffentlich zugänglich,
Öffnungszeiten beachten.
Chemin du Jardin alpin 7,
1217 Meyrin-Genève

Frühe Spielarten des Historismus am Thunersee
Die Koniferen von Schloss Oberhofen

Steffen Osoegawa-Roth

Zu den bedeutenden Gartenschöpfungen des 19. Jahrhunderts gehört im Kanton Bern ohne Zweifel Schloss Oberhofen. Sein Park bildet den südlichen Abschluss eines Reigens grossartiger Landschaftsparks, deren Bogen sich von Gwatt (Bellerive) über Schadau, Chartreuse, Eichbühl, Hünegg und abschliessend nach Oberhofen spannt. Sämtliche Besitzungen gehörten seinerzeit und über 80 Jahre hinweg zwei verschwägerten neuenburgisch-preussischen Familien, de Rougemont und de Pourtalès, die sich für die damalige Landesverschönerung der Thunerseeufer sehr verdient gemacht hatten.[1] ▸ 1

Mit den politischen Umwälzungen 1798 ging der einstige Landvogteisitz Oberhofen in privaten Besitz über. Zahlreiche nun folgende Besitzerwechsel sprechen von der kurzen wechselvollen Geschichte des reizvollen Wasserschlosses. Erst der Erwerb des Schlossguts 1844 durch Graf Albert de Pourtalès (1813–1861) brachte Kontinuität und genügend finanzielle Mittel, um die nun folgenden Neu- und Umgestaltungen zu verwirklichen. Familiäre Bande, der Liebreiz des Berner Oberlandes, das den romantischen Geschmack jener Epoche traf, aber auch der aufkommende Tourismus und der Waffenplatz Thun, all dies mochten Gründe sein, dass sich die Familie de Pourtalès Schloss Oberhofen als Sommersitz wählte. Albert de Pourtalès war damals als preussischer Diplomat in Istanbul tätig. Seine Aufgaben liessen ihm kaum Möglichkeiten, sich den baulichen Aufgaben an Schloss und Garten zu widmen. In seiner Abwesenheit übernahm daher sein Vater Frédéric (1779–1861) die Geschäfte. Dieser zog für die Um- und Neubauten anfangs den neuenburgischen Architekten James Colin d. Ä. (1807–1886) und nach 1854 den bernischen Architekten Theodor Zeerleder (1820–1868) bei. Zeerleder verdanken wir die meisten Nebenbauten im Park wie auch die bedeutsamen Ökonomien am Eingang des Schlosses. Auf Colin hingegen gehen die Grundgestalt des Landschaftsparks wie auch das 1853 entstandene Kinderchalet am Eingang des Parks zurück.[2]

Zur Geschichte des Schlossparks

Bereits vor dem Erwerb von Schloss Oberhofen im Jahre 1844 bestand, wie Aquarelle bezeugen, ein kleiner, innerhalb der Schlossmauern gelegener Garten. Die «anmutige Pyramide» aus Trauerweiden und Fichten direkt am Ufer kommt laut Georg Germann den Vorschlägen des Gartenkünstlers Friedrich Ludwig von Sckell (1750–1823) sehr nahe, dessen Lehrbuch in der Erstausgabe 1818 erschien.[3] Noch heute findet sich die kleine Südterrasse mit ihrer Freitreppe, an deren Fuss einst die Nadelbäume standen. Als Albert de Pourtalès Schloss Oberhofen erwarb, trennte ein umlaufender Wassergraben einen grossen Baumgarten vom Schloss.[4]

Pflanzensammlungen und das wissenschaftliche Studium der Natur

1 Luftbild von Schloss und Park Oberhofen um 1995.

Colin sah 1845 in seinem ersten Plan noch keinen Garten an diesem Ort vor. Erst um 1850 projektierte er die Umwandlung des Baumgartens in einen Landschaftspark, der von einem grosszügig geschwungenen Rundweg erschlossen werden sollte. Er gab mit diesem Entwurf bereits die Grundzüge des heutigen Parks vor. Doch ist klar erkennbar, dass für den neuenburgischen Architekten die an der Parkgrenze befindlichen Bauten noch kein Thema waren. Ungewiss ist auch, wieweit er die Ausführung des Landschaftsparks noch selbst verfolgen konnte. Viele von Colins gartenkünstlerischen Ideen wurden verworfen, und am Ende stellte sich sogar der bernische Historiker Berchtold von Mülinen-Gurowsky (1805–1879) intrigierend zwischen Bauherr und Architekt. Als Ersatz empfahl sich von Mülinen selbst für die Gestaltung des inneren Schlosshofs, während der bernische Architekt Theodor Zeerleder nach dem Ausscheiden Colins mit der baulichen Weiterführung der Arbeiten am Schloss und später auch mit den Ausstattungen des Landschaftsparks betraut wurde.

In den nun folgenden Jahren entstanden unter der baulichen Leitung Zeerleders ein Gärtnerhaus (1855–1857), einst Sennerei mit Scheune, Kuhstall und Wohnungen, ein Geflügelhaus (1862) und eine Orangerie mit anschliessendem Gewächshaus (1861–1862). Die abschliessend erstellte Pergola (1868) entstand vermutlich unter der Leitung des Baumeisters Friedrich Hopf, der in den Jahren 1861–1863 nach den Plänen von Heino Schmieden (1835–1913) Schloss Hünegg erstellt hatte. Nach dem Tod von Vater und Sohn de Pourtalès im selben Jahre behielt die Witwe Anna de Pourtalès (gest. 1892) den gestalteten Park als Andenken unverändert bei.

2 Im Vordergrund die Orangerie mit angebautem Treibhaus, dazwischen lag das nicht mehr bestehende Geflügelhaus, im Hintergrund das Gärtnerhaus.

Erst nach ihrem Ableben erfolgte unter ihrem Schwiegersohn Ferdinand Graf von Harrach (1832–1915) eine Weiterentwicklung des Parks. Harrach liess einen von Linden umstandenen Tennisplatz errichten, den heutigen Spielplatz des Parks. Auch setzte Harrach den Grundstein für die berühmte Koniferensammlung im Park, denn etliche Grosskoniferen stammen bereits aus der Zeit um 1900. Er teilte damit eine Leidenschaft des ausgehenden 19. Jahrhunderts, von der auch der nachfolgende Besitzer William Maul Measey noch erfasst war, der den Park zu seiner heutigen Form weiterentwickelte. Der Amerikaner, der Schloss Oberhofen vom Sohn Hans Albrecht von Harrach 1925 erwarb, pflanzte die Zwergkoniferensammlung und die Buchsbaumlaube im Schlossgarten und liess den Tuffsteinbrunnen an der Hangflanke errichten. Unbekannt ist das Alter der Hainbuchenlaube, sie wird erstmals um 1900 auf einem Situationsplan festgehalten und geht vermutlich noch auf Graf Ferdinand zurück.

Schloss Oberhofen, der Park und seine Ausstattungen

«Die Bauaufgabe eines die mittelalterlichen Teile bewahrenden, die Feudalzeit verklärenden, der Sommerfrische einer neuenburgisch-preussischen Grafenfamilie dienenden Schlosses erheischte in den 1840er Jahren die Wahl des passenden Stils.» Der Entscheid zugunsten «[…] einer durch Entlehnungen aus der städtischen Spätgotik bereicherten Variante der Neugotik [erfolgte unter der Prämisse], sich bei dem beschränkten Bauprogramm dem beherrschenden, mittelalterlichen Turm unterzuordnen».[5] Ähnliche Überlegungen lagen wahrscheinlich auch der Gartengestaltung des inneren Schlosszirkels zugrunde. Im Archiv von Schloss Oberhofen finden sich jedenfalls Pläne und Zeichnungen, die eine Gestaltung im geometrischen Stile nach dem Entwurf Peter Joseph Lennés (1789–1866) für das alte Stadtschloss in Berlin vorsahen.[6] Sie kamen jedoch nicht zur Ausführung. Hingegen konnten sich für die Südterrasse Mülinen-Gurkowskys Vorstellungen eines regelmässigen Gartenparterres durchsetzen. Hier entsprechen die gewählten Motive von Buchsbaumherzen und geometrischen Figuren einer aus der deutschen Renaissance entlehnten Formensprache.

Als Ergänzung zur neugotischen Gestalt des Schlosses kamen mit den anderen Gebäuden noch weitere Stilformen hinzu, die den Schlosspark zum ersten bedeutenden bernischen Vertreter des Stilpluralismus im Landschaftsgarten werden liessen.

Das Kinderchalet, dessen Stil durch die Nähe des Berner Oberlandes nahe gelegt wurde, verweist auch auf die damalige Diskussion um eine aussagekräftige Schweizer Architektur. Bereits Königin Victoria von England hatte wenige Jahre zuvor auf der Insel Guernsey ein Kinderchalet errichten lassen. Den Kindern eigene Spielräume zur Verfügung zu stellen, war im 19. Jahrhundert ein eigentliches Privileg der Oberklasse.[7] Das Innere des Gebäudes folgt konsequenterweise der Idee einer Kinderstube, weshalb die Möbel kindermassstäblich hergestellt wurden, «während die Türen, Stufen und dergleichen so aufgeführt sind, dass sich daraus für die Erwachsenen bei allfälligen Besuchen keine Behinderung ergibt».[8]

Das heutige Gärtnerhaus folgte einer anderen regionaltypischen, nämlich der Riegelbauweise. ▸2 Zeerleder gefiel sein bäuerlich-anmutiges Wohnhaus im «style chalet» als «hübscher Blickpunkt im Garten». Erst die in zeitlicher Folge entstandene Orangerie verwendet einen neuen architektonischen Ausdruck. Der lebhafte Farbwechsel von rotem Backstein und grünlichem Sandstein, das grosse Lünettenfenster und das flach geneigte Satteldach dürfen als Hinweis auf die mediterranen Pflanzen verstanden werden, die das Gebäude während der Wintermonate beherbergte. Die eigenwillige Deckenkonstruktion im Inneren folgt dem Vorbild der Orangerie von Schloss Schadau, die eine vergleichbare Bohlen-Balken-Konstruktion kennt. Ein eigentliches Architekturcapriccio stellte das 1951 abgebrochene Geflügelhaus dar. Es entstand im Auftrag der damals zwölfjährigen Tochter Helene (1849–1940). Das Geflügelhaus in Blockbauweise besass schweizerische und islamische Architekturelemente und ähnelte in seinem Grundriss einem balzenden Pfau. Liess sich die Tochter von ihrem einst in der Türkei weilenden Vater inspirieren?

Erhalten hat sich hingegen die Pergola am Südende des Parks. Ihre erhöhte Plattform über dem Gartenrundweg erlaubte den Ausblick auf das Alpenpanorama des Berner Oberlands. Ihre eigenwillige, zweistöckige Konstruktion auf steinernen Sockel erinnert an die Pergola des römischen Badehauses in Sanssouci.[9] Der Grundriss der Laube folgt einem Kreuz mit vier gleichen Schenkeln. Die Brüstungen aus Hohlziegeln verweisen auf italienische Vorbilder.

Mit diesen Bauwerken ist der Park vorerst vollendet. Da unter der Leitung Colins anfänglich keine Parkbauten beabsichtigt waren, konnten auch keine Bauplätze von ihm ausgewiesen

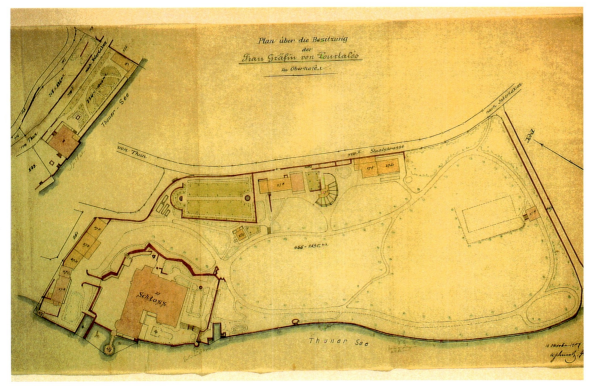

3 Der Plan zeigt den Park am Übergang des 20. Jahrhunderts, jedoch auf der Grundlage eines Originals vor 1892. Der Gemüsegarten, das Gärtnerhaus, der Hühnerhof und die Orangerie sind nicht in die Parkgestaltung integriert, sondern entlang der Gartenmauer aufgereiht.
«Plan über die Besitzung der Frau Gräfin von Pourtalès zu Oberhofen», signiert und datiert: A. Schmatz, 16. Oktober 1909.
Bernisches Historisches Museum, Bern.

werden. Daher reihen sich die Parkgebäude, entgegen der sonst üblichen malerischen Inszenierung von Gartenbauten, unspektakulär und in der zeitlichen Folge ihrer Entstehungszeit auf – eine wirkliche Besonderheit des Parks. ▸ 3

Von den gartenkünstlerischen Besonderheiten im Park

Neben den baulichen Zierraten besticht die Anlage durch ihren grossartigen landschaftlichen Charakter und die einmalige Gehölzauswahl. Hier zeigt sich am gelungensten, wie sich die Grafen de Pourtalès einst die Offenheit gegenüber den Alpen und die Intimität durch Bepflanzung längs der Grundstücksgrenzen vorstellten. ▸ 4 Wer vom oberen Fussweg aus zwischen den alten Baumkronen hindurch auf den See blickt, dem erscheint der Park grenzlos. Der See wird so zum Bestandteil der gross angelegten Komposition, dessen Ufer die Parkwiese ist. Kennerhaft wurde hier die bestehende Topografie für den Kunstgriff eingesetzt, die Ufermauern zu verbergen.

Nicht weniger augenfällig als die Parkbauten beeindruckt die unter Graf von Harrach begonnene Koniferensammlung. ▸ 5 Zahlreiche 100-jährige aussereuropäische Nadelbäume zieren und prägen den Park durch ihren malerischen Wuchs. Bereits im Schlossgraben findet sich eine Gruppe besonders bemerkenswerter Bäume, bestehend aus einer japanischen Sicheltanne *(Cryptomeria japonica)* und einer Küstensequoie *(Sequoia sempervirens)*.[10] Beide Arten wurden Mitte 19. Jahrhundert nach Europa eingeführt, doch dürften diese Bäume weitaus jünger sein.

Verlässt man den Schlosshof durch das gusseiserne «Schwarze Tor», begrüssen den Besucher ein mächtiger Mammutbaum und eine das Kinderchalet flankierende Libanonzeder. Beide Bäume dürften ebenfalls erst durch Harrach in den Park gelangt sein. Ebenso werden die beiden Mammutbäume am Gärtnerhaus mit ihren weit ausladenden Schleppästen von Harrach stammen. Trotz der Schäden, die der grosse Wintersturm von 1999 in beide Bäume riss, erfreuen sie sich guter Gesundheit.

Folgt man dem Rundweg nach Süden, stehen zwei weitere wunderschöne Solitäre an einer Weggabelung, eine Tränenkiefer *(Pinus wallichiana)* und eine Morindafichte *(Picea smithiana)*. ▸ 6 Der bezaubernde Wuchs der Tränenkiefer mit ihrem vielfach verzweigten Stamm lässt den heutigen Betrachter für einmal exemplarisch erleben, was die romantische Generation des 19. Jahrhunderts entzückt hat. Hier hat sich als Hintergrundkulisse der Gürtel von

4 Blick über die offene Parkwiese auf den Thunersee. Mit dem geschickten Verbergen der Uferlinie wird der See Teil der gross angelegten Komposition des Schlossparks.

5 Blick vom unteren Rundweg in den Landschaftspark. Die kegelförmigen Kronen der Nadelbäume formen Blickachsen zur Pergola und zur Hainbuchenlaube. Links am Wegrand der Tuffsteinbrunnen mit Putto.

alten Eiben, Kiefern und Scheinzypressen erhalten, der den Park vor stürmischen Winden schützt und ihn gegen das Dorf Oberhofen abschirmt. Unterhalb der Pergola findet sich eine artenreiche Sammlung von Immergrünen und Zwergkoniferen, die sich bis an das Ufer des Thunersees hinabzieht. Wunderschön sind hier das Zusammenspiel von panaschierten Buchsbäumchen, Schattenstauden und Farnen und die zahlreiche grün bis gelb nuancierte Belaubung der Koniferenbäumchen. Scheinzypressen, Zwergstechfichten und andere Sorten wechseln sich ab mit Zwergkiefern, Wacholder, Lebensbaum und anderen.

Heute mag uns die Sammlung wunderlich erscheinen, doch sollte man sich daran erinnern, welche künstlerische Wertschätzung die Koniferen in der Zeit des Landschaftsgartens bis in das 20. Jahrhundert besass. Damals gereichte es den Besitzern der Landgüter und ihren Gärtnern zur Ehre, wenn sie auf eine Sammlung seltener Nadelbäume verweisen konnten. Viele der einst hochmodernen Koniferen wurden nach 1850 an der Westküste der USA, in den Weiten Russlands und im Fernen Osten entdeckt und unter grossem Aufwand nach Europa verschifft. Glücklich durfte sich schätzen, wer zu den Ersten gehörte, die einen solchen Nadelbaum besassen. Koniferen waren in der zweiten Hälfte des 19. Jahrhunderts derart beliebt, dass es eine Zeit lang überhaupt verpönt war, noch Laubbäume zu pflanzen. In dieser Zeit entstanden auch zahlreiche geografische oder thematische Sondergärten, um die stetig wachsenden Koniferensammlungen unterzubringen.

Oberhofen ist ein später Zeuge dieser Liebhaberei, deren einstige Begeisterung heute kaum noch zu vermitteln ist. Dabei besitzen Nadelbäume einmalige gestalterische Qualitäten, die im richtigen Zusammenspiel mit Laubgehölzen zur Geltung kommen. Schnell wachsend vermögen gerade sie, Räume auszubilden und farbliche, kontrastreiche Akzente zu setzen. Ihre bizarren Wuchsformen fördern, bei richtiger Erziehung, die Vielfalt und Unverwechselbarkeit von Parkanlagen. Ihre Herkunft verheisst nichts anderes als einen Hauch von Exotik ferner Länder und Kulturen. Die ihnen heute entgegengebrachte Geringschätzung im historischen Garten ist daher kaum verständlich.

Der Schlosspark von Oberhofen wird von den erhaltenen Immergrünen geprägt. Erst mit den Koniferen erlangte der Park seinen heutigen strengen Gesamteindruck, wie er einst von Wil-

6 Voller Anmut steht die 100-jährige Tränenkiefer *(Pinus wallichiana)* heute im Park.

liam Maul Measey gewünscht war. «In seiner Zeit wurden die Wiesen durch öfteres Mähen in einen Rasen verwandelt, der zu den neuen Ansprüchen besser passte. Die vorhandenen und neu gepflanzten Koniferen wurden regelmässig in schlank aufstrebende Formen geschnitten, vielleicht mit dem Wunsch, ein durch Säulenzypressen bestimmtes südländisches Gartenbild zu erreichen.»[11] Seit 1952 führt die rechtswirksam gewordene Stiftung Schloss Oberhofen, verwaltet vom Bernischen Historischen Museum, die Pflege konservativ fort. Den Erfolg ihres Einsatzes kann im Park täglich neu erlebt werden. Schloss Oberhofen ist Spiegel und Hüter gelebter Gartenkunst des 19. und des frühen 20. Jahrhunderts.

Öffentlich zugänglich, Einrittsgebühr. Schloss Oberhofen, 3653 Oberhofen

Südliches Spiel aus Licht und Schatten zwischen Berg und See

Die Villa Favorita in Castagnola bei Lugano

Würde es sich um eine Operndiva handeln, man hätte ihr «Divina» nachgerufen. Ein schmaler Streifen Land zwischen Berg und See beherbergt eine der schönsten Villen des Tessins. ▶ 1 Es gibt keinen passenderen Namen für sie als Favorita. Das heutige Anwesen ist das Ergebnis mehrerer Erweiterungen, die hauptsächlich nach 1919 von zwei Besitzerfamilien veranlasst worden sind: zunächst durch die Hohenzollern, die nach dem Ende des Ersten Weltkriegs ins Exil gezwungen worden waren, später durch die Industriellenfamilie Thyssen-Bornemisza.

Bauten und historische Besonderheiten

Die eigentliche Geschichte der Villa Favorita begann allerdings viel früher. Soweit bekannt ist, liess der aus Uri stammende und später als Landschreiber in Lugano tätige Baron Karl Konrad von Beroldingen um 1687 hier ein Gebäude errichten oder ein bereits existierendes Haus erweitern, wobei ihm offenbar eine Art Lustschlösschen vor Augen stand. 1692 kam der kleine Aussichtsturm, die Glorietta, dazu. Auf die Familie von Beroldingen gehen auch die steinernen Löwen am Landungssteg und am Haupteingang zurück.

Seit 1732 gehörte das Anwesen dem Marchese Giovanni Rodolfo Riva aus Lugano. Von seiner Familie zeugt noch das an mehreren Stellen angebrachte Wappen. Wenn in den zeitgenössischen Beschreibungen von Lugano wie zum Beispiel in «Beyträge zur nähern Kenntniss des Schweizerlandes» von Rudolf Schinz aus dem Jahre 1783 das Leben der Städter in der Sommerfrische, in Gärten mit Orangerien und seltenen Pflanzen erwähnt wird, kann man sich die Villa Favorita gut darunter vorstellen. 1919 erwarb der preussische Prinz Leopold von Hohenzollern (1895–1959) das Anwesen. Er veranlasste mehrere Umgestaltungen und Erweiterungen. 1932 gelangte die Favorita in den Besitz von Baron Heinrich Thyssen-Bornemisza (1875–1947) und schliesslich in die seines Sohnes Hans Heinrich (1921–2002). Heute gehört sie dessen Witwe Carmen Thyssen-Bornemisza.

An den 15 über das Gelände verteilten Gebäuden lässt sich die über 300-jährige Geschichte des Besitzes ablesen, ebenso die der verschiedenen Eigentümer und ihrer Eigenheiten, Erfahrungen und Ansprüche. Die noch existierenden Zugänge vom See her wie auch die Hauptfassaden der Gebäude bezeugen, dass ursprünglich der See die Orientierung der gesamten Anlage bestimmte und das Verbindungsglied nach aussen war.

Wenn wir unseren Rundgang an dem von zwei Löwen flankierten Haupteingang beginnen und dem von Zypressen gesäumten Hauptweg folgen, den Prinz Leopold von Preussen anlegen liess, stossen wir zuerst auf das Pförtnerhaus, die Casa Corbellina, deren Balkönchen auf der

1 Zwischen dem steilen Abhang des Monte Brè und dem See liegt der schmale, dem geschwungenen Ufersaum folgende Garten der Villa Favorita.

2 Die Vecchia Limonera, das alte Haus zur Überwinterung der Zitruspflanzen. Sie dient heute als Klettergerüst für zahlreiche blühende Pflanzen.

Pflanzensammlungen und das wissenschaftliche Studium der Natur

3 Die grosse, von Zypressen gesäumte und mit rotem Porphyr gepflästerte Allee, auf der sich das reizvolle Spiel von Licht und Schatten besonders schön entfalten kann.

Nadir Sutter: Villa Favorita, Lugano-Castagnola

Seeseite mit dem Monogramm des Prinzen verziert sind. Es folgen Remisen und andere kleinere Gebäude, von denen die bergwärts gelegenen daran erinnern, dass hier früher einmal Bauern arbeiteten und Fischer ihre Netze auslegten.

Weitergehend stossen wir auf die Reste eines alten Gewächshauses, die Vecchia Limonera, und daneben auf die auffallende Casa Ghirlanda, die Hans Heinrich Thyssen-Bornemisza 1955 dazuerworben hat. ▸2 Die orientalisierenden Architekturmotive hat ihr Erbauer, der Ingenieur Giacomo Lepori, der einst als Mitarbeiter von Ferdinand de Lesseps am Bau des Suezkanals beteiligt war, offenbar aus Ägypten mitgebracht. Nebenan steht eine Orangerie, die heute noch in Gebrauch ist.

Als Nächstes kommt der Portikus der Pinacoteca in Sicht, in deren 20 Sälen bis 1992 eine der bedeutendsten Privatsammlungen der Welt ausgestellt war. Heute befindet sie sich im Palazzo Villahermosa in Madrid. Das Gebäude nutzt geschickt die Lage auf der untersten Terrasse und fügt sich diskret, aber wie selbstverständlich in die Vegetation ein; als Vorbild standen dem Baron und seinem Architekten Giovanni Geiser die Münchner Neue Pinakothek vor Augen. 1936 eröffnet, war die Sammlung seit 1948 öffentlich zugänglich.

Steht man dem Eingang gegenüber am Ufer, so lenkt eine Folge von Terrassen den Blick in die Höhe bis zur Glorietta, deren Arkaden sich zur weiten Landschaft öffnen. Geht man jedoch auf dem Hauptweg weiter, gelangt man in einen intimeren Bereich: zunächst sieht man, mit grünen Bogenfenstern und der vorliegenden, schmalen Terrasse, die vormalige Bibliothek des Prinzen Leopold von Hohenzollern, die später die private Bildergalerie der Familie Thyssen-Bornemisza wurde. Danach, leicht hervorstehend, folgt das Haupt- und Herrenhaus, die Villa Favorita, mit weiten Arkaden und einem Portikus auf der Seeseite. Hier zeigt sich besonders deutlich, dass die ganze Anlage zum See hin orientiert ist und auch vom See her betrachtet und bewundert werden will. Darüber, etwas weiter Richtung Gandria liegen am Hang das Gästehaus, die ungewöhnlich schöne und vornehme Casa Rotonda mit ihren weiten Terrassen und Säulenreihen, und darüber die neuen Gewächshäuser sowie Wohnhäuser, die alle seit 1932 nach und nach dem Anwesen einverleibt wurden.

Die natürlichen Strukturen des Parks

Der Garten der Villa Favorita profitiert von deren ungewöhnlich günstiger Lage: der hoch aufragende Monte Brè schützt sie vor kalten Nordwinden, vom Luganersee her streifen sie aus den drei anderen Himmelsrichtungen nur gemässigte Winde. Der See sorgt mit seinem ausgleichenden Klima dafür, dass es unter der kräftigen Sonne nicht zu heiss wird.

Die gesamte Anlage ist deutlich von ihrer Entstehungsgeschichte geprägt. Der Park erstreckte sich anfangs – nur auf dem schmalen Streifen zwischen Ufer und Haupthaus – von der Glorietta im Südwesten bis zu einer etwa 50 Meter von der Villa entfernt vermuteten, heute nicht mehr vorhandenen Mauer im Nordosten. Jenseits dieser Mauer lagen damals die für das alte Tessin charakteristischen Terrassen für die Reben, Olivenhaine und Obstgärten. Der bereits 1732 vergrösserte italienische Garten erhielt 1919 abermals eine neue Gestalt, als Leopold von Preussen der Villa Favorita die Seitenflügel anfügte. Gleichzeitig wurde mit dem Erwerb der angrenzenden Grundstücke der Park erweitert. Nach 1932 sorgten die Thyssen-Bornemiszas durch Zukäufe für weitere Umgestaltungen.

Allgemein gültige Regeln der Landschaftsarchitektur besagen, dass die Anlage eines Gartens aus der Morphologie des vorhandenen Geländes entwickelt werden sollte. Gehen wir also, beginnend beim grossen Gitter des Haupteingangs, durch den Garten. Wenn auch nicht auf den ersten Blick, so erkennen wir doch nach und nach die Enfilade der Gartenräume. Es ist eine rhythmische Abfolge von Bildern, ähnlich den Akten und Höhepunkten in einer lyrischen Oper.

Pflanzensammlungen und das wissenschaftliche Studium der Natur

4 Pflanzengeschenke und Pflanzentausch gehören zu den ältesten Bräuchen unter befreundeten Gartenbesitzern. Bei einigen Exemplaren der Päoniengruppe handelt es sich um Geschenke von Sir Peter Smithers.

Das Hauptthema des ersten Aktes wäre dann der etwa einen Kilometer lange Weg aus rotem Porphyr, der zur Villa Favorita führt. ▸3 Vom See aus gesehen wird hier der Rhythmus von Licht und Schatten und von der parallelen Linienfolge der Zypressenallee bestimmt. In dieses Thema fügen sich verhalten, aber deutlich wahrnehmbar die Farbtupfer der Blumen im Grün und an den Stützmauern bis hinab zum Wasser. Das zweite, in mehr einzelne Bilder aufgefächerte Thema ist geprägt von dem Wechsel zwischen Symmetrie und Natürlichkeit, offen und geschlossen, regelmässig und unregelmässig, hoch und niedrig. Es ist ein Park, der nicht auftrumpft, sondern sich erst allmählich erschliesst.

Eine Abfolge prachtvoller Glyzinen säumt den Uferweg in Hellblau, Blau, Weiss und anderen Farben; unauffällig aber nicht gleichförmig markieren sie die Länge des Gartens und geben ihm einen Rahmen. Eine Baumgruppe gleich hinter dem Pförtnerhaus, bestehend aus *Magnolia grandiflora, Cryptomeria japonica* und *Araucaria araucana*, bildet den Auftakt des botanischen Sammlergartens. Daneben erinnert uns ein Blick auf eine mächtige Kastanie an den Wald, dem der Ort Castagnola seinen Namen verdankt. Wir entdecken auch einen japanischen Mispelbaum *(Eriobotrya japonica)*, einen Silberahorn *(Acer saccharinum)*, eine Rotbuche *(Fagus sylvatica* 'Purpurea Tricolor'), zwei Ginkgobäume, einen *Cinnamomum camphora* sowie einen herrlichen Tulpenbaum *(Liriodendron tulipifera)*.

Bemerkenswert ist ferner der die Mauern der Casa Modesta grossenteils verdeckende falsche Jasminstrauch *(Trachelospermum jasminoides)* mit seinem berauschenden Duft. In der Nähe der Casa Ghirlanda, früher hiess sie Casa Selvaro, erinnert eine Koniferengruppe – *Pinus wallichiana, Abies nordmanniana, Pinus strobus* und *Picea abies* – an die nördliche Herkunft der Besitzer. Einige Schritte weiter fällt der Blick auf ein Wasserbecken, in dem sich Goldfische neben der *Zantedeschia aethiopica* tummeln.

Nadir Sutter: Villa Favorita, Lugano-Castagnola

5 Zwei mächtige rot blühende Rhododendren rahmen den Eingang zur Pinacoteca.

Auf der untersten Terrasse mit ihren reizvollen Brunnen und herrlichen Zypressen prangt eine Sammlung von wunderbaren Strauchpäonien, die zum Teil ein Geschenk des englischen Diplomaten und bekannten Päonienzüchters Sir Peter Smithers sind, eines guten Freundes von Hans Heinrich Thyssen. ▸4 Am Ende der Terrasse fügt ein Fächerahorn *(Acer palmatum)* den Farben der Päonien und dem Grün der Kletterpflanzen an der alten Orangerie verschiedene Rottöne hinzu.

Wenden wir uns wieder dem Hauptweg zu und gelangen wir zur Casa Ghirlanda, so empfangen uns neben Palmen eine indische Kastanie *(Aesculus hippocastanum)* und ein zierlicher Schnurbaum *(Sophora japonica* 'Pendula'). Auf dem Rasen vor der Orangerie sehen wir eine Magnolie *(Magnolia campbelli* 'Princess Margaret'), die 1985 von der englischen Prinzessin Margaret gepflanzt worden ist. Noch vor dem Eingang zur Pinacoteca begegnet uns ein weiterer Baum, der eine illustre Geschichte hat, da er vom Dalai Lama gesegnet worden ist: eine tibetische Magnolie *(Michelia doltsopa).* Den Eingang selbst flankieren zwei ungewöhnlich schöne rot blühende Rhododendren, die in Blüte einem prächtigen Feuerwerk gleichen. ▸5 Etwas weiter gegen die Villa Favorita grüsst uns eine mächtige Himalajazeder *(Cedrus deodara).* Direkt vor der Villa liegen Blumenbeete im Rasen, deren Formen und Farben sich von Jahr zu Jahr ändern.

Nach dem Landungssteg nimmt uns ein kleiner Wald auf. Steigen wir hier höher, stossen wir bald auf einen auffallenden Baum: es ist eine japanische Schirmtanne *(Sciadopitys verticillata)*. Hier sind wir schon fast bei den Gewächshäusern angelangt. Wenn wir uns hinter ihnen wieder nach Westen, also Richtung Lugano, wenden, stossen wir wiederum auf ein Stückchen Nordamerika in Gestalt des Berglorbeers *(Kalmia latifolia)* und einer aus den Bergen Kaliforniens stammenden Zeder *(Calocedrus decurrens)*.

Den einmaligen, unverwechselbaren Anblick vom See aus bewirken die Glyzinenpergolen. ▸6 Hier bestätigt sich die Richtigkeit der gestalterischen Ideen, die seit dem späten 17. Jahrhundert von den verschiedenen Besitzern formuliert und weiterentwickelt wurden.

Was wird morgen daraus? Morgen ist ein anderer Tag. Während unseres Spaziergangs ist es Abend geworden, Zeit, dieses kleine Paradies zu verlassen. Während wir uns dem Bootssteg nähern, leuchtet hinter uns gedämpftes Licht aus den Fenstern der Villa, und wir hören die Klänge einer Geige und eines Klaviers und erkennen die Melodie von Paganinis Variationen «Il Carnevale di Venezia». Im Säulengang erwartet ein Maler eine Reisegruppe; wir rücken beiseite und lassen die Gesellschaft vorbeigehen. Auf bald, Villa Favorita!

Übersetzung: Lucrezia Hartmann

6 Pergolen – ein Leitmotiv des südländischen Gartens – begleiten auf weite Strecken die Ufermauer und bieten während der Blütezeit der Glyzinen einen märchenhaften Anblick.

Privatgarten, nicht zugänglich

Das Verhältnis von Garten und Landschaft – eine ästhetische Frage

Garten und Landschaft stehen in einer offensichtlichen, aber komplexen Beziehung zueinander. Der Garten ist Teil der Landschaft, und die Landschaft bildet den Hintergrund des Gartens. John Dixon Hunt zeigt in seinem Aufsatz «L'Art du jardin et son histoire», wie in der Antike zwischen einer «ersten Natur» im wilden Urzustand und einer «zweiten Natur», die der Mensch durch Landwirtschaft und Infrastrukturmassnahmen verändert hat, unterschieden wurde. In der italienischen Gartentheorie des 16. Jahrhunderts wird den beiden ersten Naturen der Garten als «dritte Natur» an die Seite gestellt: Frucht der Allianz zwischen Kunst und Natur.

Im Laufe der Zeit «begegnen» sich Garten und Landschaft in unterschiedlichem Mass. Im Landhaus der römischen Antike – wie wir es aus den Briefen von Plinius d. J. kennen – öffnet der Garten den häuslichen Raum in die umgebende Landschaft, indem er die natürlichen Perspektiven des Geländes nutzt.

Der mittelalterliche Garten – ob höfischer Garten oder Mariengarten – ist das genaue Gegenteil: ein geschlossener Raum, der die Aussenwelt, die Welt der Unordnung, der Leere und der Angst, aussperrt. Erst mit Petrarca, der 1336 den Mont Ventoux besteigt, entsteht mit der Freude am Landschaftspanorama auch ein neues Gefühl für die Natur.

Die italienische Renaissance – Prinzipien der Antike wiederaufnehmend – begrenzt ihre regelmässigen Gärten mit frei angelegten Gehölzen, die zur umgebenden Landschaft vermitteln sollen. Auch die französische Gartenkunst des 17. Jahrhunderts möchte die Landschaft zähmen und die Gärten in ihr aufgehen lassen: Wälder und Boskette rahmen Landschaftsausschnitte oder werden als Hintergrund für bestimmte architektonische Elemente eingesetzt. Sichtachsen, Alleen und dominierende Terrassen greifen über den Garten hinaus in die Landschaft, sind weitere Kunstgriffe zu ihrer «Bändigung». So verteidigt Antoine Joseph Dezallier d'Argenville jene Gärten, die eine «schöne Aussicht und den Anblick eines schönen Landes» bieten.

Im Landschaftsgarten des 18. Jahrhunderts, in dem eine tatsächliche Begegnung zwischen Garten und Landschaft erst nach der Anerkennung Letzterer durch die grossen Maler stattfindet, präsentiert sich die Landschaft wie die Fortführung des Gartens und der Garten wie eine ins Unendliche fortgesetzte Landschaft.

Christian Cay Lorenz Hirschfeld, der Verfechter des Landschaftsgartens, räumt in seiner «Theorie der Gartenkunst» (1779–1785) den Gärten in der Schweiz einen besonderen Platz ein. Zwar seien die Anlagen ausgesprochen konservativ, doch habe man wegen ihrer räumlichen Enge weitgehend auf trennende Elemente zur Landschaft verzichtet. Mit «einer Vielfalt hinreissender Ausblicke» auf einen See, die Berge oder die Weinberge zeugten sie davon, wie sehr der Garten in der Schweiz mit der Landschaft harmoniere.

In diesem Zusammenhang ist auch der Garten von La Poya in Freiburg erwähnenswert, wo – der ländlichen Villa in palladianischem Stil entsprechend – zu Beginn des 18. Jahrhunderts die Landschaft, in diesem Fall die Stadtlandschaft, an die Stelle des traditionellen Gartens tritt.

Für Hirschfeld ist die Schweizer Landschaft ein einziger grosser Garten, ein Landschaftsgarten, den es zu reproduzieren gilt. So sieht Gérard de Nerval im Park von Ermenonville ein «Stück Schweizer Natur inmitten von Wäldern». Am vollkommensten verschmelzen Landschaft und Garten in unserem Land in der 1785 angelegten Ermitage von Arlesheim.

Catherine Waeber
Übersetzung: Jutta Orth

«... einer der grossartigsten Orte»
Garten und Landschaft von Schloss Vullierens

KATIA FREY

Gartenliebhabern ruft der Name Vullierens unweigerlich die Irisausstellung mit ihrem schillernden Farbenspektakel in den Sinn, die seit 50 Jahren Interessierte und Kenner in ihren Bann zieht.[1] Dieser Publikumsmagnet hat mit dem eigentlichen Garten aber kaum etwas zu tun, denn der «Irisgarten» liegt an der Peripherie des Gutes, im ehemaligen Gemüsegarten und den angrenzenden Bereichen im Süden. ▸1

1 Der Gemüsegarten heute.

Oberhalb von Morges und den Ufern des Genfersees beherrscht Schloss Vullierens mit seiner klassischen Silhouette die umliegende Landschaft. Durch seine unverwechselbare Architektur, die dank zahlreicher Nebengebäude das gesamte Gelände prägt, aber auch durch bedeutende landschaftsgestalterische oder planerische Eingriffe, deren Auswirkungen schon von weitem zu sehen sind – beispielsweise die Alleen oder die axiale Linienführung –, hat es der Landschaft seinen Stempel aufgedrückt.

Die Gestaltung von Garten, Landschaft und Natur ist eine direkte Folge der Bewirtschaftung des Gutes, die Landwirtschaft, Forstwirtschaft und den Weinbau einschliesst. Trotz allem spielt der Ziergarten eine wichtige Rolle, denn genauso wie die Architektur oder die Kunstsammlungen dient er der Repräsentation und ist ein Prestigefaktor. Ausserdem erweist er sich als prägendes Element für die Wahrnehmung und das Verständnis der Landschaft.

Im Osten, Richtung See, setzt sich der Garten aus zwei aufeinander folgenden Terrassen über den Weingärten zusammen: Die erste, direkt vor der Ostfassade des Schlosses, ist mit zwei symmetrischen Rasenflächen und einer Blumenrabatte geschmückt. Über eine Steintreppe gelangt man zur unteren Terrasse, die hinter einem grossen Bassin mit Fontäne halbkreisförmig über den Reben endet. Auf beiden Seiten des Wasserbeckens dehnt sich eine Rasenfläche mit Rosenbeet und einem beschnittenen Strauch aus. ▸2 Die beiden Terrassen sind die ältesten Teile des Ziergartens.

Das Verhältnis von Garten und Landschaft – eine ästhetische Frage

Nach Süden, in Verlängerung der oberen Terrasse, wirkt der Garten unregelmässiger: ein geschwungener Pfad zerschneidet den Rasen in pittoreske kleine Inseln, die mit Solitärbäumen, Sträuchern und Blumen bepflanzt sind. Von dort aus führt eine grosse Allee durch ein Gehölz zum Wäldchen von Collonge. ▸3 Mit zunehmender Entfernung vom Haus verliert der Garten seinen kultivierten Charakter und verschmilzt mit der umgebenden Landschaft.

Der formale Garten von Gabriel-Henri de Mestral

Die Anlage von Vullierens sieht heute ganz anders aus als Anfang des 18. Jahrhunderts, als Gabriel-Henri de Mestral (1670–1753)[2], Grundherr von Pampigny, Aruffens und Vullierens, anstelle der ehemaligen Burg das Schloss errichten liess. Sowohl dieses neue Schloss – Baubeginn war 1710 – als auch das Schloss des Nachbarortes L'Isle (Neubau 1696) sind frühe Beispiele für die klassische französische Architektur im Waadtland.[3]

Guillaume Delagrange, ein aus Frankreich geflüchteter, in Lausanne ansässiger Architekt, war an der Durchführung verschiedener Baumassnahmen beteiligt.[4] Ist ihm auch die Konzeption des Gartens zu verdanken, wie das Vorhandensein zweier Pläne vermuten lässt? Bei dem ersten ihm zugeschriebenen Plan handelt es sich um einen Grundriss des Schlosses und der Gärten.[5] ▸4 Auf dem ebenen Gartengelände des ehemaligen Schlosses im Süden schafft der Architekt unter Ausnutzung der natürlichen und künstlich gestalteten Topografie des Ortes eine grosse Terrasse, die die ganze Länge der östlichen Schlossfassade einnimmt. Im Süden der Terrasse führen einige Stufen zu einem geschlossenen Garten mit vier Kompartimenten und einem kleinen Bassin im Zentrum; wahrscheinlich handelt es sich um einen Gemüsegarten. Die Zufahrten zum Schloss und seine unmittelbare Umgebung sind sorgfältig geplant und eröffnen trotz der ungünstigen Lage eine monumentale Kulisse. Von der Landstrasse gelangt man über eine Allee zum Eingangstor. Sie führt über eine kleine Brücke, die an beiden Enden in einen halbmondförmigen Platz mündet und ein anstelle des ehemaligen Grabens angelegtes Bassin überquert. Jenseits des Gemüsegartens im Süden sowie des Bassins im Westen gliedert sich das Gelände um das Schloss in regelmässige, mit Bäumen bepflanzte Felder: Dort stehen Hunderte von Linden, Nussbäumen, Quittenbäumen und Kastanien, die zwischen 1711 und 1715 erworben wurden.[6]

Der zweite Plan von Guillaume Delagrange ist unterzeichnet, aber undatiert und zeigt detailliert die Aufteilung des Schlosses und der Gartenanlage.[7] Man erkennt die Terrasse vor dem Schloss mit dem südlich anschliessenden Gemüsegarten, der durch eine Rabatte entlang der Wirtschaftsgebäude ergänzt wird.

Die östlichen Terrassen sind sorgfältiger ausgeführt: Auf die erste Terrasse ohne besondere Ausstattung oder Bepflanzung folgt eine zweite, lang gestreckte Terrasse, die man über eine zweiläufige Treppe erreicht. Sie ist in der Mitte mit einem länglichen Springbrunnen geschmückt; seitlich davon erstreckt sich je ein Broderieparterre nach einer Vorlage aus Dezallier d'Argenvilles Lehrbuch «Die Gärtnerey sowohl in ihrer Theorie oder Betrachtung als Praxis oder Übung».[8] In der südlichen Verlängerung dieser zweiten Terrasse, unterhalb des Gemüsegartens, wurde ein regelmässiges Boskett angelegt, dessen Mittelpunkt ein Wasserbassin mit Fontäne bildet. Nicht auf dem Plan eingezeichnet, aber erwähnt ist im Osten, zwischen zweiter Terrasse und den Reben, eine dritte Terrasse und im Süden, in Verlängerung der Achse des Gemüsegartens, eine vierreihige Allee, die zum Wäldchen von Collonge führt.

Garten und Landschaft im 18. Jahrhundert

Ob die Pläne nun ganz oder nur teilweise ausgeführt wurden – dank ihnen ist es möglich, einige charakteristische Züge des Schlossgartens von Vullierens zu skizzieren und ihn im Kon-

text seiner Zeit zu würdigen. Zunächst sei die Qualität der Gesamtkonzeption, die Harmonie zwischen Architektur und Gärten unterstrichen. Gabriel-Henri de Mestral, der sich seines Ranges wohl bewusst ist, sucht nicht nur eine künstlerisch angemessene architektonische Form für das Schloss. Auch für die Gartenanlage orientiert er sich eng am zeitgenössischen Geschmack und wählt ein modernes – in diesem Falle französisches – Vorbild, wie die Abbildung des Broderieparterres aus Dezallier d'Argenvilles Buch bezeugt. Als Mensch, der sich der Tradition verpflichtet fühlt, lehnt Gabriel-Henri de Mestral jedoch alles Protzige und Gesuchte ab; das Angenehme geht immer mit dem Nützlichen einher.

In der Tat: Durch die relativ bescheidene Dimensionierung des Ziergartens und eine gewisse Zurückhaltung bei der Ornamentierung hebt sich der Garten von Vullierens von den grossen europäischen Anlagen der damaligen Zeit ab. Den Grund dafür darf man nicht nur in der Beschaffenheit des Geländes oder dem Geschmack des Eigentümers suchen. Noch ein weiterer Faktor spielt eine wichtige Rolle für die Gestaltung dieses Gartens. Tatsächlich scheint der Bauherr von Vullierens schon früh über die Frage nachgedacht zu haben, wie sich die Schönheit der Landschaft am besten für die Wirkung eines Gartens nutzen lässt – und dies zu einem Zeitpunkt, als die Wahrnehmung des Erhabenen und Pittoresken insbesondere in der alpinen Landschaft für die Ästhetik gerade erst ein Thema zu werden begann und die Gartentheoretiker noch keine entsprechenden Gestaltungsprinzipien formuliert hatten.

Das Verhältnis von Garten und Landschaft – eine ästhetische Frage

2 Blick von der Terrasse.

Der formale französische Garten beschränkt sich auf die Terrassen, doch integriert er die natürlichen Schönheiten, indem Promenaden und Aussichtspunkte weit in die Landschaft hinausgreifen. Gabriel-Henri de Mestral hat kein Tagebuch hinterlassen – wie François-Louis Guiguer, der Schlossherr von Prangins, mit dem er entfernt verschwägert war[9] –, das über seine Begeisterung für den Gartenbau Auskunft geben könnte. Doch lassen die Anlagen von Vullierens darauf schliessen, dass er bestimmten Kompositionsprinzipien des formellen Gartens wie zum Beispiel perspektivischen Achsen und Aussichtspunkten gegenüber keineswegs unempfänglich war; nur wandte er sie in dem engen Rahmen des Ziergartens kaum an. In die Praxis umgesetzt hat er sie bei der Gestaltung seines Gutes, indem er das Gelände durch gartenbauliche Eingriffe, wie es der Flurplan von Vullierens aus dem Jahr 1724 zeigt, prägte. ▸ 5 Durch Alleen, die für Spaziergänge zu Fuss oder zu Pferd wie auch für Spazierfahrten angelegt waren, schuf er Achsen, die über die Grenzen des Gutes hinausreichen: Die Allee im Süden führt bis zum Kabinett am Eingang des Wäldchens von Collonge; im Westen wird die Zufahrtsallee zum Schloss durch eine begrünte Promenade in Richtung Jura verlängert, die bis zur Spitze eines Hügels, den so genannten «Pâles» reicht. Vom dortigen Kabinett aus hat man die beste Aussicht auf die Umgebung: Der Blick schweift der Allee entlang zum Schloss und dann über das Feld Le grand Record bis zu den Hügeln über dem See und weiter zu den schneebedeckten Gipfeln der Alpen.

Katia Frey: Schloss Vullierens

3 Die Allee zum Wäldchen von Collonge.

Ähnliche Überlegungen müssen Gabriel-Henri Mestral geleitet haben, als er eine weitere, mit Linden gesäumte Zufahrtsstrasse anlegen liess. Sie führt in gerader Linie vom Schloss zur Kirche, an deren Errichtung im Jahr 1733 er sich finanziell beteiligte.[10]

Die grosse Sorgfalt bei der Planung der Zufahrtsstrassen und den bedeutenden, prägenden Eingriffen in die Landschaft lassen Abraham Ruchats Urteil, Vullierens gehöre «zu den grossartigsten Orten», das seiner 1714 erschienenen Beschreibung der Schweiz zu entnehmen ist, nicht verfehlt erscheinen.[11]

Der Landschaftsgarten von Henri-Albert de Mestral

Der Garten wird zum zweiten Mal umgestaltet, als Henri-Albert de Mestral (1750–1834)[12], bekannt unter dem Namen M. d'Aruffens, im letzten Viertel des 18. Jahrhunderts in den Besitz des Gutes gelangt. Während er die Dekoration des Interieurs für die 1785 erwartete Ankunft seiner zweiten Ehefrau Amélie Golowkin dem Zeitgeschmack anpassen lässt, werden im Garten umfangreiche Arbeiten durchgeführt, die die Verwandlung eines Teils des formalen Gartens in einen Landschaftsgarten einleiten.[13] Schon 1783 wird der Gemüsegarten eingeebnet; zwischen 1805 und 1810 werden die Bäume in den Obstgärten entfernt und grossflächig Blumen, Büsche und Zierbäume angepflanzt; 1814 erhält Doret den Auftrag für ein grosses Marmorbecken. 1811 erwirbt Henri-Albert nicht nur 78 Töpfe und Vasen für den Garten, sondern lässt auch ein neues Warmhaus errichten, in dem unter anderem Ananas kultiviert werden – ein Prestigevorhaben, wie es scheint, dem sich zur gleichen Zeit auch Vincent Perdonnet in Mon-Repos in Lausanne widmet.[14]

Wie Gabriel-Henri lässt auch Henri-Albert gleichzeitig verschiedene Umbauten durchführen, im Garten und auf dem Gut, das er unermüdlich zu vergrössern trachtet.[15] Das Wäldchen von Collonge ist auch weiterhin ein bevorzugter Ort für Spaziergänge, und die Arbeiten zur Instandsetzung und Umgestaltung sowie das Anpflanzen von Bäumen gehen jahrelang fast ununterbrochen weiter. 1816 wird ein Pavillon errichtet. All diese Massnahmen, seien sie dem Angenehmen oder dem Nützlichen gewidmet, zielen auf eine Aufwertung des Gutes ab.

Das Verhältnis von Garten und Landschaft – eine ästhetische Frage

Ein undatiertes Aquarell zeigt den «Garten von M. d'Arruffens» in seinem Zustand um 1815, nachdem die Umgestaltungsarbeiten abgeschlossen waren. ▸6 Während die Terrassen weiterhin formale Schmuckelemente aufweisen und in ihrer Struktur nicht verändert wurden, wird die untere Terrasse nun von einem Bassin geschmückt, das halbkreisförmig in den Obstgarten hineinragt. Anstelle des Gemüsegartens und eines südlich gelegenen Obstgartens entstand ein pittoresker, von gewundenen Pfaden durchschnittener Garten mit Rasenflächen, auf denen Solitärbäume und kleine Gehölzgruppen angepflanzt wurden; eine breite Rottannenallee, die in die Allee zum Wäldchen von Collonge mündet, teilt den südlichen Bereich des Landschaftsgartens in zwei Teile. Gleich daneben, ebenfalls anstelle eines früheren Obstgartens, befindet sich der Gemüsegarten.

Dieser Anfang des 19. Jahrhunderts angelegte Garten bildet das Herzstück der heutigen Anlage; obwohl partielle, aber bedeutende Veränderungen durchgeführt wurden und die Zeit unmerklich ihre Spuren hinterliess – wie zum Beispiel in der Allee zum Wäldchen von Collonge –, hat der Garten im Wesentlichen bis heute seinen klassischen, formalen Charakter bewahrt und harmoniert mit der Schlossarchitektur. Gleichgültig, welchen Geschmacksveränderungen die Gartengestaltung unterworfen gewesen sein mag – das, was diesen Ort ausmacht und von anderen abhebt, ist und bleibt die geschickte Einbeziehung der Landschaft durch Aussichtspunkte und Promenaden.

Übersetzung: Jutta Orth

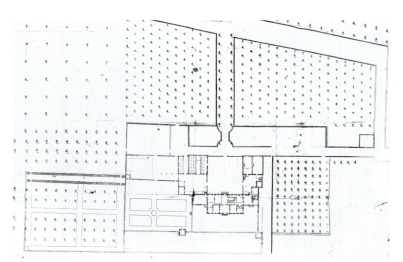

4 Undatierter Grundriss des Gartens, Guillaume Delagrange zugeschrieben. Norden rechts. Privatbesitz.

5 Durch die Anlage der Zufahrten und bepflanzten Promenaden prägt das Schloss die Umgebung. Detail aus dem «Plan général, régulier et géometrique de la terre et seigneurie de Vullierens et Gland», 1724, Abraham Lecoultre zugeschrieben. Norden rechts.
Archives cantonales vaudoises, Lausanne.

6 Dieser Plan zeigt die Veränderungen, die am formalen Garten vorgenommen wurden. Garten von M. d'Arrufens. Aquarellierte, undatierte Zeichnung, um 1815. Norden links.
Privatbesitz.

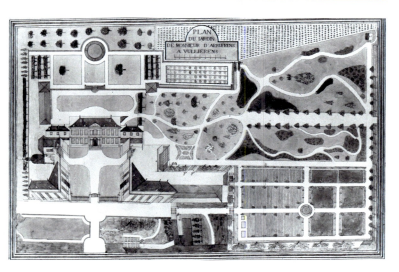

Privatgarten, nicht zugänglich. Irisgarten während der Saison zugänglich, Öffnungszeiten beachten

Eine Achse zum See
Die Gärten von Le Bied in Colombier

ANNE-LAURE JUILLERAT

Die Vermutung, dass der damalige Herrscher über das Fürstentum von Neuenburg Henri II d'Orléans-Longueville von den Gärten in Versailles beeinflusst war, als er 1657 die berühmten Alleen von Colombier anlegen liess, ist verlockend. Henri II versprach damals den Bewohnern von Colombier, eine grosse Schuld zu erlassen, sofern sie Alleen pflanzen und unterhalten würden, die das Schloss des Ortes mit dem Neuenburger See verbinden. So kam es, dass Pasquier Guérin, der Gärtner von Henri II, im Jahr darauf fünf Linden-, Ulmen-, Eschen-, Eichen- und Pappelalleen anlegte.[1]

Eine dieser mächtigen Alleen führte dem Seeufer entlang zum Landsitz Le Bied, den der Staatsrat des Kantons Neuenburg 1734 Jean-Jacques Deluze (1689–1763) zugeteilt hatte. Die Bedingung war, dass die Sicht von der Allee aus nicht durch zukünftige Gebäude beeinträchtigt werden durfte. Zudem behielt sich der Staatsrat das Recht vor, zu entscheiden, welche Bäume gefällt werden mussten, und die Arbeiter zur Erhaltung der Allee zu verpflichten.[2] Diese Klausel bezeugt ein bemerkenswertes Interesse für die Bewahrung einer historisch wertvollen Landschaft. Zwei Jahrhunderte später ist die Allee grösstenteils verstümmelt und von Strassen durchschnitten, während der schöne Garten, auf den sie mündet, heute geschützt ist.[3]

Die Indienne-Manufaktur von Le Bied – Zeuge einer florierenden Epoche

Der Landsitz Le Bied liegt am Ufer des Neuenburgersees inmitten eines grünen Juwels, der so genannten Ebene der Areuse, die zur Gemeinde Colombier im Westen von Neuenburg gehört. Nur noch zwei Gebäude erinnern an die einst florierende Indienne-Industrie. Deluze hatte dort, wo der Bach von Le Bied in den See mündet, einen günstigen Ort für seine Manufaktur für Stoffdruckerei gewählt.[4] Das Unternehmen florierte dermassen gut, dass er es bereits 1739 in mehreren Etappen auf die Weiden der Gemeinde ausdehnen konnte.

Das Bedrucken von Baumwollstoffen wurde in der Region von Neuenburg zu Beginn des 18. Jahrhunderts eingeführt und beschäftigte mehr als anderthalb Jahrhunderte lang Tausende von Arbeitern. Der Reichtum an Wasser, die Transportmöglichkeiten über den See und die hohe Bevölkerungsdichte machten das Neuenburger Seeufergebiet zum Zentrum dieser Industrie. Am Ende des 18. Jahrhunderts war die Manufaktur von Le Bied mit ihrem Herrenhaus und einem Dutzend Nebengebäuden eine der grössten des Landes. 1803 jedoch wurde die Manufaktur aufgrund protektionistischer Massnahmen Frankreichs nach Thann ins französische Departement Haut-Rhin verlagert und bereits 1814 die industrielle Tätigkeit vollständig aufgegeben.

Das Verhältnis von Garten und Landschaft – eine ästhetische Frage

Besuch im heutigen Garten

Auch wenn der ursprüngliche Wille nicht mehr aktuell ist, aus der Allee ungestört bis zum Horizont zu blicken, prägt die Achse auf den See noch heute den Garten von Le Bied.[5] Vom zweigeschossigen Herrenhaus aus, dessen Hauptfassade mit neun Fenstern nach Osten zum See blickt, scheint der architektonische Ziergarten mit seinen zwei Ebenen direkt in den See zu tauchen. ▸ 1, 2

Das obere Parterre ist auf einer Terrasse angelegt, die seitlich von Balustraden begrenzt wird, in die zwei elegante schmiedeeiserne, von Vasen im Stile Ludwigs XVI. bekrönte Tore eingelassen sind. ▸ 3 Auf den breiten Kiesstreifen vor dem Herrenhaus folgt der eigentliche Parterrebereich, in dem die seitlichen Balustraden durch kräftige Buchshecken begleitet werden. Zum See hin bildet eine Mauer, die in der Achse halbrund ausschwingt, den Abschluss. Auch hier wurden Buchshecken vorgepflanzt. Die Mauer ist mit einem astronomischen Globus – im Scheitel des Halbrunds – und acht etwa einen Meter hohen Statuetten geschmückt, die die Feldarbeit und die Jahreszeiten verkörpern.[6] ▸ 4

Ein mit wildem Wein bewachsener Laubengang führt an der südlichen Hecke entlang zu einem kleineren, von zwei weiteren Statuen gerahmten Tor. Ein Pavillon, dessen Gegenstück heute zerstört ist, markiert die südöstliche Ecke der Terrasse.

Das Parterre ist äusserst schlicht: vier Rasenkompartimente, gegliedert durch Kieswege, da und dort mit schmalen Blumenrabatten und kleinen Formgehölzen geschmückt. Ein runder Springbrunnen im Mittelpunkt vervollständigt die geometrische Komposition. Zwei Tore neben dem zentralen Halbrund der Mauer öffnen sich auf kiesbedeckte Rampen, die zum unteren, ebenfalls sehr schlichten Parterre «à l'angloise» (Rasenparterre) führen. Von dort führt ein Weg zum Seeufer, wo ein Damm die Anlage eines kleinen Hafens ermöglichte. Zwischen Hafen und Garten erstreckt sich ein öffentlicher Spazierweg.

Der astronomische Globus auf der Mauer der Ostterrasse trägt die Signatur «Lambelet 1775». Henri Lambelet (1723–1796) ist durch seine Bildhauerarbeiten an öffentlichen Gebäuden oder Brunnen im Kanton Neuenburg bekannt.[7] Es scheint, dass Jean-Jacques Deluze d. J. (1728–1779) ihm den Auftrag in Le Bied erteilt hatte. 1756 gestaltete der Bildhauer zunächst die

1 Die Ostfassade des Herrenhauses ist auf den ornamentalen Garten mit seinen beiden Terrassen, den kleinen Pavillon und den See ausgerichtet.

2 Blick von der Beletage des Herrenhauses auf das obere Parterre und den See.

Ostterrasse mit ihren Balustraden und Toren. Ab 1774 schuf er dann die Skulpturen auf der Ostmauer, einen südlichen Anbau an das Herrenhaus[8] und den schönen, dahinter gelegenen achteckigen Brunnen. Aus dieser Zeit stammt auch das grosse Westtor, damals reine Dekoration, da Deluze von der Gemeinde keine Genehmigung für einen Ausgang an dieser Stelle erhielt.[9]

Zwei Dokumente vom Februar und vom November 1775 informieren uns darüber, dass das Wasser für die Bassins durch Röhren von einer Quelle hergeleitet wurden, die sich nahe der Indienne-Fabrik in Les Isles bei Boudry befand und ebenfalls im Besitz von Deluze war. Sie berichten weiterhin, dass Deluze von der Bürgerschaft von Colombier 60 Linden erhielt und pflanzen liess, um die Grenzen des Grundstücks zu verschönern.[10]

Von der Industrieanlage zum eleganten Familienanwesen

Verschiedene Pläne und Ansichten dokumentieren die Entwicklung des Ortes, darunter befindet sich ein Gemälde von Henri Müller aus dem Jahr 1743, das die Manufaktur in ihren Anfängen zeigt. ▶ 5 Das Herrenhaus besitzt zu diesem Zeitpunkt nur fünf Fenster. An der Stelle des erst 1756 angelegten Gartens befindet sich ein einfacher rechteckiger Platz, der auf der Seeseite von einer Reihe beschnittener Büsche, die mit hohen, blumengeschmückten Gefässen abwechseln, begrenzt wird. 1756 wird das Haus im Norden durch einen zusätzlichen Trakt vergrössert. Ein im Staatsarchiv von Neuenburg aufbewahrter Plan informiert darüber hinaus sowohl über die Anordnung der verschiedenen Gebäude wie über die Gestalt des Gartens am Ende des 18. Jahrhunderts[11]. ▶ 6 Es ist klar ersichtlich, dass das Herrenhaus und der Garten ein von den Nutzgebäuden getrenntes homogenes Ensemble bilden. Das zweite Parterre existierte damals noch nicht. Die grossen Grünflächen im Nordosten und im Südwesten des Herrenhauses, die auf dem Plan «Bleichen» genannt werden, dienten dem Waschen, Bleichen und Aufhängen der Stoffe. Im Nordwesten folgen parallel zur grossen Allee weitere Parterres, die an den Gemüse- und Obstgarten angrenzen.

Der kleine Obstgarten und das mit einem runden Bassin geschmückte Parterre wurden Ende des 20. Jahrhunderts wieder hergestellt. Ein weiteres Parterre, das anstelle des ehemaligen Gemüsegartens angelegt wurde, besteht aus vier Rasenrechtecken, die von niedrigen Buchshecken gesäumt werden. Im nördlichen Teil des ehemaligen Landsitzes liegen heute hinter einer hohen Thujahecke neue Gebäude verstreut. Der grosse Bauernhof im Süden aus der Er-

3 Das schmiedeeiserne Nordportal zur Terrasse vor dem Herrenhaus, an das sich rechts das Parterre anschliesst.

4 Der seeseitige Abschluss des oberen Parterres mit den Statuetten von 1774 bis 1775, die die Feldarbeiten und die Jahreszeiten symbolisieren.

Anne-Laure Juillerat: Le Bied, Colombier

bauungszeit des Herrenhauses existiert dagegen noch immer und wurde vor etwa 20 Jahren renoviert.

Insgesamt unterscheidet sich die Gestalt der Gärten von Le Bied am Ende des 18. Jahrhunderts mit ihren schlichten Rasen- statt üppiger Broderieparterres nur wenig von der heutigen. Die Französin Madame Gauthier schreibt in ihrem Reisebericht von 1790 über die Gärten von Le Bied nicht von ungefähr, sie seien «weder englisch noch französisch, noch schweizerisch», hätten aber dennoch Charme.[12]

Im Laufe des 19. Jahrhunderts wurde eine grosse Zahl von überflüssigen Gebäuden abgerissen, der Wasserlauf zugeschüttet und Bäume neu und umgepflanzt. Die Umwandlung der geometrischen Anlagen in eine landschaftliche Gestaltung ist gewiss Jean Fatton, dem Eigentümer ab 1848, zu verdanken. Der landschaftliche Garten taucht auf einem unveröffentlichten Plan[13] und auf einem Dokument auf, das in der Reihe «Das Bürgerhaus der Schweiz» veröffentlicht wurde und die Umgebung des Herrenhauses als Zeugen «einer vollendeten Kunst» beschreibt, bei der «sowohl der französische Stil als auch der englische Stil vertreten ist».[14] Die geometrischen Parterres haben einem Landschaftsgarten, bestehend aus abgerundeten, von gewundenen Wegen unterbrochenen Rasenstücken, Platz gemacht. Es wurden zahlreiche Bäume gepflanzt, darunter einige exotische Arten. Trotzdem bewahrt das Ganze dank der noch erhaltenen architektonischen Elemente aus Stein und der rechteckigen Rasenparterres einen geometrischen Charakter.

Mitglieder der Familie de Bosset, Besitzer des Ensembles seit 1892, näherten das obere Parterre wissentlich oder durch glücklichen Zufall 1928 seiner ursprünglichen Form wieder an.[15] Noch heute ist es gut unterhalten, ebenso wie die gesamte, nach und nach wieder hergerichtete Umgebung. Schliesslich gaben Konservierungs- und Restaurierungsarbeiten zwischen 1996 und 1999 den Mauern, Treppen und Balustraden der Terrasse sowie dem Pavillon ihren früheren Glanz zurück.

Der regionale Kontext

Der Garten von Le Bied steht in einem stark französisch beeinflussten regionalen künstlerischen Kontext. Der wirtschaftliche Aufschwung ermöglichte im 18. Jahrhundert den Bau von Adelssitzen und Herrenhäusern, von denen einige begüterten Indienne-Fabrikanten gehörten. Dies gilt etwa für La Grande Rochette in Neuenburg[16], die Fabrique Neuve von Cortaillod oder auch für das Schloss von Vaudijon in Colombier. Letzteres wurde 1804 gebaut und liegt inmitten von Weinbergen zuoberst auf einem Hügel mit Blick über die Ebene der Areuse. Neben seiner gewaltigen, 145 Meter langen Terrasse, die mit geschnittenen Bäumen bepflanzt ist, breitet sich ein einfacher geometrischer Garten aus, der an das obere Parterre von Le Bied erinnert.

Der Landsitz von Trois Rod in Boudry, einer Nachbargemeinde von Colombier, mit seiner halbkreisförmigen Balustrade aus der Mitte des 18. Jahrhunderts ist ebenfalls vergleichbar. Einen der schönsten französischen Gärten des Kantons findet man im Weiler Souaillon, zwischen Saint-Blaise und Cornaux, östlich von Neuen-

5 Die Indienne-Manufakturen von Le Bied im Jahre 1743. Gemälde von Henri Müller. Privatbesitz, Colombier.

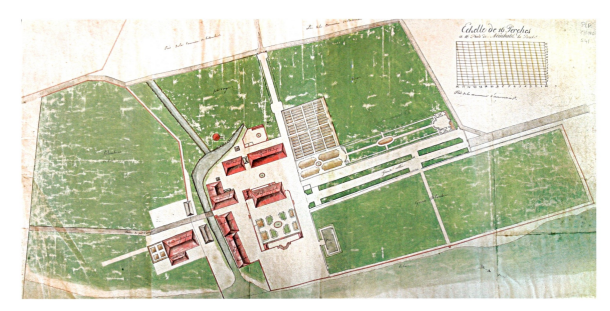

6 Ein Plan von Le Bied gegen Ende des 18. Jahrhunderts. Norden ist rechts.
Archives de l'Etat de Neuchâtel.

burg. Der Garten des Hauptgebäudes aus dem Beginn des 18. Jahrhunderts besteht aus drei übereinander liegenden Terrassen, die mit zwei interessanten klassizistischen Fontänen geschmückt sind. Eine Spazierallee führt nach Westen in die Landschaft hinaus.

In einem städtischen Kontext schliesslich ist das Hotel DuPeyrou in Neuenburg als das sicherlich prächtigste Beispiel für die Einheit von Architektur und Garten zu erwähnen. Der Garten wurde zwischen 1784 und 1771 von dem Berner Architekten Erasmus Ritter entworfen und in der Mitte des 20. Jahrhunderts wiederhergestellt. Er ist durch eine sternförmige Anlage der Parterrekompartimente gekennzeichnet, deren Mittelpunkt von einem runden, von Eibenkegeln gerahmten Wasserbecken gebildet wird. Die mächtigen Formgehölze sind allerdings eher dem Stilempfinden des frühen 20. als demjenigen der zweiten Hälfte des 18. Jahrhunderts verpflichtet. Zur Gründungszeit des Gartens standen das Hotel DuPeyrou und seine Nebengebäude ausserhalb der Stadt, am Hang der Weinberge. Im Süden, wo heute Stadthäuser stehen, reichte der Garten mit einer Orangerie und einer baumgesäumten Promenade bis zum See.

Dieses letzte Beispiel betont nochmals die Bedeutung der Achsen in diesen Gärten. In Le Bied ist die Achse zum See hin eine gekonnte Inszenierung, die vom harmonischen Zusammenspiel von Haus und Garten, der umgebenden Landschaft und dem See lebt. Man kann sich vorstellen, dass selbst Rousseau, einst ein hoher Gast in Le Bied, trotz seiner Aversion gegen gerade Linien in diesen Gärten nicht anders konnte, als sich von der Schönheit der Aussicht bezaubern zu lassen. Sie ist und bleibt gemäss dem berühmten Gartentheoretiker Dezallier d'Argenville «die grösste Zier der Landhäuser».[17]

Übersetzung: Tobias Scheffel

Privatgarten.
Besichtigung auf Anfrage möglich

Ein Garten über dem See
La Grande Rochette in Neuenburg

JACQUES BUJARD

Reisenden, die nach Neuenburg kommen, springt ein grosses, dem Bahnhof zugewandtes Herrenhaus in einem Park mit über 100-jährigen Bäumen ins Auge. Das Gut La Grande Rochette, das wie sein Alter Ego, das Hotel DuPeyrou, heute mitten in der Stadt liegt, und sein Garten sind auf eindrucksvolle Weise exemplarisch für die prunkvollen, den See überragenden Residenzen, mit denen schon im 18. Jahrhundert die Weinberge der Gegend übersät waren.

Diese topografische Eigentümlichkeit der Gärten von Neuenburg hatte bereits in den 1780er Jahren den Dänen Christian Cay Lorenz Hirschfeld beeindruckt, der als Professor der Philosophie und der Schönen Künste an der Universität Kiel lehrte und in seiner «Theorie der Gartenkunst» feststellte: «Die Gärten der Neuburger unterscheiden sich durch ihre Lage von den Baselern, die meistens in schönen grasreichen Ebenen liegen; sie erscheinen fast alle an den Abhängen der Berge mit einer reizenden Aussicht. Vor ihren Füssen strecken sich schöne

1 Das Herrenhaus der Grande Rochette und seine dem See zugewandte Terrasse.

Das Verhältnis von Garten und Landschaft – eine ästhetische Frage

Weinberge, in Terrassen gefasst, bis zum Strande des Sees hinunter. […] Das Vorzüglichste sind die Gebäude, die meistens kleine angenehme Sommerhäuser, zuweilen sehr edle und ansehnliche Landhäuser von guter Bauart, im französischen Stil vorstellen. Die Eintheilung des Gartenbezirks folgt auch hier der gemeinen Symmetrie. Man sieht kleine Parterre, Hecken, Bogengänge. Doch besser, als alles dieses, sind die kleinen Weinberge, die im Bezirk dieser Gärten liegen und die vortreffliche Arten von Reben enthalten; und demnächst viele feine Fruchtbäume, die man aus Frankreich kommen lässt. Fast in allen diesen Gärten erscheinen Springbrunnen, welche die bergigte Lage begünstigt.»[1]

Vom Weinberg und Hanfacker zum Garten

Die höchst exponierte Lage von La Grande Rochette und die unmittelbare Nähe des Gutes zur Stadt inspirierte schon Ende des 18. Jahrhunderts mehrere Künstler zur Darstellung des Hauses und seiner Gärten[2], so dass seine Entwicklung, die durch ein Miteinander von Weinbau und Wohnsitz gekennzeichnet ist, nachvollziehbar wird.

Bereits im 16. Jahrhundert wird ein zwischen Weinbergen und Hanfäckern gelegener Ort namens La Rocheta erwähnt.[3] Ein Plan aus dem Jahr 1679 zeigt ein Haus mit Erkertürmchen, das um 1700 in den Besitz von David-François de Chambrier, einem Offizier in fremden Diensten, übergeht. Dieser erhält 1709 die Erlaubnis, «das vordere Portal von La Rochette an den ‹Grand chemin› zu verlegen». Damit geht ein bedeutender, ja kompletter Umbau des Wohnsitzes einher. Das damals errichtete Haus bildet offenbar den zentralen Korpus des heutigen zweigeschossigen Bauwerks mit einem zentralen Giebelfeld und zwei Rundgiebeln über den Seitenrisaliten. ▶ 1 Es steht auf ebenem Gelände über dem Abhang. Darunter staffeln sich die Mauern der Weinbergterrassen in unregelmässiger Linienführung.

1729 wird der Besitz an Jean-Georges Bosset aus La Neuveville verkauft; er besteht damals aus etwa 189 Aren. Dazu gehören Häuser und andere Gebäude, Rebhänge, Gärten, Zisternen oder Brunnen, Alleen, Obstgärten, Bäume, Büsche sowie gutes und schlechtes Land. Bosset,

2 Die Terrasse vor dem Kellergebäude, auf der westlichen Seite des Herrenhauses.

Jacques Bujard: La Grande Rochette, Neuenburg

3 Die Südterrasse vor dem Herrenhaus der Grande Rochette.
Gouache von Théophile Steinlen, 1804.
Privatbesitz.

der in Batavia reich geworden ist, baut das Weingut aus. Vor 1762[4] wird das Haus um zwei schmale, zurückspringende Seitenflügel erweitert, während östlich des Eingangshofs ein niedriges Nebengebäude und westlich davon «geräumige und tiefe Keller»[5] errichtet werden, die laut Samuel de Chambrier ab Mitte des 18. Jahrhunderts das Einkellern grosser Weinmengen in Neuenburg ermöglichen. Wahrscheinlich wurden die lange, dem See und den Alpen zugewandte Terrasse vor dem Haus, die zum Eingangshof führende Allee und der baumbestandene Platz auf der Hausrückseite ebenfalls von Bosset veranlasst.

Die Weitläufigkeit und die aussergewöhnliche Lage des Hauses beeindruckt Besucher, so auch die aus Holland stammende Schriftstellerin Isabelle de Charrière (1740–1805): «La Rochette ist eine schöne Wohnstatt; man hat dort gute Luft und eine grossartige Aussicht.»[6]

In einer Anzeige des «Feuille d'avis» vom 31. Januar 1799 wird das Anwesen, das die Nachfahren Jean-Georges Bossets damals zum Verkauf anbieten, genau beschrieben: «Vom Gut von La Rochette, das über dem Faubourg des schweizerischen Neuenburg auf einer Anhöhe über dem See und der Stadt thront, geniesst man einen der schönsten und grossartigsten Ausblicke auf die Alpenkette, die sich dem Auge in ihrer ganzen Breite darbietet. Dieses Gut besteht aus schönen grossen, zweistöckigen, komfortabel eingerichteten Gebäuden, die sich für zwei Haushalte eignen; einem grossem Hof, einer Zufahrtsstrasse, einem eisernen Einfahrtstor,

Das Verhältnis von Garten und Landschaft – eine ästhetische Frage

4 Die Grande Rochette, von Süden. Gouache von Théophile Steinlen, 1804.
Privatbesitz.

Scheunen, Ställen und Remisen; und vor allem schönen, grossen, Kellern, die jeden Komfort bieten und sich für einen sehr ausgedehnten Weinhandel eignen. Obstgarten, Weinberg, Gemüsegarten und Lustgarten, Eiskeller, Promenaden, Salons aus Linden und Kastanien, alles bei einem von Mauern umfriedeten Landhaus.»[7]

Indien in Neuenburg

Im Jahr 1801 erwirbt General Charles-Daniel de Meuron (1738–1806) La Rochette nach seiner Rückkehr aus Indien und lässt schon wenig später bedeutende Baumassnahmen durchführen. Die Leitung überträgt er dem in Paris ansässigen Architekten Philibert Vasserot. Wie das Gut im Jahr 1804 nach Vollendung der Arbeiten aussah, ist auf mehreren Gouachen von Théophile Steinlen genau zu sehen.[8] Vasserot hatte die Wohnungen neu aufgeteilt, an den beiden seitlichen, dem See zugewandten Risaliten Balkone und an der Nordfassade ein spektakuläres halbrundes Treppenhaus angefügt. Ausserdem legte er die Gärten neu an, und er scheint die Nebengebäude auf beiden Seiten des Eingangshofs umgebaut oder aufgestockt zu haben. Seitdem besitzen sie Mansardendächer.

François de Diesbach, der La Rochette 1803 besuchte, bewundert «die Grossartigkeit der weitläufigen, um die Hälfte erweiterten und von de Meuron verlängerten Terrasse […], [die] herr-

5 Detail der Treppe. Die steinernen, mit Arabesken verzierten Blumentöpfe liess General de Meuron aufstellen.

lichen Gewächshäuser und Mistbeete, die er anlegen lässt […], und das Kabinett am Ende der Terrasse in Richtung Stadt. Schliesslich galt es über die Treppe […], deren Vollendung immense Kosten verursachte, hinabzusteigen [ins Faubourg de l'Hôpital]; ab und zu gibt es Ruheplätze – und runde Plätze, die er mit Springbrunnen und was weiss ich allem schmücken möchte.»[9]

An das Kellergebäude wird ausserdem eine Galerie mit Mansardendach angebaut. Diese Galerie, die mit einer kleinen Voliere abschliesst und ebenerdig auf eine Terrasse mit Steinbalustrade führt, ist ein besonders angenehmer Aufenthaltsort. ▸2 So präzisiert Diesbach 1805: «Den Kaffee tranken wir in einer Galerie im Erdgeschoss, von dort aus hat man eine wunderbare Sicht auf die Gletscher.»[10] Gemäss Jean Courvoisier erinnert die Galerie sowohl an das Peristyl des Hofgutes in Gümligen bei Bern als auch an die Veranden, die General de Meuron in Indien gesehen hatte. Die Galerie ist mit Wandmalereien geschmückt, die ein Nashorn, einen Elefanten, eine Giraffe, Palmen und eine Bananenstaude zeigen – auch sie Erinnerungen an Regionen, die der Eigentümer bereist hatte. Doch damit nicht genug der Exotik: 1808 sind Zitronen- und Orangenbäume im Garten erwähnt.[11]

Die Terrasse vor dem Haus ist nach der Vergrösserung durch General de Meuron 180 Meter lang und führt in Richtung Stadt bis zu einem Gartenpavillon auf dem Belvedere. Durch die Malereien im Inneren erinnert der Pavillon an ein geräumiges, grün-weiss gestreiftes Zelt. Am anderen Ende wendet sich die Terrasse nach Norden, um den Spaziergänger in den Eingangshof zu geleiten.

Vor dem Haus führt eine zweiläufige Treppe zu einer unteren Terrasse, die Anfang des 19. Jahrhunderts mit geometrischen Beeten geschmückt wurde, wie eine der Gouachen von Théophile Steinlen zeigt. ▸3

Die Treppe zum Faubourg de l'Hôpital führt in der Mitte um zwei gemauerte Bassins herum; das eine ist rund, das andere rechteckig. Beide sind durch einen fast horizontal verlaufenden Graben verbunden. Ursprünglich sollten sie Wasserkünste erhalten, was mangels Quellen in den Höhenlagen von Neuenburg nicht realisiert werden konnte. ▸4 Auf den Terrassenmauern und den steinernen Treppengeländern stehen noch einige der «in unterschiedlichen Farben mit Arabesken bemalten Steinvasen», die François de Diesbach 1805 gesehen hatte.[12] ▸5, 6

Auch der übrige Garten ist regelmässig angelegt: So zeigt ein Plan von 1826 im Osten des Hauses zwei ummauerte und in Beete eingeteilte Bereiche. Wahrscheinlich handelt es sich um Gemüsegärten[13]; in der Mitte des einen steht noch ein Brunnenrand aus dem Jahr 1832.

Nach dem Tod des Generals fällt La Grande Rochette zunächst seinem Bruder Théodore de Meuron zu und geht dann an einen von dessen Nachkommen über, bevor das Gut im Jahr 1877 von der Familie Du Pasquier übernommen wird, in deren Besitz es sich noch heute befindet.[14]

Im 19. und 20. Jahrhundert sind nur wenige Veränderungen zu konstatieren; die wichtigsten Umbauten erfolgen im Jahr 1880: Die Flügel des Hofs werden verlängert und am Ende jeweils mit einem Pavillon ausgestattet; verschiedene Nebengebäude und Gewächshäuser werden abgerissen oder umgestaltet. 1936 schliesslich wird im Zuge des Bahnhofumbaus die Mauer der nördlichen Einfriedung samt Portal zurückgesetzt und die Allee durch zwei Rampen ersetzt.

Das Verhältnis von Garten und Landschaft – eine ästhetische Frage

6 Das einstige runde Bassin mit der Gartentreppe, angelegt von General de Meuron Anfang des 19. Jahrhunderts.

Die unteren Terrassen sowie der Fuss der monumentalen Treppe am See fallen einem Gebäude, das 1934 an der Rue du Faubourg de l'Hôpital erbaut wird, zum Opfer. Dafür werden die oberen Terrassen 1989 wieder mit Reben bepflanzt, wodurch sie ihre ursprüngliche Funktion zurückerhalten.[15]
Die riesige Libanonzeder vor dem Ostflügel des Herrenhauses scheint bereits Anfang des 19. Jahrhunderts gepflanzt worden zu sein, ansonsten wird der Baumbestand im Park in der Folgezeit weitgehend erneuert; Gemeine Kiefern, Platanen, Blutbuchen, Rosskastanien und Schwarzpappeln aus Italien sind dort zu finden.

Terrassen am See

Zum Schluss sei noch einmal daran erinnert, dass das Alpenpanorama, das die Ufer des Neuenburgersees zu bieten haben, schon in weit zurückliegender Zeit faszinierte, wovon beispielsweise die Terrassengärten der galloömischen Villa von Colombier zeugen. Die Terrasse von La Grande Rochette kann mit ihren 180 Metern Länge schon als Promenade bezeichnet werden, die Bewohner und Besucher zum Flanieren einlädt. Sie ist nicht die einzige in der Region: Andere, ähnliche Terrassen gibt es zum Beispiel in La Petite Rochette – sie erstreckte sich um 1746 auf etwa 100 Meter – und in Vaudijon (bei Colombier) – sie erreichte im ersten Jahrzehnt des 19. Jahrhunderts eine Länge von 145 Metern.[16]
Die Gartenanlage von General de Meuron erinnert wegen der beiden Treppen an die Petite Rochette. Dort ist das stark abfallende Gelände ebenfalls geschickt erschlossen, so dass ein monumentaler Zugang geschaffen werden konnte. Beide Güter stehen offenkundig in der Tradition der Terrassengärten, deren Ursprung in der italienischen Renaissance liegt. Trotz mancher Veränderungen und Verstümmelungen ist La Grande Rochette auch heute noch – allerdings mitten in der Stadt – ein Musterbeispiel dieses Gartentyps.

Übersetzung: Jutta Orth

Privatgarten.
Besichtigung auf Anfrage möglich

O beata solitudo, o sola beatitudo[1]
Die Ermitage in Arlesheim

Brigitte Frei-Heitz

«Die Natur scheint dieses Elysium der Lebendigen selbst angelegt zu haben; wenigstens hatte sie hier mehr, als sonst irgendwo vorgearbeitet gehabt. Aber schwerlich konnten ihre wild romantischen Schönheiten auch besser benutzt werden, als sie hier benutzt worden sind. Man kann in Wahrheit sagen, und jeder mit Gefühl begabte Kenner der schönen Natur muss darin mit mir übereinstimmen, dass wenn je das Ideal eines englischen Gartens, so wie es der Engländer Mason so schön besungen hat, irgendwo der Realität nahe gebracht worden, es gewiss und in jedem Betracht hier geschehen ist. Auch das Haupterfordernis – was freylich nicht aller Orten erreicht werden kann – nemlich die, einen solchen Garten umgebende, sich selbst oder zufälliger Kultur überlassene Natur mit ihm in harmonische Verbindung zu bringen, und sie so in ihn zu verflechten, dass er damit nur Eins zu seyn scheint: ist hier wirklich bewundernswürdig, und für Kenneraugen überraschend, erreicht worden.»[2]

Diese Worte besitzen heute nach 220 Jahren noch immer ihre volle Gültigkeit. Die Atmosphäre der Anlage, die eindrückliche Lage im stillen Waldtal und die Einbettung in eine intakte Landschaft begründen den Wert dieses für die Schweiz einzigartigen Landschaftsgartens. ▸1

Lage des Gartens

Kurz hinter dem historischen Ortskern, der einstigen Residenz des fürstbischöflichen Domkapitels, führt ein Weg den Gobenmattbach und die Hügelkette entlang, die Arlesheim im Osten umfasst.[3] Ein mächtiger Felskopf, dessen Flanken heute dicht bewaldet sind, verengt das sich abzeichnende Tal zu einem schmalen Durchgang. Auf dem anschliessenden Felsrücken thronten einst vier Burgen, heute bezeichnet Burg Reichenstein den obersten und Schloss Birseck den untersten Punkt. Vor der Talenge befindet sich eine Gebäudegruppe, bestehend aus Gärtnerhaus, Mühlegebäude und Aquädukt. Dahinter weitet sich das Tal zwischen dicht bewaldeten Hügeln. Zwei Mühleweiher auf verschiedenen Höhenstufen fügen sich harmonisch in den Talgrund ein. Den Abschluss des Waldtales gegen Osten bildet eine weitere Hügelkette. Auch hier befindet sich eine Gebäudegruppe, die Waldhäuser, die quer zum Tal stehend einen markanten Blickpunkt bilden. ▸2 Dahinter, am äussersten Ende des Geländes, das zur Ermitage gehört, liegt ein dritter Mühleweiher.

Der helle Felsrücken am Taleingang, dessen Flanken mit dunkel schimmernden, natürlich geformten Höhlen und Grotten durchbrochen sind, die malerischen Gebäudegruppen, das von weitem sichtbare Schloss Birseck, der ruhige Spiegel der Mühleweiher und der murmelnde Gobenmattbach besitzen eine hohe ästhetische Qualität, die zur Anlage eines Landschaftsgartens geradezu einlädt. Einer der ersten Spaziergänger des im Jahre 1785 eröffneten Gartens hielt denn auch fest, es gelte lediglich, «diess romantische Chaos zu enthüllen», und die «Reisze, womit die Natur diese Einöde so reichlich bezahlt hatte, zu entwickeln».[4] ▸ 3

Kurze Geschichte des Gartens

Balbina von Andlau-Staal, Gattin des fürstbischöflichen Landvogtes zu Arlesheim, und Domherr Heinrich von Ligertz sind die beiden Personen, welche die gestalterischen Qualitäten dieses stillen Waldtales erkannten und darin einen Landschaftsgarten anlegen liessen.[5] Die entscheidende Aufgabe dabei war die Führung der Wege, welche dem Spaziergänger alle Reize dieser Landschaft – seien es Ausblicke auf die weite Birsebene, die nahe Domkirche oder auf das stille Tal, seien es Einblicke in die vielgestaltigen Höhlen und Grotten – vor Augen führen. ▸ 4 Als weiterer gestalterischer Eingriff ist ein raffiniertes System zu nennen, welches das Wasser über den Felsrücken führt und in Form von Springbrunnen und Wasserfällen den Spaziergänger überrascht.

Bei der Eröffnung des Gartens am 28. Juni 1785, in Anwesenheit von Fürstbischof Joseph Sigismund von Roggenbach und weiterer hoher Gäste, umfasste die Anlage rund 15 Szenen, welche die ganze Spannbreite der damaligen Gartenprogramme enthielten: Die bestehenden Grotten wurden mit Inhalten aus der antiken Mythologie bespielt (Dianagrotte, Apollogrotte, Proserpinagrotte), an markanten Orten Aussichtskabinette gebaut (Holzstoss des Eremiten, Aussichtsrotunde), und die Ideale der christlichen Askese waren bei der Einsiedelei inszeniert. ▸ 5 Eine Gedenkinschrift ehrt die beiden Erbauer.[6] Die Einsiedelei, anfänglich aus Grotte, Rindenhütte und kleinem Hausgarten bestehend, gab der Gartenanlage bald nach der Eröffnung ihren Namen: Ermitage. ▸ 6

1 Burghügel, Obstwiesen und das stille Waldtal bilden noch heute die stimmungsvolle Umgebung des Gartens. Allerdings hat sich der Wald am Burghügel im Vergleich zum 18. Jahrhundert stark ausgebreitet und ist auch wesentlich höher geworden.

Brigitte Frei-Heitz: Ermitage, Arlesheim

2 Vom Steg wird der Blick über den Weiher zu den Waldhäusern geleitet, die hinter den drei aufgeasteten Bäumen sichtbar werden. Anton Winterlin, Oberer Weiher, um 1840, Aquarell. Privatbesitz.

3 Die Gebäudegruppe der Mühle, rechts im Bild, weist den Besucher zum Garteneingang, der durch die schlanken Pappeln weithin sichtbar markiert ist. Anton Winterlin, Schloss Birseck, um 1840, Aquarell. Privatbesitz.

Das Gartenprogramm wurde fortlaufend ergänzt und verändert. Als Beispiel hierfür sei die Grotte des Eremiten erwähnt, die 1788, nach dem Tod Salomon Gessners, zu einer Gedächtnisstätte für den beliebten Maler, Idylldichter und Wegbereiter des Landschaftsgartens umgestaltet wurde. Bereits 1786 erschien eine Folge von sechs Kupferstichen, die malerische Ansichten der Ermitage festhalten. Diese Stichfolge fand rasche Verbreitung und wurde zusammen mit Beschreibungen in den Korrespondenzblättern und Reiseführern publiziert.[7] Um 1790 brachte die Königliche Porzellanmanufaktur Berlin Teller mit Ansichten der Ermitage auf den Markt.[8] Gästebücher, die sich erhalten haben, vermerken die unzähligen Besucher, die auf ihren Bildungsreisen durch Europa in Arlesheim Halt gemacht haben. Sie stammten aus dem hohen und dem niederen Adel, aus Künstler- und Intellektuellenkreisen und reisten von Russland, Frankreich, England, Deutschland und der Schweiz nach Arlesheim.[9]

Im Jahre 1793 wurden die Ermitage und Schloss Birseck von französischen Truppen und von Einheimischen in Brand gesetzt. Nach der Klärung der neuen politischen Situation erwarb der Sohn von Balbina von Andlau, Conrad von Andlau, Garten und Schloss Birseck und erneuerte zusammen mit dem greisen Heinrich von Ligertz die Ermitage in den Jahren 1810–1812. Einige der alten Gartenszenen wurden wieder hergestellt, neue kamen hinzu, unter anderem das Denkmal zu Ehren des französischen Dichters Jacques Delille, der nicht nur die klassische antike Literatur ins Französische übersetzt, sondern auch Lehrgedichte zur Gartenkunst verfasst hatte. ▸7 Als wesentliche Erweiterung in formaler wie inhaltlicher Hinsicht ist die Integration des inzwischen verlassenen Schlosses einzustufen. Die Schlosskapelle wie der neu erbaute Rittersaal wurden in hellen Kalkfarben im neogotischen Stil des frühen 19. Jahrhunderts ausgemalt. Der ruinöse Zustand wurde absichtlich erhalten und erhöhte die romantische Bildqualität der Ermitage.

Nach dem Tode von Franz von Andlau, dem Sohn von Conrad von Andlau, ging die Ermitage Mitte des 19. Jahrhunderts in den Besitz der Familien Alioth, später Iselin über. Garten und Schloss waren schon immer und blieben öffentlich zugänglich. Abgesehen von einzelnen Eingriffen in der Mitte des 19. Jahrhunderts blieb die Ermitage in der Ausgestaltung von 1812 erhalten. Im späten 19. Jahrhundert nahm das öffentliche Interesse ab, und der Pflegeaufwand wurde im 20. Jahrhundert reduziert. Die einst europaweit bekannte Anlage wird heute in erster Linie von Einheimischen besucht und geschätzt und dient vor allem als Naherholungsgebiet. Seit 1997 sind der Garten und das Schloss Birseck im Besitz der Stiftung Schloss Birseck und Ermitage Arlesheim, in der neben Vertretern von Kanton und Gemeinde Mitglieder der ehemaligen Eigentümerfamilie Einsitz haben. Schloss Birseck und die Ermitage stehen unter Denkmalschutz von Bund und Kanton.[10]

Heutige Situation

Die nicht mehr kontrollierte Vegetation an den Hängen, an den Ufern der Weiher und auf dem Felsenrücken sowie die vernachlässigte Pflege der Wege, Kleinarchitekturen, Grotteninszenierungen und Denkmäler haben die Gartengestaltung weitgehend verwischt und bedrohen nun teilweise den Bestand. Der aus den natur- und kulturlandschaftlichen Gegebenheiten entwickelte Garten ist nicht mehr ohne weiteres als solcher erkennbar. Doch der imposante Schlosshügel und das stille Waldtal haben ihre malerische Qualität behalten. Der einstige Reichtum an Sichtachsen, Gartenszenen, differenzierten Gehölzgruppen, gewundenen Wegen und Wasserwerken ist verschwunden, aber nicht verloren. Dem aufmerksamen Spaziergänger entgehen die unter dem Gehölz und Geröll verborgenen Spuren früherer Gestaltungen nicht. Diese Spuren tragen mit ihrer Dichte und Präsenz zur unverwechselbaren Atmosphäre bei. Vom gartendenkmalpflegerischen Standpunkt aus gilt es nun, diese Atmosphäre zu erhalten und gleichzeitig den Garten wieder als solchen erkennbar zu machen.

So sind in den letzten Jahren die zentralen Sichtachsen wieder geöffnet und die verlandeten Weiher freigelegt worden. Von den höchstgelegenen Punkten des Gartens, dem Temple rustique und dem Holzstoss des Eremiten, geniesst man wieder «die lachende Aussicht über ein Thal mit Dörfern, Obst-Gärten, Getraide-Feldern, einem grossen Teiche, und allem was eine schöne Landschaft nur Reizendes hat».[11] Im ruhigen Weiher spiegelt sich der Himmel, und je nach Standort ist das kräftige Rauschen der Kaskade oder das verspielte Murmeln des Gobenmattbaches zu hören. ▸8 Die Wege, die den Spaziergänger durch die Anlage führen, sind

4 Blick vom Karussellplatz, der nicht nur Spielplatz war, sondern bis heute auch Aussichtskanzel ist. Die beiden Bäume rahmen das Bild der Domkirche mit den Domherrenhäusern.

wiederhergestellt, ebenso die aus Tuffsteinen gemauerten Gartenbänke aus der ersten Hälfte des 19. Jahrhunderts, die an zentralen Stellen den Spaziergänger zum Verweilen einladen. Bewusste Pflanzungen von Gehölzen können nicht mit Sicherheit festgestellt werden. So gibt der heutige Bestand mit einheimischen Laubbäumen bezüglich Wuchsform und Farbe wohl den damals beabsichtigten Zustand wieder.

Bedeutungsinhalte des Gartenprogramms

Die zeitgenössischen Beschreibungen halten fest, dass diese «romantisch schönen Anlagen [...] ohngefähr eine Idee vom Chinesisch-Englischen Style in der modernen Gartenkunst geben können [...]».[12] Mit diesen Zeilen werden zwei wichtige Hinweise gemacht: Der Gestaltungsstil der Ermitage wird als «Chinesisch-Englisch» bezeichnet und gehört zur «modernen» Gartenkunst. Die Eröffnung der Ermitage fällt in die Zeit, als in Deutschland eine regelrechte Gartenmanie einsetzte, deren Auftakt Fürst Franz von Anhalt-Dessau mit seinem Landschaftsgarten in Wörlitz machte. Vorbild war dabei die neue Gartenkunst in England, wie sie zum Beispiel William Kent in Chiswick für den Earl of Burlington umgesetzt hatte.

6 Die Einsiedelei in der Waldesstille gibt dem Garten den Namen: Ermitage. Friedrich Wilhelm Gmelin, 1786, aquarellierter Kupferstich. Privatbesitz.

Unter den unzähligen gartentheoretischen Schriften zu dieser modernen Gartenkunst fand das fünfbändige Werk von Christian Cay Lorenz Hirschfeld, einem Kieler Professor für Philosophie und Ästhetik, die grösste Verbreitung im deutschsprachigen Europa.[13] Das Standardwerk gibt konkrete Vorschläge für die Gartengestaltung und bietet mit den zahlreichen Illustrationen eine Mustersammlung für verschiedene Gartenszenen. Hirschfeld orientierte sich in seinem Werk an den Idealen des literarisch-sentimentalen Gartens, einer frühen Stilform des Landschaftsgartens, der die Inhalte der seit der Mitte des 18. Jahrhunderts vorherrschenden literarischen Strömung der Empfindsamkeit aufgreift. Es sind dies der mit unmittelbarer Naturerfahrung verbundene Gefühlsüberschwang, die akribische Beobachtung seelischer Regungen und die Vorliebe für naturnahe Einfachheit und menschliche Ungekünsteltheit. Beispielhaft für diese Vorstellungswelt sind die Bildwerke und die Dichtung von Salomon Gessner. Auch in Goethes Werk wird an verschiedenen Stellen der Zusammenhang von Kontemplation, gefühlter Einheit mit der Natur und dem neuen Gartenstil ausgeführt.

Das Programm der Gartenszenen in der Ermitage entstand in einem ganz engen Kontext zu dieser damals aktuellen Vorstellungswelt. Inhalte aus der antiken Mythologie, aus der zeitgenössischen Literatur wie auch Ideale der Naturverbundenheit und einer überkonfessionellen Religiosität wurden umgesetzt. Hirschfeld ordnete den verschiedenen Gartenszenen bestimmte Gehölze, verschiedene Formen von Gewässern, topografische Charakteristika, ja sogar ideale Tageszeiten zu, welche die zu erzielenden Empfindungen abrunden sollten. Die Wege führten den Besucher als «stumme Führer»[14] zu den Gartenszenen, wo ihm aus der persönlichen Lektüre bekannte Figuren oder Inhalte begegneten. Das Gelesene wurde für den Spaziergänger zum realen Gegenüber, der Garten zum imaginativen Theater, und der Spaziergänger erlebte vielfältige Empfindungen. Das Programm der Ermitage wurde laufend ergänzt und verändert. Dabei hat man stellenweise auch auf eine volkstümliche Unterhaltungstechnik zurückgegriffen, welche bei vielen Besuchern Befremden auslöste. In diese Zeit vor der Zerstörung fällt auch die «Literarisierung» der Ermitage durch das Anbringen von zahlreichen Tafeln mit Sinnsprüchen und anderen Inschriften.

5 Die Apollo geweihten Grotten sind noch heute die grosse Attraktion des Gartens.

Nach der Zerstörung entstand die Ermitage in verwandelter Form neu. Die Werte eines aufgeklärten Humanitätsdenkens wie Toleranz, Bildung und Moralität wurden nun als weitere Bedeutungsschicht über den Garten gelegt. Die wichtigste Änderung ist der Einbezug von Schloss Birseck sowie die Ausmalung der Schlossräume im neogotischen Stil. Dieser Stil wurde früh als Architektur- und Dekorationsstil für Kleinarchitekturen in den Landschaftsgärten verwendet. Galt er in der ersten Zeit als Träger von religiösen Inhalten, so wandelte sich seine Bedeutung zu Beginn des 19. Jahrhunderts und wurde zum Träger von Geschichtlichkeit und Traditionsbewusstsein. Diese Bedeutung ist überaus prägnant auf Schloss Birseck dargelegt: Das Bildprogramm der Schlosskapelle zeigt die fiktive Tradition des Ortes von Kaiser Heinrich bis zu Conrad von Andlau auf. Die Malereien des Rittersaals, leider 1919 entfernt, führten dem Besucher die lange Reihe von Rittern und Landvögten auf Schloss Birseck vor Augen.

Vorbilder und Nachfolge

Die beiden Erbauer der Ermitage waren in Pruntrut, der Residenz des Fürstbischofs aufgewachsen, wo man der modernen Gartenkunst gegenüber sehr aufgeschlossen war. Bereits 1752 liess Fürstbischof Rinck von Baldenstein das Birstal durch einen Weg erschliessen. Das gärtnerisch gefasste Felsentor am Eingang des Tals zeigt, dass es sich dabei nicht um eine verkehrstechnische Anlage, sondern um die Erschliessung einer Landschaft handelt, deren ästhetische Reize man gerade zu entdecken begann.[15] Verschiedene Aufzeichnungen belegen in der zweiten Hälfte des 18. Jahrhunderts in Pruntrut auch einige Gartenanlagen, so den «englischen Garten» von Baron Adam Franz Xaver von Roggenbach, einem Neffen des Fürstbischofs.[16] In der Literatur wird davon ausgegangen, dass von diesem Garten, der einige mit der Ermitage vergleichbare Gartenszenen aufwies, Anregungen für die Anlage in Arlesheim erfolgten. Bei der Eröffnung der Ermitage waren denn auch der Fürstbischof und sein Neffe anwesend. Zudem darf die Theorie der modernen Gartenkunst im Hause Andlau als bekannt vorausgesetzt werden. In der Hausbibliothek befindet sich noch heute ein Werk des englischen Gartentheoretikers Thomas Whately mit dem Titel «L'art de former les jardins modernes ou l'art des jardins anglais», im Jahre 1771 in Paris in französischer Sprache erschienen.[17]

Der Einfluss der beiden zeitweise in der Ermitage wohnenden Maler Johann Baptiste Stuntz und Johann Joseph Hartmann kann nicht näher bestimmt werden. Aus anderen Gärten ist jedoch bekannt, dass Dichter wie auch andere künstlerisch tätige Personen einen nicht unwe-

7 Hoch über dem murmelnden Bach unter schattigen Bäumen steht das Denkmal für den Vergil-Übersetzer und Dichter Jacques Delille. Anton Winterlin, Delille-Denkmal, um 1840, Aquarell. Privatbesitz.

8 Das Wasser als ruhige, spiegelnde Fläche und rauschende Kaskade. Weitere Spielformen des Wassers in der Ermitage sind der Gobenmattbach, der Aquädukt und Mühlekanal, ein Springbrunnen und kleine Wasserfälle.

sentlichen Anteil an der Gartengestaltung hatten. In welchem Unfang der Hofarchitekt des Fürstbischofs, Pierre Adrien Paris, allenfalls einen Einfluss auf Konzept und Umsetzung hatte, ist ebenfalls nicht bekannt. Wahrscheinlich ist die Ermitage im Wesentlichen ohne Beizug von Künstlern nach den Vorstellungen der Erbauer gestaltet worden.
Individuelle Vorlieben wie auch Regelwerke und Vorlagensammlungen bestimmten in gleichem Masse nicht nur die Ausgestaltung der Ermitage, sondern die Gärten in ganz Europa. Dies führte dazu, dass sich die Gartenanlagen in zahlreichen Punkten ähneln, aber keine konkreten Einflüsse festzumachen sind. Teilweise war dies gewollt, teilweise war dies jedoch auch der Preis, den man für die verbreitete Gartenmode zahlte. Zu vermuten ist, dass die Ermitage als weitbekannte und gut besuchte Gartenanlage sicher Auswirkungen auf die Gartengestaltung in der Region hatte. Als Hirschfeld 1785 Basel besuchte, war er über die konservative Gestaltung der Gärten erstaunt.[18] Nach der Eröffnung der Ermitage wurden die Gärten in der Stadt wie auf den herrschaftlichen Landgütern neu angelegt oder umgestaltet.

Die Ermitage in ihrer Ausgestaltung als sentimentaler Landschaftsgarten ist in der Schweiz einzigartig. In der Literatur wird auf die Verwandtschaft mit der Einsiedelei der heiligen Verena in Rüttenen bei Solothurn hingewiesen. Die Entstehungsgeschichte dieser Einsiedelei und die Ausgestaltung der Schlucht mit Gedenktafeln im 19. Jahrhundert machen jedoch die grossen Unterschiede in Konzept und Gestaltung deutlich.[19] Zieht man den deutschsprachigen Raum in Betracht, so sind als vergleichbare Anlagen das Seifersdorfertal bei Dresden des gräflichen Ehepaars Hans Moritz und Christina von Brühl und der Park an der Ilm in Weimar zu nennen, den Johann Wolfgang von Goethe wesentlich mitgestaltete, sowie der am Rande von Weimar gelegene Park in Tiefurt, der Sommersitz der Herzogin Anna Amalia. Aber auch einzelne Gartenbereiche der Anlagen auf der Wilhelmshöhe in Kassel, des Neuen Gartens in Potsdam und der Pfaueninsel verweisen auf eine Verwandtschaft mit der Ermitage. Die Ermitage gehört in die Reihe der ganz berühmten und grossartigen Gartenschöpfungen des späten 18. Jahrhunderts.

- Die Ermitage ist jederzeit öffentlich zugänglich.
- Ein informativer Führer «Die Ermitage in Arlesheim. Ein Spazier- und Gedankengang» ist beim Eingang der Ermitage, Ermitagestrasse 41, zu beziehen.
- Der GSK-Kunstführer von Hans-Rudolf Heyer, Die Eremitage in Arlesheim, wird auf der Gemeindeverwaltung Arlesheim, Domplatz 8, abgegeben.
- Anfragen für Führungen sind an die Stiftung Schloss Birseck und Ermitage Arlesheim (Dr. Mathis Burckhardt, Rebgasse 21, 4144 Arlesheim) zu richten.

«Spazier-Gang», «Schlösslipark», «Waldkathedrale»: Metamorphosen einer spätbarocken Alleeanlage
Der Schlössliwald bei Beromünster

WALTRAUD HÖRSCH

Oberhalb des Fleckens und des stimmungsvollen Stiftsbezirks Beromünster, beide reich an einzigartigen Kulturdenkmälern, liegt ein wenig bekanntes Werk der Gartenkultur des späten 18. Jahrhunderts. Das Chorherrenstift hatte um 1790–1792 auf einem Hügelkamm eine Spazierallee angelegt. Die seit dem mittleren 19. Jahrhundert dem freien Wachstum überlassene Anlage wirkt heute wie ein Kirchenraum aus Bäumen, mit Mittelschiff und Seitenschiffen. Niemand kann sich dem Zauber entziehen, den die zu hohen Hallen gewachsenen Bäume der «Waldkathedrale» ausstrahlen. ▸ 1

Das Verhältnis von Garten und Landschaft – eine ästhetische Frage

Die Spazierallee entstand zur Zeit des Propstes Nikolaus Krus (1734–1803). Der Luzerner Patrizier war ebenso der Baukultur seines sozialen Standes wie den Werten und Interessen der Aufklärung verpflichtet. 1783–1789 hatte er die Propstei als spätbarock-klassizistisches «Palais entre cour et jardin» weitgehend neu bauen lassen. Um 1785 wurde auch die Kustorei zum schmucken Palais umgestaltet. Sie sind das Werk des Stiftsbaumeisters Joseph Robert Purtschert (1751–1809), Mitglied einer aus dem Vorarlberg zugewanderten Baumeisterfamilie. 1790 beauftragte das Stiftskapitel Purtschert mit der Planung der Allee; am 23. Dezember 1790 zahlte es ihm zwei Taler für den Entwurf des «neü anzulegenden spaziergangs im buochwaldle».[1] Der gewählte Standort, ein von Süden nach Norden auslaufender Hügelkamm, war ein stiftseigener Buchenwald. In harter Knochenarbeit wurde der Hügelkamm entwaldet und planiert; in der Mitte schüttete man zwei Aussichtsterrassen auf. Von einem Gärtner in Basel bezog man 94 weiss blühende Rosskastanienbäume und 3500 «Hagenbuechli» (Hainbuchen). Auf etwa 130 Metern Länge legte man nach französischem Vorbild zwei parallele Alleen an. Die Arealgrenzen wurden mit Weissdornhecken und Gattern gesichert. Den Besuchern bietet sich seither eine Anlage dar, die beidseits der mittleren, rondellartigen Doppelterrasse spiegelbildlich angelegt ist. Ungewöhnlicherweise führt der Zugang von Norden wie von Süden her durch einen freigestellten Buchenhain. An beiden Enden akzentuierte einst eine Empfangszone mit einem quergestellten, umzäunten Rasenfeld den Übergang zur Doppelallee und leitete die Spaziergänger von der Mittelachse weg zu den Promenaden. Buchenhecken zwischen den Bäumen betonten die Alleefluchten. Die mittlere Fläche zwischen den Alleen scheint ein einfacher Rasen gewesen zu sein. Hölzerne, vermutlich weiss gestrichene Sitzbänke bildeten das einzige bekannte Mobiliar. ▸ 2

Für den Kanton Luzern ist diese Anlage umso einzigartiger, als hier im 18. Jahrhundert nur wenige öffentliche Promenaden entstanden sind. 1759 wurde in Luzern ein «öffentlicher Spaziergang/promenade publique» nach dem Vorbild der Berner Staldenalleen an der Landstrasse nach Kriens und Horw angelegt. Diese Lindenallee führte zu den Landschlösschen

1 Die «Waldkathedrale» im Frühlingslaub. Der einstige Rasen zwischen den Alleen wurde zur Mittelachse mit eindrücklicher Tiefenperspektive.

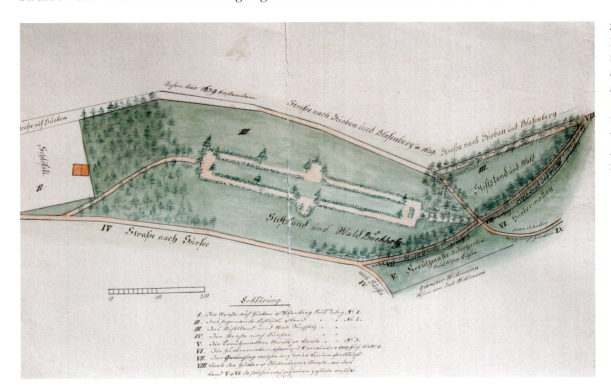

2 Der Originalplan von Joseph Robert Purtschert von 1790 ist nicht mehr erhalten, dafür mehrere aufgrund von Grenzstreitigkeiten angefertigte Pläne aus der Zeit um 1831–1836. Dieser unsignierte, undatierte Plan zeigt einen noch weitgehend originalen Zustand der Anlage, Norden links.
Stift Beromünster, Propsteiarchiv.

Waltraud Hörsch: Schlössliwald, Beromünster

3 «Prospect des knutwiler Baads im Canton Luzern», um 1787–1791 gezeichnet von Franz Xaver von Schumacher, gestochen von Jakob Joseph Clausner in Zug. Das Gebäude wurde Anfang des 20. Jahrhunderts abgebrochen.
Zentral- und Hochschulbibliothek Luzern.

Himmelrich, Guggi und Steinhof. Der Bauherr des Steinhofs, Jakob Thüring von Sonnenberg, stiftete der Stadt zu ihrem «Decorum» einen an die Allee grenzenden Lindengarten in französischem Stil.

Eine zweite Alleeanlage entstand um 1787 im Bad Knutwil in der Ebene des Surentals. Die Brüder Mahler[2] aus Luzern hatten das ländliche Sauerbrunnenbad 1786 erworben und durch Niklaus Purtschert[3] in der Art eines Schlösschens neu bauen lassen. Dazu gehörte auch eine Umgebungsgestaltung, die zeittypisch unterschiedliche Gartenelemente verband: Beim Badschlösschen lagen ein schmucker Barockgarten und ein Baumgarten. Eine eigens angepflanzte Pappelallee führte zu einem älteren Eichenwäldchen. ▸3 Mit einer Druckschrift[4] und einem Stich wurde 1791 für das neue Bad geworben, das wohl nach dem Vorbild von Badeorten eine Kur- und Begegnungsstätte für vornehme Gäste wie für das einfache Volk werden sollte: «Die Sur, ein fischreicher Fluß, windet sich […] durch das Thal hin. Neben ihm erheben sich romantisch zween fruchtbare Hügel. Gegen Mittag erblickt das Aug grünende Berge, deren wolkennahe Gipfel ein ewiger Schnee bedeckt. […] Ein Theil des Thals, in welchem das Bad steht, wimmelt zur Sommerszeit von weidendem Viehe, das bald zusammen gedrängt, bald zerstreut umherirret. Wenn die Strahlen der Sonne sengend auf die Erde sich senken, dann führt eine Allee von jungen Pappelbäumen in ein kühles Eichwäldchen hin […]. Kurz, die Lage gewährt den Badenden alles, was ihr finsteres Gemüth, welches stets weniger oder mehr mit dem kranken Körper leidet, angenehm zerstreuen kann.»

Das Verhältnis von Garten und Landschaft – eine ästhetische Frage

Die Umgebung des Bades wird als idealtypische arkadische Landschaft beschrieben. Die unterschiedlichen Garten- und Gehölzareale erlaubten ein Flanieren zu immer neuen malerischen Perspektiven auf die Landschaft, zwischen wechselnden Natur- und Gemütserfahrungen, vom geometrischen Barockgarten über die offene Allee bis zum lauschigen Hain. Die aufklärerischen Reisenden propagierten seit Albrecht von Haller die Schweizer Voralpenlandschaft als arkadischen Landschaftsgarten. Gartenanlagen wurden zum Inszenierungsort einer erneuerten Gesellschaft, wo sich das Bürgertum und ein Reformen gegenüber aufgeschlossenes Patriziat zwanglos begegnen sollten. Möglicherweise stehen die Spazieralleen in Knutwil und Beromünster in Zusammenhang mit der «Theorie der Gartenkunst» von Christian Cay Lorenz Hirschfeld.[5] Zum Typus des Volksgartens sagte Hirschfeld 1785: «Man will sich finden, sich sehen, mit einander umherwandeln, sich unterhalten. Bequeme Gänge in einer geraden Linie stimmen diesen Absichten mehr zu, als lauter schmale sich immer krümmende Pfade. Doch kann ein Volksgarten […] auch schlängelnde Gänge in Waldstücken und angelegten Lustgebüschen enthalten […].» Hirschfeld betonte insbesondere den gesellschaftspolitischen Aspekt: Nicht nur der Erholung, sondern der Schulung der ästhetischen und sittlichen Empfindungen sollte das Spazieren dienen. Und um den politischen, Ordnung erhaltenden Nutzen in einer Zeit drohender Revolutionen zu unterstreichen, befand er, die Spazieranlagen «[…] gewöhnen ihn [den Spaziergänger] allmälig an das wohlfeile Vergnügen, an die sanftere Geselligkeit, an ein gesprächiges und umgängliches Wesen. Die verschiedenen Stände gewinnen, indem sie sich hier mehr einander nähern, auf der einen Seite an anständiger Sittsamkeit und scheuloser Bescheidenheit, und auf der andern an herablassender Freundlichkeit und mittheilender Gefälligkeit.»[6]

Über den «Spazier-Gang» von Beromünster hätte man damals dasselbe schreiben können wie über das nahe Bad Knutwil. Er bot eine weite, romantische Aussicht über den Flecken bis hin zu den Alpen. Auch hier verfolgte man vielleicht eine Utopie, eine Geste an die Öffentlichkeit nach dem Bau der prächtigen Propstei und Kustorei. Doch schon 1798 hatte man auch in Beromünster ausgeträumt; über Propst Krus wurde der Konkurs eröffnet, das Stift verlor seine Gerichtshoheit und wurde einem kantonalen Verwalter unterstellt.
Den Spaziergang oder Spazierweg bezeichnete man um 1900 durchaus zutreffend als Schlösslipark, Schlössliallee.[7] Damals bildeten Hecken und Bäume malerische Gehölzgruppen, die Wege waren zu Rasenkorridoren geworden; das Areal hatte sich in einen englischen Park verwandelt.[8] Mitte des 20. Jahrhunderts gewann die Anlage Waldcharakter und heisst seither Schlössliwald. Die Bezeichnung Waldkathedrale ist eine neuere Schöpfung. Der Schlössliwald wird heute als beliebter Naherholungs- und Festplatz genutzt. Viele Bäume sind inzwischen abgegangen oder überaltert. Ein Erhaltungskonzept soll das Weiterleben der Anlage sichern. Es wird eine anspruchsvolle Aufgabe sein, gleichzeitig dem einzigartigen Werk der Landschaftsarchitektur wie auch dem Naturdenkmal, zu dem sich die Allee entwickelt hat, gerecht zu werden.

Öffentlich zugänglich, vom westlichen Ortsausgang Richtung Schlössli, Blosenberg

Beausite und Bellevue in einem
Der Bonstetten-Park der Campagne Bellerive in Gwatt am Thunersee

THOMAS FREIVOGEL

«In einer wunderbaren, an das Landgut angrenzenden Wiese sahen wir vor dem Wohnhaus einen ausnehmend schönen Kanal. Sein Wasser, fliessend und klar, ergoss sich in den See. Über den Kanal spannte sich nach der Art des Rialto in Venedig in hohem Bogen eine Brücke. Auf der Brücke selbst steht ein sehr geschmackvolles chinesisches Kabinett.»[1]

«Nachher besah ich noch die geschmakvollen Anlagen und Umgebungen des dasigen damahls Hrn. Venner Fridrich Fischer gehörenden Landsizes, den gegen den See hinauslaufenden geraden breiten Kanal, von zwey Reihen mächtiger Pappelbäume beschattet, draussen im See die kleine Insel, mit der in einem Kranz hoher Pappeln stehenden bescheidenen Klausnerhütte, das anmuthige Lustwäldchen, mit den es in allen Richtungen durchkreüzenden Schlangenwegen, mitten drin einen von Birken, von ausserordentlichem Wuchs umgebenen Tempel, endlich das in zierlichem Styl erbaute Wohngebaüde selbst.»[2]

Bauherren und Geschichte der Anlage

Als Bauherr dieses so gerühmten Anwesens gilt Emanuel Friedrich Fischer (1732–1811), zeit seines Lebens ein mit vielen öffentlichen Ämtern betrauter Berner Staatsmann.[3] 1760, kurz nach seiner Hochzeit mit Katharina von Wattenwyl, erwarb er das nahe Thun gelegene Grundstück im Gwatt unterhalb der Burg Strättligen am linken Seeufer. Ab 1764[4] liess Fischer Bellerive von einem unbekannten Architekten als Campagne[5] erstellen und in den folgenden Jahren mit prächtigem Gartenumschwung umgeben. Bereits 1820 legte man die von Thun ins Simmental führende Seestrasse durch das Gut, womit dessen Gärten schon damals zerschnitten wurden; Hausmatten und Seematten wurden ihrem Namen nun vollends gerecht, den sie 40 Jahre zuvor auf dem Plan erhalten hatten. Durch etliche Handänderungen im 19. wie auch im 20. Jahrhundert gelangte Bellerive in den Besitz der Familie von Bonstetten. Diese gab dem Garten mit üppig bepflanzten Beeten ein viktorianisches Gepräge. 1922 erfuhr die gesamte Anlage erweiternde Umbauten und Änderungen durch Henry B. de Fischer[6]. Schliesslich lieferten 1930 die Gebrüder Mertens einen Plan, der die an der Strasse gelegene Eingangssituation zwischen Kanal und Campagne bereinigen sollte – er blieb jedoch unausgeführt.

Seit 1960 in öffentlichem Besitz, beherbergt die Campagne heute die Musikschule der Region Thun. 1997 wurde für die gesamte Parkanlage ein Nutzungs- und Gestaltungskonzept erarbeitet, das bis heute nur partiell verwirklicht werden konnte. Der Gartenteil zwischen Strasse und See mit der mehrteiligen Eisenplastik (1992) von Gillian White wird heute als Bonstetten-

Park, der Schlossgarten um das Landgut als Bellerive-Domäne bezeichnet.

Von der sich ständig erweiternden Gartenanlage zeugen der Thunerseeplan (1771) des Basler Geometers Johann Jacob Brenner[7] und ein wenige Jahre später erstellter Gesamtplan des Bellerive-Gutes (1780) von Geometer Emanuel Schmalz aus Nidau[8]. Die schon bei Brenner mit Bellerive bezeichnete Uferpartie weist bereits die Hauptmerkmale des Gartens auf: den mit Alleen gesäumten Kanal sowie das an der Mündung liegende Wäldchen in Form eines Quincunx mit daran anschliessender Seeaufschüttung in Form eines Andreaskreuzes. Die jüngere Darstellung ist detailgetreuer, prächtig koloriert und zeigt einige Erweiterungen. ▸1 Alle Elemente sind in einer Legende aufgeschlüsselt. Darunter stechen besonders hervor: die Campagne *entre cour et jardin* als «Haus, Hof, Parterre, Weyer und Charmillies» (hh) mit einer langen davon wegführenden Allee auf der hinteren Gartenseite, das quadratische (Gemüse-?)Parterre (g) links des Hauses mit dem anschliessenden Obstgarten (f), der Kanal (L) mit der geschwungenen Brücke über der Mündung, die Seematten (J, M) mit regelmässiger Baumpflanzung beidseits des Kanals und schliesslich «das Wäldlin K samt dem Bläzlin darunter» am unteren linken Kanalende als grosse Anlage mit diagonal sich kreuzenden Achsen und dazwischen im Dickicht sich schlängelnden Pfaden, die auf die aufgeschüttete Plattform in Form des besagten Andreaskreuzes hinführen.

Die Anlage heute

Die ursprüngliche Gesamtdisposition lässt sich bei einem Spaziergang durch die Gartenanlagen auch heute noch aufs Beste nachvollziehen. Nähert man sich von Thun kommend dem Gut auf der alten Gwattstrasse, liegen rechter Hand die Campagne hinter einem von zwei Eingangspavillons flankierten Gitter und einem daran anschliessenden Ehrenhof, linker Hand die weiten, von dem Kanal durchzogenen Parkflächen. Seitlich des Hauses gegen Südwesten treten wir in das ursprüngliche Broderieparterre, das zu Beginn der 1920er Jahre von Henry B. de Fischer zu einer Anlage mit stark betonter Längsachse, einem dezentralen Weiher, flankierenden Buchshecken und abschliessendem Laubengang umgestaltet wurde. Die mächtige Stockhornkette im Hintergrund wird zum eigentlichen *point de vue,* wodurch sich die neuere Gestaltung bewusst inspirieren liess. ▸2 Beim Verlassen dieses Gartenteils werden wir der mächtigen Treillage mit Spalierobst gewahr, die die gesamte Seitenfassade der Campagne ziert und einen rückwärtigen Blickabschluss bildet. ▸3 Vom rückseitigen, von Linden und Hainbuchenhecken umstandenen Gartenteil, dessen ursprünglich dreigeteiltes Parterre einem vergrösserten Weiher gewichen ist, gelangt man durch ein Gittertor mit prachtvollen Vasenpostamenten in die aufs Land führende Ahornallee. ▸4

Jenseits von Ehrenhof und Strasse beginnen die 1922 gepflanzten Ahorn- und Kastanienalleen. Sie begleiten den von einem dichten Schilfgürtel umstandenen und beidseits durch Treppen erschlossenen Kanal. Optisch hervorgehoben wird der Anfang dieser Längsache durch ein

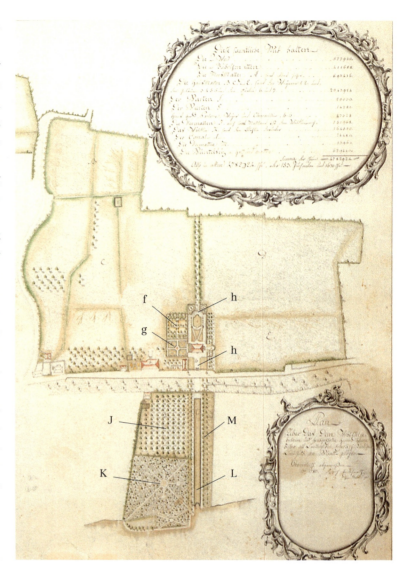

1 Plan des Landguts Bellerive 1780 von Emanuel Schmalz, Norden rechts oben.
Staatsarchiv Bern.

massif de fleurs. Auf die Streuobstwiese an der Strasse folgt das dichte Wäldchen mit seinem in Ansätzen noch erkennbaren Wegsystem. Wieder am Kanal folgt der Blick der Wasserachse, trifft auf die weite blaue Seefläche und kulminiert im abschliessenden Massiv von Eiger, Mönch und Jungfrau, dessen Schneefelder glitzernd entrückt wirken. ▸ 6 Die gesamte Achse verläuft von West-Nordwest nach Ost-Südost (Azimut 120°) und trifft exakt den 4107 Meter hohen Mönch. Dieser eindeutige Höhepunkt der Gartenanlage wird von der Campagne aus dem 230 Meter langen Kanal entlang schreitend stets anvisiert und verdichtet. Blicken wir schliesslich zurück, so werden wir der von zwei grossen – vermutlich im späteren 19. Jahrhundert gepflanzten – Blutbuchen gewahr, die heute die Campagne fast verschwinden lassen und die Kanalachse majestätisch abschliessen. ▸ 5

Geistesgeschichtliche Zusammenhänge

Kanal, Brücke mit chinesischem Pavillon, Eremitage auf der pappelumrandeten Insel, das von schlängelnden Wegen durchzogene Wäldchen mit zentralem Tempel – diese augenfälligen Lustbarkeiten heben die beiden Reisenden in ihren eingangs zitierten Berichten besonders hervor. Leider sind die den Garten und den Park zierenden Bauwerke nicht mehr erhalten, doch können wir uns dank der Berichte, Pläne und noch vorhandenen Strukturen ein gutes Bild über das Aussehen machen und den Eindruck nachempfinden, den dieses Gartenreich hervorgerufen haben muss.

Belesenheit und Interesse an modernen Strömungen von Geistes- und Naturwissenschaften zeichneten den Gartenliebhaber Fischer aus. Er war nebst seiner Funktion in verschiedenen politischen Ämtern Mitinitiant bei der Gründung der Typographischen Gesellschaft von Bern, einer Vereinigung von an neuester Literatur und deren Verlegung interessierter Männer.[9] Viele Autoren dieses Verlags schrieben über die Schweizer Natur und deren Schönheiten.[10] Die

2 Blick entlang der Hauptfassade der Campagne zum ehemaligen Broderieparterre mit der Stockhornkette im Hintergrund.

Das Verhältnis von Garten und Landschaft – eine ästhetische Frage

3 Blick über das von Henry B. de Fischer im 20. Jahrhundert barockisierend umgestaltete ehemalige Broderieparterre zurück auf die mit Treillagen ausgestattete Seitenfassade der Campagne.

4 Gitter mit den Vasen geschmückten Postamenten auf der Rückseite der Campagne. Von diesem Tor aus führt eine Ahornallee in die Landschaft hinaus.

5 Blick dem Kanal entlang zurück zur Campagne, die heute von den mächtigen flankierenden Blutbuchen fast ganz verborgen wird.

Campagne selbst war ein Ort, wo die Natur Erholung bei der Jagd und beim Fischfang bot: zwei Stucksupraporten im ersten Geschoss weisen darauf hin. Dieses tiefere Verständnis für Natur und eine damit verbundene philosophisch ausgerichtete Denkweise liessen Fischer diesen einzigartigen Garten schaffen.

Ein die Axialität betonender Kanal ist zwar ein Element, das in vielen der grossen Barockgärten (Versailles, Nymphenburg, Schönbrunn) zu finden ist, in der Schweiz aber eher Seltenheitswert hat. Der Kanal von Bellerive führt geradewegs auf den See zu, der mehr als Ersatz bietet für die sonst an dieser Stelle üblichen grossen Bassins. In ihm spiegelt sich nicht mehr die vom Erbauer gezähmte Natur (und letztlich dieser selbst wie der *roi soleil* in den Wasserflächen des Versailler Grand Canal), sondern die wilde, unangetastete Alpenlandschaft mit ihrem grossartigen Panorama, das eine emotionale Gemütsstimmung hervorrufen soll. Der gebildete, belesene Betrachter wusste um die literarische Bedeutung der fernen Schneegebirge. Einen solchen vorromantischen, die Empfindsamkeit anregenden Blick beinhaltete auch die heute verschwundene Insel, die an Rousseaus Begräbnisinsel in Ermenonville[11] erinnerte, sowie das zum Promenieren einladende Lustwäldchen mit seinen Schlängelpfaden[12], die ebenso Teil des inhaltlichen Gesamtprogramms waren. Fischer kannte bestimmt den Gartentheoretiker Christian Cay Lorenz Hirschfeld (1742–1792), der von 1765 bis 1767 in Bern

weilte,[13] wo er auf Vinzenz Bernhard Tscharners Campagne verkehrte und seine Schrift «Das Landleben» bei der Typographischen Gesellschaft (1767) publizierte. Naturästhetik, Empfindsamkeit, Moralpädagogik sind die damit in Zusammenhang zu bringenden Schlagworte.[14] 1780, in seiner «Theorie der Gartenkunst», beschreibt Hirschfeld die Rousseau-Insel nicht nur, sondern bildet sie auch ab.[15]

Zur Naturbeobachtung ist ebenso das Wäldchen in Form eines Quincunx geeignet; Gottsched lässt in seinem Wörterbuch von 1760 die freien Ausblicke und die Schlangengänge preisen.[16] Früher schon weist Saussay in seinem noch der barocken Gartenkunst verpflichteten Traktat auf Quincunx-Pflanzungen hin und plädiert dafür, diese mit Alleen aufzulockern und mit Rasen zu verschönern, was das Promenieren erheblich angenehmer gestalte.[17] Mittels der kleinen Bauwerke, der schlängelnden Pfade und der von Hell-Dunkel-Effekten bestimmten Wäldchen soll der Gartenspaziergänger in unterschiedliche Stimmungen versetzt werden, Forderungen, die bereits auf den sentimentalen Landschaftsgarten hinweisen.

Das Grundgerüst der Bellerive-Anlage scheint auf den ersten Blick noch der barocken Gartenarchitektur verpflichtet zu sein. Eine über 500 Meter lange Achse bildet das Rückgrat der Anlage, das im Wohngebäude verankert ist. Die Achse der Enfilade von Vestibül, Halle und Salon setzt sich fort über das rückseitige Parterre, das von Vasen flankierte Gitter und läuft aus in der über das freie Feld ziehenden Allee. Auf der Vorderseite des Hauses öffnet sich das von Säulen

6 Bonstetten-Park (zwischen Strasse und See) mit Kanal, Alleen, Quincunx-Wäldchen und dem Blick auf See und Alpen.

getragene lichte Vestibül. Dieses gibt den Blick frei auf die durch die *cour d'honneur* verlaufende Achse[18], die dem Kanal folgend schliesslich auf das Seeufer trifft, von dort als imaginäre Linie weiter bis zu den verschneiten Alpen führt und sich schliesslich im Licht des Himmels verliert.

Das Gebirge, das um die Mitte des 18. Jahrhunderts als ästhetische Kategorie entdeckt worden war, spielte in der Landschaftsmalerei eine immer grössere Rolle; entsprechend rückte es auch in der Gartenkunst verstärkt ins Rampenlicht.[19] Es wird in Hirschfelds «Theorie der Gartenkunst» überschwänglich gelobt als Stimulans der Empfindsamkeit.[20] Dieses Schauen, diese *rêverie* hat allen barocken Zwang abgestreift. Das starre Korsett des barocken Gartens wird mit den darin eingebetteten spielerischen Versatzstücken des Rokoko aufgelockert und mit der entrückenden Fernsicht gewissermassen verlassen. Mit der Aussicht in die Gebirgslandschaft wird die fehlende Grösse des eigentlichen Gartens überspielt – Natur und Kunst in einer grossartigen Inszenierung miteinander verknüpft. Alexander Popes 1713 im «Guardian» veröffentlichter Essay, eine Kritik der damaligen als antiquiert empfundenen Gartenkunst, und dessen Credo *All Gardening is landscape-painting*[21] scheinen für den Bellerive-Garten mit seiner krönenden und rahmenden Kulisse Pate gestanden zu haben: Bellerive, wo am Seeufer die gestaltete Natur mit der Sicht in die Ferne zu einem Gartenkunstwerk der Empfindsamkeit verschmilzt.

Öffentlich zugänglich
Bonstetten-Park und Schlossgarten
(Musikschule Region Thun),
Gwattstrasse 120, 3645 Gwatt

Gartenikonografie

Mit 16 Jahren übernimmt Ludwig XIV. 1654 im Ballett «La Nuit» die Rolle des Apollo. Er trägt ein Kostüm, das nur aus Sonnenstrahlen zu bestehen scheint: der Sonnenkönig – unter diesem Namen geht er in die Geschichte ein. Wenn im Schloss von Versailles das *lever du roi* zelebriert wird, so geht es nicht um die Morgentoilette des Königs, sondern um den Aufgang der Sonne. Dieser Vorgang spiegelt sich im Garten im Apollobassin, wo die vergoldete Gruppe des Sonnengottes und seines Gespanns aus dem Meer auftaucht, um über die Himmelsbahn zu ziehen. Das lichterfüllte Orangerieparterre im Süden und das schattige Boskett im Norden – der Tag und die Nacht – rahmen die zentrale Achse zwischen königlichem Schlafzimmer und Apollobassin, die mit ihren reflektierenden Wasserbassins die strahlende Bahn der Sonne symbolisiert. Versailles ist wohl das bekannteste Beispiel für die Ikonografie, das heisst für die inhaltliche Aussage eines Gartens.

In den meisten Anlagen steht aber nicht der Machtanspruch des Bauherrn im Vordergrund, sondern der Garten wird als Ort der Natur oder als Ort der Tätigkeiten des Menschen in der Natur interpretiert. Tageszeiten, Jahreszeiten, Feldarbeit, Jagd, Fischerei, Liebe und Fruchtbarkeit gehören – personifiziert oder mythologisch verkleidet – zu den beliebtesten Figurenprogrammen, die sich auch in den patrizischen und bürgerlichen Gärten der Schweiz realisieren lassen.

Die Aufklärung bringt nicht nur einen neuen Gartenstil, sondern auch neue Themen. So begegnen uns auf dem Gang durch die verschiedenen «Bilder» des Landschaftsgartens von Stowe der Tempel der Tugend, der Tempel der Eitelkeit und der Tempel der Edlen Briten. Abstrakte Begriffe wie Tugend oder Moral werden nun durch historische Figuren und ihre Taten beispielhaft illustriert.

Im Lauf der Zeit verlieren die zusammenhängenden, von Künstlern konzipierten ikonografischen Programme ihre Bedeutung. An ihre Stelle treten persönliche Erfahrungen, Neigungen und Erinnerungen des Bauherrn, die häufig sehr naiv und künstlerisch bescheiden umgesetzt werden. Kleinarchitekturen, Büsten bedeutender Männer, Denkmäler für geliebte Verstorbene und literarische Inschriften werden zu Trägern dieser Inhalte und haben zugleich die Aufgabe, verschiedene Stimmungen zu evozieren.

Auch öffentliche oder halböffentliche Anlagen dienen als Bühne für die Inszenierung von Erinnerungen – Erinnerungen an die städtische oder nationale Vergangenheit, die durch Denkmäler für wichtige Persönlichkeiten oder geschichtliche Ereignisse wachgehalten werden.

Sogar Landschaften haben eine Ikonografie, denn, so hat Lucius Burckhardt einmal festgestellt: «Nicht in der Natur der Dinge, sondern in unserem Kopf ist die ‹Landschaft› zu suchen.» Maler und Schriftsteller verdichten die charakteristischen Elemente einer Gegend zu Bildern. Und diese Bilder in unseren Köpfen beeinflussen unbewusst die Wahrnehmung der Wirklichkeit. Felsvorkommen führen deshalb dazu, dass eine Gegend zur sächsischen oder holsteinischen «Schweiz» wird, und Säulenpappeln machen das nördliche Bodenseeufer bei Konstanz zum Sehnsuchtsland Italien. Gemälde und nicht zuletzt Schillers Tell haben auch vom Rütli ein romantisches Bild geprägt, das unbewusst die Überformung der stillen Waldwiese beeinflusst haben wird.

Gärten sind Kunstwerke, die den ganzen Menschen betreffen: seine Sinne, seine Seele und seinen Verstand. Ohne breite Kenntnisse in Mythologie, Geschichte und Literatur ist die Ikonografie eines Gartens nicht zu entziffern.

Brigitt Sigel

«Auf den Bergen ist Freiheit!»
Der Garten Honnerlag in Trogen

BRIGITT SIGEL

«Ich gestehe, dass die noch ausgedehntere Fernsicht des nahen Vögelinseck, wo das ganze Gemälde der unter uns liegenden Welt aufgerollt ist, für mich den Zauber nicht hat, den dieses Plätzchen auf der Höhe von Honnerlag's Garten hat.»[1]

Dieser Garten, bestehend aus zwei in die Weidelandschaft ausgreifenden Promenaden und einer am steilen Nordhang liegenden, terrassierten Anlage, wurde vermutlich in den 1820er Jahren von Johann Conrad Honnerlag (1777–1838) angelegt und ist 1866, nach der Aufteilung des Grundstücks, fast ganz verschwunden. ▸1 Doch wie der oben zitierte Bewunderer feststellt: Das Vollständige hat häufig nicht den gleichen Reiz wie das Bruchstückhafte. Dies gilt auch für die inhaltliche Aussage dieses Gartens, mit der sich der folgende Beitrag beschäftigt.

Biografische Voraussetzungen

Der Bauherr kehrte als siebenjähriger Knabe mit seinen Eltern nach Trogen zurück, nachdem sein Vater im Textilhandel in Lyon ein beträchtliches Vermögen erworben hatte. Sie bezogen

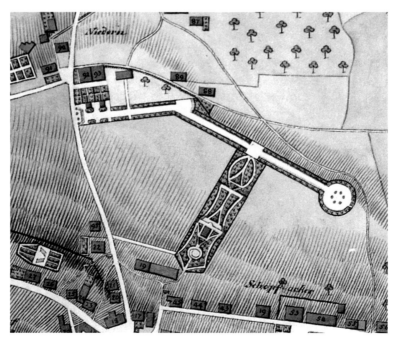

1 Vor dem Honnerlag'schen Doppelpalast (links oben) liegt ein kleiner Nutzgarten mit zwei Gartenhäuschen. Davor verläuft zwischen Tor und halbrunder Steinbank eine kurze Promenade. Erkennbar ist auch der Standort der beiden Steintafeln. Eine lange Promenade führt zum Monopteros und dem dahinterliegenden Brunnen. In ihrer Mitte zweigt der hangaufwärts sich erstreckende terrassierte Garten ab. Topografische Karte von Trogen (Ausschnitt, Norden rechts oben), Federaquarell von Johann Ulrich Fitzi, 1831. Gemeindearchiv, Trogen.

Gartenikonografie

2 Die halbrunde Steinbank. Beim Verkauf der Honnerlag'schen Anlage an drei Interessenten wurde das Terrain der kurzen Promenade mehrheitlich zum Grundstück des Doppelpalastes geschlagen. Deshalb steht die Steinbank heute im Garten des östlichen Hausteils.

den östlichen Hausteil des bereits 1763 erbauten Honnerlag'schen Doppelpalastes, vor dem wohl schon damals ein Nutzgarten lag. 1793 unternahm Honnerlag mit seinem Halbbruder eine klassische Bildungsreise nach Rom und Neapel. In den Jahren 1795–1803 absolvierte er in Genua in der Firma Zellweger & Honnerlag seine kaufmännische Ausbildung. Von der freundschaftlichen Beziehung zum Genueser Dogen Durazzo und von dessen reicher Bibliothek soll er noch in späteren Jahren gern erzählt haben. Jedenfalls haben die Reise nach Rom und Neapel sowie der Aufenthalt in Genua das Interesse des jungen Mannes an der Literatur und der Kunst geweckt.[2]

Die in Trogen gegründete eigene Firma brachte nicht den gewünschten Erfolg, so dass sich Honnerlag – abgesehen von den politischen, gemeinnützigen und militärischen Ämtern, die er während Jahrzehnten bekleidete – nach kurzer Zeit ins Privatleben zurückzog und sich ausschliesslich seinen schöngeistigen Neigungen widmete.

Er baute eine Bibliothek auf, die bis zu seinem Tod auf rund 4000 Bände angewachsen war. Antike Autoren waren ebenso vertreten wie Schiller, Goethe und andere europäische Klassiker, aber auch Werke, die als geistesgeschichtliche Voraussetzungen für den Landschaftsgarten gelten, etwa von Shaftesbury oder Pope. Daneben finden sich Delilles «L'homme des champs» oder einige Jahrgänge von Hirschfelds «Gartenkalender».[3]

3 Die kurze Promenade, Blick zur halbrunden Steinbank. Im Mittelgrund ist der Zaun der langen Promenade mit dem baumumstandenen Monopteros am Ende erkennbar sowie, im rechten Bildviertel, der Zaun des terrassierten Gartens Federaquarell von Johann Ulrich Fitzi, um 1822. Privatbesitz.

Brigitt Sigel: Garten Honnerlag, Trogen

Seine zweite Leidenschaft galt der Kunst. Er sammelte Münzen, Gemälde und Kupferstiche nach alten Meistern, von denen er einen Teil in einem um 1832 eigens errichteten Gebäude, dem noch bestehenden «Seeblick», ausstellte. Wie in der Literatur förderte er auch in der bildenden Kunst zeitgenössische Schweizer Künstler. So bestellte er beim Historienmaler Ludwig Vogel ein Gemälde des Appenzeller Freiheitshelden Uli Rotach in der Schlacht am Stoss.[4] Für uns besonders interessant sind jedoch die Werke von Johann Ulrich Fitzi, einem Autodidakten, der ursprünglich als Illustrator botanischer und zoologischer Werke gearbeitet hatte. Im Auftrag des Bauherrn zeichnete Fitzi zahlreiche Ansichten des Honnerlag'schen Gartens. Dieser Garten ist vermutlich Honnerlags persönlichste Hinterlassenschaft, auch wenn sich nur wenige, unzusammenhängende Objekte davon erhalten haben: eine halbrunde Steinbank, ein Lusthäuschen in Form eines Tempels und eine Holztafel mit Inschrift.

Die Promenaden

Wer heute vom Doppelpalast zum ehemaligen Krankenheim spaziert, erblickt unterhalb dieses Gebäudes am äussersten Ende des Gartens eine grosse, halbrunde, ziemlich verwitterte Steinbank. ▸2 Mit ihren eleganten klassizistischen Formen stammt sie aus einer anderen Welt, die nur noch durch Bild- und Schriftquellen erschlossen werden kann.

Ursprünglich verlief vor dem Hausgarten eine Promenade. ▸1, 3 Sie begann mit einem prunkvollen Tor und führte zur Steinbank neben den heute ebenfalls noch bestehenden Bauernhäusern. Sie wurde von einfach bepflanzten Rabatten gesäumt, und ein Holzzaun schützte sie vor den weidenden Kühen.

Vor der Bank stand auf jeder Seite eine Steintafel mit einem Gedicht in französischer Sprache, hier in freier deutscher Übersetzung: Zu glücklich der Sterbliche, der ohne Aufregung und ohne Lärm an ländlichem Zufluchtsort ein unauffälliges Leben führt und in seinen Wünschen beschränkt, mit dem Notwendigen zufrieden, seinem Herzen jede kühne Hoffnung versagt. Sein einziges Streben ist es, den Blumen seiner Gärten, den Bäumen seiner Wälder Gesetze zu geben – und – Glücklich, wenn ich mein Leben abseits von Ehre und Neid verbringe. Und wenn ich, vergessen von der Menschheit, meine Laufbahn durch die gute und offene Freundschaft verschönert sehe. Beide Tafeln trugen die Jahreszahl 1820.[5]

Von der kurzen zweigt eine zweite, längere, von blühenden Stauden und Sträuchern begleitete Promenade ab, die in west-östlicher Richtung zu einem Monopteros führt. In der Achse, hinter dem Tempel steht ein Brunnen. Neben den Ansichten Fitzis verbürgen historische Fotografien und die nur zum Teil publizierten Planaufnahmen für das «Bürgerhaus in der Schweiz» die Existenz dieser Anlage. Sie zeigen den spröden, offenen Rundtempel, umgeben von geschnittenen Kastanien und den Brunnen, dessen Wandrelief eine liegende Frauenfigur mit Kind unter einem Baum zeigt.[6] Von diesem Gartenteil haben sich nur einige Kastanien im heutigen Friedhof erhalten.[7]

Der terrassierte Garten

Im Seeblickwäldchen, das sich vom Dorfrand etwa 100 Meter den steilen Hang hinunter nach Norden zieht, versteckt sich ein zweites, besonders reizendes Relikt der Honnerlag'schen Anlage: ein Lusthäuschen. Es handelt sich um einen steinfarbig gestrichenen, verschindelten, an der Front vertäferten Holzbau mit ornamentiertem Giebelfeld und einer Säulenvorhalle. ▸4 Fitzi zeigt den kleinen Tempel von der Rückseite inmitten von Beeten mit jungen Gehölzen, Sträuchern und blühenden Stauden und davor, auf hohem Sockel, eine antik gekleidete Frauenfigur. ▸6 Wer das Wäldchen genauer untersucht, stösst auf weitere, allerdings weniger spektakuläre Spuren. Nach Fitzis Plan war die Anlage ursprünglich durch zwei schmale Terrassen

4 Das römische Tempelchen im Seeblickwäldchen. Oberhalb des Gebäudes ist der Fuss des einstigen Schneckenberges zu erkennen.

in drei Abschnitte gegliedert, die man sich stark abfallend vorstellen muss – so wie das Gelände noch immer ist.

Die untere Terrasse befand sich auf der Höhe der Strasse, die heute das Wäldchen durchquert. Nur wenig unterhalb entdeckt man eine niedrige Mauer – ungefähr dort, wo auf einer Darstellung undeutlich eine weitere Figur zu erkennen ist. ▶5 Quellen berichten von einer «kolossalen Schillerbüste» an dieser Stelle, doch könnte es sich auch um ein Standbild handeln.[8] Und ganz oben zeigt der Plan einen Schneckenberg, einen künstlich angelegten Aussichtshügel, dessen Ansatz im Gelände noch zu erkennen ist. Anstelle der abgetragenen Spitze wurde ein Kinderspielplatz eingerichtet.

Schliesslich ist das Seeblickwäldchen selbst eine historische Spur, denn es entspricht in seinen Dimensionen dem ursprünglichen Garten. Statt der einst reichen Bepflanzung finden sich heute allerdings vornehmlich Rotbuchen, die etwa 100 Jahre alt sind.[9] Damit ist leider der Ausblick in die Appenzeller Hügellandschaft und – vom Schneckenberg – auf einen kleinen Ausschnitt des Bodensees nicht mehr erlebbar.

Ein Garten der Erinnerung

Beim einsamen Spaziergang, bei der Lektüre oder dem vertraulichen Gespräch auf einer Bank trifft man in diesem Garten einen Mann im langen Mantel und Zylinder, und meist wird er von einem schwarzen Hündchen begleitet. Man darf wohl Honnerlag selbst in dieser Figur erkennen. Doch wer ist die Dame mit dem Sonnenschirm, die mehr oder weniger diskret auf Fitzis Zeichnungen erscheint? Honnerlag war Junggeselle.

Der Garten gibt viele Rätsel auf, auch dort, wo eine gängige Bildsprache verwendet wurde wie zum Beispiel beim Monopteros. Die offene, von Säulen getragene Rotunde geht auf den Typus des antiken Venustempels zurück. Den berühmtesten *temple de l'amour* liess Marie-Antoinette 1778 im Trianon in Versailles errichten. Wurde ein gängiges Motiv des Landschaftsgartens aufgegriffen, oder gibt es hier noch eine zweite Bedeutungsebene? Honnerlag verbrachte 1808 zwei Monate in Paris. Handelt es sich vielleicht um ein persönliches Erinnerungsmal? Dazu würde auch der Genoveva-Brunnen hinter dem Tempel passen – Sainte Geneviève ist die Schutzpatronin von Paris.[10]

Auch für die Steinbank, einem bevorzugten Ausstattungselement klassizistischer Gärten, kann ein biografischer Zusammenhang in Betracht gezogen werden: Exedren sind in Pompeji und Herkulanum schon im 18. Jahrhundert ausgegraben worden und dürften Honnerlag auf seiner Reise, die er selbst als tief beeindruckend bezeichnete, begegnet sein.

In das gleiche antike Umfeld gehören die Gedichte auf den beiden Steintafeln, die einen wichtigen Schlüssel für das Verständnis dieses Gartens enthalten. Der Rückzug aus dem Kreis der Karrieresüchtigen in ein ländliches Leben der «literarischen Musse» wird nicht erst von La Fontaine oder Delille verherrlicht, sondern geht auf die Antike, etwa Horaz, zurück.[11] Die Tatsache, dass Honnerlag sein Leben lesend verbrachte, wird von Zeitgenossen immer wieder

5 Blick von der oberen Terrasse auf den unteren Teil des Gartens. Im Mittelgrund ist eine wahrscheinlich stehende Figur zu erkennen. Auffallend ist die im Unterschied zu den Promenaden üppige Bepflanzung mit wenigen Bäumen, mit blühenden Sträuchern, Rosen, Stauden und Zwiebelpflanzen. Federaquarell von Johann Ulrich Fitzi, um 1822. Privatbesitz.

Gartenikonografie

6 Blick vom Schneckenberg auf die Freiheitsstatue vor der Rückseite des Tempelchens. Die Terrasse, auf der das Gebäude steht, wird rechts und links von Treillagepavillons begrenzt. Federaquarell von Johann Ulrich Fitzi, um 1822. Kantonsbibliothek Appenzell Ausserrhoden, Trogen.

hervorgehoben, während er sich der Wahl in ein ungeliebtes, höheres Amt mit einer Reise nach Basel zu entziehen drohte.
Auch das Tempelchen wird man spontan mit der römischen Bildungsreise in Verbindung bringen, doch scheint es sich hier um eine komplexere Aussage zu handeln. Gemäss schriftlichen Quellen handelt es sich bei der Figur auf der Rückseite um eine Freiheitsstatue. Allerdings steckt auf der Stange nicht der übliche *pileus,* die kegelförmige Filzkappe des freigelassenen Sklaven, sondern eher ein Gesslerhut, und der Schild ist mit einem Schweizerkreuz geschmückt.[12] Trotzdem: Man denkt an die politische Freiheit, wie sie Honnerlag im eigenen Land und im Zusammenhang mit den Freiheitskämpfen in Polen und Griechenland beschäftigte.

Bei genauer Betrachtung entdeckt man an der Rückwand des Tempelchens eine Tafel mit Inschrift, die aber von der Figur zum grössten Teil verdeckt wird. Dass Matthias Weishaupt, der Leiter der Kantonsbibliothek in Trogen, sich im Anschluss an unser Gespräch über diese Inschrift an die Räumung des Estrichs machte, den die Gemeinde für eigene Zwecke beanspruchte, ist einer der Glücksfälle, die einem Forscher in den Schoss fallen können. Keine zehn Minuten später brachte er nämlich die originale Tafel, von der niemand mehr Kenntnis hatte und die auch niemand hätte zuordnen können, in den Lesesaal. ▸ 7 Die Inschrift lautet: «Auf den Bergen ist Freyheit! / Der Hauch der Grüfte / Steigt nicht hinauf in die reinen Lüfte. / Die Natur ist vollkomen überall / Wo der Mensch nicht hinkomt mit Seiner Qual. / Schiller».[13]
Die Zeilen aus Schillers Braut von Messina beschliessen den Monolog des Chors nach der Ermordung Don Manuels durch seinen Bruder. Er beginnt mit den Versen: «Wohl dem! Selig muss ich ihn preisen, / der in der Stille der ländlichen Flur / Fern von des Lebens verworrenen Kreisen / Kindlich liegt an der Brust der Natur.»[14]
Wo im Angesicht des (Schnecken-)Berges die Freiheit des Individuums von den Verstrickungen des menschlichen Schicksals beschworen wird, kann mit der Figur nicht oder nicht nur die politische Freiheit gemeint sein.

7 Steinfarbig gestrichene Holztafel, die sich ursprünglich an der Rückwand des Tempelchens im Seeblickwäldchen befand. Kantonsbibliothek Appenzell Ausserrhoden, Trogen.

Seeblickwäldchen öffentlich zugänglich

Die Wiedergeburt der Renaissance
Der Park der Villa Bellerive in Luzern

Hans-Christian Steiner

«Herr Bodmer hat zeitlebens gearbeitet, und wenn er sich dabei an der Halde in Luzern ein wahrhaft herrliches Tuskulum geschaffen hat, so schuf er es, um hier von Zeit zu Zeit auszuruhen von der Arbeit; namentlich aber, um seiner Familie, die er über alles liebte, ein Heim zu geben, wo sie alle schöne Tage verleben konnten. Wunderbar schön gelegen, mit einer geradezu grossartigen Aussicht auf den See, die Stadt und die Berge, inmitten eines prachtvollen Parks, aus dem Natur und Kunst ein Dorado geschaffen haben [...]»[1]

Aus diesen schwärmerischen, aber durchaus den Kern der Sache treffenden Worten im Nachruf des «Luzerner Tagblattes» auf den verstorbenen Martin Bodmer-von Muralt (1835–1908) lässt sich herauslesen, wo sich dessen Lebensmittelpunkt befunden hat. Im Jahre 1886 erwirbt der Zürcher Seidenfabrikant und Kaufmann Martin Bodmer das Landgut Bellerive in Luzern mit einer Fläche von rund 23 Hektaren und beginnt sofort mit dessen Umgestaltung. Zuvor hat sich hier ein barocker Landsitz einer luzernischen Patrizierfamilie befunden, der «Zerleitenbaum» hiess. Unter einem «zerleiten» oder zerlegten Baum versteht man eine mächtige Eiche oder Linde, auf deren Äste man einen Pavillon für Feste im Freien baut. In der Schweiz geht die Tradition bis in die Wende vom 15. zum 16. Jahrhundert zurück.[2] Infolge der zahlreichen Besitzerwechsel im 19. Jahrhundert hat sich der Name des Gutes nicht mehr erhalten, da eine französisch sprechende Gräfin den zungenbrecherischen Namen durch das elegantere Bellerive ersetzte.[3] Ein Baum im Park erinnert jedoch noch an das vergangene Brauchtum.
Bodmer erteilt den Auftrag für den Bau einer neuen Villa an den in Luzern ansässigen Architekten Arnold Bringolf, für die Gartenplanung zieht er mit Otto Karl Froebel, Evariste Mertens und Alfred Usteri die renommiertesten Landschaftsgärtner der Deutschschweiz bei, die ihren Geschäftssitz alle in Zürich hatten. Bringolf und Froebel dürften sich schon seit der Landesausstellung 1883 in Zürich gekannt haben.[4] Von der barocken Anlage scheint ausser vielleicht einzelnen Bäumen nichts übernommen worden zu sein, hingegen zeigt ein Katasterplan von etwa 1860, dass im landschaftlichen Stil gestaltete Elemente, wie Wege, Wiesen- und Rasenflächen sowie Teich- und Bachanlagen, die seit dem frühen 19. Jahrhundert durch verschiedene Besitzer veranlasst worden waren, teilweise integriert wurden.

Der prachtvolle Villenbau in den Formen der Neu-Renaissance wurde in den Jahren 1887–1890 erstellt und parallel dazu die Arbeit am Park in Angriff genommen. Die Bewirt-

Gartenikonografie

schaftung des Herrschaftshauses und des Areals, aber auch das Bedürfnis nach Bewegung, Ablenkung und Unterhaltung bedingten im Verlauf der Zeit die Errichtung einer ganzen Reihe von Nebengebäuden und Anlagen. Nebst den Ökonomiegebäuden waren dies Portier- und Gärtnerhaus, Pächterhaus, Pächterscheune, Turn- und Wandelhalle, Pferdestall mit Dienstwohnung, Hirschgarten, Hühnergarten, Entengarten, Schweinestall, Warmhaus, Orangerie, Kamelienhaus, Traubenhaus, Bad- und Schiffshütte, Gemüsegarten, Rosarium, Wandelgang sowie zehn Brunnen, Grotten und Teiche. Die Ausbauarbeiten dauerten bis zum Tod des Bauherrn im Jahre 1908. Laut mündlicher Überlieferung sollen zeitweise bis zu 17 Gärtner angestellt gewesen sein.

Rund 30 Jahre lang, bis zum Verkauf durch die Erben Bodmer-von Muralt, bleibt das Landgut Bellerive bis auf einige Zerfallserscheinungen beinahe unverändert. Ein Verkauf an die Stadt Luzern kommt nicht zustande, dafür erstellt der Architekt Otto Dreyer einen Parzellierungsplan, der im Oktober 1938 von den Behörden genehmigt wird, und dann beginnen der Verkauf und die Aufsplitterung des Gutes an verschiedene Privatpersonen. ▶ 1

Der einst riesige Umschwung um das Herrenhaus verwandelt sich durch das Anlegen neuer Strassen und die allmähliche Überbauung der einzelnen Parzellen. Vom wertvollen Park haben sich bis heute noch 1,7 Hektaren erhalten. Einst befand sich das prächtige schmiedeeiserne Tor rund 250 Meter weiter weg von der Villa, ganz am Fusse der heutigen Bellerivestrasse neben dem noch existierenden einstigen Pförtnerhaus. Die Villa mit dem restlichen Umschwung, wozu noch ein barockes Bauernhaus gehört, wird nach einigem Hin und Her 1964 durch den Kanton Luzern erworben, der in der Folge darin ein Seminar für Arbeitslehrerinnen und Kindergärtnerinnen einrichtet.[5]

Der heutige Park kann in drei Zonen eingeteilt werden. Auf der Nordseite befindet sich die Vorfahrt- und Eingangszone, südseits liegt eine mehrstufige Terrassenanlage, und das Ganze ist in einen Landschaftsgarten eingebettet. Die einzelnen Parkzonen und der Villenbau werden einerseits durch das Element des geführten Wassers und anderseits durch ein vegetabiles Leitmotiv in der Dekoration der Villenausstattung miteinander verflochten. Folgt man der seitlich auf die Villa zuführenden Auffahrt, so wird der direkte Blick auf das Haus von einem mächti-

1 Situationsplan der Villa Bellerive mit Park im Jahr 2000.

Hans-Christian Steiner: Villa Bellerive, Luzern

gen *Ginkgo biloba* versperrt. Das spezielle Blatt dieses Baums begegnet uns als Dekorationsmotiv auf Schritt und Tritt, zum Beispiel an Schmiedeeisenarbeiten im Park und in der festen und mobilen Ausstattung der Villa.

Gegenüber dem Haupteingang der Villa wird der Vorfahrtsplatz durch eine konkav geschwungene, siebenjochige Arkadenstellung mit Bogengang aus rustizierten Regensberger Steinen geschlossen. Zwischen Mai und Juni 1891 wurden die Bogen der Anlage gesetzt. Hinter der mittleren, überhöhten Arkade öffnet sich der Blick auf eine Grotte. Offenbar musste eine ältere Grotte dem Bau der neuen weichen, für den Evariste Mertens persönlich die Arbeiter mitbrachte. Rechtzeitig vor dem Geburtstag der Hausherrin wird auch die Pflästerung des Vorplatzes fertig. Im Juli 1891 wird erstmals Wasser über die Tuffsteine der Grotte geleitet, und Mertens pflanzt in diesem Bereich 50 verschiedene Pflanzenarten.[6]

Die eigenen Quellen, die früher den Wasserlauf gespiesen haben, sind seit der Parzellierung leider versiegt, und die Vegetation beschränkt sich heute auf ein paar Farne und Efeu, das die Arkaden malerisch umrankt. Der ruinenhafte, romantische Effekt entspricht aber wohl der ursprünglichen Intention und bildet den perfekten Übergang zwischen Natur und Architektur. ▸2

In der Eingangshalle der Villa, im Stil eines antiken Atriums, taucht das Wasser wieder auf. Der Besucher wird im Haus von einer ihm entgegenschwebenden antiken Göttin empfangen, aus deren unter den Arm geklemmten Amphore das Wasser in ein Bodenbecken, das Impluvium, fliesst. Aus dem Atrium wird der Blick durch einen beidseits mit Fenstern geschlossenen Raum in den südlich gelegenen Park gelenkt.[7] Aus der Villa betritt man den Park über eine breite Freitreppe. Die Sicht auf die drei architektonischen Terrassen und durch die Schneisen der Baumkulisse auf den See, die Rigi und die Stadt Luzern mit dem Pilatus im Hintergrund ist überwältigend.

Das bauliche Gerüst der Terrassen bilden Bruchsteinmauern, Brüstungen mit halbrunden Tonziegeln zwischen den Granitsteinsockeln und monumentale, doppelt in axialer Symmetrie geführte Treppen. ▸3 Die drei Beete auf der obersten Terrasse zeigen heute leider eine karge

2 Die geschwungene Arkadenfront gegenüber dem Villeneingang. Hinter dem mittleren Bogen liegt die Grotte, von der die zentrale Wasserachse ihren Ausgang nimmt.

Gartenikonografie

Bepflanzung. Südöstlich steht prominent direkt neben der Villa und als Nachbar zum *Ginkgo biloba* ein riesiger Mammutbaum *(Sequoia gigantea)* der dem Alter nach wohl schon vor der Gartenneugestaltung hier seinen Platz gefunden hat. Zwischen den beiden Treppenläufen, die man wählen kann, um auf die nächst tiefere Terrasse zu gelangen, plätschert ein kleiner Brunnen an der Stützmauer, sofern er Wasser führt. Dass der Brunnen einen Glasboden hat, fällt zunächst gar nicht auf und wird erst später wichtig.

Diese Geländeebene wird von einem Parkweg durchquert, der in südöstlicher Richtung zu einer Linde in einiger Entfernung führt. Das geschätzte Alter und die Schnittspuren im Geäst lassen vermuten, dass diese Linde im 18. Jahrhundert noch als zerlegter Baum eingerichtet war. Jedenfalls hat man es auch im späten 19. Jahrhundert noch genossen, im Schatten der Linde zu sitzen, wie dies die Steinbänke um den Baum annehmen lassen. Will man von der Linde wieder zur oberen Terrasse gelangen, so kann man den Weg durch einen mit Eisengittern erstellten und mit Rosen bewachsenen Laubengang wählen.

Wieder bei der Terrassenanlage, gelangt man hinunter auf die dritte Ebene, in deren Zentrum ein runder, von einem Beet umgebener Springbrunnen liegt, um den sich links und rechts halbrunde Sitzbänke befinden. Eine Pergola aus hohen Säulen und einer Eisenkonstruktion auf der umlaufenden Stützmauer ist von Rosen und Efeu umrankt. Eine kleine Seitentreppe führt versteckt noch weiter hinunter in den Landschaftspark. Die bescheidene Bogentüre in der rückwärtigen Stützmauer zwischen den Treppenläufen und die kleinen, oft eingewachsenen Fensteröffnungen sind leicht zu übersehen.

Durch die Türe gelangt man in eine künstliche Grotte mit echten Stalaktiten und Stalagmiten. ▶4 Die Höhle wird indirekt von natürlichem Licht erhellt, indem die Sonnenstrahlen durch das Wasser und den Glasboden des darüber befindlichen Brunnens der Treppenanlage gebrochen auf eine Spiegelfläche an der Rückwand fallen. Nachts konnte die Grotte künstlich

3 Blick von der Villa auf die Terrassen. Die Sichtachsen auf den See und den Pilatus sind heute fast ganz zugewachsen.

4 Inneres der Grotte auf der dritten Terrasse mit Blick auf den Glasboden des darüberliegenden Brunnens und auf die Stalaktiten.

5 Blick über einen Teich auf die Villa, rechts von ihr der einige Jahrzehnte ältere Mammutbaum.

beleuchtet werden. Die dadurch entstehende zauberhafte Atmosphäre erinnert daran, dass bereits in der Renaissance die Grotten als Ort der Musen bezeichnet wurden.[8] Der bauliche Zustand dieser in der Schweiz einmaligen Grotte ist so weit saniert, dass ein beschränkter Zugang möglich ist, auch wenn die dazugehörige Inneinrichtung, zu der vor allem das Wasser und die Pflanzen gehören, leider noch fehlt.

In bewusstem Kontrast zu den streng geometrischen und mit architektonischen Mitteln gestalteten Terrassenanlagen steht der auf den ersten Blick «natürlich» wirkende Landschaftspark. Wie beim Villenbau folgt hier der Bauherr dem Beispiel der italienischen Renaissance, welche nebst dem geometrischen Garten, dem *giardino,* das Element des *bosco,* des vermeintlich wilden, nicht geometrischen Parkteils pflegte.[9] Baum-, Strauch- und Gebüschgruppen sind wie zufällig in die Landschaft gesetzt, die von geschwungenen Wegen und einem Bächlein mit diversen Teichen durchzogen wird. Zur Überraschung erlauben die Wege immer einen Rundgang in Variationen und zwischendurch einen Blick auf den Renaissancepalast. ▸5 So konnte

Gartenikonografie

man auch durch ein kleines, kürzlich wieder passierbar gemachtes Tobel (Hohlweg) unter einer Holzbrücke hindurch zur Villa zurückspazieren.

Die Wildheit wurde bis ins letzte Detail geplant. Der mit 1906 datierte, vermutlich jedoch schon einige Jahre ältere Pflanzplan von Alfred Usteri verzeichnet nicht weniger als 49 Baumsorten, allerdings auf einer Fläche, die sich damals bis zur heutigen Bahnlinie in Seenähe erstreckte. Vor Gebüschen liess Bodmer vier Steinfiguren nach antiken Vorbildern auf Sockeln im Park aufstellen, womit er die Ikonografie des Renaissancegartens wieder aufleben liess.[10] So ist gemäss dem Gartenjournal im Januar 1896 der leicht bekleidete Dionysos auf Bellerive eingetroffen.[11] Die Scham der antiken Götter wird, soweit nicht anders verhüllt, durch Blätter des *Ginkgo biloba* bedeckt. Die Standorte der Statuen sind derzeit nur provisorisch. ▶ 6

Martin Bodmer hat seinen noch im Entstehen begriffenen Park gerne kompetenten Besuchern gezeigt. Im Jahre 1893 waren beispielsweise der damalige Direktor des Botanischen Gartens von Zürich, Prof. Hans Schinz, und im Anschluss die Botanische Gesellschaft Zürich zu Besuch. Im Jahr darauf war die Gartengesellschaft Zürich geladen. Aus dem Ausland kam 1898 unter anderen der «berühmte Gartenpfleger» Herr Neubrunner von Ulm angereist.[12] Die Gästeliste liesse sich mit gezielter Nachforschung um einige wohlklingende Namen verlängern. Viel von dem Zauber dieses bedeutenden Gartens ging durch die Parzellierung, die Vernachlässigung sowie die sparsame Pflege des Parks verloren, doch spiegelt sich darin noch heute die Neorenaissance als der Stil des humanistisch gebildeten Grossbürgertums an der Wende vom 19. zum 20. Jahrhundert wider.

6 Der humanistisch gebildete Bauherr Martin Bodmer-von Muralt liess als Reverenz an den römischen Renaissancegarten vier Statuen nach antiken Vorbildern im Park aufstellen, darunter den Apoll von Belvedere.

Nicht öffentlich zugänglich.
Pädagogische Hochschule Zentralschweiz (PHZ), Hochschule Luzern,
Bellerivestrasse 19, 6006 Luzern

«Kunst- und Naturgenuss»
Der Bally-Park in Schönenwerd

SAMUEL RUTISHAUSER

Nach dem Untergang des napoleonischen Imperiums und dem Aufkommen der Bourgeoisie änderte sich die gesellschaftliche Situation im 19. Jahrhundert radikal. Gärten im landschaftlichen Stil fanden ihre Anhänger nun auch im bürgerlichen Milieu und wurden zum Ausdruck einer Gesellschaft, die sich in einer durchgreifenden Umgestaltung und Neuorientierung befand. Davon zeugt in besonderer Weise der Bally-Park in Schönenwerd, der eine Symbiose von idyllischer Landschaft, idealisierter Vergangenheit und industrieller Gegenwart zur Darstellung bringt.

1 Der ehemalige Industriekanal, 1917 stillgelegt und zu einem ruhenden Gewässer gemacht.

2 Der Grosse Weiher. Im Hintergrund der chinesische Pavillon und das Arboretum.

Zum Antrieb der Maschinen in der neuen Elastikfabrik liess Carl Franz Bally 1868/69 ein firmeneigenes Wasserkraftwerk mit einem aus der Aare gespiesenen Kanal durch den Schönenwerder Schachen errichten.[1] Auf der zwischen dem Kanal und der nahen Eisenbahnlinie Olten–Aarau verbliebenen Restfläche entstand vorerst eine Parkanlage im landschaftlichen Stil, die der Bevölkerung von Schönenwerd und Umgebung die Möglichkeit bieten sollte, «nach der Arbeit oder am Sonntage im Kunst- und Naturgenuss Erfrischung zu finden»[2].

Den Auftrag zur Planung dieses Parks erteilte Bally vermutlich dem Landschaftsgärtner Leopold Leuthardt aus Arlesheim. Neben dem fliessenden Gewässer des Kanals entstand eine weich modellierte Landschaft mit frei geformten Teichen, einem unregelmässig geschwungenen Wegnetz, künstlich angelegten Felsformationen und einer Landschaftsbildern nachempfundenen Bepflanzung mit Baum- und Strauchgruppen. Als besonderer Blickfang fielen einige für solche Gärten charakteristische, in verkleinertem Massstab in die Landschaft hineinkomponierte Architekturen in Form einer Burg und einer Kirche auf. Sie dienten als Ställe für eine Schwanenkolonie und für die hier angesiedelten Enten. Zu diesen «alten Anlagen» gehörten zudem eine chinesische Brücke, eine Pyramide und der «Wilde Mann», ein im Park aufgestelltes, altes Wirtshausschild aus Aarau. Von dieser so genannten «alten Anlage» sind heute nur noch wenige Reste erkennbar.

Nach dem Erwerb des Gretzenbacher Schachens wurde der Park in den Jahren 1888/89 auf 14 Hektare im Gebiet zwischen dem Kanal und der Aare erweitert. Obschon Carl Franz Bally mit den damals bekanntesten Gartengestaltern Evariste Mertens und Otto Froebel aus Zürich in Verbindung stand, war es wohl der Patron selbst, der die Disposition des Parks entwarf. Ein geschwungenes, mit rotem Ziegelschrot belegtes Wegnetz sollte die Besucher durch eine Reihe von Landschaftsbildern führen, die von spiegelnden Wasserflächen, dichten und lichteren Bepflanzungen, überraschend in die Umgebung hineinkomponierten Architekturen in verklei-

3 Pfahlbaudorf, nach einem Modell von Maximilian Götzinger unter Anleitung des Zürcher Gelehrten Ferdinand Keller in den Jahren 1888–1890 im Massstab 1:2 errichtet.

4 Kosthaus von Karl Moser, 1919.

nertem Massstab oder einer künstlich gestalteten Felsformation mit einer Grotte geprägt waren. Ein wichtiges Element bildeten die bewusst gestalteten Ausblicke auf bestimmte Objekte in der umgebenden Landschaft. Grosse Teile dieser ebenfalls im landschaftlichen Stil angelegten Parkanlage sind erhalten und bilden heute das Kernstück des Bally-Parks.

Der erweiterte Park wurde in den späteren Jahrzehnten infolge verschiedener Eingriffe – nicht immer zu seinem Vorteil – erheblich verändert. 1908 entstand eine als Waldhaus gestaltete Pumpanlage für die Wasserversorgung, und 1910 fand ein Fruchtspeicher von 1588 seinen Platz im Bally-Park. Im Jahr 1917 verlor das firmeneigene Kraftwerk seine Bedeutung, nachdem das Kraftwerk Niedergösgen seine Stromproduktion aufgenommen hatte. Der Kanal wurde stillgelegt und wandelte sich von einem fliessenden Gewässer zu einem lang gezogenen Teich. In dieser Zeit mussten grosse Teile der «alten Anlagen» im Norden neuen Fabrikbauten weichen.

1923 erhielt Walter Mertens den Auftrag, dem «in verschiedene Einzelstücke zerfallenden Park» wieder eine «grosszügige Gesamtwirkung» zu geben.[3] In der Folge entstanden das halbrunde Parterre vor dem Kosthaus und ein in manchen Teilen begradigtes Wegnetz. ▸4 Zudem wurden einige Terrainmodellierungen eingeebnet. Nicht unwesentlich war auch das Abstreuen des Wegnetzes mit Melser Splitt seit den 1950er Jahren. Damit verloren die Wege die intensiv rote Farbe des einstigen Ziegelschrots als Gegensatz zum Grün der Wiesen und Gehölze.

Heute befindet sich der nordseitige Eingang zum Park beim Kosthaus. Der Weg nach links führt zu dem nur noch rudimentär erhaltenen Teil der «alten Anlagen» zwischen dem einstigen Kanal und der Bahnlinie. Noch deutlich erkennbar sind einige ursprüngliche Gestaltungselemente wie die alten Einfassungen des Bahnweges mit Bruchsteinen, der mittlere und der obere, gegenwärtig trockenliegende Weiher die Rinne des Waldbächleins und Teile des einstigen Alpinums, eines der wichtigen künstlich hergestellten Elemente dieser Parkanlage. Den aareseitigen Abschluss dieses Landschaftsparks bildete der Industriekanal. ▸1 Dieser wurde im Jahr 2003 von zwei später eingefügten Dämmen befreit. Gleichzeitig liessen die heutigen Besitzer die eiserne Brücke wieder errichten. Damit erhielt die Gesamtanlage ihre einzigartige und charakteristische Gestalt zurück, die einerseits von Elementen des landschaftlichen Gartenstils und andererseits von einem industriellen Kanal bestimmt wird.

Über die wiederhergestellte Eisenbrücke führt der Weg in den jüngeren Teil des Parks. Von der Brücke aus wird der Kirchturm von Gretzenbach sichtbar, einer der bewusst gestalteten Ausblicke in die umgebende Landschaft. Auf der anderen Seite des Kanalufers steht der aus Gränichen AG stammende Fruchtspeicher von 1588, der um 1910 vor dem Abbruch gerettet und in den Bally-Park versetzt wurde. Seither steht er am Rand der grossen Wiese, in seiner natürlichen Grösse nicht wirklich ins Konzept des Landschaftsgartens passend. Weiter in Richtung Aare gelangt man zum erratischen Block, der an der zentralen Wegkreuzung des Parks ein Zeichen setzt.

In Richtung Süden wird das Auge einerseits über die weite Wiesenfläche auf eine imposante Baumgruppe und eine prächtige Gehölzkulisse im Hintergrund gelenkt. Andererseits schweift der Blick über die ruhige, die Landschaft irreal spiegelnde Wasserfläche einer Teichanlage. ▸2 Nach traditioneller Art ist das Ufer mit geflochtenen Ästen befestigt. Am gegenüberliegenden Ufer des Weihers hebt sich hinter einem Schilfgürtel auf einer kleinen Anhöhe ein chinesischer Pavillon vom dunklen Arboretum im Hintergrund ab.

Weiter südlich befindet sich zwischen der grossen Baumgruppe und dem Teich eine Kanzel, von der aus sich ein überraschender Blick auf ein Pfahlbaudorf bietet. ▸3 Diese Pfahlbauten liess Carl Franz Bally in den Jahren 1888–1890 im Masstab 1:2 nach einem Modell errichten, das der Uhrmacher Maximilian Götzinger aus Basel unter der Anleitung des Zürcher Gelehrten Ferdinand Keller um 1870 gebaut hatte. «Welcher Gegensatz! Hier ein Bild jener Menschheit, welche auf dem festen Land sich nicht sicher fühlend, in die einsamen Seen hinausflüchtete, dort die Ortschaft, wo industrielles Leben mächtig pulsiert; da draussen die schilfbedeckten, denkbar einfachsten Hütten der helvetischen Ureinwohner und nicht weit davon die mächtigen Fabrikanlagen des Weltgeschäfts.»[4]

Dieses Bild aus dem friedlichen Leben der «helvetischen Ureinwohner» ist wohl das bemerkenswerteste Element im Bally-Park. Zusammen mit der umgebenden Landschaft zeugt es von der Absicht Carl Franz Ballys, der Bevölkerung von Schönenwerd nicht nur Erholung und Genuss, sondern auch ein Bildungs- und Kunsterlebnis zu bieten. Es ist zudem ein lebhaftes Zeugnis der Gesellschaft dieser Zeit, die auch in der Kunst und Architektur bewusst auf die Wurzeln der eigenen Geschichte zurückgreift.[5]

Die Aussichtskanzel erhebt sich über einer künstlich angelegten Grotte. Sie besteht aus vermörtelten Flusskieseln, in denen die Initialen C. F. B. für Carl Franz Bally sowie das Entstehungsjahr 1890 mit einem Schweizerkreuz aus hellen Steinen auszumachen sind.

Zwischen den Pfahlbauten und dem Aareufer befindet sich der dunkelste Teil des Bally-Parks: Thuja, Eiben und verschiedene andere immergrüne Nadelbäume spenden hier Schatten und Kühlung im heissen Sommer, die Ruhebänke sind nach innen gerichtet, und der Blick auf die vorüberfliessende Aare ist verwehrt. Dahinter folgt das so genannte Arboretum, das erst vor wenigen Jahren restauriert und der Allgemeinheit zugänglich gemacht worden ist. Ursprünglich war es den Mitgliedern der Familie Bally zum Lustwandeln und ihren Kindern zum Spielen vorbehalten. Das geschwungene Wegnetz mit Kanten aus Flusskieseln, die Uferbefestigungen mit geflochtenen Ästen oder die aus Felsbrocken errichtete Zyklopenbrücke ▸5, die einen Nebenarm – das «Dianabad» – vom grossen Weiher trennt, zeugen von einem exklusiveren Gestaltungswillen für diesen Parkteil. Dazu kommen exotische Bäume aus aller Welt wie der mächtige kalifornische Mammutbaum oder der chinesische Ginkgo mit seinen blattförmigen Nadeln. Zum ursprünglichen Bestand gehörte auch eine Waldkapelle auf der Halbinsel im Arboretum. Von dem kleinen Bauwerk sind nur noch die Fundamente vorhanden; die Kapelle wurde 1976 abgetragen.

Nach dem Arboretum folgt ein begehbarer chinesischer Pavillon, der auf dem einzigen, künstlich angelegten Hügel errichtet wurde. ▸2 Er ist ein später Ausläufer jener Exotenlust, die seit der Mitte des 18. Jahrhunderts Gartengestalter und Architekten beflügelte. Von hier aus bietet

5 Zyklopenbrücke im Arboretum.

6 Ausblick vom chinesischen Pavillon auf den oberen Weiher und die Steinbrücke.

sich ein prächtiger Blick auf die Parkanlage: ▸6 «Vor uns der glatte Wasserspiegel, die sanft geschwungenen Uferlinien, die prächtigen Parkanlagen, die rauschende Aare, drüben der romantische Turm der Falkensteiner Herrenburg und das ganze schöne Landschaftsbild, abgeschlossen durch die Höhenzüge des Jura.»[6]

Vom Pavillon führt der Weg zurück zum Aareufer und zum Schänzli, von wo aus der Blick erneut auf die Aare und die am anderen Ufer auf einem Felssporn stehende Kirche von Niedergösgen geleitet wird. Mit dem Umbau der mittelalterlichen Burgruine Falkenstein zu einer Kirche im Jahr 1903 ging der Bally-Park eines charakteristischen Elements und Symbols der Vergänglichkeit und des Neuanfangs verlustig.

Eine Steinbrücke zwischen dem Schlittschuhweiher im Norden und dem grossen Weiher im Süden verbindet das Schänzli und die bereits bekannte Wegkreuzung im Zentrum der Parkanlage. Der Weg zum Kosthaus führt über die erst nachträglich durch die Mitte des Parks angelegte Achse. Auf der rechten Seite befindet sich ein Kinderspielplatz mit einem kleinen Felsenbrunnen. Auf der anderen Seite des Wegs liegt ein Aussichtspunkt, von dem aus sich ein schöner Blick über den Schlittschuhweiher bietet.

Nach einem eher düsteren Waldstück weitet sich der Park über ein Rasenparterre zur imposanten Fassade des Kosthauses. ▸4 Dieser von Karl Moser errichtete Bau brachte 1919 ein neues, für die Gartengestaltung interessantes Element in den Bally-Park. Denn anders als der landschaftliche Stil, strebte der um 1900 aufkommende formale Stil nach einer Verknüpfung von Garten und Architektur. Mit der Neugestaltung der Umgebung des Kosthauses nach 1924 haben die Gebrüder Mertens diesen Bezug noch verstärkt, indem der neue, axial in den Park gelegte Weg optisch über ein halbrundes Rasenparterre hinweg auf den Mittelteil der Fassade mit dem Dreieckgiebel und der Freitreppe zielt.

Der noch weitgehend unbekannte Bally-Park in Schönenwerd gehört zu den bedeutendsten landschaftlichen Parkanlagen des 19. Jahrhunderts in der Schweiz. Einzigartig macht ihn das Zusammenspiel zwischen einer industriellen Einrichtung, dem Kanal, einer idealisierten, idyllischen Landschaft und einer historischen, patriotischen Gelehrsamkeit. Der Park ist Ausdruck gesellschaftlicher Wertvorstellungen des 19. Jahrhunderts nicht nur in Schönenwerd, sondern in ganz Europa.

Öffentlich zugänglich

«Du stilles Gelände am See»
Das Rütli

Das am Urnersee, auf Gemeindegebiet von Seelisberg gelegene Rütli ist seit dem späteren 15. Jahrhundert als Stätte des Bundesschwurs schriftlich überliefert. Wie der Name sagt, handelt es sich um ein kleines gereutetes (gerodetes) Gut. Als Schwurplatz galt die Stelle, an der drei Quellen hervortreten. Das Rütli wurde über Jahrhunderte in Privatbesitz landwirtschaftlich genutzt, erschlossen durch eine Schifflände und einen vom Seelisberger Hochplateau herabführenden Weg. Um es vor Spekulation zu bewahren, wurde es 1858 von der Schweizerischen Gemeinnützigen Gesellschaft erworben. Die Schuljugend sammelte 55 000 Franken für den Ankauf. Nach der Schenkung an die Eidgenossenschaft 1859 verblieb die Verwaltung bei der SGG, deren Rütlikommission den Auftrag hat, das Rütli als Naturdenkmal zu bewahren und der Öffentlichkeit zugänglich zu halten.[1]

1860 begann eine zurückhaltende Ausgestaltung des Rütligeländes. Dazu gehörten die von Gärtner und Strassenmeister Conrad Joseph Scheuber aus Stans konzipierten Wege, welche die Besucher an die Denkwürdigkeiten und Schönheiten des Rütli heranführen, ohne die landwirtschaftliche Nutzung zu beeinträchtigen, und die Wiederherstellung des land- und forstwirtschaftlich etwas heruntergekommenen Guts unter Leitung von Elias Landolt, Professor für Forstwirtschaft an der ETH Zürich. ▶1 Mit 2000 Nadelhölzern, vorwiegend Rottannen, sowie 1000 Laubbäumen, grössernteils Buchen, Birken und Eschen, wurde der durch Holzschlag zurückgedrängte Wald aufgeforstet und der Waldsaum wiederhergestellt.

Das nächste Vorhaben betraf die würdigere Gestaltung des alten Rütli-Zentrums, des Schwurplatzes mit den durch eine hölzerne Hütte geschützten drei Quellen. Die Vorschläge von Johann Meyer, Ferdinand Stadler und Gottfried Semper kamen nicht zur Ausführung, doch wurde 1865 ein Wettbewerb

HELMI GASSER

1 Plan des Rütli (koloriert) nach Erstellung der neuen Wege und der Schützenrütti (unkoloriert) mit der Schifflände. Auf dem Rütli oben rechts das alte Bauernhaus mit dem Gemüsegarten, links daneben der Schwurplatz. Hier beginnt der Rundweg, der zum Rastplatz am Seeufer und wieder hinauf zu einem zweiten Rastplatz bei der Rütliwiese führt. Um 1864, gezeichnet von Ingenieur und Architekt Karl Reichlin. Graphische Sammlung der Schweizerischen Landesbibliothek, Bern.

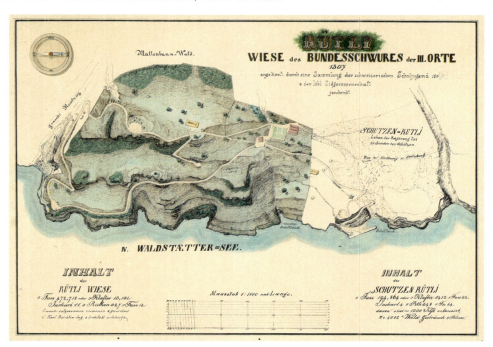

Helmi Gasser: Das Rütli

ausgeschrieben. Die Auftraggeber, die mit einer grottenartigen Naturanlage sympathisierten, liessen den dritten Preis von Kunstmaler Anton Bütler ausführen. Ein späterer Verbesserungsvorschlag des beigezogenen Gartenarchitekten Theodor Froebel wurde nicht berücksichtigt. Seit 1879 entspringen die drei Quellen einem mächtigen Felsblock aus Schrattenkalk, der von Ingenbohl aufs Rütli transportiert wurde. ▸ 2 Historisierende Neubauten ersetzten bereits 1868/69 das alte Bauernhaus und den Stall. 1913 kam eine Wartehalle bei der in die Schützenrütti verlegten Schiffstation hinzu. Wegen der wachsenden Besucherströme übernahm die weiträumige aussichtsreiche Rütliwiese mehr und mehr die Rolle der eidgenössischen Denkwürdigkeit.

Im Bereich des Rütli läuft der schroffe Fels in steilem Wald- und Wiesland gegen den Urnersee aus. Die Matten sind von Felsbrocken durchsetzt, die grösseren seit 1861 von Gehölzen überwachsen. Unter der Rütliwiese und beim Schwurplatz schieben sich grössere Baumgruppen in die Matten hinein. Kleine Terrassierungen unterbrechen das abfallende Gelände. Auf der grossen Rütliwiese mit der Schweizerfahne steigt der Boden sacht, fast wie ein natürliches Amphitheater an.

Die beiden Raststätten und der Schwurplatz liegen auf kleinen Geländeterrassen. Der höhlenartige Felsen, aus dem die drei Quellen fliessen, wird überdeckt von einer Baumgruppe aus Blutbuchen und Eiben, die einer späteren Baumgeneration zugehören. Sie hüllen den Schwurplatz in schattiges Dunkel.

Hier beginnt der 1861 angelegte Rundgang, auf dem sich das gesamte Gebirgspanorama öffnet. Gegen das Ufer hinuntersteigend sieht man die Schwyzer Gebirge, die beiden Mythen und den Fronalpstock. Dem Ufer entlang gelangt man unter einem waldigen Blätterdach auf den unteren Rastplatz mit prachtvollen Ausblicken in das Urner Hochgebirge. An der südlichen Grundstücksgrenze aufsteigend, biegt der Pfad wieder in die Matte ein, führt am baumbestandenen oberen Rastplatz und an der Rütliwiese vorbei zum Schwurplatz und zum nahe gelegenen Rütlihaus zurück. Das Gelände wird umschlossen von einer urwüchsigen Waldvegetation, in welcher die Buchen dominieren. Sie haben die 1861 in grosser Zahl gepflanzten Nadelhölzer und andere Laubholzarten bis auf kleine Gruppen und Einzelbäume verdrängt.

Trotz jährlich zwei Grossanlässen – am 1. August und am Rütlischiessen im November – und über 50 000 Besuchern kann das Rütli immer noch als «stilles Gelände am See»[2] empfunden werden. Man erlebt diesen in die Natur und ins Gegenüber uralter Gebirgsmassive eingebundenen Erinnerungsort der Eidgenossenschaft in wohlgestimmter Geborgenheit. Umgeben vom dunklen Wald, vom blaugrünen See und grauem Fels, ist die hell schimmernde Rütliwiese landschaftlich eine Ikone der Schweiz, ihr innerstes Herzstück. ▸ 3

2 Der Schwurplatz mit den drei Quellen, die einem mächtigen Felsblock entspringen.

3 Das Rütli, eingebettet in die Gebirgslandschaft am Urnersee, aufgenommen vom alten Seelisberger Kirchweg.

Öffentlich zugänglich, zu Fuss über den alten Kirchweg von Seelisberg oder von der Schiffstation Rütli

Hotelgärten

«Die Natur scheint über die Schweiz das Füllhorn ihrer Schönheiten ausgeleert zu haben, und Bewohnung und Cultur vereinigten sich nach ihr, mitten unter den Wundern des Erhabenen und Romantischen, die keine Hand des Menschen zu schaffen vermag, noch die sanftesten Reize einzustreuen.»
Leider blieb es nicht bei dieser romantischen Naturidylle, die Christian Cay Lorenz Hirschfeld – er bereiste 1765 erstmals die Schweiz – in seiner «Theorie der Gartenkunst» 15 Jahre später beschreibt. Die Schweizer haben inzwischen den Wundern aus dem Füllhorn der Natur arg zugesetzt und tun es auch weiterhin. Doch trotz allem werben sie seit 100 Jahren auf hinreissenden Tourismusplakaten mit der heilen Natur. Fast nie gerät ein Hotel ins Blickfeld, geschweige denn ein Garten. Wie sollte er es auch aufnehmen mit ihr! Auch die Forschung kümmerte sich bis anhin nicht um diese Bauaufgabe. Aber es gab sie, diese Hotelgärten, man trank Tee darin, sonnte sich mit Blick auf See und Berge im Liegestuhl oder spielte Tennis und Golf.

Das Grandhotel entlehnte seine Ideale der barocken Residenz: ein herrschaftlicher Park, der das schlossartige Gebäude durch Achsen in der Gegend verankert. Gottfried Semper setzte das Konzept 1861 in seinem zweiten Projekt für ein Hotel in Bad Ragaz um: ein Ehrenhof in Form eines Hippodroms vor einem Palasthotel mit vier Innenhöfen und auf der Gartenseite eine axiale Weganlage in Form einer *étoile*, eines Wegsterns, die Zwischenräume dem Geschmack der Zeit entsprechend als Landschaftsgärten gestaltet. Semper liess sich wohl durch die 1718 publizierten Idealgärten von Stephen Switzer inspirieren.

Der schlichtere Gartenplan des Hotel Palace in Maloja geht mit seiner Sternanlage und den landschaftlichen Partien an den Rändern eindeutig auf Sempers Entwurf zurück und wird dem gräflichen Bauherrn aus Belgien und seinen aristokratischen Gästen gefallen haben. In den Städten siedelte sich das Palasthotel als neue Bauaufgabe im Zuge der Entfestigung an den Quais an, wo die Allee den Park ersetzte. Die ersten Beispiele sind ab 1836 in Luzern zu finden.

Dort, wo es darum ging, ein Naturwunder wie die Giessbachfälle in die Hotelanlage einzubeziehen und aus dem steilen Gelände am Thunersee eine Tugend zu machen, war ein Landschaftsgarten am Platz. Hirschfeld begrüsste als Theoretiker und Verfechter des Landschaftsgartens die Anhöhe. Sie «hat mehr Freyheit, Heiterkeit und Anmuth als die Ebene; das Offene und Lustige ist ihr Eigenthum […] sie unterhält durch Vervielfältigung der Ansichten bey dem Hinaufsteigen, überrascht auf ihrem Gipfel und gewährt der Seele ein angenehmes Gefühl der Erhebung […].» Die technischen Einrichtungen wie die erste Standseilbahn Europas oder die elektrische Beleuchtung der Wasserfälle zeigen zwar, dass wir uns mitten im 19. Jahrhundert befinden. Hirschfeld hätten sie aber gewiss gefallen, gehörte doch die Neuheit und das Unerwartete zur gelungenen Gestaltung eines Landschaftsgartens.

Auch der Hotelier des Hotels Paxmontana zog alle Hirschfeld'schen Register: die Lage auf der Anhöhe mit Blick auf den Sarnersee und die Innerschweizer Berge, die gewundene Zufahrt unter der Pergola mit dem im Herbst tiefroten wilden Wein und den immer neuen Ausblicken, der Abstieg zur Einsiedelei von Bruder Klaus, der den Besucher in eine fromme Stimmung versetzt, und die Spazierwege an Wasserfällen und Gletschermühlen vorbei, die ihn überraschen und belehren sollen.

Katharina Medici-Mall

Ein gerahmtes Naturwunder
Der Park des Grandhotel Giessbach

ANNEMARIE BUCHER

> Das dünne Wasser teilt des tiefen Falles Eile,
> In der verdeckten Luft schwebt ein bewegtes Grau,
> Ein Regenbogen strahlt durch die zerstäubten Teile
> Und das entfernte Tal trinkt ein beständig Tau.
> Ein Wanderer sieht erstaunt im Himmel Ströme fliessen,
> Die aus den Wolken fliehn und sich in Wolken giessen.
>
> *Albrecht von Haller*[1]

Der Hotelpark am Giessbach am steilen unzugänglichen Südufer des Brienzer Sees ist eine im «natürlichen» Stil gestaltete, weitläufige Waldlandschaft mit spektakulärer Wirkung.[2] Beinahe unberührt von zeitgenössischer Landschaftsinfrastruktur verbindet er einen imposanten Wasserfall, ein schlossartiges Grandhotel und eine historische Standseilbahn zu einem gerahmten Bild. Die Geschichte dieser Parklandschaft ist eng mit der Entdeckung des Berner Oberlandes als Landschaft, der Blütezeit des Schweizer Tourismus und dem Hotelbau im 19. Jahrhundert verknüpft.[3] ▸ 1

Von der Alpweide zum landschaftlichen Park

Vor seiner Entdeckung als schöne Natur wurde das unbesiedelte, teils bewaldete Gebiet um die Wasserfälle während Jahrhunderten als Weideland verwendet. Zur landwirtschaftlichen Nutzung gesellte sich im 18. Jahrhundert zunehmend eine ästhetische Betrachtung der Landschaft. Ein Plan von 1747 zeigt neben Viehweiden den Katarakt mit einem darüberführenden Steg. Zur touristischen Attraktion wurde der Giessbachfall erst nach 1800 – später als andere berühmte Wasserfälle des Berner Oberlands; dennoch gehörte er bald als Meilenstein zu jeder Schweizerreise.

Dass die Weide zum Park wurde, ist dem grundlegenden Wandel in der Wahrnehmung und Nutzung der Alpenlandschaft im 18. Jahrhundert zu verdanken. Die Angst und Schrecken erregende Passage auf dem Weg ins gelobte Land Italien wurde im Laufe der Zeit selbst zur «Bildungslandschaft»: Dichter und Maler entdeckten die ästhetischen Qualitäten von pittoresken Berggipfeln, Gletschern, Schluchten und herabstürzendem Wasser und vermittelten diese durch ihre Werke einem grossen Publikum. Noch wirkungsvollere Wahrnehmungsmuster schufen die Gartenkünstler, wenn sie in landschaftlichen Parks mit Hilfe raffinierter Techniken alpine Topografie und rauschende Wasserfälle imitierten.[4] Doch bemerkte schon Hirschfeld in seiner Theorie der Gartenkunst: «Fallende Wasser sind überhaupt durch die Kunst schwer anzulegen. Sie verrathen gar zu bald die Hand des Menschen, und haben selten das Gepräge des Natürlichen.»[5] Es kann deshalb nicht erstaunen, dass das Publikum die «Originale» bewundern wollte und damit die Naturlandschaft zum Park deklarierte.

Hotelgärten

1 Grandhotel Giessbach. Die Ansicht zeigt in einer illusionistischen Gesamtschau alle Attraktivitäten des Ortes: den Namen gebenden Wasserfall, den Thuner- und den Brienzersee, umgeben vom Kranz der Berge, die Standseilbahn, das Hotel mit seinen Nebenbauten und den in die alpine Landschaft eingebetteten Park. Historische Postkarte.

Der Brienzer Schulmeister Johannes Kehrli erkannte um 1810 als Erster in dieser Landschaft mit dem dominierenden Giessbachfall die neue ästhetische Dimension und begann als Schwiegersohn des Besitzers das Land in neuer Weise zu nutzen. Für die immer zahlreicheren Gäste baute er einen Weg, der vom See zum Wasserfall führte, und eine Ruhebank mit Dach. Seine Kinder sorgten mit Musik und Gesang für zusätzliche Unterhaltung. Später kamen Bewirtungs- und Übernachtungsangebote dazu.

Mit Unterstützung der Regierung und nach den Plänen des Brienzer Pfarrers Daniel Wyss wurden etappenweise weitere Wege gebaut, die in grottenähnlichen Passagen hinter den Wasserfällen hindurch (auch das ein Effekt, den schon Hirschfeld besonders hervorhebt[6]), auf Brücken und Stegen über sie hinwegführten. Zur Steigerung der ästhetischen Wirkung wurde die Szenerie nachts manchmal mit Reisigwellen beleuchtet. Daniel Wyss zeichnete 1822 den ersten Situationsplan und gab den 14 Stufen des Wasserfalls Namen verdienter bernischer Helden, angefangen bei Berchtold von Zähringen.

1854, nach dem Tod Kehrlis, erwarben die Gebrüder Rappold den Besitz. Sie verhinderten damit die drohende Abholzung des Gebiets und liessen in der Mulde auf dem Plateau das erste steinerne Gästehaus errichten. Angesichts des zunehmenden Fremdenverkehrs wurde nun auch die Umgebung intensiver gestaltet. Eduard Schmidlin, ein Stuttgarter Landschaftsgärtner, zeichnete verantwortlich für den Ausbau des Wegnetzes und die zurückhaltende Umgestaltung der «wilden» Naturlandschaft in einen landschaftlichen Park. ▸2 Auf grosses Echo stiess die bengalische Illumination der Wasserfälle. Die Weggebühr von 50 Rappen wurde vom Staat mit dem Hinweis auf das öffentliche Wegrecht aber bald wieder unterbunden.

Nach verschiedenen Handwechseln begann 1870 unter Karl Hauser-Blattmann eine neue Ära. 1875 wurde auf einer in den See ragenden Felsnase gegenüber den Wasserfällen, auf dem Ranft, das neue Palasthotel eröffnet, und zum Wunder der Natur gesellte sich ein Wunder der Technik: die erste Standseilbahn Europas, die von der Schiffstation zum Hotel führt. Zusammen mit dem alten, in ein Kurhaus umgewandelten Hotel war so eine kleine abgeschlossene Tourismuswelt entstanden, eingebettet in die von den Giessbachfällen dominierte, parkartig überformte Alpenlandschaft.

Eine Parklandschaft zwischen Natur und Kunst

Die rund 22 Hektar grosse, über weite Teile bewaldete Parkanlage ist auf den ersten Blick kaum von der Natur- und Kulturlandschaft abzugrenzen. Ein forstmässig gepflegter Wald vorwiegend aus Buchen, Föhren und Fichten überzieht das Gelände. Doch zeigt eine subtil in die gebirgige Topografie eingefügte Infrastruktur, dass wir es hier nicht mit der «wilden», sondern mit einer kunstvoll inszenierten Natur zu tun haben. Die Giessbachfälle gehören neben dem Staubbachfall und den Reichenbachfällen zu den wichtigsten Naturattraktionen der Region. In einer imposanten Folge von 14 Kaskaden stürzt sich der wilde Bergbach von einem natürlichen Hochplateau über 400 Meter in den Brienzersee hinunter. Alle gestalterischen Eingriffe haben die pittoreske Inszenierung dieses Naturwunders und der umgebenden Landschaft zum Ziel. Sowohl die Erschliessung des weitläufigen Geländes durch Spazierwege, Brücken und Stege wie die Schaffung von Aussichtspunkten und Ruheplätzen beschreiben weniger eine räumliche als vielmehr eine der bildhaften Betrachtung der Landschaft dienliche Ordnung. Dazu gehören Ausblicke auf den See und die Berge, doch im Zentrum steht der Wasserfall. Besucher erfahren ihn aus einer gewissen Entfernung in seiner ganzen Höhe, sie werden an die verschiedenen Katarakte herangeführt, hören das mächtige Rauschen, ohne ihn im Dickicht des Waldes zu sehen, stehen unverhofft vor einem Steg, der die stiebenden Wassermassen überbrückt, oder werden hinter einem Wasserschleier hindurchgeführt.

Das Hotel für die landschaftsbegeisterten Touristen wurde auf einer leichten Anhöhe vor einer kleinen Talmulde errichtet. Zimmer und Terrasse gewähren eine ideale Aussicht auf die Wasserfälle und den Brienzersee. ▸3 Weiter hinten befinden sich ein kleines Chalet, das Angestelltenhaus, eine Gärtnerei sowie für die heutigen Bedürfnisse ausgerichtete Parkplätze, Spiel- und Sporteinrichtungen. Um die Bauten herum und entlang des Hauptwegs in der Talmulde sind verschiedene nicht standortgemässe Baumarten wie Ahorn, Linden, Edelkastanien anzutreffen, die eine bewusste Setzung vermuten lassen.

Mit dem Niedergang des Alpentourismus im 20. Jahrhundert erlebte das Grandhotel Giessbach ein ähnliches Schicksal wie viele andere Häuser seiner Klasse. Doch setzten Franz und Judith Weber dem kontinuierlichen Abstieg und immer wieder drohenden Abbruch 1982 mit der Gründung einer Stiftung ein Ende. 2004 wurde das Grandhotel Giessbach als «Historisches Hotel des Jahres» ausgezeichnet. Damit sind auch Bestrebungen für die Entwicklung eines übergeordneten Landschaftskonzepts angeregt worden.

Noch heute vermag die Reise über den Brienzersee mit Blick auf das weiträumige Ensemble aus Natur-, Kultur- und Kunstlandschaft einen nostalgischen Reiz auszuüben und uns in eine andere Zeit zu versetzen.

2 Abschnitt des Weges, der abwechslungsreich durch das Gelände führt und steile Partien mit Stufen überwindet, die in den Fels gehauen sind.

3 Die Hotelterrasse mit dem Blick auf den Giessbachfall. Der dunkle Wald als Begleiter und Rahmen des weiss schäumenden und in der Sonne leuchtenden Wasserfalls ist im Vergleich mit alten Fotografien mächtiger geworden. Hier müssen in Zukunft Strategien entwickelt werden, die sowohl der forstlichen Waldpflege als auch der historischen Tourismusattraktion gerecht werden.

Für Gäste zugänglich.
Grandhotel Giessbach, 3855 Brienz

Ein alpiner Tummelplatz für Europas Aristokratie

Maloja, Hotel Palace, ehemals «Hôtel Maloja Kursaal»

MARCUS CASUTT

«In der Zeitspanne von zwei Jahren hatte ich nicht nur eines der größten und schönsten Kurhotels in der Schweiz gebaut, eingerichtet, möbliert, mit allen nötigen Apparaten ausgestattet und in Betrieb genommen, sondern ich hatte sozusagen ein ganzes Land verändert […]»[1]

So beschreibt der belgische Graf Camille de Renesse (1836–1904) sein ab 1880 verfolgtes Vorhaben: Im Oberengadin sollte ein luxuriöses Hotel mit einzigartigen Umgebungsanlagen zum Anziehungspunkt für die Angehörigen von Europas obersten Gesellschaftsklassen werden. Das Projekt war – zur Pionierzeit des Alpentourismus – von monumentalen Dimensionen und hatte die bestehenden touristischen Einrichtungen in St. Moritz zu übertreffen. Bei Maloja kaufte de Renesse eine Vielzahl von Grundstücken und brachte das gesamte Gelände bis zum Silsersee in seinen Besitz, total 140 Hektaren, darunter Öd- und Sumpfland. Der Bau des Hotels erfolgte in nur 15 Monaten, zwei Winterpausen ausgenommen. Architekt war Jules Rau (1854–1923) aus Brüssel. Und am 1. Juli 1884 fand die glanzvolle Eröffnung des «Hôtel Maloja Kursaal» statt.

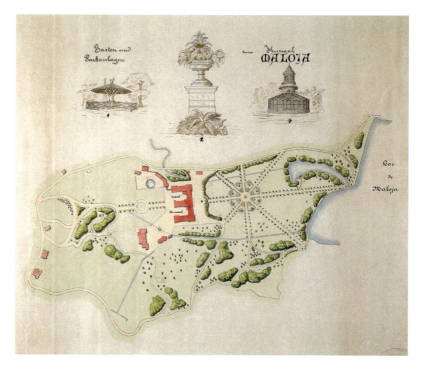

1 Entwurf für den Park des «Hôtel Maloja Kursaal» von Wilhelm Ankele, um 1884. Privatbesitz, Belgien.

Hotelgärten

Der Planungsgeschichte und den Kostenberechnungen von 1881 sind keine Hinweise für die Umgebungsgestaltung zu entnehmen. Ausgeführt wurde sie wohl ab Sommer 1884 nach einem Plan des Berner Stadtgärtners Wilhelm Ankele (1841–1913).² ▶ 1

Das Hotel Kursaal erlebte wirtschaftliche Turbulenzen, die bereits 1885 zum Rückzug des Grafen führten. Bis zum Ersten Weltkrieg aber reihten sich zahlreiche erfolgreiche Saisons aneinander,³ in denen das Haus – später «Maloja Palace» genannt – tatsächlich zum «Reunionsplatz der hocharistokratischen konservativen Welt»⁴ wurde. Die folgenden konjunkturbedingt schwierigen Jahre führten 1934 zur Schliessung und – trotz Nutzung als Militärunterkunft – zu einem fortschreitenden Zerfall. 1962 erwarb die belgische Krankenkasse Mutualité Chrétienne das «Maloja Palace» für ihre Ferienorganisation Intersoc und sichert damit bis heute die Erhaltung und einen gewissen Unterhalt.

2 Ansicht der Anlage von Norden, um 1900.
Eidgenössisches Archiv für Denkmalpflege, Bern.

Am oberen Ende des Engadins, zwischen Silsersee und Maloja, dem ehemaligen Sommersäss der Gemeinde Stampa, sowie den Weilern Capolago und Cresta erstreckt sich eine leicht abfallende Ebene. Die Anlage dominiert diese auf 1800 Metern Höhe gelegene Landschaft: sie reicht vom Seeufer bis zur Siedlung, begrenzt durch die bogenförmige Hauptstrasse nach Sils und den Weg nach Isola – ein Hotelpark auf der Alp. Die Kulisse bildet ein Kranz mächtiger Oberengadiner und Bergeller Berggipfel; die Vegetation ist alpin, aber nicht karg, verläuft die Baumgrenze doch auf hohen 2400 Metern. ▶ 2

Quer im Tal steht das monumentale Hotelgebäude, ein Bau im Stil einer italienisch inspirierten Neurenaissance. Zahlreiche Nebengebäude und die englische Kirche vervollständigten die Anlage. Den Gästen wurden attraktive Einrichtungen angeboten, für Betätigung und Musse, für die Sommer- und die Wintersaison: Tennisplätze, Reitbahn, Krocketrasen, Bootssteg, Neun-Loch-Golfplatz, Schwimmbad, weitläufige Promenaden und ein Eisplatz zählten dazu.

Das Zentrum bildet ein geometrischer Parkteil, der in einen Landschaftsgarten übergeht und sich schliesslich mit der umgebenden Berglandschaft verbindet. Der gemischte Stil, das heisst die Verbindung von geometrischer und landschaftlicher Gestaltungsweise, wie sie im 19. Jahrhundert beliebt war, bietet hier die Möglichkeit, zwischen dem mächtigen Hotelbau und der Naturlandschaft zu vermitteln.⁵

Ausgangspunkt der Anlage ist die nach Nordosten, zum See gerichtete Hauptfassade, hinter der Garten und Hotelgäste Schutz vor dem zuweilen heftigen Malojawind finden. Eine eindrückliche Bergföhrenallee bildet die Hauptachse, die in Richtung des Tals von Südwesten nach Nordosten verläuft. ▶ 3 Sie führt über 400 Meter vom Hotelportal durch den achtstrahligen Wegstern zum See und auf der Gebäuderückseite in die Hügel der Landschaft hinein. Im Mittelpunkt steht dieser *étoile*, ein Motiv des barocken Gartens, dessen Wegnetz den Park gliedert und schliesslich in Windungen durch den Landschaftsgarten führt.

Weitere Elemente sind ein Alpengarten auf einer von Gletscherschliff gezeichneten Felsformation sowie die Wasserläufe. Neben Planierungen erforderte das moorige Gelände eine Trockenlegung, sichtbar an der Kanalisierung und Korrektur des Bachlaufes, der beim Bootssteg in eine buchtartig angelegte Erweiterung des Sees mündete. Mit den Baumgruppen, die den geometrischen Teil umfassen, geht der Landschaftsgarten in die Moränen und Hügel der Umgebung über.

Marcus Casutt: Hotel Palace, Maloja

3 Die Bergföhrenallee, die vom Hotel zum Silsersee führt.

Privatanlage, nicht zugänglich, von benachbarten Wanderwegen und aus der Höhe einsehbar

Die Höhenlage schränkte die Wahl der Pflanzenarten stark ein. Zum Baumbestand zählen Föhren, Arven, Lärchen und Rottannen. Eine Bepflanzung mit Exoten war weder möglich noch nötig; für die damaligen Gäste war die ortstypische Vegetation hinreichend fremd und somit attraktiv.[6]

Die Anlage wird seit Jahren nicht mehr im ursprünglichen Umfang unterhalten und ist entsprechend stark überwachsen. Wege, Rasenflächen, Rabatten sind kaum erkennbar, der Baumbestand zeigt Lücken. Der Gebäudebestand ist wenig verändert, während der seenahe Bereich als geschütztes Flachmoor figuriert. Die Grundstruktur ist erhalten und für den zurückhaltender überbauten Teil der Oberengadiner Seenlandschaft prägend, so dass sich hier die Landschaftsarchitektur eines alpinen Grandhotels des späten 19. Jahrhunderts bis heute erahnen lässt. Es handelt sich um eine der höchstgelegenen grossen Gartenanlagen. Vergleichsbeispiel, aber auch Gegenentwurf ist der geometrische Park des Kurhauses St. Moritz (1862–1964). In Maloja wandelte sich der Hotelgarten mit Landschaftsgarten und Sportplätzen vom Schlosspark zur Freizeitanlage.

Landschaft als Hotelpark
Die Gartenanlage und Umgebung des Hotel Paxmontana in Flüeli-Ranft

PETER OMACHEN

«Hochromantische Lage, von der anmutigsten Idylle bis zur grossartig wilden Felsenlandschaft.» Mit diesen Worten beschreibt ein Hotelprospekt der Belle Époque die landschaftliche Einbettung des damaligen Kurhauses Nünalphorn. Damals wie heute vermittelt der Garten geschickt zwischen dem malerischen Hotelbau und einer ländlichen Natur. ▸ 1
Das Hotel Paxmontana in Flüeli-Ranft gilt nicht zuletzt dank seiner Lage als eine der schönsten historischen Hotelanlagen der Schweiz. Im Jahr 2002 erhielt es von ICOMOS Schweiz eine besondere Auszeichnung «für den überdurchschnittlichen Erlebniswert in diesem nach denkmalpflegerischen Kriterien restaurierten historischen Hotelbetrieb». Aufgrund der guten Quellenlage – bei Hotels eine Seltenheit – konnte der Historiker Niklaus von Flüe zum 100-Jahr-Jubiläum des Hauses eine umfassende Baugeschichte vorlegen. Guido Hager und Hans Ulrich Rentsch analysierten die Gartenanlage 2002 in ihrem Parkpflegewerk. Der aktuelle Umgang mit dem Bau- und Gartendenkmal Paxmontana sowie der vorliegende Beitrag stützen sich auf diese wertvollen Arbeiten.

Ein Hotel für Pilger und Sommerfrischler

Flüeli-Ranft, die Lebens- und Wirkungsstätte des heiligen Bruder Klaus, empfängt seit Lebzeiten des Einsiedlers im 15. Jahrhundert zahlreiche Besucher. Das Kurhaus Nünalphorn – es wurde 1956 auf den Namen Hotel Paxmontana umbenannt – entstand jedoch erst im Zusammenhang mit der Blütezeit des Fremdenverkehrs im späten 19. Jahrhundert. Ausgehend von den frühen touristischen Zentren wie etwa Luzern wurden um die Jahrhundertwende die Berggebiete der Schweiz für die zahlreich herbeiströmenden Feriengäste aus aller Welt erschlossen. Seither logieren in Flüeli-Ranft Pilger und Sommerfrischler nebeneinander.
Ende 1893 kaufte Franz Hess-Michel aus Kerns einen Kartoffelacker von rund einem halben Hektar im oberen Teil des Heimwesens Dossen. 1895–1896 liess er durch den Kernser Zimmermann Josef Windlin-Durrer auf dem höchsten Punkt des dreiseitig steil abfallenden Geländes das Kurhaus Nünalphorn erbauen, benannt nach einer dominanten Bergspitze des sich ausbreitenden Alpenpanoramas. Gleichzeitig entstanden die Dependance sowie eine Spiel- und Kegelhalle. Das erfolgreiche Kurhaus konnte 1904–1906 erweitert und aufgestockt werden, womit sich die Bettenzahl fast verdreifachte. Die Luzerner Architekten Walter Schumacher und Othmar Schnyder gaben damals dem Hotel und der Gartenanlage ihr endgültiges Aussehen. Othmar Schnyder (1849–1928) hatte unter anderem den markanten Neubau des Hotel Château Gütsch in Luzern von 1888 entworfen. Der Hotelier Franz Hess liess auch

1 Das Hotel Paxmontana zwischen Melchaaschlucht und Sarnersee.

einen Tennisplatz, eine Krocketwiese sowie zahlreiche Spazierwege anlegen. Für seine Gäste bestellte er bei der Geographischen Anstalt Kümmerly & Frey in Bern eine Karte im Massstab 1:15 000, auf der die Spazierwege der Umgebung eingetragen und beschrieben wurden. Eine der Wegbeschreibungen versprach besonders reizvolle Eindrücke: von der Einsiedelei im Ranft aus erreichte man durch die Melchaaschlucht einen Naturpark, den Hess mit Wasserfällen und Gletschermühlen kunstvoll hatte anlegen lassen.

Der Garten

Der ankommende Besucher passiert den spätmittelalterlichen Blockbau des Bruder-Klausen-Wohnhauses im Ortskern und betritt einen rund 130 Meter langen Laubengang, der mit wildem Wein berankt ist. ▸ 2 Etwa in der Hälfte erweitert sich der rund vier Meter breite Weg in einer Kurve zum Sitzplatz. Der Laubengang führt, hangseitig von einer Bruchsteinmauer gestützt, weiter zur Südecke des Hotels, wo ein weiterer Sitzplatz unter schirmförmig geschnittenen Platanen zum Verweilen einlädt. Der Blick öffnet sich ins Melchtal und in die Obwaldner Bergwelt. Von hier aus sind es nur noch wenige Schritte zum gedeckten Hoteleingang. Die nach Südosten gerichtete Terrasse bildet den zentralen Aufenthaltsbereich und idealen Ort für die Gartenwirtschaft. Sie ist angesichts der aufwendigen Hotelarchitektur und der spektakulären Aussicht schlicht gehalten. Dem Eingang gegenüber ragt eine kleine, mit wildem Wein berankte Pergola auf einem massigen Bruchsteinsockel in den steilen Hang hinaus. Direkt darunter befindet sich der Nutzgarten auf zwei Ebenen. Kletterrosen verschleiern den Blick in die pfeilergestützte Unterkonstruktion der Gartenwirtschaft; davor liegen die Schnittblumenbeete. ▸ 3 Einige Stufen tiefer befindet sich das 2005 erstellte Kneippbecken mit einer eigenen kleinen Liegeterrasse. Früher, als er noch seine wirtschaftliche Bedeutung hatte, erstreckte sich hier der Küchengarten. Durch die Wiese unterhalb der Laubengangstützmauer führt ein Weg zwischen Obstbäumen zu einem kleinen Sitzplatz mit Blick zurück zum Hotel.

In der Gegenrichtung gelangt man zu einem Fahrweg, der von der Hotelterrasse zur tiefer gelegenen Dépendance führt. Er wird ostseitig begleitet von einer, teilweise von zwei Reihen grosser Winterlinden. Dahinter, im Steilhang über der Melchaa, versteckt sich ein lauschiger Podestplatz. In der Fortsetzung der Lindenreihen umschliessen diese einen länglichen Rasenplatz, wo ursprünglich Spiel- und Turngeräte aufgestellt waren. Vor der nordöstlichen Seitenfassade des Hotels liegt ein Sitzplatz, dessen Rabatten und begrenzende Böschungen mit Steinbrocken gesäumt sind. Hangseitig ist der Platz durch den Sockelbau der bereits um 1920 abgebrochenen Kegelhalle gefasst, der wie eine Aussichtsterrasse wirkt. Eine geschwungene Freitreppe mit Jugendstilgeländer führt hinauf zur Gartenwirtschaft.

Entlang der langen Nordwestfassade gegen das Sarneraatal erstreckt sich ein acht Meter breiter, chaussierter Streifen, der als Parkplatz dient und nur noch rudimentär bepflanzt ist. Vor der südwestlichen Hotelfront schliesslich, die mit ihrem markanten Turmaufbau die Ansicht vom Dorf her bestimmt, liegt eine von Steinen umsäumte Rabatte mit Fliederbüschen. Bis vor kurzem standen an deren Stelle gewaltige Rottannen und Scheinzypressen, die im Rahmen der aktuellen, schrittweisen Wiederherstellung des Gartens entfernt wurden.

Die Natur als Hotelpark

Die Erbauer haben darauf verzichtet, einen Park im Sinne eines romantischen Landschaftsgartens herzurichten, wie er von anderen Kurhotels der Belle Époque her bekannt ist. Man war sich offenbar der natürlichen Schönheit und Dramatik der umgebenden Landschaft bewusst und legte Wert auf die zahlreichen Aus- und Einblicke vom Hotel und von seiner Terrasse auf die Obwaldner Bergwelt. Wie ein Luxusdampfer im Ozean liegt der markante Hotelbau inmitten der Naturwiesen. Er ist von allen Seiten gut einsehbar, ohne dass ein Filter aus vegetabilen Elementen die Architektur weich zeichnet und die Übergänge verwischt. Spektakulär ist einzig der im Herbst tiefrote Laubengang. Mit den zur Entstehungszeit des Hotels angelegten Spazierwegen und Aussichtspunkten wird die Natur hier zum Hotelpark.

Die Gartenanlage weist einen hohen Anteil historischer Substanz auf. Die baulichen Elemente und die prägenden Linden, Kastanien und Koniferen stammen weitgehend aus der Bauzeit. Die konsequente, schrittweise Umsetzung des eingangs erwähnten Parkpflegewerkes zeigt bereits Wirkung und lässt die ursprüngliche Konzeption des über die Jahrzehnte etwas vernachlässigten Gartens wieder erlebbar werden. Damit wird nun auch der Umgebung die gleiche denkmalpflegerische Sorgfalt zuteil, wie sie am Gebäude schon seit langem selbstverständlich ist.

2 Der herbstlich gefärbte Laubengang zum Hotel.

3 Der neu angelegte Schnittblumengarten mit Kneippbecken anstelle des Gemüsegartens.

Für Hotelgäste zugänglich.
Hotel Paxmontana, 6073 Flüeli-Ranft

Villengärten

In der Mitte des 14. Jahrhunderts nahm Petrarca die antike Idee wieder auf, dass kontemplatives Leben, das *otium*, nur weit weg von der Grossstadt in der ungestörten Ruhe des Landlebens möglich sei. «Kein Zwang, die Toga anzulegen, kein Störenfried in der Nähe; alles still und friedlich», das schätzte schon der jüngere Plinius Ende des ersten Jahrhunderts n. Chr. am Leben in seiner Villa Tuscum am Fusse des Apennin, und an seinen Beschreibungen orientieren sich in der Renaisssance die Definitionen der Idealvilla: Man bevorzugte eine schöne Gegend und eine erhöhte Lage, die der Villa sowohl eine Belvedere-Situation als auch ihren herrschaftlichen Anspruch sicherte. «Das Landhaus liegt am Fusse eines Hügels und schaut doch von oben in die Welt», heisst es bei Plinius.

Wichtig war der dazugehörige Gutsbetrieb, der schon in der Antike die wirtschaftliche Grundlage des *otium* auf dem Lande war. Zu jedem italienischen Renaissancegarten gehörten deshalb drei Bereiche: Der *bosco*, der Wald für die Holzgewinnung und die Jagd, die dem Vergnügen und der Nahrungsmittelbeschaffung diente; der *prato*, das Feld für den Getreide- und Obstanbau; schliesslich der *orto* oder *giardino*, der Gemüse- und Blumengarten. Wie das Mittelalter kannte auch die Renaissance keinen Unterschied zwischen Nutz- und Ziergarten, weshalb *orto* und *giardino* auch als Synonyme gebraucht wurden. Mit *orto* war eher der Gemüse- oder Kräutergarten und mit *giardino* der geometrische Blumengarten mit den orthogonal angelegten Wegen, Beetkompartimenten, Schatten spendenden Laubengängen und Zierbrunnen gemeint.

Die Landsitze des 18. und 19. Jahrhunderts und schliesslich die Villa Tössertobel vom Beginn des 20. Jahrhunderts mit ihrem Bauernhof mitten in den Rebbergen gehören zu den letzten Repräsentanten dieses Ideals in der Schweiz. Der Traum vom Landleben blieb aber bis ins Industriezeitalter lebendig und damit auch die Ideale einer Villa auf dem Lande. Indessen war man auf einen landwirtschaftlichen Betrieb nicht mehr angewiesen, da man das Geld im Handel und in der industriellen Produktion verdiente. An seine Stelle trat wie im Zürcher Rieterpark oder im Schloss Mercier im Wallis ein ausgedehnter Nutzgarten, wo dank vieler Gärtner und Hausangestellter Gemüse, Obst und Schnittblumen zur Selbstversorgung gezogen wurde.

Unverzichtbar war jedoch die Belvedere-Lage mit Blick ins Tal. Wie einst bei Plinius breitet sich das Tössertobel als grosses grünes Amphitheater vor der Villa aus. Den Rahmen bildet der obligate *bosco*, auch wenn es sich nur noch um den Winterthurer Stadtwald handelt. Auf der Gartenseite der Villa erstreckt sich der geometrische *giardino* und beim Eingang der *orto*. Zum Tobel hinunter steigt man durch einen *prato* mit Obstbäumen.

Das Überleben oder Wiederbeleben von alten Strukturen nennen die Angelsachsen *survival* und *revival*. Nirgends in der Kunstgeschichte können sie so eng miteinander verstrickt sein wie in der Gartengeschichte. Daneben kann dieselbe Bauaufgabe auch ganz modisch inszeniert werden, wie das Beispiel der Villa Eupalinos zeigt. Ein Jahr nach der Pariser «Exposition des Arts Décoratifs» entwarf Henri Robert von der Mühll eine Kaskade aus Beton mit Figuren, Zypressen und Bassin, die in ihrer Frivolität einer mondänen Brosche von Cartier aus eben jener Ausstellung gleicht.

Katharina Medici-Mall

Ein Ort der schönen Künste
Der Rieterpark in Zürich

JUDITH ROHRER-AMBERG

Sitzt man unter einem der prachtvollen alten Bäume des Rieterparks, lässt den Blick entlang der sanft ansteigenden Hauptachse schweifen und hört bestenfalls dazu noch einen Ausschnitt aus Wagners Wesendonck-Liedern, so fühlt man sich mitten ins 19. Jahrhundert zurückversetzt, und die schillernde Geschichte des Ortes wird fast mit Händen greifbar. Doch die Zeit ist nicht stillgestanden im Rieterpark. Gerade in den letzten Jahren erlebte der Park die brutal verjüngende Kraft von Naturgewalten, aber auch die Umsetzung kühner Ausbaupläne rund um die Villa. Dem Charakter dieses eindrücklichen Landschaftsparks hat dies alles indes kaum etwas anhaben können.

In den gut 150 Jahren seines Bestehens haben drei Besitzer die Geschicke und die Entwicklung des Park- und Villenensembles auf dem Rietberg gelenkt: erbaut und zur ersten Hochblüte gebracht unter Otto und Mathilde Wesendonck (1855–1871), baulich kennerisch ergänzt und sorgsam gepflegt durch die Familie Rieter (1872–1945) und schliesslich nach Kriegsende als öffentlicher Park mit Museum den Bedürfnissen heutiger Besucher sanft angepasst durch die Stadt Zürich – so lassen sich die bisherigen Etappen stichwortartig zusammenfassen.

Die glanzvollen Anfänge

1851 zog der aus dem Rheinland stammende Seidenindustrielle Otto Wesendonck mit seiner Frau Mathilde nach Zürich[1] und erwarb 1853 in der benachbarten Gemeinde Enge ein mit Reben bestandenes Grundstück auf einem sanften Höhenzug. Wesendonck beauftragte gleichzeitig den renommierten Zürcher Architekten Leonhard Zeugheer mit dem Entwurf der Villa und den aus Thüringen stammenden Gartenkünstler Theodor Froebel[2] mit der Planung der Parkanlage. Gartenkunst war im 19. Jahrhundert im Raum Zürich noch vorwiegend ein Importgut. Die zunehmende Nachfrage nach privaten Villengärten liess deshalb mehrere, meist deutsche Gartenkünstler in Zürich Fuss fassen.

Der Gartenplan von Theodor Froebel vom Februar 1855 zeigt einen anderen Villengrundriss als den später realisierten. Offenbar hat der Bauherr Froebels Gartenentwurf akzeptiert, während er von Zeugheer einen klareren Bezug der Villa zum Garten forderte, was dieser mit einer Neuausrichtung der Villa nach Süden und einer prachtvollen Gartenfassade mit zweistöckiger Loggia und einer breiten Treppe in den Park auch einlöste.[3]

Ein Katasterplan aus dem Jahr 1860 belegt die Umsetzung von Froebels Plan, der erst rund einen Drittel der heutigen Parkfläche umfasste und die typischen Gestaltungselemente des landschaftlich geprägten Villengartens in sich vereinte: eine spannungsvoll gestaltete Topo-

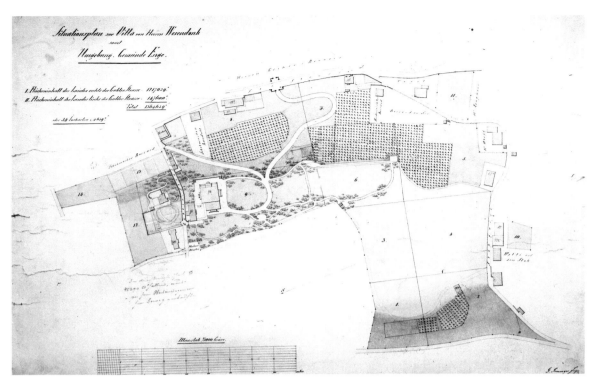

1 Situationsplan von Ingenieur Gustav Irminger von 1866. Der aussagekräftige Vermessungsplan zeigt die Parkanlage nach Abschluss der grossen Erweiterung der 1860er Jahre. Die erste Anlage von Theodor Froebel ist als Kern noch vorhanden, die grosse Hauptachse ist nun aber voll ausgebildet und in dieser Form bis heute überliefert. Beachtenswert sind die mit Bleistift eingetragenen Ergänzungen, welche die beiden um 1888 unter der Familie Rieter vollendeten, als Witwensitze konzipierte Villen mit ihren Miniaturlandschaftsgärten zeigen. Baugeschichtliches Archiv, Zürich.

grafie, das darin eingebettete, geschwungene Wegnetz, Gruppen mit Solitärgehölzen und inszenierte Ausblicke in die Ferne, dunkel abgepflanzte Ränder und eine helle Mitte, die schon andeutungsweise die nach Süden orientierte Hauptachse markierte. Gemäss dem Zürcher Chronisten Conrad Escher[4] soll Froebel 1856 Bäume und Sträucher aus einer Gartenliquidation beim Paradeplatz erworben und in den neuen Park gepflanzt haben, wohl um dem Bedürfnis der Bauherrschaft nach einer raschen Entfaltung des raumbildenden Baumbestandes entgegenzukommen.

Dennoch existierte die Parkanlage in ihrer ersten Fassung nur wenige Jahre. Wesendonck begann bereits 1859 mit dem Zukauf weiterer Grundstücke. 1866 dokumentiert der Situationsplan von Ingenieur Gustav Irminger die abgeschlossene Parkerweiterung und zeigt im Wesentlichen den Park in der heute überlieferten Form. Das Herzstück ist die auf der natürlichen Hügelkuppe gelegene, von der Gartenfassade der Villa sanft nach Süden ansteigende Hauptachse, flankiert von kulissenartig angeordneten Nadel- und Laubbaumgruppen und einem kaum sichtbar eingelegten Rundweg. Am südlichen Achsenende bietet die buchenumstandene Kanzel einen einzigartigen Blick auf den Zürichsee und die Glarner Alpen, was das Gefühl von Grosszügigkeit und Weite unterstützt. Zur eher bescheidenen Parkauffahrt der ersten Anlage ist eine zweite, von der Seestrasse her abzweigende Fahrstrasse gekommen, die in ausladendem Bogen durch den rebenbestandenen Osthang hochführt.

Leider fehlen bis heute gesicherte Hinweise, wer für die Gestaltung der Parkerweiterung verantwortlich zeichnet, auch wenn die Vermutung nahe liegt, dass erneut Theodor Froebel damit betraut wurde. Seit Jahren warten in der Schweiz die Nachlässe der Gartenkünstler des 19. Jahrhunderts auf die dringend nötige, systematische Erforschung, welche solche und viele weitere Fragen hoffentlich klären könnte.

2 Die Fotografie aus dem Album der Familie Rieter zeigt den Park um 1900 in üppiger Sommerpracht. Damals schmückte eine Fontäne das runde, mit einem Irisband eingefasste Bassin. Hinter den beiden Damen des Hauses ist das ovale, leicht hügelartig aufgebaute und kunstvoll bepflanzte Beet zu erkennen, damals noch mit derjenigen Figur bekrönt, die heute im Zentrum des Wasserbassins steht. Auffallend sind auch die fantasievoll geschwungenen Wechselflorbänder entlang der Gehölzkulisse, die wenige Jahre später aus dem Parkbild verschwanden. Der Weg entlang der Hauptachse verläuft verdeckt hinter den ersten Baumreihen.
Privatbesitz.

Nur rund 14 Jahre lebte das Ehepaar Wesendonck in seinem eleganten Anwesen, bevor es 1871 zurück nach Deutschland zog. In dieser Zeit jedoch war ihr Haus der kulturelle Mittelpunkt des aufstrebenden Zürich. Klingende Namen aus allen Sparten der Kunst waren bei ihnen zu Gast. Unauslöschlich mit Wesendoncks verbunden bleibt der Name von Richard Wagner, der von April 1857 bis August 1858 als ihr Gast in einem benachbarten Riegelhaus wohnte und arbeitete. Hier entstand ein wichtiger Teil von «Tristan und Isolde». Wagner vertonte auch fünf Gedichte seiner Muse Mathilde Wesendonck, bekannt als die eingangs erwähnten Wesendonck-Lieder.[5]

Die gepflegten Jahrzehnte

1872 kaufte der aus Winterthur stammende Baumwollindustrielle Adolph Rieter-Rothpletz das Wesendonck'sche Anwesen. Das gesellschaftlich und kulturell interessierte Ehepaar führte das Haus, nun bekannt als Villa Rieter, später weniger förmlich, dafür umfassender Rietberg genannt, im gleichen Stil weiter. Die Parkanlage erfuhr in den ersten Jahren keine nennenswerten Änderungen, Rieter erweiterte jedoch seinen Grundbesitz bis hinunter an die Sihl, wobei diese Ländereien landwirtschaftlich genutzt wurden.

Nach Adolph Rieters Tod 1882 übernahm der Sohn Fritz mit seiner Frau Bertha den Rietberg und ergänzte das Ensemble um zwei von Alfred Friedrich Bluntschli erbaute und als Witwensitze konzipierte Villen: die so genannte Park-Villa, die topografisch geschickt in die Ostflanke des Rieterparks gebaut und weder von der Hauptvilla noch von der grossen Parkachse aus einsehbar ist, sowie auf der anderen Strassenseite die Villa Schönberg, erbaut an der Stelle, wo einst Richard Wagner gewohnt hatte. Beide Villen besitzen eigene Gartenanlagen, die Park-Villa einen Landschaftsgarten *en miniature,* die Villa Schönberg einen zwar kleinen, aber mit Schmuckelementen, Gärtnerei und Wirtschaftsteil komplett ausgestatteten Landschaftspark. Mit diesen Ergänzungen war der gestalterische Höhepunkt des Rietberg-Ensembles erreicht. Fotografien aus dem Familienalbum, ergänzt durch mündliche Auskünfte des einen Enkels[6] von Bertha Rieter, geben seltene Einblicke in den Zustand und die Entwicklung der Parkanlage im späten 19. und frühen 20. Jahrhundert. Üppig bepflanzte Teppichbeete, verspielt wellenförmig geschwungene Bänder aus Wechselflor entlang den Rändern der Hauptachse und eine mit Exoten und Palmen reich bepflanzte Rabatte vor der Südfassade schmückten die von sieben Gärtnern gepflegte Anlage um die Jahrhundertwende. ▸2

Zu Beginn des 20. Jahrhunderts wich die üppig-verspielte Note einer gewissen Strenge. Eine Lorbeerhecke ersetzte die Palmen und Exoten vor der Südfassade, die aus der Mode gekommenen, hügelartig angelegten Schmuckbeete («Blumentorten») verschwanden, und die Wechselflorpflanzungen wurden stark reduziert. Historische Bilddokumente wie die eben erwähnten rufen in Erinnerung, dass der landschaftliche Gartenstil keine in sich geschlossene Erscheinung ist, sondern seit den englischen Anfängen um 1700 bis zu den letzten kontinentalen Ausläufern um 1900 viele Wandlungen durchgemacht hat.

Der gesellschaftliche Höhepunkt in der Ära Rieter war der Besuch des deutschen Kaisers, der im September 1912 für drei Tage das gesamte Anwesen mit seiner Entourage bewohnte.[7]

Das neue Zeitalter als öffentlicher Park

Gegen Kriegsende wandten sich die Erben Rieter an die Stadt und machten ihr das Angebot, die Villa samt Park für knapp drei Millionen Franken zu erwerben. Das Volk stimmte der Vorlage 1945 zu, im Wissen, dass eine Ablehnung zur Bebauung des rund sieben Hektaren grossen Parks geführt hätte.[8] Nach 90 Jahren privater Abgeschiedenheit wurde der Rieterpark nun öffentlich zugänglich, und die Pflege übernahm das städtische Gartenbauamt. In den

3 An der Ostflanke des Parks entstand anstelle des ehemaligen Nutzgartens eine freie Bepflanzung mit dendrologischen Besonderheiten.

Geschäftsberichten des Stadtrats ist nachzulesen, welche Arbeiten in der Folge ausgeführt wurden.

Erwähnenswert unter den sonst eher bescheidenen Sanierungsarbeiten ist die Aufhebung des Ökonomieteils am Osthang und die Integrierung der frei gewordenen Fläche in den Landschaftspark. Um die Jahrhundertwende hatte die Familie Rieter in den früher mit Reben bestandenen Hang zwischen den beiden Villenauffahrten eine Gärtnerei mit Treibhäusern gebaut. Hauptsächlich Obst und Beeren gediehen in den besonnten Flächen. 1957 wurde diese als baufällig bezeichnete Anlage abgerissen, die Nutzpflanzen gerodet und durch Laub- und Nadelholzgruppen ersetzt. Ein dem Hangfuss folgender Spazierweg, der die beiden Hauptpor-

4–6 Blick nach Norden auf die Villa.

1996: Die Fassade ist von den mächtigen, hausnahen Baumgruppen fast gänzlich verdeckt.

1999: Gespenstisch ist die Szenerie am Tag nach dem Sturm im Rieterpark. Über 50 der mächtigen Solitäre fallen dem Orkan zum Opfer.

2000: Die Nachpflanzung basiert auf den Erkenntnissen des Parkpflegewerks und thematisiert die immergrüne Initialpflanzung von Theodor Froebel wieder vermehrt.

tale des Parks miteinander verbindet, ergänzt die selbstverständlich wirkende Umgestaltung und geglückte Anbindung des ehemaligen Nutzgartens an den Landschaftspark. ▸3

Von ganz anderer Tragweite für den Park war der Bau der unterirdischen Museumserweiterung[9], die oberirdisch nur als filigraner Glaskörper vis-à-vis des Haupteingangs in Erscheinung tritt. Während der dreijährigen Bauphase stellte die Baustellenerschliessung durch den Park eine schwere Belastungsprobe dar, der man mit aufwendigen technischen Massnahmen zu begegnen versuchte.

Hohe Ansprüche an die künftige Parkentwicklung

Der Rieterpark darf als Höhepunkt einer Reihe klassischer Landschaftsgärten bezeichnet werden, die um die Mitte des 19. Jahrhunderts an beiden Zürichseeufern entstanden. Sein Schutzwert liegt in vielen Faktoren begründet, so in der herausragenden Gartenkomposition, die zumindest in der Kernanlage Theodor Froebel zugeordnet werden kann. Die schon durch ihre Grösse beeindruckende Anlage ist überdurchschnittlich gut erhalten und wurde kontinuierlich im Sinne der Erbauer gepflegt, was über die Dauer von 150 Jahren ein seltener Glücksfall ist. Sie zeugt von jener Zeit, in der sich Zürich von der Kleinstadt zur Wirtschaftsmetropole entwickelte, und sie dokumentiert den Wandel des Bauerndorfs Enge zum städtischen Villenquartier. Das Wirken Richard Wagners und der Besuch des deutschen Kaisers verleihen dem Park auch eine geschichtliche Bedeutung.

Als der Orkan Lothar am Stephanstag 1999 den Rieterpark mit voller Wucht traf und über 50 zum Teil aus den Anfängen stammende Solitärbäume fällte, wurde die Erarbeitung eines Parkpflegewerks[10] unumgänglich. ▸ 4-6 Um entscheiden zu können, wie eine konzeptgerechte Nachpflanzung aussehen sollte, mussten die Parkgeschichte detailliert aufgearbeitet und alle verfügbaren Quellen ausgewertet werden. Dabei gab es überraschende Erkenntnisse: Die historischen Fotografien belegen beispielsweise, dass der Park bis zur Mitte des 20. Jahrhunderts viel stärker von Nadelhölzern geprägt war, welche dann von den langlebigeren Buchen abgelöst wurden – ein Effekt, der aus langer Hand vorbereitet worden war. Leider hat «Lothar» gerade unter diesen Buchen, die das Bild des reifen Parks zuvor geprägt hatten, grossen Schaden angerichtet.

Der Einbruch von «Lothar» war also nötig, um dem ursprünglichen, immergrün dominierten Parkkonzept durch die systematische Quellenauswertung auf die Spur zu kommen, denn der Park vor «Lothar» hat vollständig vergessen lassen, wie der Park zu Wesendoncks Zeiten – und bis ins 20. Jahrhundert hinein – ausgesehen hat. Dies, wohlverstanden, trotz dauerhafter, fachgerechter Pflege, einfach als Folge einer raffinierten Zusammenstellung von Gehölzen unterschiedlicher Lebenserwartung. Heute bieten die entstandenen Lücken die Chance, wieder von vorn zu beginnen und die effektvollen, immergrünen Akzente der Anfänge neu aufzubauen. Schon bald werden sie räumlich in Erscheinung treten, während die jungen Buchen Zeit haben, sich auf ihren Auftritt vorzubereiten.

Trotz des naturbedingten Umbruchs, in dem sich die Pflanzungen des Rieterparks befinden, wird sich kein Besucher beim Einbiegen in die Hauptachse der Faszination dieser inszenierten Weite, dem farblichen Zusammenspiel der rahmenden Nadel- und Laubgehölze, der Feinheit der Geländemodellierung, dem sich perspektivisch verjüngenden Blick zurück auf die Villa und – als Höhepunkt bei klarem Wetter – dem Fernblick in die verschneiten Alpen entziehen können. ▸ 7 Die für den Rieterpark Verantwortlichen setzen alles daran, dass auch kommende Generationen in den Genuss dieses Erlebnisses kommen.

7 Blick von der Buchenkanzel nach Süden über den See und in die Alpen. Hier endet zwar der Rieterpark, aber der Blick in die Ferne soll den Betrachtern das Gefühl unbegrenzter Weite vermitteln.

Öffentlich zugänglich,
Eingang Gablerstrasse 15 oder Seestrasse 110, 8002 Zürich

Eine Riviera in den Alpen
Der Park von Schloss Mercier in Siders

Pascal Ruedin

Das von 1906 bis 1908 auf dem ariden Hügel von Pradegg über der Stadt Siders im Zentralwallis errichtete Schloss Mercier wurde sogleich mit einem grossen grünen Park umgeben, dessen Entwurf zwei Genfern zu verdanken ist: dem Architekten Alfred Chabloz (1866–1951) und dem Landschaftsarchitekten Fernand Correvon (1879–1964). Schloss und Garten sind im Geist ihrer Erbauer und der Familie Mercier bewahrt worden und zeugen noch heute von den Vorlieben und Werten des Schweizer Grossbürgertums der Belle Époque.[1] Der vom Heimatstil durchsetzte Historismus des Schlosses spiegelt sich im Park im Zusammenspiel der weltbürgerlichen und patriotischen Bezüge. Daraus resultiert ein Eklektizismus, der auf der Collage und dem Pittoresken fusst.

Ein Ort der Herrschaft

Die Begründer der Domäne, die Lausanner Jean-Jacques und Marie Mercier-de Molin (1859–1932; 1859–1947), ziehen sich aus Gründen, die mit dem guten Klima, Hotelinvestitionen und einem günstigen Steuersystem zu tun haben, nach Siders zurück, nachdem sie ein grosses Vermögen geerbt haben. Sie erbauen das Schloss auf einem Gipssteinhügel mit quasi mediterranem Mikroklima, der von niedriger, magerer Vegetation bedeckt ist. ▸ 1

Die Anlage eines üppigen Gartens in diesem dafür ungeeigneten Umfeld muss man als einen Akt der Beherrschung der Umgebung durch das Grosskapital und die moderne Technik lesen, ein Unternehmen, das mit den Parks der zeitgenössischen Hotels vergleichbar ist. Die Macht über die Natur ist ein Zeichen für die Macht des Geldes.

Die streng symmetrische Hauptfassade des Schlosses wendet sich vom Park ab und in Richtung Süden der Stadt zu. Im gleichen Masse, wie sie sich dem Blick des Marktfleckens darbietet, den sie symbolisch dominiert, eignet sie sich die Landschaft des Zentralwallis an, die sie zum Panorama macht. Das Schloss annektiert die Umgebung als natürliche Ausweitung der Parkanlage.

Um den Hügel von Pradegg erblühen zu lassen und – inmitten von Weinbergen, Trockenweiden und Magerböden mit ihren charakteristischen Pflanzen – in eine grüne Insel zu verwandeln, lassen die Merciers die Spitze des Hügels mittels beeindruckender Erdverschiebungen einebnen. Ausserdem kaufen und fassen sie die Quellen von Praz-de-Jean, die unterhalb des Dorfes Venthône sprudeln.

Die Anlage des Gartens betont visuell und symbolisch die sozialen Kontraste zwischen der örtlichen Bevölkerung und reichen Städtern wie den Merciers. In der Tat erschaffen diese ihren

1 Gesamtansicht des Hügels und des Schlosses von Pradegg, von Siders aus gesehen.

Park in einer landwirtschaftlich geprägten Umgebung mit ertragreichen Nutzkulturen, in der Zerstückelung und trockene Böden kennzeichnend sind für die Schwierigkeiten des bäuerlichen Lebens. Dutzende von ertragreichen landwirtschaftlichen Parzellen werden in einen fast vier Hektar grossen Zierpark verwandelt, der mit exogenen und in den Augen der Bauern unproduktiven Baumarten bepflanzt wird. Ein öffentlicher Feldweg, der den Park durchquert, zeigt diesen Sachverhalt auf fast theatralische Weise: eine Art vergitterter «Wandelgang», in dem die zur Arbeit gehenden Weinbauern zugleich ausgestellt und auf Distanz gehalten werden.

Zwischen Weltbürgertum und Patriotismus

Der Park von Pradegg macht sich die Ästhetik des Landschaftsgartens zu Eigen, die von der Abwesenheit einer erkennbaren Gestaltung gekennzeichnet ist wie auch von Kontrast- und Überraschungseffekten, die die Natur nachahmen. Die aus sichtbaren Bruchsteinen erbauten drei asymmetrischen Fassaden des Schlosses, die sich im Osten, Norden und Westen dem Park zuwenden, stellen mit der umgebenden Natur eine quasi symbiotische Beziehung her, die typisch ist für die organische Ästhetik des Heimatstils.

Die Zufahrtsstrasse zum Schloss spielt mit Überraschungseffekten: Das Gebäude sieht man erst im letzten Moment; keine Allee oder Achse führt darauf zu; das Schloss ist nur ein Tableau unter anderen in einer auf die Vielfalt von Blickpunkten und Anspielungen gründenden Inszenierung. Selbst in der Übersicht, die sich vom Bergfried aus bietet, zerfällt die Anlage in kleine Einheiten. Kontraste, Zusammenstösse, Inkohärenzen und Spannungen geben dem Pittoresken Nahrung. Die «Dekoration» des Parks macht Anleihen beim traditionellen Vokabular und bei den traditionellen architektonischen Elementen der Gartengeschichte: Laube, Grotte, Turm, Skulpturen. ▸2

In einer Zeit starken nationalistischen Aufwallens bringen die Merciers Weltbürgertum und Herzenspatriotismus geschickt in Einklang. In seinen wesentlichen Zügen gemahnt der Schlosspark an den Süden – an Italien oder die französische Riviera. Dieses Merkmal wird besonders deutlich, wenn man den Schlosshügel von Siders aus betrachtet: Eine grosse Pergola-Treppe erklimmt mehrere Weinbergterrassen und führt zum Schloss, das ein Horizont von Zedern und Zypressen ankündigt. ▸3

In der Belle Époque ist die Ästhetik des Mediterranen einerseits mit den Sommerfrischen der europäischen Grossbourgeoisie und des Adels verbunden; die Mercier-de Molins verbringen

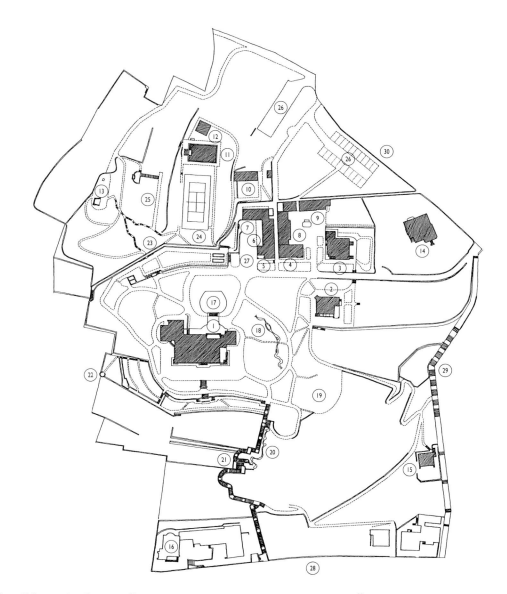

2 Situationsplan der Domäne von Pradegg. Norden ist oben.

1 Schloss
2 Schwarzes Chalet
3 Villa Ruffieux
4 Orangerie
5 Gärtner- und Portierhaus
6 Garagen
7 Pferdestall
8 Werkstätten
9 Viehstall
10 Hühnerstall
11 Schwimmbad (heute Hallenbad)
12 Getreidespeicher
13 Turm
14 Villa Beau Soleil
15 Chauffeurwohnung
16 Protestantische Kirche
17 Wasserbecken
18 Bach
19 Alpengarten
20 Wasserfall
21 Pergola-Treppen
22 Gartenlaube
23 Öffentlicher Feldweg
24 Tennisplatz
25 Jean-Jacques-Mercier-Gedenk-Allee
26 Gemüsegarten (heute Parkplatz)
27 Vogelhaus
28 Avenue des Alpes
29 Jean-Daetwyler-Treppen
30 Zypressenweg

jeden Winter in ihrer Villa in Nizza. Andererseits setzt diese Ästhetik den Privatgarten in Verbindung mit einem mythischen Arkadien. Dieser kulturelle Topos wird im Kanton Wallis, der um 1900 allgemein als ein ländliches Eden empfunden wird, auf patriotische Weise umgesetzt. Die Maler der Ecole de Savièse machen sich zum Sprachrohr dieser Sichtweise für die Städter; sie bieten eine ästhetisierte und idealisierte Inszenierung des örtlichen Landlebens und beteiligen sich so an einem Phänomen, das von den bretonischen Küsten bis nach Russland zahlreiche europäische ländliche Randgebiete betrifft. Ihr führender Kopf Ernest Biéler (1863–1948) findet in den Merciers, die die Wände von Schloss Pradegg buchstäblich mit seinen Werken tapezieren, begeisterte Sammler.

Identitätsstiftende Bezüge finden sich auch in grossem Umfang im Park: heimische Trockenvegetation, ein Gemüsegarten, ein Obstgarten und – zu dieser Zeit unvermeidlich – ein Alpengarten. ▸4 Dieser ist direkt von dem patriotischen Gärtner und Botaniker Henry Correvon (1854–1939)[2], dem Vater Fernand Correvons, angeregt, dessen Rat Marie Mercier-de Molin, eine leidenschaftliche Liebhaberin der Gartenkunst, seit Beginn der 1890er Jahre in Anspruch nimmt. Der Alpengarten wird nicht an den äussersten Rand des Parks verbannt, sondern findet sich in Sichtweite des Salons, eines der Empfangsräume des Schlosses im Erdgeschoss, der sich mit grossen Fenstern zum Park öffnet.

Villengärten

Der Alpengarten – am Ende des 19. Jahrhunderts durch Henry Correvon verbreitet – zeigt einen unerwarteten Aspekt der Alpen-Identität der Schweiz. Ein weiterer bedeutsamer Aspekt des Regionalen ist das schwarze Chalet, das von der Berner Oberländer Firma Bützberger errichtet wurde, die sich auf die serielle Herstellung dieses Typs kleiner patriotischer Denkmäler spezialisiert hatte.

Akklimatisierung, Akkulturation

Der Vielfalt der Baulichkeiten, der Räume und der Atmosphären entspricht die der Biotope und der Pflanzenarten, aus denen sich dieser eklektizistische Garten zusammensetzt. Die trockenen Böden des Hügels grenzen an die feuchten Milieus des Wasserbeckens und des Bachs, der Alpengarten an den mediterranen Teil, die flaumhaarige Eiche steht in der Nachbarschaft der Buche, die österreichische Schwarzkiefer in der Nähe der italienischen Zypresse.

Baumarten unterschiedlichster Provenienz wachsen gezwungenermassen nebeneinander. Dattelpflaume, provenzalischer Zürgelbaum, Tulpenbaum, Ginkgo, Sophore, italienische Erle, Birke, Blutbuche, Atlaszeder, Libanonzeder, Arizona-Zypresse – eine Pionierpflanze, die sich seitdem in zahlreichen Gärten in der Region von Siders verbreitet hat –, Steineiche: Keiner dieser Bäume wächst im Wallis von Natur aus. Ihre Einführung zeugt von der Leidenschaft, die Natur zu bezwingen, von einer Machtdemonstration durch gärtnerische Kunst in ungünstiger Umgebung. Die Orangerie des Schlosses unterstreicht gleich am Eingang diese erzwungene Akkulturation von Pflanzen, die unerlässlich sind, um eine südliche Atmosphäre zu erzeugen. Die Ansiedlung einer üppigen exogenen Vegetation in einem Trockenmilieu grenzt an ein Wunder. Der Spezialist für die Akklimatisierung von Pflanzen, Henry Correvon, sieht darin ein beispielhaftes Unternehmen und widmet sein Buch «Floraire» Marie Mercier-de Molin: «[...] als Sie mir vor dreissig Jahren Ihr Vorhaben ankündigten, sich an den trockenen, nackten Hang von Pradegg zu machen, wo ein paar kümmerliche Schafe im Herbst kaum etwas zu grasen fanden und wo ich früher mühsam botanisierte und für mein Herbarium die Wüstenarten sammelte, die dort in manchen Winkeln wuchsen, bewunderte ich Ihre Begeisterung, ermutigte Sie aber nicht. Tatsächlich handelt es sich um das trockenste, arideste Klima der Schweiz. [...] Dort, wo die mageren Schafe kaum ein paar Trockenweiden fanden, haben Sie einen Park der Schönheit geschaffen und mit Leben und Frische erfüllt.»[3]

3 Gesamtansicht des Hügels und des Schlosses von Pradegg, Aufnahme von Siders in Richtung Norden.

Pascal Ruedin: Schloss Mercier, Siders

Bei aller Unterschiedlichkeit der Dimensionen kann ein solches Unternehmen verglichen werden mit der zeitgenössischen Naturbezwingung wie dem Eindämmen von Wasserläufen, der Einführung hydroelektrischer Druckleitungen, der Stabilisierung der Seeufer durch die Anlage von Quais oder der Fruchtbarmachung des Bodens durch Kunstdünger. Als Zeitgenosse der identitätsstiftenden Schweizer Bewegungen zum Schutz von historischen Stätten, des Landschafts- und Naturschutzes, die unter der Bezeichnung «Heimatschutz» (1905) und «Naturschutz» (1909) bekannt sind, unterstreicht der Park von Schloss Mercier übrigens die Ambivalenzen und Grenzen der vorökologischen und

4 Ansicht des Schlosses von den felsigen Partien des heute sehr verwilderten Alpengartens aus.

patriotischen Einstellungen der Belle Époque. Ausserdem bekräftigt er die Bedeutung der kulturellen Modelle für das Formen künstlicher Landschaften.

1991 schenkte die Familie Mercier das Anwesen von Pradegg dem Kanton Wallis. Heute ist das Schloss Ort für Seminare und offizielle oder private Empfänge und steht dem Publikum nur ausnahmsweise offen. Der Park dagegen ist jederzeit zugänglich. Die Nachkommen der Gründer und später der Staat haben die Anlage und den Geist des Ortes gewissenhaft respektiert, allerdings mit reduzierten finanziellen Mitteln für den Unterhalt.
In Erwartung eines versprochenen Wiederaufblühens besteht der Alpengarten heute nur noch aus beliebigen felsigen Partien. Die von Marie Mercier-de Molin liebevoll gepflegten Blumenparterres sind weniger und einheitlicher geworden und haben den Park eines Teils seiner Farben beraubt, die ihm in glanzvolleren Zeiten eigen gewesen sein müssen.

Übersetzung: Tobias Scheffel

Öffentlich zugänglich.
Rue de Pradegg, 3960 Sierre

Es begann mit dem Paradies
Der Garten Tössertobel in Winterthur

Als Georg Reinhart 1907 beschloss, ein Landhaus zu bauen, legte er als Erstes den Garten an. Oberhalb des Rychenbergs, am abfallenden Gelände des Tössertobels, wo sein Elternhaus stand, kaufte er 80 Hektaren Land. Das für Schweizer Verhältnisse stattliche Areal erlaubte ihm, einen abwechslungsreichen Kompositgarten anzulegen: beim unteren Zugang ins Tobel einen Gutshof inmitten von Reben, weiter hinten im Tobel in einem ehemaligen Steinbruch einen Landschaftsgarten mit einer «Eremitage», auf einer hohen Stützmauer thronend der Architekturgarten, später kam auf der Nordseite noch ein Gemüsegarten dazu. ▸ 1

Ein indisches Capriccio

Georg Reinhart (1877–1955) war wie sein Vater und seine Brüder von Beruf Kaufmann und von Berufung Kunstsammler und Mäzen.[1] Gebildet und musisch begabt, verzichtete er zugunsten des Familienunternehmens darauf, Künstler zu werden, und übernahm die Leitung der Handelsfirma Gebrüder Volkart, die weltweit im Baumwollhandel tätig war. In seiner Autobiografie, für die er wie Goethe den Titel «Aus meinem Leben» wählte, beschreibt er seine märchenhaften Geschäftsreisen rund um die Welt. 1900 bereiste er zum ersten Mal für vier Monate Indien: «Indien war das Land, in dem man nie fror, wo es wunderbar roch und wo unter einem fast immer blauen Himmel farbenprächtige Blüten, Insekten und Vögel das Auge des Reisenden ergötzten.» Er liebte die Häuser mit den riesigen Veranden, wo er «den melancholisch klagenden Rufen eines brainfever-bird's» lauschte.[2]

Einen Hauch von diesem fernöstlichen Zauber versuchte er in seinem Garten einzufangen, für den er im September 1907, eineinhalb Jahre bevor das Haus in Planung war, das Sonnenbad von den Winterthurer Architekten Rittmeyer & Furrer entwerfen liess. In Indien war es Sitte, den Garten vor dem Haus-

KATHARINA MEDICI-MALL

1 Rittmeyer & Furrer, Das Winterthurer Landhaus Tössertobel und sein Garten aus der Luftperspektive und im Grundriss 1:800. Farbig getönte Kohlezeichnung von 1910, Original verschollen.

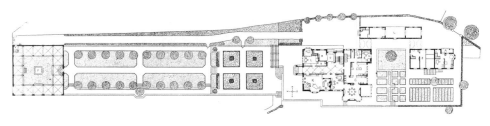

2 Ein indischer Baradari mit Buddha zum Philosophieren oder Sonnenbaden.

bau anzulegen.³ Beim Sonnenbad handelt es sich um einen quadratischen, von dreijochigen Arkadengängen umgebenen Hof mit offener Rasenfläche und einem Wasserbecken in der Mitte.⁴ ▸2 Das Atrium der römischen Villa, das Paradies der frühchristlichen und romanischen Basilika wie der klösterliche Kreuzgang gehen auf das Peristyl zurück, weshalb Reinhart sein Sonnenbad auch Klostergarten nannte: «Ich betrachte den Klostergarten als ein Heiligtum[,] in das ich nicht Jedermann hineinlassen werde. Ich werde meine Götter darin aufstellen und Sonnen- und Mondkultus und anderen indischen Hokuspokus treiben, auch Kartoffeln braten, wenn es mich gelüstet.»⁵

Reinhart hätte sein Reduit auch Baradari nennen können, zumal er darin einen steinernen Buddha aufstellte, der sich einst im Wasser zwischen den karminroten Seerosen und Goldfischen spiegelte.⁶ Heute ist der Buddha durch zwei Knöterichpflanzen völlig eingewachsen. Ein Baradari ist in einem indischen Garten ein frei stehender Pavillon, der sich von dreijochigen Arkadengängen (Tibaris) zu einem Innenhof öffnet. Der Baradari im Palast des Maharadscha von Jaipur weist einen ähnlichen Grundriss auf wie Reinharts Sonnenbad.⁷

Der Architekturgarten

Ist es Absicht, dass die zwei formalen Gärten zwischen Paradies und Haus wie der Garten Eden mit seinen vier Strömen und zuvor der altorientalische sowie danach der mittelalterliche und islamisch-indische Garten geviertelt sind? Auf dem Wegkreuz oder auf der Quelle der vier Ströme sitzt Adam und blickt in die Welt hinaus. Im Tössertobel ist es eine Bronze Hermann Hallers von 1911.⁸ Die Symbolik der Zahl vier passt hier zugleich auf die vier Himmelsrich-

tungen – Sonnenbad und Haus liegen einander in der West-Ost-Achse gegenüber –, auf die vier Elemente, die Reinhart später als Mosaiken fürs Sonnenbad in Auftrag gab, und auf die vier Kardinaltugenden, die damals Geschäftsleute wie er noch in Ehren hielten: Klugheit, Mass, Tapferkeit und Gerechtigkeit.[9]

Wer die Kunstgeschichte praktischer verstehen möchte, dem möge die Tatsache genügen, dass der Architekturgarten in Hausnähe damals auch in Winterthur Mode war.[10] Vom Tössertobel sind ausser einem unsignierten Pflanzplan vom 22. September 1911 keine Gartenpläne mehr erhalten. Die schöne, kolorierte Kohlezeichnung mit Vogelperspektive und Grundriss aus dem Büro Rittmeyer & Furrer scheint nur publiziert überlebt zu haben.[11] ▸ 1 Am 17. August 1910 fand der Einzug ins fertige Haus statt.

Der Garten war schon seit dem Herbst 1908 bepflanzt. Er führt vom Sonnenbad über vier Ebenen zum Haus hinauf. Einige Stufen über dem Sonnenbad liegt ein lang gestrecktes, vierteiliges Rasenparterre, das beidseits von einer Rosskastanienreihe begleitet wird, während der südlich vorgelagerte Panoramaweg auf der Stützmauer auf dem tieferen Niveau des Sonnenbades liegt. Die zentrale Aussichtskanzel war mit einem Solitärbaum bepflanzt.[12] Man wandelt hier wie auf einem barocken Stadtwall und geniesst die Aussicht ins verwunschene Tobel, auf das lange Staudenbeet am Fusse der Stützmauer, das im Frühling mit Bluebells *(Hyacinthoides)* überbordet, oder auf die Industriestadt Winterthur.

Dann folgt der Rosengarten mit seinen vier quadratischen, mit Buchs eingefassten Beeten, die von je einem über 100-jährigen Eibenkegel, mit Kugel und Vogel bekrönt, beherrscht werden. ▸ 3 Der geneigte Leser denkt an Plinius: «Vor den Arkaden eine Terrasse, in Blumenbeete von vielerlei Gestalt aufgeteilt, von Buchsbaumbeeten eingefasst; weiterhin ein sanft abfallender Rasenteppich, in den der Buchsbaum paarweise einander gegenüberstehende Tiergestalten eingezeichnet hat […].»[13]

Als die von Holland importierten Eiben im Winter 1908 gepflanzt wurden, litten zwei Vögel unter der Trockenheit und verloren ihre Schnäbel. Doch Georg Reinhart verstand, sie zu

3 Die Mittelachse verklammert Haus, Garten und Sonnenbad miteinander. Im Vordergrund die Taxuskegel mit den Kugeln und Tauben im Rosengarten.

rekonstruieren, nur dass sie sich seither nicht mehr zugewandt sind und heute eher wie feiste Eichhörnchen aussehen: «Je einmal im Jahr», schreibt er, «im Juni oder Juli, kommt bei schönem Wetter der Moment, wo ich meine Taxus-Vögel in Form zu schneiden habe. Das gibt dann immer einen ganzen Tag Arbeit, aber sie macht mir grossen Spass. Ich trage dazu ein besonderes Festgewand: weisse, leinene Hosen, ein Tennishemd mit kurzen Ärmeln, eine grosse Hornbrille – damit mir keine Nadeln in die Augen fliegen – und einen riesigen Panamahut […]. So angetan, schleppe ich die grosse Blockleiter herbei und bewaffne mich mit Hagschere und Schafschere und mache mich ans Werk […], diese Schafschere […] dient mir als Werkzeug für die bildhauerische Arbeit an den Vögeln und Kugeln. Die Schafschere ist aus einem einzigen Stück federnden Stahls geschmiedet und liegt wundervoll in der Hand.» In der Nordostecke liess Reinhart an der Ostwand eine dreijochige Pergola errichten, die später entfernt wurde.[14] Auf der höchsten und letzten Ebene, zu der eine Freitreppe mit elf Stufen führt, thront das Haus von Rittmeyer & Furrer, eine Collage aus Heimatstil und Klassizismus. Der imposante Portikus der Gartenfassade, der später abgeräumt wurde, betonte einst die gleich breite Mittelachse des Gartens, die auch das Haus im Innern beherrscht.

Der Gemüsegarten

Im Jahre 1914 konnte Reinhart die nördliche Wiese am Wald dazukaufen, für die er selbst einen Gemüsegarten in der Form eines Hippodroms mit einer mittleren Exedra entwarf. Ob ihm wiederum Plinius dabei Pate stand? In einem Begleitbrief an die Herren Rittmeyer und Furrer rechtfertigt er sich für seine Eigenmächtigkeit und bekennt, für die Planung und Bepflanzung den Gartenarchitekten Paul Schädlich beauftragt zu haben: «Den Grundriss für denselben habe ich selber entworfen. […] In meiner Planskizze ist ein Platz für ein ev. zu errichtendes Häuschen (Gartenhaus oder Arbeitsraum) vorgesehen; sollte dasselbe zur Ausführung gelangen, so würde ich diese Arbeit selbstverständlich Ihnen und nicht Herrn Schädlich übertragen.»[15] Der Garten wurde vom Wald mit einer hohen Spalierwand in Form einer Dreikonchenanlage abgetrennt und das Häuschen als Atelier für den Bauherrn 1917 gebaut. ▸4

4 Renoirs «Eva» inmitten des ehemaligen Gemüsegartens, um 1950. Privatbesitz.

Auf dem Farbfoto, wohl Ende der 50er Jahre, sieht man die Gemüsebeete in Reih und Glied, umrandet von Schnittblumen. Im Wegkreuz der Exedra platzierte Georg Reinhart die «Grande Vénus debout» von Pierre-Auguste Renoir, die er für den Gemüsegarten erworben hatte und stets Eva nannte.[16] Heute steht die «Eva» im Rasen, und der Gemüsegarten ist wieder vor dem Gärtnerhaus, wo Rittmeyer & Furrer ihn auf dem Plan eingezeichnet haben. Er ist wie ein *hortus conclusus* gegen das Haus mit einer hohen Mauer abgetrennt.

5 Das Kinderchalet in der gepflegten Wildnis erinnert an die Eremitagen in den Landschaftsgärten des 19. Jahrhunderts.

Der Landschaftsgarten

Auf der Kohlezeichnung ▸1 sieht man unter der Stützmauer die steil abfallende Wiese und ein paar Obstbäume. Später wurden noch ein heimischer Schlehdorn und Exoten wie *Acer japonica* dazugepflanzt. An der Grundstücksgrenze führt vom Gutshof, den Reinhart 1913 von Rittmeyer & Furrer neu erbauen liess, ein Fahrweg ins Tobel hinein und eine steile Treppe wie eine Himmelsleiter zum Haus hinauf. Georg Reinhart machte daraus einen Stationenweg, indem er Wegkapellen mit Reliefs der drei Lebensalter von Masereel errichten liess, die heute von Taxus eingewachsen sind.[17] Der Weg führt dem Haus entlang zu einem kreisrunden Sitzplatz, der ursprünglich von Kastanien, später von lichteren Robinien überdacht war.[18]

Reinhart hatte diese Ostpartie des Gartens laufend weiter präzisiert. 1926 kam ein sechseckiges Kakteenhaus dazu, das er in seinen Erinnerungen liebevoll beschreibt. 1934 beauftragte er den Winterthurer Gartenarchitekten Fritz Haggenmacher mit einer Pergola im damals populären Tessiner Stil, zwischen deren Granitplatten im Frühling unzählige *Helleborus orientalis* und *Fritillaria meleagris* blühen und den Besucher bezaubern.

Vom jetzigen Gemüsegarten führt ein sanft geschwungener Fusspfad einer Schafweide entlang in das Tobel hinab zur Eremitage der Kinder. ▸5 Das steinerne Häuschen steht eingewachsen in Bambus, Farne und Hostas an dem kleinen Bach, behütet von einem Relief des Namensheiligen Georg. Früher hatte jedes der vier Reinhart-Kinder ein kleines Gärtchen dort, das sie selbst bestellten, und einmal im Jahr luden sie die Eltern feierlich zu einem Mittagessen ein. Als Reinhart 1931 seine Erinnerungen schrieb, hoffte er auf die Enkel, «die sich dieses Märchenreiches bemächtigen werden. Sie werden in dem Gärtchen das Unkraut ausjäten, im Häuschen den Boden fegen, die verstaubten Scheiben der Fensterchen putzen und das Spiel von Neuem beginnen.»[19]

Privatgarten, nicht zugänglich

Traum vom Gesamtkunstwerk
Der Garten der Villa Eupalinos in Pully

Jean-Yves Le Baron,
Klaus Holzhausen,
John Aubert

Das in der Zwischenkriegszeit geschaffene Ensemble aus Garten und Villa Eupalinos überrascht durch seine aussergewöhnliche Originalität.[1] In der Tat nimmt dieses Werk im architektonischen und landschaftsgärtnerischen Schaffen der Schweiz dieser Zeit eine besondere Stellung ein: Es ist eindrücklich durch seine stilistische Einheitlichkeit, aussergewöhnlich durch die Grösse und den guten Erhaltungszustand des Parks, erstaunlich durch die meisterliche Inszenierung, und es zeugt darüber hinaus von der Begegnung unterschiedlicher Künstler, die alle das Konzept des Gesamtkunstwerks vertraten.

Andererseits prägen mehrere architektonische Strömungen den Stil der Villa und ihres Parks: Die so genannte «moderne» Architektur vermischt sich mit dem Neoklassizismus vor dem Hintergrund eines dem 19. Jahrhundert würdigen Landschaftsparks. Dieses Ensemble wurde seit 1949 ohne Unterbruch gepflegt und ist in praktisch intaktem Zustand erhalten und damit ein aussergewöhnlicher Zeuge seiner Epoche.

Der Bauherr

1926 kauft Charles Stern (1886–1940), ein begüterter und grosser Liebhaber französischer Kunst, die auf der Anhöhe von Pully-Lausanne am Ufer des Bachs Le Riolet gelegene Parzelle «A la Perreyre». Auf der Grundlage eigener Entwürfe lässt er bereits 1927 unter der Leitung des örtlichen Bauunternehmers Colia eine Villa errichten und vertraut die Vollendung des Anwesens dem Architekten Henri-Robert Von der Mühll an.

Als Bewunderer der antiken Welt und begeisterter Reisender ist Stern zugleich Gelegenheitsdichter. 1926 veröffentlicht er einen ersten Gedichtband unter dem Titel «Bizarreries».[2] Ein zweiter, «Poèmes subtils»[3], erscheint 1930 unter dem Pseudonym Eupalinos[4], eine Reverenz an das 1921 von Paul Valéry verfasste «Eupalinos ou l'architecte»[5], in dem der grosse Dichter jenen genialen klassischen Vordenker feiert und so das ästhetische und intellektuelle Ideal der griechischen Antike transponiert.

Die Schöpfer des Gartens

Henri-Robert Von der Mühll (1898–1980), einer der Begründer der modernen Schweizer Architektur, hat eine enge Beziehung zu dem Anwesen Eupalinos. Das Projekt, das er für Stern erarbeitet, ist sein erster grosser Auftrag in Lausanne. Abgesehen von seiner Beteiligung an der Inneneinrichtung des Wohnhauses konzentriert er sich auf die allgemeine Gestaltung des Parks und vor allem auf die mit dem Wohnhaus verbundenen Gärten. Die Kaskade und die daneben verlaufende Doppeltreppe, in vollkommener Symbiose mit der Villa, sind beispielhaft, was Komposition und Perspektive betrifft.

In ihrem Buch «Entre Tradition et Modernisme» stellt Stephanie Pallini[6] im Hinblick auf die Beteiligung Von der Mühlls fest, dass dieser trotz eines ungeklärten Abbruchs seiner Tätigkeit im Sommer 1928 die Zeit hatte, die neoklassizistische Inszenierung des Parks zu verwirklichen – eine Arbeit, auf die er gründlich vorbereitet war durch Praktika im Ausland, die ihm die Türen zum Lausanner Bürgertum geöffnet hatten und es ihm auch erlaubten, mit den Schöpfungen der Gärtner und Gartenarchitekten der Vergangenheit, für die er grosse Bewunderung hegte, zu wetteifern.

In der Tat ist Von der Mühll begeistert von dem sagenumwobenen Gartenarchitekten André Le Nôtre (1613–1700), dessen Werk man zu dieser Zeit anlässlich der dritten Restaurierung des Gartens von Vaux-le-Vicomte durch Henri und Achille Duchêne[7] wiederentdeckt. Die damals unternommenen Restaurierungsarbeiten an klassischen Gärten werden heute von der Gartenforschung als «Zustand 1900» angesehen. Sie erweisen sich nämlich als absolut modern, auch wenn Bezüge und Formen des 17. Jahrhunderts Eingang finden. Befreit von Skulpturen und Formgehölzen, entstehen nun formale Anlagen mit modernen und vereinfachten Formen. Genau dieses Vokabular wird Von der Mühll in Eupalinos entfalten. Die sich ins Unendliche öffnende Perspektive, die Symmetrie, ein System von Terrassen, Bassins und Wasserfällen sowie Skulpturen sind dem klassischen französischen Garten entlehnte Regeln und Gestaltungsmöglichkeiten.

Zwischen 1929 und 1933 vollendet der Landschaftsarchitekt Charles Lardet (1891–1955) das landschaftsarchitektonische Programm. Lardet, von 1909 bis 1911 bei den Gebrüdern Mertens in Zürich ausgebildet, ist mit dem Architekturgartenstil vertraut und zugleich Kenner der französischen Schule, da er an der Neuerschaffung des berühmten Gartens von Villandry beteiligt war.

Er bepflanzt den Park in einem seinem Vorgänger nahe stehenden Geist und führt damit einen fruchtbaren Dialog mit der Arbeit Von der Mühlls. In einem sehr detaillierten Plan von 1929, der inzwischen als Referenz gilt, wendet Lardet die Grundsätze des formalen Gartens auf den zentralen Teil an und behandelt den umgebenden Randbereich freier.

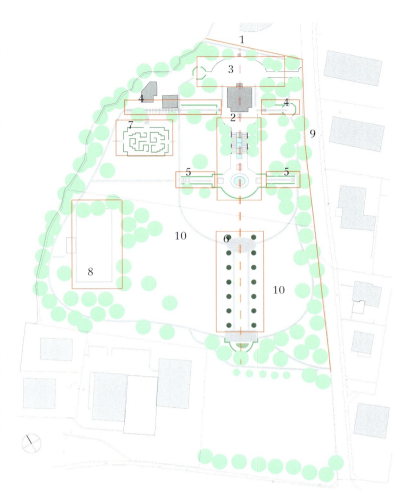

1 Plan der Gesamtanlage.

1 Hauptachse
2 Bassins und Treppen
3 Eingangshof
4 Promenade und Pergolen
5 Rosengänge
6 *tapis vert*
7 Rosengarten
8 Tennisplatz
9 Umfassungsmauer
10 Gehölzsaum

Anlage und Komposition

Die Villa wurde im oberen Teil des Grundstücks errichtet. Eine in Nord-Süd-Richtung verlaufende Hauptachse bestimmt die Grundstruktur des Parks, die auf einem rechtwinkligen System beruht. ▸1 Die Nord-Süd-Achse nimmt ihren Anfang bei der Villa ▸2 und öffnet sich dann zum See und zu den Alpen. In ihrem unteren Teil ist der Verlauf geprägt durch eine doppelte Pappelreihe, die heute verschwunden ist, und zwei Reihen Buchsbaumkugeln, die beidseitig eines *tapis vert* angeordnet sind. Von oben nach unten folgen aufeinander: der Eingangshof, eine von Treppen flankierte Abfolge von Wasserfällen und Bassins, eine Zwischenebene und schliesslich der in einem Halbkreis endende *tapis vert*. ▸3, 4 Eine von einer

2 Garten und Villa bilden ein Ganzes. Historische Fotografie, 1929. Archives de la Construction Moderne, Ecole polytechnique fédérale de Lausanne.

Buchsbaumhecke umschlossene Skulptur von Milo Martin bildet den Abschluss der Anlage und lädt den Besucher ein, sich umzuwenden, um die im oberen Teil des Gartens liegende Villa zu betrachten. Säulenzypressen und geschnittene Taxushecken strukturieren den Weg, rahmen die Ausblicke und betonen die Geometrie der grossen Achse.

Eine zweite Achse in Ost-West-Richtung verläuft südlich des Wohnhauses. Ein achteckiges Heckenkabinett, beherrscht von einer Skulptur von Raymond Rivoire, das sich ursprünglich zu den Voralpen öffnete, befindet sich an der Ostgrenze der Anlage. Im Westen wird diese Achse durch einen von Rosenrabatten begleiteten Weg betont, über den Stern in sein Atelier gelangte. Der Weg mündet in eine Pergola, deren Gerüst aus Sichtbeton von wildem Wein berankt wird. Unterhalb davon befindet sich ein Rosengarten in Form eines Labyrinths, das an die geometrische Anlage in Villandry erinnert. Die Rosen sind heute verschwunden und wurden durch Farne und einjährige Pflanzen ersetzt.

Die Zwischenebene unterhalb der Kaskade nimmt ein ovales Bassin auf. ▸4 Zwei mit Rosen bewachsene Laubengänge erstrecken sich senkrecht zur Hauptachse und überdecken die Promenade. Metallbögen bilden das Skelett des Pflanzengewölbes. Geschnittene Taxushecken säumen die Kletterrosen und verstärken die Geometrie.

3 Ein formaler Garten mit einfachen modernen Formen.

Villengärten

Beton, das bevorzugte Material für Gartenanlagen der 1920er Jahre, wird auch für die Aussengestaltungen der Villa Eupalinos verwendet. Er ist preisgünstig, modellierbar, leicht herstellbar und daher geeignet für raffinierte Verarbeitungen, die ihm den Status eines eigentlichen künstlichen Steins verleihen. Die Treppen, Bassins und Pergolen sind praktisch noch intakt. Die Werke von Milo Martin und Raymond Rivoire nehmen im Park einen wichtigen Platz ein. Sie bilden eine vollständige Einheit mit den künstlichen Elementen des Gartens, von denen sie nicht zu trennen sind. Sie wirken mit am Ideal des Gesamtkunstwerks, das die Schöpfer jener Zeit so sehr anstrebten.

Ein Garten in Gefahr

Sicher ist es dem Weitblick ihrer gegenwärtigen Eigentümerin zu verdanken, dass die Villa Eupalinos ihre wichtigsten Charakteristika bewahrt hat. Die von den Strömungen des Kubismus und des Art Déco beeinflusste Anlage zeugt von einer kurzen Phase der Gartengeschichte, auf halbem Weg zwischen dem Architekturgarten des beginnenden 20. Jahrhunderts und dem kurzen Aufschwung des aus dem Bauhaus hervorgegangenen avantgardistischen Wohngartens. Der Garten der 1925 in Prégny-Chambésy (Genf) von den Architekten Turretini und Revillod erbauten Villa Baur ist wahrscheinlich das der Villa Eupalinos am nächsten stehende Beispiel. Der Friedhof von Bois-de-Vaux in Lausanne, ein Werk des Architekten Alphonse Laverrière aus den 1920er Jahren, legt ebenfalls Zeugnis von der Landschaftsarchitektur der Zwischenkriegszeit ab.

Die Zukunft des Gartens der Villa Eupalinos ist jedoch sehr ungewiss. Ungeachtet der Aufnahme ins Bauinventar des Kantons Waadt, geniesst der Garten keine Klassifizierung als Denkmal, weder auf regionaler noch auf nationaler Ebene. Die Villa Eupalinos ist ein in der Schweiz einzigartiges und in seiner Art in Europa seltenes Gesamtkunstwerk. Ihr Verschwinden würde einen unwiederbringlichen Verlust für das Schweizer Kulturerbe und die Geschichte der Gärten im Allgemeinen darstellen.

Villa und Garten bilden ein Ensemble, das nicht getrennt behandelt werden kann. Wer diesen fremdartigen Ort betritt, hat den Eindruck, die Zeit sei dort seit fast 80 Jahren stehen geblieben. Einzig die etwas allzu mächtigen Immergrüne in der Hauptachse erinnern bisweilen daran, dass sie auch hier vergeht ... Fast könnte man sich vorstellen, in einem Palast der Metropolis von Fritz Lang umherzuwandeln.

Übersetzung: Tobias Scheffel

4 Kaskade, Bassins und Zypressen bilden im Hang der Hauptachse eine Abfolge.

Privatgarten, nicht zugänglich

Gartenkultur als Familientradition

«... Ach, Herr! gefiel' es dir,
Dass wenigstens doch dieser Garten hier
Bei meinem künftigen Geschlechte,
Vergnügt und wohlgebrauct, verbleiben möchte!»

Mit diesem Wunsch beschliesst im frühen 18. Jahrhundert Barthold Heinrich Brockes, ein Hamburger Senator, sein Gedicht «Abschied vom Garten». Er drückt damit eine Hoffnung aus, die viele Gartenbesitzer hegen. Doch handelt es sich dabei ja nicht nur darum, das Gartenglück an eine nächste Generation weiterzugeben, sondern auch um eine Art Generationenvertrag. Die langen Entwicklungszeiten zum Beispiel der Gehölze bringen es mit sich, dass wir geniessen, was unsere Väter angelegt haben, und dass erst unsere Töchter die voll entfaltete Schönheit unserer eigenen Pflanzungen erleben werden. Ein Garten ist auf langfristige, planende Pflege angewiesen, die auch die notwendige Verjüngung, die Beobachtung der getroffenen Massnahmen und die Offenheit für Neues einschliesst.

Die Gartenliebe zu wecken, ist denn auch ein Bedürfnis vieler Eltern. So erinnert sich der Staudenzüchter Karl Foerster an seine Kindheit im Garten der Berliner Sternwarte: «An einer reizenden, geborgenen Stelle des grossen Sternwartgartens lagen unsere Kindergärten, mit Buchsbaumwegen oder Himbeerhecken gegeneinander abgegrenzt. Unsere Mutter bedachte, dass Kinder am schnellsten in Gartenleidenschaft geraten durch Mitwirkung von Eigentumsgefühl, Verantwortung und Wetteifer.»

So viel wir über den *furor hortensis* und das «Wüten» dieser Leidenschaft unter den grossen Herren früherer Zeiten wissen, Quellen über das Verhältnis von Kindern zum Garten sind kaum bekannt. Die Nachricht, dass in den 1780er Jahren der siebenjährige Johann Ulrich von Salis einen Mandelbaum gepflanzt hat, ist deshalb von besonderem Interesse. Die von Salis sind seit Jahrhunderten für ihre Gartenleidenschaft bekannt, und noch immer sind es Nachkommen dieser Familie, die das Schicksal ihrer alten Gärten im Bergell oder in Malans lenken.

Gärten, die sich über Generationen im Besitz der gleichen Familie befinden, sind wie Familienalben. Meist haben sich Gartenteile oder Relikte aus verschiedenen Epochen nicht nur erhalten, sondern sie werden mit bestimmten Vorfahren in Verbindung gebracht: Das Wäldchen, das der Vater besonders liebte, ein Staudenbeet, das von der englischen Grossmutter angelegt wurde, oder die Bäume, die jeweils bei der Geburt eines Kindes gepflanzt wurden – Bäume, die das Kind begleiten, mit ihm gross werden und die eine Möglichkeit sind, die Gartenleidenschaft zu wecken.

Wer in einem Garten aufgewachsen ist und von der Liebe zum Garten beseelt ein solches Erbe antritt, wird in den seltensten Fällen nur bewahren, was er vorfindet. Generationenwechsel führen zu Veränderungen: Kinderträume werden verwirklicht, auf Reisen empfangene Inspirationen werden umgesetzt, oder ein thematischer Schwerpunkt – etwa eine dendrologische Sammlung – wird weiter ausgebaut.

Wie der oben zitierte Stossseufzer von Barthold Heinrich Brockes bezeugt, war die Gewissheit, dass das gärtnerische «Familienalbum» weitergeführt wird, auch früheren Generationen nicht gegeben. Und so beschleicht uns erst recht heute, in unserer schnelllebigen Zeit, eine grosse Wehmut beim Gedanken an die vielen alten Familiengärten, deren Zukunft ungewiss ist.

Brigitt Sigel

Ein Refugium für Generationen
Der Garten des Oberhauses in Stans

Pia Amstutz

Hinter der hohen Gartenmauer versteckt sich eine Idylle besonderer Art. Die geometrische Gartenanlage aus dem 18. Jahrhundert ist in einem Dorfplan von 1837 hervorragend dokumentiert, wird als Familiengarten genutzt und lässt trotz Anpassungen an die sich wandelnden Bedürfnisse noch viele historische Spuren erkennen.

Nachdem ein Dorfbrand 1713 einen grossen Teil der Häuser am Stanser Dorfplatz zerstört hatte, sind diese nach einem orthogonalen Bebauungsplan der zwei Luzerner Baumeister Josef Aebi und Ludwig Gassmann wieder aufgebaut worden. Besonders charakteristisch ist dieser Plan in der Häuserzeile am oberen Rathausplatz umgesetzt worden. Die Häuser rund um das Rathaus waren mit grossen Gärten ausgestattet. Diese hatten Anfang des 19. Jahrhunderts teilweise auch Gartenanlagen im französischen Stil. Einzig der Garten des Oberhauses ist in seiner Struktur erhalten geblieben. Er ist wichtiges und wohl einziges erhaltenes Zeugnis der Gartenkultur des 18. Jahrhunderts im Kanton Nidwalden.

Das Haus, im Besitz des Landsäckelmeisters und späteren Landammanns Johann Laurenz Bünti, wurde 1714 auf dem alten Platz wieder aufgerichtet. Das Frauenkloster erstellte 1728–1732 neben dem Grundstück die Gebäude für das Mädchenpensionat. In einer Dorfansicht von 1756, in der detailreich Zäune und mit Mauern gefasste Barockgärten dargestellt sind, fehlt ein Garten bei diesem Haus.[1] Es ist also nicht anzunehmen, dass der Garten auf Bünti zurückgeht. Als Chronist beschäftigte er sich mit politischen Details, aber nicht mit der Gartenkultur seiner Zeit. Auch stammt der Garten kaum von seinen Nachkommen, die keine hohen Ämter mehr innehatten.

Nahe liegender ist es, die Gartenanlage dem nachfolgenden Besitzer, Melchior Fidel Achermann, zuzuschreiben. Gemäss Durrer hat er das Haus 1762 gekauft und es 1769/70 grosszügig im Rokokostil umgestaltet. Er war der Enkel von Johann Jakob Achermann, Landammann und Landeshauptmann, auch Landvogt im Thurgau. Dieser stand im Dienste von Ludwig XIV. und konnte bei den Villmergerkriegen in Sins einen Sieg erringen, der ihn bekannt machte. Standesgemäss und seiner Bedeutung entsprechend hat er sich 1724 auf dem Ennerberg zwischen Stans und Buochs einen vornehmen Landsitz erbaut, der einen ummauerten Garten mit einem Pavillon in der Mauer und formal gestalteten Beeten besass, wie es damals in der Innerschweiz üblich war.

Fidel Achermann war wie sein Grossvater in französischen Diensten als Oberstleutnant tätig und Träger des Ludwigordens. Es hätte durchaus seiner Familientradition entsprochen, zum renovierten Haus einen repräsentativen Garten anzulegen. Eine vom Haus ausgehende Achse mit der Abfolge Parterre – Baumgarten – Landschaft – Nutzgarten, wie im 18. Jahrhundert verbreitet, ist aufgrund der vorhandenen Grundstück- und Gebäudedisposition sicher nicht möglich gewesen. Die verschiedenen Gartenteile waren wohl nebeneinander angeordnet und je einer eigenen Achse untergeordnet. Ob auch die Detailgestaltung dem reichen Rokokogarten entsprach, können wir leider nicht mehr feststellen.

Nachdem Fidel Achermann in der Breiten ein neues Haus erbauen liess, waren 1786 die Liegenschaft mit Haus, Nebengebäuden und Garten sowie dem benachbarten Nutzgarten in den Besitz von Niklaus Remigi von Deschwanden übergegangen. Von da an wurde das Anwesen «Oberes Haus» genannt, weil die Familie im Dorfe unten schon ein «Unteres Haus» besass. Sie handelte mit Kolonialwaren und fabrizierte im «Hostettli» im Garten des Oberhauses ihre Seifen, die sie im Dorfladen verkaufte. 1791 wurde noch Land im Klosterareal dazugepachtet, um die grosse Familie mit Gemüse und Obst zu versorgen.

Über den Garten aus dieser Zeit finden wir leider immer noch keine Angaben, einzig eine Ansicht von 1796[2] zeigt die heute noch bestehende Gartenmauer mit der Fensteröffnung. Dass die Bäume auf dieser Darstellung schon recht gross sind, ist ein weiterer Hinweis, dass bereits der vorherige Besitzer Fidel Achermann den Garten angelegt haben könnte.

1 Ausschnitt der inneren Dorfbebauung. Handkolorierter Entwurf wohl von Louis von Deschwanden für den Dorfplan von Stans, 1837. Das Oberhaus mit Garten oben in der Mitte, Norden unten. Staatsarchiv des Kantons Nidwalden, Stans.

Bildhaft und wohl auch verlässlich haben wir den Garten um 1830 erstmals vor uns. Der handkolorierte Plan zeigt detailreich das längsrechteckige, südöstlich orientierte Grundstück am Siedlungsrand. ▸1 In der Tradition der Innerschweizer Renaissancegärten umschliesst eine hohe, mit Biberschwanzziegeln gedeckte Mauer das Grundstück, ausser dass die Eckpavillons fehlen. Dafür ist das Fenster in dieser Mauer eine Besonderheit. ▸2 Durch dieses wird der Einbezug des idyllischen Landschaftsraums in die Gartenanlage ermöglicht.

2 Am Ende der Mittelachse steht an der östlichen Gartenmauer ein offener Pavillon. Das Fenster in der Mauer verlängert die Achse in die Landschaft.

Pia Amstutz: Garten Oberhaus, Stans

Der südöstliche Hauptteil der Anlage besteht aus einem schachbrettartig bepflanzten Obstgarten, der durch einen kleinen quadratischen Pavillon ergänzt wird. Er steht am Ausgangspunkt einer Sichtachse, die auf der anderen Seite durch das Fenster in der Mauer in die Landschaft verlängert wird und sich in die Voralpenkulisse ausdehnt. Seit der Renaissance wurde der Blick vom Garten in die umgebende Kulturlandschaft durch Öffnungen in der Gartenmauer, Türme oder erhöhte Pavillons nicht nur ermöglicht, sondern geradezu inszeniert. In der zweiten Hälfte des 18. Jahrhunderts trat zudem vermehrt die «wilde Natur» mit ihren Seen und Bergen in den Mittelpunkt des Interesses.

Hinter dem Herrschaftshaus liegt ein parterreartiger Garten, dessen Beete symmetrisch aufgeteilt und mit Buchshecken eingefasst sind. Um 1830 ging die Symmetrie dieses Gartenteils wegen eines Anbaus verloren. Das übrig gebliebene rechteckige Beet direkt vor der Fassade ist mit Zierformen reich ausgestaltet. Die anderen Beete haben den Charakter eines Nutzgartens, in dem wahrscheinlich feinere Gemüse wie Salate, Beeren und Blumen gezogen wurden, während die gröberen Gemüse im aussen liegenden Garten und auf dem Pachtland gepflanzt wurden. Die Öffnungen in der Gartenmauer wurden vom benachbarten Frauenkloster für die Belüftung der Kellerfenster verlangt; sie lockern die strenge Mauer auf und erlauben dem Passanten einen Blick durch die Gartenmauer.

Auf der Südostseite liegt ein Hof, der durch Haus und Nebengebäude definiert wird und mit einem Springbrunnen akzentuiert ist. Der runde Brunnen, der mit einem breiten Rasenband und einem Zaun umgeben ist, wird aus einer Quelle im Wald des Kapuzinerklosters gespiesen. Der Garten verknüpft Repräsentation und Nutzen auf äusserst reizvolle Weise.

Ein Enkel von Niklaus Remigi von Deschwanden war der Kunstmaler Melchior Paul von Deschwanden. Dieser kehrte nach seinen Lehrjahren im Ausland 1840 ins Elternhaus zurück, wo er zuerst im Estrichsaal sein Atelier einrichtete, wofür drei gekuppelte Rundbogenfenster in den Giebel eingefügt wurden. In der Zeit vor 1845 wurde auch der Garten umgestaltet, wobei seine dreiteilige Struktur erhalten blieb.[3] 1846 errichtete der Maler im Garten anstelle des Gadens sein bis heute äusserlich erhaltenes Atelierhaus.

Der Zustand um 1885 ist wiederum gut dokumentiert.[4] Der grösste Eingriff fand im Baumgarten statt. Anstelle des kleinen Pavillons bildete ein Baumpaar den Anfang der Sichtachse. Der Raum wurde als baumloses Rasenparterre mit ausgeprägter zentraler Achse ausgebildet. Blumenschmuck zierte den Rasen, und anstelle von Obstbäumen wurden seitlich Spaliere gezogen. Über dem Fenster in der Mauer wurde vermutlich damals der Altan, ein Balkon in Holzkonstruktion, errichtet, von dem aus man den Blick in die Voralpen noch besser geniessen kann.

Der Springbrunnen wurde mit Kletterpflanzenspalieren ergänzt und am Haus ein heute noch bestehender Rebenspalier gezogen. Vermutlich schloss ein neues Tor neben dem Haus den Garten ab, das später wieder verändert wurde.

Auch der Garten hinter dem Haus erhielt eine axiale Einteilung, und die noch heute beste-

3 Der Parterregarten vor der Südfassade des Hauses mit den buchsgefassten Rosenbeeten.

henden mit Buchs gefassten Rosenbeete sind ebenfalls damals gepflanzt worden. ▸3 Urheber dieser Veränderungen könnte der Maler von Deschwanden gewesen sein, der bei seinen Reisen in Italien und Deutschland von den dortigen Gartenanlagen inspiriert wurde. Vielleicht wurde er von seiner Mutter unterstützt, einer geborenen Lutiger, die im herrschaftlichen Sitz St. Karl am Zugersee aufgewachsen war.

Ihre Nachkommen pflanzten um 1890 im Rasenparterre wiederum Obstbäume, während die Mittelachse alleeartig ausgezeichnet wurde.[5] Der runde Brunnen wurde durch ein quadratisches Wasserbecken ersetzt, wofür das Gelände durch den Bau von Natursteinmauern angehoben wurde. Eine neue Hainbuchenhecke fasst seither den Weiher ein, und drei geschnittene Rosskastanien bilden den Abschluss des Hofs zum Baumgarten. ▸4 Im Rosengarten wurde ein Kiesplatz mit einem Alpengartenrondell angelegt, das heute nicht mehr existiert. Diese Eingriffe sollten wohl den Eindruck von mehr Abgeschlossenheit und Idylle vermitteln. Das Atelier wurde nach dem Tod von Melchior Paul von Deschwanden 1881 weiterhin von Künstlern als Werkstatt genutzt.

Ludwig und Rosmarie Kayser-von Matt kauften 1969 das Haus, nachdem sie mit ihrer Familie seit 1958 darin wohnten und er das Atelierhaus als Architekturbüro benutzte. Seit 1970 zeigt sich die Fassade wieder im alten Zustand; der Garten ist aber seit 1900 fast unverändert erhalten geblieben. Für die Kinder der heutigen Eigentümer sind die ehemalige Seifenfabrik und das Atelier in Wohnhäuser umgebaut worden. Zu den Geburten wird der Obstgarten jeweils mit einem neuen Baum ergänzt. ▸2

Der Garten ist für die grosse Familie ein Refugium mitten im Dorf. Wird das grosse Tor geschlossen, kehrt eine angenehme Ruhe ein, die nur vom Plätschern des Springbrunnens unterbrochen wird. An warmen Sommertagen dient der Garten mit seinen lauschigen Sitzplätzen an allen Ecken, seinen Kieswegen und Kiesplätzen und der grossen Rasenfläche unter den Schatten spendenden Bäumen als grosser Aufenthaltsraum für die Familie und manchmal sogar als öffentlicher Konzertsaal oder als Theaterkulisse.

4 Der Springbrunnen vor der Ostfassade des Wohnhauses, die von einem 150-jährigen Rebenspalier überwachsen ist.

Privatgarten, nicht zugänglich

«Hier sollten Rosen stehen...»
Der Garten von Schloss Bothmar in Malans

EEVA RUOFF

Aus dem sonst wortkargen Tagebuch von Gubert Abraham von Salis geht hervor, dass ihn die Gärten von Versailles, die er im November 1725 das erste Mal besuchte, sehr begeistert haben. Die Wasserkünste, die Kanäle, die Skulpturen, das Labyrinth mit den Tierfiguren, die schönen Bäume um die Boskette, die Nachtigallen sowie die Anlage mit den kleinen, «natürlichen Quellen» beim Trianon[1] flössten dem damals 18-jährigen zukünftigen Besitzer von Schloss Bothmar grosse Bewunderung ein.[2] Es wird allgemein angenommen, dass er es war, der die terrassierte Gartenanlage des Schlosses ab den 1740er Jahren anlegen liess.[3]

Der Garten im 18. Jahrhundert

Der Mittelteil des Schlosses wurde für die Familie Beeli im 16. Jahrhundert erbaut, und schon damals dürfte es einen Garten an dem ausgesprochen warmen Hang gegeben haben. Die älteste Darstellung einer Gartenanlage datiert aber erst aus der Barockzeit. ▶ 1 Auf diesem etwas unbeholfenen Gemälde ist die ganze Anlage mit vielen Einzelheiten festgehalten, es bleibt jedoch offen, ob auch alles wirklich so, wie im Bild dargestellt, ausgeführt worden ist.[4] Gewisse Unstimmigkeiten können Versehen des Malers sein oder seiner «künstlerischen Freiheit» zugeschrieben werden. Vielleicht handelt es sich auch da und dort um vorgesehene, aber schliesslich nicht ausgeführte Anlageteile. Bei der Gestaltung des Gartens mussten die Probleme der Hanglage und des gegen unten schmaler werdenden Grundstücks überwunden und die schwierige Aufgabe gelöst werden, einen Bezug zum asymmetrischen Schlossgebäude herzustellen.

1 Ein barockzeitliches Gemälde zeigt den Terrassengarten mit einem imposanten Portal im Vordergrund. Durch das Portal sieht man einen Springbrunnen auf der Hauptachse. Schlanke Bäumchen verleihen der streng geometrischen Anlage Abwechslung.
Historische Farbfotografie, Standort des Gemäldes unbekannt.

Gartenkultur als Familientradition

Die Anlage auf dem Gemälde ist klar dem Barockstil verpflichtet. Die Hauptachse wird durch einen auffallend breiten Mittelweg und ein imposantes Portal[5] am Südende betont; auf der Gegenseite endet sie oben am Hang über dem Schloss mit einer Kleinarchitektur, die nur undeutlich skizziert ist. Vielleicht ist damit ein Tor[6] oder ein Wasserreservoir angedeutet, das die Springbrunnen weiter unten auf der Achse gespiesen hat. Die Anlage ist in breitere und schmalere Terrassen gegliedert. Die grösseren Terrassen sind durch breite, gerade Wege in längliche Rechtecke unterteilt. Bäumchen, zu schlanken, spitzen Säulen geschnitten, verleihen der Anlage Abwechslung und Rhythmus. Es dürfte sich um Buchsbäumchen gehandelt haben. Pflanzenlisten sollen nicht erhalten geblieben sein, es ist aber nicht auszuschliessen, dass sich unter den zum grössten Teil unpublizierten Schriften der Familie von Salis noch weitere solche Informationen über frühere Arten der Bepflanzung ausfindig machen lassen, wie die Erwähnung, dass der 1777 geborene Johann Ulrich von Salis als Knabe einen Mandelbaum neben der Türe des Gewächshauses gepflanzt hat.[7]

2 Der kleine Sondergarten liegt in luftiger Höhe auf dem Flachdach eines Vorbaus. Links im Bild 'New-Dawn'-Rosen, die zum Gärtlein hinaufgeklettert sind.

Auf der flächenmässig grössten Terrasse sind die «oblangen Vierecke» mit Rahmenrabatten, den so genannten *plates-bandes,* eingefasst, was uns zur Annahme berechtigt, dass jenes Areal ein Ziergarten war. Die Flächen innerhalb der Rahmenrabatten sind in rechteckige Beetchen unterteilt, wie es in älteren Barockgärten üblich war. Die weiteren Terrassen waren wohl für den Anbau von Küchengewächsen vorgesehen. Es war in jener Zeit üblich, auch die der Nützlichkeit dienenden Gartenteile auf ähnliche Art zu gestalten wie den Ziergarten und damit ein schönes Ganzes zu schaffen.

Der vom zweiten Stock des Südflügels über das Haupttor und eine lange Treppe zum Ziergarten führende Gang ist bereits auf dem erwähnten Bild festgehalten, eine Bepflanzung auf dem Vorbau können wir aber erst auf einem späteren Aquarell mit Sicherheit erkennen.[8] ▶ 2 Von jenem Gärtchen geniesst man einen grossartigen Ausblick über das breite Rheintal bis zu den Felsgipfeln weit im Süden.

Umwandlungen

Es fehlen detaillierte Informationen über den weiteren Werdegang des Gartens, aber der axialen, geometrisch konzipierten Anlage wurden wohl im frühen 19. Jahrhundert weichere Züge im Geist des Landschaftsgartenstils gegeben. Dies geschah vor allem durch asymmetrische Pflanzung von frei wachsenden Bäumen und Sträuchern. Im Süden des Gartens wurden Fichten gesetzt und der gesamten Schlossumgebung ein parkartiges Gepräge verliehen, indem man auf den angrenzenden Wiesen der Nord- und der Ostseite Gruppen von Säulenpappeln und weitere Fichten oder auch Weisstannen pflanzte.

Die schmale Terrasse südlich des Westflügels wurde wahrscheinlich in der Biedermeierzeit zu einem kleinen Ziergarten umgestaltet, und auf den übrigen Terrassen wurden Obst, Beeren und Gemüse angebaut, aber dem Formschnitt der Buchsbäume hat man nach wie vor Sorge getragen. So unbarmherzig schlank wie früher wollte man sie allerdings nicht mehr zurechtstutzen, und so nahmen sie über die Jahrzehnte an Umfang zu. Ihr Aussehen änderte sich auch dadurch, dass sie oben nicht mehr spitz, sondern flach geschnitten wurden. Einige Bäumchen wuchsen mit den daneben stehenden Buchseinfassungen zusammen, und sie breiteten sich gelegentlich auch weiter, in die Wege hinein aus. Bei der Erneuerung der Buchseinfassungen hat man dem Rechnung getragen, und so wurden die Wege immer schmaler. Das üppige Wachstum im Garten führte noch zu weiteren Veränderungen. So erlebten die schmal geschnittenen Reihen von Buchsbäumchen, die früher eine kleine Promenade von der südwestlichen Ecke des ältesten Schlossteils nach Osten säumten, eine radikale Umwandlung: Die nördliche, weniger besonnte Reihe wurde zu einer mittelhohen Hecke geschnitten, und die südliche liess man zu einer mächtigen, fast festungsartigen grünen Wand heranwachsen.

Aus dem Dornröschenschlaf geweckt

Im Oktober 1920 besuchte Rainer Maria Rilke den Bothmar. Beim Ausblick vom kleinen Balkon des Schlosses in den Garten erinnerte er sich der Novelle «Hier sollten Rosen stehen»[9] des dänischen Schriftstellers Jens Peter Jacobsen. Jacobsens Schilderung eines von Mauern umschlossenen alten Gartens mit Springbrunnen lässt vor den Augen des Lesers ein ebenso stimmungsvolles Bild aufsteigen, wie es Rilke im Bothmar wahrgenommen hat.

Nicht ganz so poetisch, sondern eher vernachlässigt zeigten sich die Gartenanlagen, als sich Hans Wolf von Salis-Seewis in den 1920er Jahren ihrer anzunehmen begann. In Italien hatte er die Wiederentdeckung der Gärten der Renaissance und des Manierismus mitverfolgen können. Das Interesse für formale Anlagen war inzwischen auch in der Schweiz durch die Schriften von Alfred Lichtwark und Paul Schulze-Naumburg geweckt worden. Hier war es vor allem der Winterthurer Richard Bühler, der bereits vor dem Ersten Weltkrieg die Werte der geometrisch angelegten Gärten erkannte. Von Salis liess den Terrassengarten im Bothmar allmählich erneuern. Dabei wurde er vom St. Moritzer Architekten Arnold Rietmann unterstützt. Einige alte Elemente mussten beseitigt oder geändert werden. Anstelle der grossen Tannen, die das Tor im Süden flankierten, wurden Thujas (*Thuja occidentalis* 'Fastigiata') gepflanzt, was dem Eingangsbereich das notwendige Gewicht verlieh. Und Rasenparterres ersetzten die einstigen Nutzpflanzenquartiere. In die Mitte von jedem Feld kam ein von niedrigem Buchs eingefasstes Blumenbeet mit zierlichen, vom Barock inspirierten Konturen. Später wurde jedes dieser verschieden geformten Beete noch mit einer zweiten Hecke umrahmt und damit der ornamentale, barocke Charakter verstärkt.

Zwischen der Terrassenanlage und dem parkartigen Areal im Nordwesten liess von Salis in einem – vielleicht schon aus dem 18. Jahrhundert stammenden – Eibenboskett eine Büste des Dichters Johann Gaudenz von Salis aufstellen, der 1762 im Schloss Bothmar auf die Welt gekommen war. Das marmorne Brustbild von Giovanni Seleroni datiert von 1851.

3 Jeder alte Buchsbaum hat heute eine individuelle Form. In der Mitte erblickt man den oberen Springbrunnen und im Hintergrund das «Kartausen-Wäldchen» mit den grossen Eiben und Lärchen.

Die grösste Liebe des Hausherrn galt dem westlichen, parkartigen Teil, den er nach einem neuen Konzept gestalten liess. Er sprach von «Kartause» und «sah eine Anlage mit Kreuzgängen, Säulengängen, Hauptschiff, Chor, Zellen von Bäumen und Büschen gebildet».[10] ▸3 Der Grundriss nimmt auf die Querachsen des Terrassengartens Bezug. Einer der vom Terrassengarten herkommenden Wege endet zum Beispiel in einem apsisförmigen Sitzplatz im Stil der 1920er Jahre. Die «Kartause» wurde unter Beibehaltung der älteren Bäume vielseitig bepflanzt. Im Frühling 1928 lieferten die Malanser Gärtnerei O. Leinhus und die Churer Handelsgärtnerei Otto Montigel neue Bäume, darunter den Mammutbaum, Sträucher und weitere Pflanzen. Bei Otto Montigel wurde im folgenden Jahr noch einmal eine grössere Menge von Gewächsen bestellt.

4 Blick in den heutigen Garten mit dem Schloss im Hintergrund.

Das rosige Heute

Heute präsentieren sich die Anlagen von Schloss Bothmar dank der unermüdlichen Bemühungen der Besitzer in einem schönen, wohlgepflegten Zustand. Ein guter Teil der grossen, geschnittenen Buchsbäume des Terrassengartens stammt sicher noch aus dem 18. Jahrhundert. Ihre mächtigen, individuellen Formen tragen zur zauberhaften Stimmung des Gartens bei, auf die in der neueren Literatur hingewiesen wird. ▸4 So ist es auch zu verschmerzen, dass die einstigen Sichtachsen teilweise eingeengt und einige alte Wege aufgegeben worden sind.

In den von Buchs umrahmten Beeten auf den oberen Terrassen sowie an den Wänden des Schlosses wachsen heute Rosen in verschiedenen Farben. Auf den unteren Terrassen gibt es prächtige Beete voller Sommerblumen wie Kapuziner, niedrige Dahlien, Leberbalsam, Salvien und Sammetblumen. In weiteren Rabatten stehen Lavendelsträucher und eine Fülle von mehrjährigen Blumen, von Akelei und Astern bis zu Veilchen und Vexiernelken. An den Mauern klettern Efeu, Glyzinen, Trompetenblumen *(Campsis radicans)*, Wilder Wein sowie der echte Jasmin *(Jasminum officinale)* empor. Die Gärtnerin, deren Familie die Anlage seit über 60 Jahren pflegt, widmet sich nicht nur den Blumen, sondern auch dem Schnitt der mächtigen Buchsbäume mit sichtlicher Hingabe.

Der westliche Teil der Anlage ist jetzt ein kleiner Park mit verschiedenen Laub- und Nadelbäumen. Sehr beachtenswert sind eine Edelkastanie und eine majestätische, hohe Linde. Ahorne, Blutbuchen, Buchsbäume, Eiben, Eschen, Lärchen, Robinien, Rosskastanien, Roteichen, Spanische Tannen *(Abies pinsapo)*, Trompeten- und Tulpenbäume, Ulmen, Fichten und Weisstannen sowie mehrere jüngere Linden ergänzen den Baumbestand. Im Frühling und Herbst ist der Anblick der Anlage wegen der verschiedenen, feinen Farbtöne und Strukturen der Bäume besonders schön. Es fehlt im Bothmar auch nicht an einer kleinen Ruine als Blickfang und Stimmungsstaffage, nämlich den steinernen Pfeilern des einstigen Vogelhauses zwischen Terrassengarten und Park. Der Garten ist ein Kleinod ganz eigener Art, das seinesgleichen sucht.

Privatgarten, nicht zugänglich

Ein persönliches Stück Gartengeschichte

Der Garten der Villa Schuler in Glarus

CLAUDIA MOLL

Hinter der Stadtkirche Glarus, am westlichen Rand der Stadt, liegt ein prächtiger Park. Die Glärnischkette ragt unmittelbar dahinter in den Himmel und bildet eine imposante Kulisse. Die schroffe Bergflanke kontrastiert mit der weiten, offenen Parkanlage. Es handelt sich um das Anwesen der Familie Schuler, die heute in der sechsten Generation dort lebt. ▸1

Zu Beginn des 18. Jahrhunderts entstand auf dem rund 20 000 Quadratmeter grossen, am Oberdorfbach gelegenen Grundstück ein Doppelwohnhaus mit verschiedenen Gewerbebetrieben. Bis heute erlebte der Ort eine Vielzahl von Veränderungen, die auch an der Gestalt des Gartens ablesbar sind. Keine eindeutige Stilfolge prägt die Anlage, vielmehr eine von persönlichen Entscheiden beeinflusste Entwicklung.

Der bedeutendste Eingriff war zweifellos der Bau einer Villa mit dazugehörigem Garten zu Beginn des 20. Jahrhunderts. 1895 heiratete Jakob Schuler die aus Triest stammende Martha Ganzoni. Das junge Paar beschloss, neben dem Stammhaus aus dem 18. Jahrhundert ein eigenes, herrschaftliches Haus zu bauen. Für ihr Bauvorhaben stand ihnen östlich des bestehenden Wohnhauses rund ein Viertel der heutigen Grundstücksfläche zur Verfügung. Schuler-Ganzonis engagierten 1904 die jungen Architekten Streiff und Schindler für ihr Vorhaben – beides Glarner, die in Zürich studiert und dort 1903 ihr Büro gegründet hatten. Diese bauten eine Villa in neubarockem Stil, die heute dem Schweizer Heimatstil zugeordnet wird.[1]

Der «Glarner Giebel» am ausgebauten Mansardwalmdach spricht die ländliche Sprache regionaler Bürgerhäuser. Die für das enge Tal unüblich grossen Fensteröffnungen sowie drei Balkone an der Gartenfront lassen jedoch den südlichen Einfluss der jungen Bauherrin erkennen. Und mit dem verwendeten gelben Kalkstein, der an das so genannte Schönbrunner Gelb erinnert, wehte ein Hauch k.u.k. Eleganz ins schlichte Glarnerland.

Eine grosszügige Terrasse liegt vor der Gartenseite, an der sich ursprünglich auch der Haupteingang befand.[2] Breite Treppen führen von dort in den Garten, auf dessen Gestaltung das Ehepaar Schuler-Ganzoni besonderen Wert legte. Sie hatten ihre Villa am nördlichen Ende des Grundstücks bauen lassen. So blieb gegen Süden Platz für einen tiefen, grosszügigen Garten. Drei Entwürfe dazu haben sich im Familienarchiv erhalten.

1904 verfasste Heinrich Leuzinger, Ingenieur aus Glarus, einen ersten Umgebungsplan. Der Entwurf sah vor, die von West nach Ost leicht abfallende Parzelle in zwei Stufen zu terrassieren: eine schmale Terrasse entlang der Parzellengrenze sowie etwas höher das eigentliche Parterre in der Breite der Villenfassade mit dem anschliessenden, schmalen Streifen, der als

1 Die Weite des Parks kontrastiert mit der schroffen Felswand des engen Tals.

Pendant zur östlichen Terrasse gestaltet ist. So wird der Garten durch die Niveauunterschiede in zwei Teile gegliedert, während der Grundriss eine dreiteilige Gliederung vorgibt. Die beiden Ebenen sind durch Treppen in der östlichen Böschung untereinander verbunden.

Das Parterre vor der Villenfassade besteht aus einem längsrechteckigen Wasserbecken im Zentrum, das von Hecken umgeben und von vier Rasenkompartimenten begleitet wird. Eine Baumreihe mit Sitzbänken sollte an der östlichen Grundstücksgrenze den Garten zur Strasse hin abschliessen. Der Entwurf, der sich durch sein architektonisches Spiel mit dem Terrain auszeichnet, ist für seine Zeit bemerkenswert. Es handelt sich um einen sehr frühen Architekturgarten, um einen «neubarocken Garten», der mit dem Stil der Villa korrespondiert hätte. ▸ 2

Aus dem folgenden Jahr datieren zwei Projekte des Zürcher Gartenarchitekten Evariste Mertens, die zu seinen letzten Arbeiten gehören; Mertens starb 1907. Die Tatsache, dass Schuler-Ganzonis einen der damals berühmtesten Gartenarchitekten der Deutschschweiz mit dem Entwurf für ihre Gartenanlage beauftragten, deutet auf den hohen Stellenwert hin, den sie dem Garten beimassen. Mertens schlug alternativ zwei Projekte vor: einen ebenfalls geometrisch, wenn auch weniger anspruchsvoll gestalteten Garten[3] und einen Garten im landschaftlichen Stil.

Zur Ausführung kam Letzterer mit allen traditionellen Elementen: Ein Weg zeichnet in leichtem Schwung eine Acht auf die lang gestreckte Parzelle, ein dichter Gehölzgürtel begleitet die Parzellengrenzen, einzelne Baumgruppen stehen locker verteilt auf der Wiese. Ruheplätze entlang des Wegs laden zum Verweilen ein, und auch ein kleiner Alpengarten fehlt nicht. Der dazugehörende, von Steinblöcken umgebene Teich beschreibt den Umriss des in der Nähe gelegenen Klöntaler Sees, bevor dieser zu Beginn des 20. Jahrhunderts aufgestaut wurde. Dieser Plan wurde bis auf wenige Details umgesetzt. ▸ 3, 4

Die Anlage ist bis heute fast unverändert erhalten[4] und hat sich inzwischen zu voller Schönheit entwickelt. Beeindruckend ist vor allem die mächtige Buchengruppe im Zentrum, zu der eine Hänge- und eine Blutbuche gehören. ▸ 5 Ganz in der Manier englischer Gärten wurde der Kiesweg tiefer als die daran angrenzenden Rasenflächen angelegt, ein beliebtes Stilmittel, um den Raumeindruck im Garten zu vergrössern. Auch ein solches Detail ist bis heute erhalten und wird liebevoll gepflegt.

2 Heinrich Leuzinger, «Plan für den Bauplatz des Herrn Schuler-Ganzoni in Glarus», 1904, Norden links. Der Entwurf sieht vor, das nach Osten leicht abfallende Terrain in zwei Terrassen zu gliedern, mit einem Wasserbecken und geometrischen Rasenfeldern auf der Hauptterrasse. Privatarchiv Familie Schuler, Glarus.

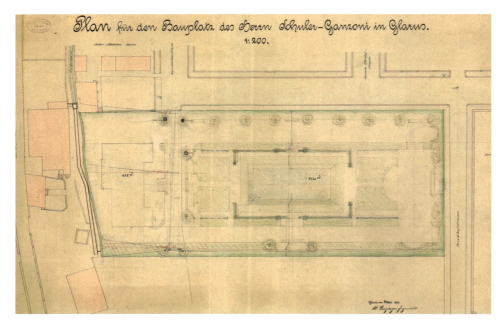

Obwohl die neue Villa mit ihrem Garten an Wohnhaus und Garten der Eltern von Jakob Schuler grenzte, wurde der Umschwung des elterlichen Hauses nicht in die Neugestaltung einbezogen. Ganz im Gegenteil: Fortan trennte eine dicht gepflanzte Rottannenhecke die beiden Grundstücke, die untereinander nur noch durch einen schmalen Durchgang verbunden blieben.

Das auf der anderen Seite der Hecke liegende Stammhaus ist weitaus schlichter als die 1904/05 erbaute Villa. Dennoch ist es ein stattliches, dreigeschossiges Gebäude, das 1726 entstanden ist. Der Haupteingang lag bei diesem Gebäude zwar schon immer an der Nordfassade, die südliche Gartenfassade wurde jedoch durch eine darauf zuführende Kastanienallee speziell ausgezeichnet. Die bis heute erhaltene Allee stammt aus den 1750er Jahren und durchmisst das Grundstück in seiner ganzen Länge. ▶6 Es handelt sich wohl um die älteste Allee des Kantons. Da sie von der Mittelachse des Gebäudes leicht abgerückt und relativ schmal ist – die Breite beträgt knapp zwei Meter –, könnte es sich um eine geplante vierreihige Anlage handeln, von der nur die eine Seitenallee realisiert wurde. Dieser im 18. Jahrhundert verbreitete Typ ist gekennzeichnet durch eine breite, offene Mittelbahn und schmalere, gedeckte Seitenalleen, bei denen die Kronen zu einem Schatten spendenden Dach zusammengewachsen sind. Unmittelbar vor dem Stammhaus liegt ein ovaler Springbrunnen, umgeben von Schmuckbeeten. Im Modell von Alt-Glarus ist auf der Westseite des Gebäudes ein geometrisch gestalteter Garten zu sehen. Davon zeugen aber keinerlei Pläne oder Abbildungen, weshalb anzunehmen ist, dass diese Gestaltung der Fantasie des Modellbauers entsprang. Es kann aber auch sein, dass er damit den ummauerten Gemüsegarten beschrieb, der westlich des Stammhauses liegt. Seine hohen Mauern bieten Schutz und dienen im rauen Glarner Klima zugleich als Wärmespeicher. Bis heute wird in dem kleinen Nutzgarten Gemüse gezogen, auch der daran anschliessende Hühnerhof ist noch in Betrieb. Der zum Ensemble gehörende Stall dient dem Gärtner heute als Werkraum.

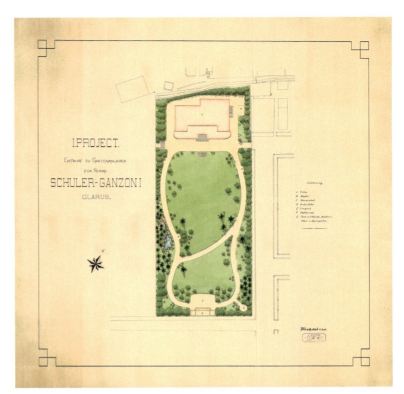

3 Evariste Mertens, «I. Project. Entwurf zu Gartenanlagen für Herrn Schuler-Ganzoni Glarus», 1905, Norden oben. Dieser Plan mit der grosszügigen zentralen Wiese, dem geschwungenen Randweg und dem dichten Gehölzgürtel entlang der Grundstücksgrenze wurde bis auf wenige Details umgesetzt. Typisch sind auch die kleinen Sitzplätze entlang des Wegs und die dichteren Gehölzgruppen bei den Wegverzweigungen.
Privatarchiv Familie Schuler, Glarus.

Die Kastanienallee führte durch eine offene Wiesenfläche, die sich östlich über das ganze Gelände des späteren Villengartens erstreckte. In westlicher Richtung war das Grundstück in der ersten Hälfte des 19. Jahrhunderts bereits ein erstes Mal unterteilt worden. Ein Amerika-Schweizer namens Schwitter kehrte in seine Heimat zurück und baute um 1840 westlich des Stammhauses anstelle eines bestehenden Wohnhauses eine Villa. Zu dem kompakten dreigeschossigen Bau mit barocken Ausschmückungen gehörten ein Waschhaus, Stallungen und eine Orangerie[5]. Diese steht erhöht auf einem kleinen Hügel direkt vor den Felswänden des Wiggis. Im Gegensatz zu dem rauen Fels bringt die Orangerie ein mediterranes Flair in den Gartenteil. Gegen Süden hin öffnen sich drei grosse Fenster, und seit Beginn des 20. Jahrhunderts wird das Gebäude im Sommer als offene Gartenhalle genutzt. Ob seine Erbauer darin exotische Pflanzen überwintert haben, kann nicht mehr festgestellt werden.
Vor der Villa Schwitter entstand wohl zu einem späteren Zeitpunkt ein landschaftlicher Garten mit zwei runden Wasserbecken, einer Grotte und einem Pavillon. Er ähnelt in seiner Kleinteiligkeit dem Volksgarten in Glarus von Rudolf Blattner, der zwischen 1874 und 1876 entstand. Der landschaftlich gestaltete Garten, dessen Grundzüge bis heute erhalten sind, ging in die offene, von der Allee durchschnittene Wiesenfläche über, die landwirtschaftlich genutzt wurde. Gemäss einem Plan von 1906 lag zwischen Ziergarten und Wiese ein Baumraster, sehr wahrscheinlich waren es Obstbäume.[6] Am östlichen Rand der Wiese bildete eine parallel zur Kastanienallee verlaufende Hainbuchenhecke den Abschluss.

In der ersten Hälfte des 20. Jahrhunderts bestanden also auf dem grossen Grundstück drei nebeneinander liegende, schmale, von Norden nach Süden ausgerichtete Gärten aus unter-

schiedlichen Zeiten mit ihren zugehörigen Wohnhäusern und Nebenbauten. Bis in die 1950er Jahre war die Villa Schwitter bewohnt. Danach kam das Grundstück wieder in den Besitz der Familie Schuler. Da Villa und Stallungen in einem stark vernachlässigten Zustand waren, wurden kurz nach dem Besitzerwechsel alle Bauten bis auf die Orangerie abgerissen. Auch die Hecke entlang der Allee verschwand zu diesem Zeitpunkt, und die zwei Gartenteile wuchsen wieder zusammen. 1978 übernahm Dr. Andrea Schuler – der Enkel von Jakob und Martha Schuler-Ganzoni – das gesamte Anwesen. Er ist in der Villa von Streiff und Schindler aufgewachsen und kam nach dem Tod seiner Eltern zurück, um mit seiner Familie darin zu leben. Sein Wunsch war es, aus dem dreigeteilten Grundstück einen einheitlichen Park zu machen, und er beauftragte das Landschaftsarchitekturbüro Atelier Stern und Partner[7] mit einem Gutachten und einem Projekt zur Weiterentwicklung der Anlage.

4 Der kleine Bach neben dem Weg fliesst zum Alpinum, dessen Teich dem Klöntalersee nachgebildet wurde.

Der bedeutendste Eingriff des Zürcher Büros ist zweifellos der Rundweg, der heute den gesamten Park erschliesst. Weiterentwickelt aus Evariste Mertens' Anlage schwingt er sich in leichten Kurven entlang der südlichen Grundstücksgrenze und verbindet sich mit dem Wegnetz des Gartens der ehemaligen Villa Schwitter. Vor der Orangerie ersetzt er ebenfalls in leichtem Schwung den ehemals geraden Unterhaltsweg der landwirtschaftlich genutzten Wiese, kreuzt die Allee und mündet in den Platz vor der Terrasse der Villa.

Bis 1980 mähte ein Bauer noch regelmässig die obere Wiese. Heute erstrecken sich beidseits der Allee offene Rasenflächen, die mit der Enge des Tals eindrücklich kontrastieren. Gerahmt wird dieser mittlere Bereich von den beiden landschaftlich gestalteten Gartenpartien und einem Baumgürtel, der den südlichen Abschluss bildet. Diese Baumkulisse wird auf Basis von

5 Bis heute ist der Garten fast unverändert erhalten. In den vergangenen 100 Jahren konnte er sich zu seiner vollen Pracht entwickeln, wie die Buchengruppe im Zentrum des Gartens.

Gartenkultur als Familientradition

Mertens' Bepflanzungsprinzip bis heute weiterentwickelt: Ein Gerüst aus einheimischen Baumarten wird durch einzelne Exoten ergänzt. So bekamen die aus dem ursprünglichen Entwurf stammenden Tulpenbäume *(Liriodendron tulipifera)* Gesellschaft von Amber- *(Liquidambar styraciflua)* und Trompetenbäumen *(Catalpa bignonioides)*. Andere wie der Blauglockenbaum *(Paulownia tomentosa)* wollten sich an das raue Glarner Klima nicht gewöhnen und gingen ein, die Zedern hielten ihm erst nach zwei Anläufen stand.

Bei einem Spaziergang mit dem Besitzer durch den Park wird einem seine grosse Verbundenheit mit der Anlage bewusst. Zu fast jedem Baum kennt er eine Geschichte. So zum Beispiel zum Mammutbaum *(Metasequoia glyptostroboides)* im südlichen Teil des Mertens-Gartens, der aus Pollen wuchs, die Mitte der 1950er Jahre eine Hochmoorforscherin aus dem Nachbardorf von ihrer Expedition aus Nepal mitbrachte. Andrea Schuler erinnert sich noch lebhaft an das Ereignis in seiner Kindheit. Diese Verbundenheit, das grosse Engagement und die Begeisterung, mit der er das Familienerbe fortführt, ist dem Park anzusehen. Es handelt sich nicht um eine museal erhaltene Anlage, sondern um einen Garten, der im Laufe der Jahrhunderte immer wieder neuen Bedürfnissen, Gegebenheiten und Moden angepasst wurde. Die zahlreichen ineinander greifenden Zeitschichten liessen ein lebendiges Stück Gartengeschichte mit einer grossen Ausstrahlung entstehen.

6 Die in den 1750er Jahren angelegte Kastanienallee führt durch den Garten auf die Südfassade des Stammhauses der Familie Schuler zu. Es handelt sich wohl um die älteste noch erhaltene Allee im Kanton Glarus.

Privatgarten, nicht zugänglich

Öffentliche Anlagen

Dass die Städte klein und die Berge, Wälder und Seen verhältnismässig leicht zugänglich sind, führte zu vielen verpassten Chancen im Städtebau der Schweiz. Man hatte zwei Jahrhunderte lang auf das Füllhorn der Natur vertraut, ohne Christian Cay Lorenz Hirschfelds Text zu Ende zu lesen, der schon 1779 den Begriff Volksgarten einführt und als wichtige neue Aufgabe der Gartenkunst behandelt.

Die königliche Residenzstadt München erhielt im Jahr der Französischen Revolution den Englischen Garten und das kaiserliche Wien 1819 den Volksgarten. Nicht von ungefähr kommt der Begriff Park von Pferch, Tiergehege. In München wie in anderen Städten waren es häufig die fürstlichen Jagdreviere, die sich für die neue Funktion umgestalten liessen.

In den republikanischen Schweizer Städten, die relativ spät entfestigt wurden, unterliess man es, die Schanzen und Hirschengräben in Grünzonen umzuwandeln, sondern belegte sie mit Strassen und Monumentalbauten. Selbst den wenigen bereits bestehenden Parkanlagen widerfuhr dieses Schicksal, zum Beispiel derjenigen des Löwendenkmals in Luzern oder dem Zürcher Platzspitz, der schon im 19. Jahrhundert durch den ersten Bahnhof, dann durch das Landesmuseum geschmälert wurde und heute durch einen Anbau dieses Museums nochmals halbiert werden soll.

Die Umnutzung zu klein gewordener botanischer Gärten oder aufgelassener Friedhöfe in öffentliche Parkanlagen hat in unseren Städten dagegen Tradition. Die Promenade bei den Franziskanern in Freiburg anstelle eines Friedhofs ist dafür ein frühes geglücktes Beispiel.

Neue Hygienevorschriften und die rasch wachsende Bevölkerung führten seit dem 19. Jahrhundert zur Schaffung neuer Friedhöfe. Dabei standen neben stilistischen auch städtebauliche Fragen im Vordergrund. Die beiden Waldfriedhöfe in Schaffhausen und Davos zeigen dagegen zwei erfolgreiche Versuche, die letzte Ruhestätte von der Stadt zu lösen und in einen «Waldesdom» zu verpflanzen.

So blieb als einzige städtebauliche Grosstat die Verwandlung der Flussstädte in Seestädte. Den ersten Anstoss dazu gab nicht das Volkswohl, sondern der Tourismus, der in Luzern am See eine Luxusmeile mit Hotels, Kasino und Tennisplätzen erhielt. Private Unternehmer zwangen die Behörden in den 1830er Jahren zu einem Gestaltungsplan oder legten, wie in Zug, selbst ein Projekt vor, um die Stadt für Fremde attraktiver zu machen. In Genf dagegen, wo schon 1823 das erste Dampfschiff vom Stapel ging, standen die Initiativen einzelner Bürger und Volksabstimmungen am Anfang. Schliesslich schenkten Private zu Beginn des 20. Jahrhunderts der Stadt ihre herrschaftlichen Anwesen und ermöglichten damit eine durchgehende Seeuferanlage von fünf Kilometern Länge. Es wäre einmal lohnenswert, dieses Puzzle von einem grünen Uferring auf seine gestalterischen Strukturen zu untersuchen. Die Zürcher hatten sich erst zur Erstellung von öffentlichen Parkanlagen am See entschlossen, als eine Bahnlinie direkt am Ufer gebaut werden sollte. Dafür gingen sie unter der Leitung von Ingenieur Arnold Bürkli am professionellsten vor. Von Anfang an wurden auch Architekten und Kunstgärtner zugezogen und Hirschfelds Empfehlungen geflissentlich befolgt: gerade Alleen, auf denen man sehen und gesehen werden kann und eine gute Aussicht geniesst, aber auch die Polizei einen guten Überblick hat; ein Arboretum, eine Steinsammlung, Alpenzeiger und Wettersäulen, mit denen man «leicht dem Volk mitten auf dem Weg seiner Vergnügungen eine gute Lehre hinstreuen kann [...]». Für das leibliche Wohl sorgten ein Restaurant im Zürichhorn sowie mehrere Badeanstalten.

Katharina Medici-Mall

Die Promenade bei den Franziskanern
Der Fischmarkt in Freiburg

Hermann Schöpfer

Freiburg mit seinen mittelalterlichen Silhouetten und Gassen macht auf weite Strecken den Eindruck, als hätten hier Barock und Historismus keinen Halt gemacht. So erstaunt es umso mehr, ein paar Schritte vom gotischen Niklausenmünster barocke und klassizistische Kirchenfassaden, schmucke Patrizier- und Bürgerhäuser derselben Epochen und eine Dixhuitième-Promenade von heiterer Monumentalität zu finden.

Sie entstand auf dem Gelände des Franziskanerklosters, das diesem seit dem Mittelalter als Friedhof und Obstgarten gedient hatte, gegen die Murtengasse in einen Hang überging, ummauert war und zeitweise nur eine Pforte bei der Liebfrauenkirche besessen haben soll. Nach der Verlegung der Friedhöfe an den Stadtrand 1747 liess die Obrigkeit die Pforte, die Friedhofkapelle und Teile der Klostermauer abbrechen und eine terrassierte Promenade anlegen. Bereits 1825 hatte der Stadtrat die Fischbank hierher verlegt, weshalb die Promenade heute irritierenderweise Fischmarkt heisst.

Über die Entstehung der Terrassenpromenade sind die offiziellen Akten auffallend schweigsam: kein Ratsbeschluss, ausser einen ergänzenden vom Juli 1764, keine Namen von Architekten oder Baumeistern, ab 1763 einige Informationen über Lieferungen von Muschelkalk aus dem Steinbruch La Molière bei Estavayer-le-Lac, von Tuff aus der Tuffière bei Corpataux und von Kalk aus dem städtischen Werkhof. Weitere Angaben liefert eine Gedenkschrift über den Klosterfriedhof des Konventmitglieds und Pädagogen Pater Gregor Girard, der 1835 festhielt, der Rat habe die Anlage in den 1760er Jahren ohne Einverständnis und Entschädigung des Klosters gebaut. Nach den amtlichen Rechnungen wurde die Hauptarbeit 1763/64 ausgeführt, 1765 zusätzlich ein Mäuerchen errichtet und 1769 eine letzte Rechnung für Steine bezahlt.

Die Anlage wird Charles de Castella (1737–1823), Offizier in französischen Diensten und Amateurarchitekt, zugeschrieben. Das ist fragwürdig. Zwar sind von ihm zwei Pläne mit Legenden überliefert, in denen er festhält, die Plattform sei 1763 nach diesen Plänen erstellt worden, doch beansprucht er nicht *expressis verbis,* Autor des Entwurfs zu sein. Auch sind die Skizzen stilistisch weit vom ausgeführten Werk entfernt und könnten Jahrzehnte später entstanden sein. Castella hielt sich zwar ab 1763 in Freiburg auf, doch gaben in den 1760er Jahren erfahrene Leute wie Paulus Nader, Henry Butty oder Joseph Ducret den Ton an, und sie bekamen die wichtigen Aufträge zugesprochen.

Möglich gemacht hat die geglückte Lösung die Tatsache, dass das Klostergelände oben an der Murtengasse in einer Breite von 43 Metern nicht verbaut war. Hier in der Baulücke gab es

1 Freiburg, so genannter Fischmarkt. Blick auf die Stützmauer der oberen Terrasse mit dem in der Mittelachse eingelassenen Brunnenbecken und den beiden Treppenläufen.

in Haustiefe Raum für eine Plattform, was optisch, die Gasse hinzugezählt, einen Platz von 1075 Quadratmetern ergibt. Die klosterseitige Stützmauer ist etwas über fünf Meter hoch, leicht konkav geschweift und in der Mittelachse mit einer Brunnennische und seitlich mit Freitreppen instrumentiert. ▸ 2, 3

Die untere Terrasse von elf Metern Tiefe schliesst gegen das Kloster mit einer niedrigeren, an der höchsten Stelle zwei Meter hohen Mauer: Sie wiederholt die Konkave, welche hier jedoch in der Mitte von einer geraden einläufigen Treppe unterbrochen wird. Die obere Plattform ist durchgehend, auf der unteren nur der Zugang zu den Treppen mit Kieseln gepflästert, der Rest mit Kies belegt.

Das aufgehende Mauerwerk besteht aus grossen, bis 60 Zentimeter hohen Tuffquadern. Die Blöcke erreichen vereinzelt Längen von 2,5 Metern. Bei der oberen Stützmauer ist die zweit-

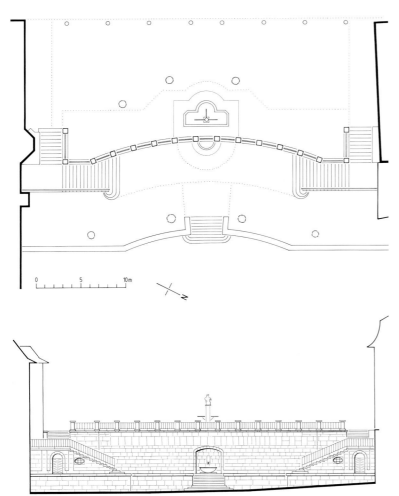

oberste Quaderlage stehend versetzt, was in der Mauerstruktur einen breiten Streifen ergibt. Die Treppen mit je 28 Stufen sind gerade und drehen nach einem Absatz rechtwinklig. Die beiden Antrittsstufen laden im Halbkreis in die Terrasse aus. Unter den Treppen liegen gewölbte Keller mit Rundbogentüren und Œil-de-boeuf in der Schildmauer. Treppen und Abschlussplatten bestehen aus Muschelkalk. Auch hier fällt die Grösse einzelner Werkstücke auf.

Formal ist die Anlage nach oben gesteigert. Ist die untere Stützmauer lediglich mit Platten abgedeckt und die Stiege ohne Geländer, so besitzen die seitlichen Freitreppen Geländer aus Stabgittern und die Mauer zur oberen Plattform eine Brüstung mit Vierkantpfeilern und Stabgittern.

Das Brunnenbecken aus beigem Jurakalk in der Wandnische, dem eigentlichen Nabel der Promenade, ist jünger als die Anlage. Der ebenfalls in die Mittelachse gesetzte Brunnen auf der oberen Plattform kam in den 1840er Jahren hinzu. Das 1839 datierte neugotische Becken aus blauem Solothurnerkalk war für den Platz beim Münsterchor vorgesehen, wurde aber hier gesetzt. Die Brunnenfigur, eine Rosenkranzmadonna nach barockem Vorbild, entstand 1938. Beim Setzen des Brunnens wurde die Anlage saniert, und wahrscheinlich hat man damals die Stabgitter angebracht. Gleichzeitig dürften die heutigen Bäume gesetzt worden sein, je vier Rosskastanien pro Platz. Oben fehlt heute eine. Eine frühere Bepflanzung mit derselben Spezies soll 1825 entfernt worden sein. ▶ 1

2, 3 Freiburg, so genannter Fischmarkt. Grundriss und Ansicht, Pläne von Bernard Stalder, um 1960, überarbeitet von Yves Eigenmann, 2006.

Pater Girard lobte 1835 in seinem Memorial die Anlage und fand, trotz Kritik an der Enteignung seines Klosters, die Umgebung der Kirche habe gewonnen und Bequemlichkeit und Schönheit der Stadt sichtlich zugenommen. Dieser Meinung kann man, von der Verwahrlosung der Promenade abgesehen, noch heute zustimmen. Die grosse symmetrische Form, schlicht, elegant und erstaunlich sicher gesetzt, greift auf Terrassenlösungen fürstlicher Gärten zurück und rundet hier einen städtisch-bürgerlichen Kontext ab, dessen malerische Qualitäten weitgehend neu zu entdecken bleiben.

Öffentlich zugänglich

Zur letzten Ruhe im «Waldesdom»
Die Waldfriedhöfe von Schaffhausen und Davos

CHRISTOF KÜBLER

Das «Tage-Blatt» des Kantons Schaffhausen berichtete am 14. September 1914, der neue Waldfriedhof in Schaffhausen habe feierlich eröffnet werden können.[1] Das Tor sei aufgegangen, und man habe einen eigentlichen «Waldesdom» betreten. Wunderschön habe die Sonne durch das Buchenlaub geglänzt, und der frische, hellgrüne Rasen habe zu den rot bekiesten Gehwegen einen famosen Kontrast ergeben.

Anlass für den Bau der Anlage war die veränderte Situation der Stadtfriedhöfe auf dem Emmersberg und der Steig. «Bei beiden Anlagen ist von ‹Friedhöfen› keine Rede mehr. Beide befinden sich inmitten stark bebauter Quartiere; an den Steigfriedhof stösst zudem noch direkt das Schulhaus an. Beide sind zu sehr dem Lärm des Alltags ausgesetzt, es mangelt ihnen die Ruhe, das Abgeschiedene, Gesammelte und der auf dem Emmersberg erscheint geradezu unerfreulich.»[2]

Der Frage nach einer zweiten und dritten Gräberfolge für die bestehenden Stadtfriedhöfe stand bald die Idee eines neuen Zentralfriedhofs an anderem Ort gegenüber – eine Entwicklung, die für viele Städte um 1900 Gültigkeit hatte: Auslagerung der Friedhöfe von den anfänglichen Kirchhöfen in die Quartiere und später in Zentralfriedhöfe an der Stadtperipherie. Im Jahre der Eröffnung lag der Waldfriedhof weit ab vom Schaffhauser Zentrum in der freien Natur. Erst mit der Ausdehnung der Stadt wurde er an sie zurückgebunden.[3]

In einem reich bebilderten Bericht des Stadtrates aus dem Jahre 1909 heisst es: «Zuerst würde zur Verwendung gelangen der vordere, auf dem Plateau gelegene Waldsaum und zwar in der Weise, dass einzelne Baumgruppen belassen würden, zwischen denen dann die Grabstellen eingerichtet würden. Mittlerweile würde dann der nördliche, hintere Teil des Niklausenfeldes durch Bepflanzung mit unserem Klima und unserer Natur eigentümlichen Bäumen und Sträuchern für die Zwecke des Friedhofs hergerichtet, denn es gibt bekanntlich nichts nüchterneres, poesie- und stimmungsloseres als eine neue Friedhofanlage mit neuangelegten trostlosen Wegen und kümmerlichen, für unser Klima nicht passenden, banalen Cypressen und Tujabäumchen.»[4]

Weiter heisst es in dem Bericht: «Es ist vielleicht banal das zu erwähnen, aber gesagt darf werden, dass aus diesem Friedhof Rheinhard-Niklausfeld eine Sehenswürdigkeit geschaffen werden kann, die der Stadt zur Ehre gereichen wird.»[5] Um diesem Aspekt Nachdruck zu verschaffen, verweist er auf das Vorbild des Münchner Waldfriedhofs (1907). Der damalige Baureferent Hermann Schlatter hatte jenen besucht und Hans Grässel, Stadtbaurat von München und Schöpfer des dortigen Waldfriedhofs, für eine Projektausarbeitung, insbesondere die Weg-

führung betreffend, gewonnen. Im Frühjahr 1912 kam Grässel für einen Augenschein nach Schaffhausen. Im Gegensatz zum Münchner Waldfriedhof, wo die Weganlagen eine geometrische Struktur erahnen lassen, schlug Grässel für Schaffhausen eine organischere Wegführung vor, die kreisförmig durch den Wald und die hügeligen Geländeformen mäandriert. ▸1
1913 erhielt der Architekt Carl Werner den Auftrag zur Ausarbeitung des endgültigen Bauprojekts. Dazu gehörten der Eingangsbereich mit Gärtnerhaus, ein kapellenartiger Komplex in Heimatstilformen mit Abdankungshalle und eines der frühesten Krematorien der Schweiz.[6] ▸2 Auch in diesen Anlagen glaubt man sich an das Münchner Vorbild erinnert.[7]
Die Friedhofanlagen des 18. und des 19. Jahrhunderts werden idealtypisch mit dem englischen Landschaftsgarten in Verbindung gebracht. Beiden gemeinsam ist die Abkehr von der Geometrie, denn die Planer folgen ausschliesslich dem Leitbild der Natur. Ermöglicht hat diese Friedhofsästhetisierung, dass sich der Begräbnisort nach der Reformation von einem an der jenseitigen Heilserwartung genährten Ort in einen oft ausserstädtischen Begräbnisplatz für die Andacht der Lebenden wandelte.[8] Obwohl als Idealtypus bezeichnet, wurde der Friedhof als Landschaftsgarten erst gegen Ende des 19. Jahrhunderts realisiert. Der Schaffhauser Waldfriedhof kommt dem Ideal recht nahe.

1 Ganz im Sinne der Theorie des Landschaftsgartens mäandrieren die Wege im Schaffhauser Waldfriedhof in grossem Bogen durch die Anlage.

2 Die 1913 erbaute Abdankungskapelle von Carl Werner am Eingang des Schaffhauser Waldfriedhofs.

Weniger programmatisch gibt sich der Waldfriedhof in Davos. «Die Lärchen zeigten an jenem sonnigen Samstagmorgen Ende September schon Spuren des Herbstes an, und es will mir scheinen, die angebrochene Jahreszeit, der von Schwerzmann geschaffene Grabstein – sich an die kunstvolle und doch so schlichte Bruchsteinmauer anlehnend, von mächtigen Lärchen beschirmt – könnten nicht sinnvoller und krönender sein für diesen hier zur letzten Ruhe gebetteten Entschlafenen.»[9] Diese Zeile in der «Davoser Zeitung» ehrten den Architekten Rudolf Gaberel, der 1963 verstarb und unmittelbar neben dem Grab seiner bereits 1925 verstorbenen Frau auf dem von ihm selbst entworfenen Davoser Waldfriedhof auf dem Wildboden beigesetzt worden war. ▸3

Der Friedhof von Davos Platz befand sich ursprünglich bei der Kirche St. Johann. Mit dem Aufstieg des Ortes vom Bauerndorf zur Stadt im Hochgebirge um 1900 war ihm die gleiche Standortentwicklung beschieden wie den städtischen Begräbnisplätzen. Die dritte Anlage wurde ausserhalb des Dorfs geplant.

1918 erhielt Rudolf Gaberel den Auftrag. Die geologischen Gutachten gaben grünes Licht, denn das Moränengeschiebe auf dem Wildboden wurde als relativ trocken und porös bezeichnet, und das Grundwasser lag sehr tief unter der Grabsohle unten im Tal. Alle Bedingungen für einen natürlichen Ablauf der Verwesung waren gegeben. Trotz der bemängelten ungewohnten Entfernung von Davos, trotz der strikten Regelung betreffend die individuelle Gräberbehandlung konnten Gaberels Pläne umgesetzt und die Friedhofanlage 1921 eingeweiht werden.[10] Seit 1931 befindet sich neben der bestehenden Anlage der jüdische Friedhof mit den nach Jerusalem ausgerichteten Gräbern und einem Grab mit der Asche von Opfern des Konzentrationslagers Buchenwald.

Die Auseinandersetzung mit dem Tod beschäftige den «zauberbergerprobten» Gaberel angesichts der am eigenen Körper durchlebten Tuberkulose-Erkrankung zeitlebens. In einem Brief an Rudolf Borchardt hält er 1937 fest, dass der Waldfriedhof wohl sein liebstes Werk sei.[11] Im Zeichen der Gemeinschaft sollte bei den Grablegen wieder Bescheidenheit, nicht Individualismus verwirklicht werden. Diese Forderung geriet zunehmend in Vergessenheit, wie in der Architektur der Städte, die sich als Folge der Industrialisierung und der damit verbundenen strukturellen Veränderungen grundlegend veränderte. Man sehnte sich nach den alten, von der Dorfgemeinschaft getragenen Friedhöfen nahe der Kirche zurück.[12] In der möglichen Fortschreibung dieser alten Qualitäten sah man den Waldfriedhof von Davos angesiedelt.

Das Gelände hebt sich inselartig vom Umland ab. Es ist Teil eines natürlichen Moränenplateaus am Eingang des Sertigtals und weist einen lichten Lärchenbestand auf. Schon Jahre zuvor hatte Gaberel dieses Grundstück als Waldfriedhof zu denken begonnen. Von der Terrasse in Clavadel aus sah er – er weilte 1904–1906 dort oben zur Kur, nachdem ihm verschiedene Italienaufenthalte keine Besserung gebracht hatten – den Wildboden planimetrisch aufgerollt unter sich liegen.

Die annähernd längsrechteckige Anlage ist mit einer Mauer aus gelbrötlichen Bruchsteinen aus dem nahe gelegenen Bruch eingefriedet, trocken geschichtet und mit Rasenziegeln abgedeckt. Sie verläuft entlang der Hangkante und übernimmt Geländehebungen wie Senkungen. In unregelmässigen Abständen bildet die Mauer halbkreisförmige Ausbuchtungen, wie um einzelne Lärchen einzufangen, dem Friedhof zuzuschlagen, oder um für Einzelgräber spezielle Raumeinheiten zu schaffen.

Der Hauptzugang erfolgt von Südwesten in der Absicht, die kürzeste Verbindung zur damals neu eingerichteten Haltestelle der Rhätischen Bahn sicherzustellen. ▸4 Durch das bruchsteingemauerte Eingangstor mit einfachem Kreuz betritt man die Anlage. Zur Rechten und zur Linken, bergab oder bergauf, geht man zu den Einzelgräbern, geradeaus zu den Reihen-

gräbern. Den Abschluss dieser Flucht bildet ein von Wilhelm Schwerzmann 1926 geschaffenes Gemeinschaftsgrab. Die ganze Anlage folgt dem Prinzip, möglichst der vorgegebenen Anleitung der Natur zu folgen, oder, wie Poeschel es ausdrückt, sie passte sich «der Muskulatur des Terrains» an.[13] Lediglich im Bereich der geometrisch in einem Oval angelegten Reihengräber, mit einem Wasserbecken im Zentrum, wurden Terrassierungen vorgenommen.

Eine Grabmals- und Bepflanzungsverordnung sorgte für die ästhetische Stabilität der Waldfriedhöfe in Davos wie in Schaffhausen. Letztere betont, dass man sich bei der Herrichtung einer Grabstelle vor einem zu grossen Vielerlei hüten solle. Je weniger an einem Ort untergebracht sei, desto ruhiger und vornehmer werde die Wirkung sein. Die Reihengräber im Waldfriedhof sollten eine einheitliche, dem Waldcharakter entsprechende Bepflanzung erhalten, beispielsweise mit Farnen, Eriken, Spiräen, Anemonen, Primeln, Maiblumen, Christrosen, Frauenschuh, Waldreben oder Wacholder. Ganz entschieden verbannt man Palmen, Dracaenen und Ähnliches.[14] Zudem durften bei den Kinder- und Reihengräbern keine künstlichen Einfassungen der Grabstätten, sondern nur Rasenplätze angebracht werden.

Auch in Davos dürfen sich die Gräber nicht durch Einfriedungen voneinander isolieren, und für die Bepflanzung ist nur wenig Boden vor dem Stein oder dem Kreuz freigegeben. Über alles andere, ausgenommen die Gehwege, ist ebenfalls Rasen gelegt. ▸ 5 Die Pflege dieser kleinen Flecken obliegt in der Regel dem Friedhofsgärtner, damit auch die Bepflanzung im Zeichen des Ganzen steht. Ausdrücklich verboten sind polierte Steine, Glastafeln, Email, Porzellan, Gusseisen, Draht oder die Kombination verschiedener Materialien.[15] Ähnliche Bestimmungen galten auch in Schaffhausen.[16]

Im Gegensatz zu Davos handelt es sich beim 1983 erweiterten Waldfriedhof von Schaffhausen nicht um einen lichten Hain einer einheitlichen Baumart. Er besteht heute aus Rotbuchen, Stieleichen und Waldföhren, Fichten- und Lärchengruppen sowie einzelnen Birken, Hainbuchen, Vogelbeeren, Eschen, Ahornen und Douglasien. Das Unterholz setzt sich weitgehend aus den Bepflanzungen der verstreuten Familiengräber zusammen: Eiben, Stechpalmen, Hemlocktannen und Rhododendren.[17] Die anfängliche Idee von einzelnen oder in Kleingruppen zusammengefassten Gräbern wurde bald aufgegeben, da die Schwierigkeit des Auffindens zu gross war. Die heutigen Felder weisen Belegungsstellen von 20 bis 200 Gräbern auf. ▸ 6

3 Die Gräber des Architekten Rudolf Gaberel und seiner Frau auf dem Friedhof im Wildboden bei Davos Frauenkirch. Die Grabstätten liegen vor einer Zwillingslärche, die von einer Ausbuchtung der Friedhofsmauer umfangen wird.

4 Die Innenseite der Toranlage des Friedhofs auf dem Wildboden bei Davos Frauenkirch.

Die Vorbilder beider Friedhöfe sind etwa im Ohlsdorfer Friedhof in Hamburg von Architekt Wilhelm Cordes aus dem Jahre 1875 auszumachen. Für Schaffhausen ist der erwähnte Münchner Waldfriedhof nachgewiesen.[18] Er wurde als der schönste der Welt bezeichnet, da er Natur und Kunst, den landschaftlichen Rahmen und die bauliche Gestaltung sowie den Waldcharakter und die Grablegen in erhabener Harmonie vereine.[19] Mit der Struktur der Wegführung ging Grässel in Schaffhausen einen Schritt weiter und näherte sich damit dem Idealtypus des Waldfriedhofs auf der Grundlage des Landschaftsgartens.

«Wir beginnen abzurüsten mit dem Überflüssigen, Komplizierten, Veralteten in unserer Wohnung, im Haushalt, in unseren Lebensgewohnheiten. Wir streben nach einer sauberen Einfachheit in allen Dingen.»[20] In diesen Ausführungen Robert Rittmeyers ist der Geist der Moderne spürbar, der auch

vor der Friedhofsfrage nicht Halt machte. Letztlich dominierten zwei Haltungen die Diskussionen. Gemeinsam war ihnen die Biologisierung des Friedhofs, das heisst, die parkähnliche Anlage neuer Friedhöfe. Die gleiche Forderung wurde auch für die Stadtreform aufgestellt. Differenzen gab es bezüglich der strukturellen Qualitäten und Möglichkeiten. Dem Idealtypus Waldfriedhof mit organischer Wegführung stand der für Städte tauglichere Typus mit geometrisch angelegten Grabstätten gegenüber. Immer bestand ein Spannungsverhältnis zwischen dem Typus «Totenstadt in der Natur» und der geometrischen Aufreihung der Gräber, welches durch das natürliche Dach des Waldes gemildert wurde.

5 Die unter dem Dach der hellgrünen Lärchen aufgereihten Gräber im Friedhof auf dem Wildboden bei Davos Frauenkirch.

6 Auf lichtungsartigen Bereichen sind im Schaffhauser Waldfriedhof die Reihengräber zu grossen Gruppen zusammengefasst.

Öffentlich zugänglich,
Öffnungszeiten beachten.
Waldfriedhof, Reinhardstrasse 1–3,
8200 Schaffhausen
Waldfriedhof Wildboden,
7276 Davos Frauenkirch

Die Entstehung eines Ortes
Die Quaianlagen von Genf als Landschaft

«La Rade de Genève», die Genfer Quaianlagen, in ihrer jetzigen Form Anfang des 19. Jahrhunderts entstanden, sind noch heute einer der repräsentativsten und vielseitigsten Orte der Stadt. Touristen gehen dort spazieren, Einheimische finden Entspannung und baden im See, Hunde trotten neben ihren Herrchen, Schlittschuhläufer ziehen ihre Kreise, Menschen promenieren, Schiffe legen an und Autos fahren vorbei. Die Quaianlagen sind eine Landschaft – ein Zusammenspiel aus Stein und Vegetation, aus Wasser und Himmel –, ein Hort der Erholung seit mehr als einem Jahrhundert: Die breiten Bürgersteige, die Plätze mit ihren Rabatten, die Anlegestellen, Bäder, Häfen und Molen, die Brücken und Stege, ihre Geländer, die Rasenflächen, Alleen und das urbane Mobiliar bilden die Begriffe dieser neuen urbanen Grammatik.

LEÏLA EL-WAKIL

Die ersten Massnahmen zur Verschönerung der Ufer

Das war nicht immer so. Am Ende des Ancien Régime besitzt die Stadt weder Quais im eigentlichen Sinn noch Uferpromenaden, die zum Herumschlendern einladen. Die meisten Uferwege werden häufig überschwemmt, und das Hochwasser dringt manchmal bis auf die Marktplätze der Unterstadt vor, wo es bei sinkendem Pegel Abfall aller Art zurücklässt. Insgesamt sind die Ufer des Sees und der Rhone nicht mehr als ländliches und städtisches Brachland mit zufallsbedingten Konturen. Nach den Aussagen von Zeitzeugen gibt es zu Beginn des 19. Jahrhunderts nichts wirklich Angenehmes in dieser wandelbaren, weichen Zone, die dem Unrat und übelriechenden Ausdünstungen preisgegeben ist.

Die Place Bel Air, entstanden Ende des 17. Jahrhunderts[1], stellt allerdings eine Ausnahme dar. Mit den Ponts de l'Ile am südlichen Ende, die das linke Ufer – das politische, religiöse und kommerzielle Zentrum der Stadt – mit dem rechten Ufer – der Industriezone mit Fabriken und Färbereien – vereinen, wird sie in der befestigten Stadt als Raum der Freiheit erlebt. Mit ihrer von einer dicken Steinplatte bekrönten Quaimauer und der kiesbedeckten Fläche birgt diese erste Uferanlage Genfs wie ein Keim alle kommenden in sich. Schon im 18. Jahrhundert, dem Zeitalter der Promenaden[2], sollte sich zeigen, dass es weitere Brücken über die Rhone zu bauen und mehr Uferplätze in Erholungsräume umzuwandeln galt.

In der Aufklärung erfolgt die Verschönerung der Städte durch eine Art urbaner Rationalisierung, in deren Rahmen auch das Grün seinen Platz findet. In seinem «Mémoire sur les objets les plus importantes de l'architecture» (Abhandlung über die wichtigsten Gegenstände der Architektur) systematisiert Pierre Patte 1769 die Anlage von Plätzen und regelmässigen Strassen, während Antoine Joseph Dezailler d'Argenville in seinem Werk «La Théorie et la pratique

1 Das Brunswick-Denkmal, errichtet 1879, in seinem vegetabilen Rahmen am Quai du Mont-Blanc.

du Jardinage» (Theorie und Praxis der Gartenkunst) sich bereits 1713 wärmstens für die Anpflanzung von Bäumen und die Integration landschaftlicher Elemente in städtische Zentren ausspricht.

Die Place Bel Air dient als Balkon über der Rhone, ganz im Gegensatz zu den anderen Plätzen der Genfer Unterstadt, wo weiterhin der wirtschaftliche Aspekt der Handelshäfen im Vordergrund steht. Trotz allem wird eine Aufwertung der weiter hinten liegenden freien Plätze ins Auge gefasst. In der ersten Hälfte des Jahrhunderts finanzieren an der Place de la Fusterie und der Place de Longemalle wohnende Patrizier die Pflanzung von Kastanien – der Lieblingsbaum der damaligen Zeit. Der Wunsch, diese Plätze in kleine Promenaden zu verwandeln, führt zur Aufstellung eines bescheidenen urbanen Mobiliars. Bänke und Zäune trennen die Fussgänger vom restlichen Verkehr.[3] Am rechten Rhoneufer nimmt die Färberei Fazy den gesamten Raum zwischen der Place de Chevelu und den Befestigungsanlagen ein, eine Zone, die sich früher im Besitz des ehemaligen Kaufmanns Kléberg befand. Hinter der Umfriedungsmauer verbirgt sich ein grosser Ziergarten «à la française», neben dem sich Wohn- und Fabrikgebäude breit machen.

Der 1788 erstellte Plan des Geometers Jean Heberlé führt grossartige landschaftsplanerische Verbesserungen auf.[4] Das Kernstück des Anwesens ist in einen Ziergarten verwandelt worden, der durch ein Wegkreuz in vier Kompartimente unterteilt ist. In dessen Mitte befindet sich ein rundes, von geschnittenem Buchs umgebenes Bassin mit Wasserspiel. Eingerahmt wird das Ganze von zwei schmalen Geländestreifen: Der eine entlang der Befestigung enthielt den Gemüsegarten und ein sternförmiges Blumenbeet, der andere vor der Fabrik ein Baumkabinett und früher vielleicht einen Obstgarten. Eine vierreihige Allee mit einem Kabinett wird der Rhone abgetrotzt.

Von dieser grünen Lunge am rechten Ufer öffnet sich der Blick auf die Ile aux Barques im Hintergrund. Als ehemalige Bastion der Befestigungsanlagen des 16. Jahrhunderts bietet diese Rhoneinsel vor ihrer Umgestaltung im 19. Jahrhundert einen Anblick heiterer Unordnung. Am Fuss zerbröckelnder Mauern, zwischen Pfählen und aneinander gereihten Wellenbrechern, einer beweglichen lakustrischen Befestigung, erstreckt sich ein Röhricht. Eine Baumgruppe im Zentrum der Insel bildet ein willkommenes grünes Element.

Die Erneuerung Genfs während der Restauration: Die Quais und der Jardin de l'Ile

Seit Ende des 17. Jahrhunderts ist das Eindämmen von Flüssen in den grossen Städten gang und gäbe. In Frankreich erhält das 1716 gegründete «Corps des ingénieurs de Ponts et Chaussées» 1747 eine entsprechende Ausbildung. Unter der Leitung von Jean-Rodolphe Perronnet wird die Seine in Paris nach und nach in ein gemauertes Bett gezwungen. In Lyon entwirft Jacques-Germain Soufflot in den 1750er Jahren das Quartier Saint-Clair, das sich auf den ehemaligen Rhoneufern erstreckt. Jean-Antoine Morand tritt in den 1780er Jahren in Les Brotteaux in Soufflots Fussstapfen. In Bordeaux lässt sich Guillaume-Henri Dufour von der Place des Quinconces mit ihrem geschwungen Quai beeindrucken.[5] Auch das Londoner Adelphi-Quartier an der Themse der Brüder Adams von 1769 hat Modellcharakter.

In Genf schlagen in- und ausländische Ingenieure die Anlage von Quais vor, die zum Teil auf

2 Der Jardin du Lac oder Jardin anglais mit dem «Quatre Saisons»-Brunnen.

Seeaufschüttungen anlegt werden sollen.[6] Vor 1730 sind es die Franzosen Levasseur de Roques und Pierre Pradès de la Ramière sowie der Genfer Jacques Barthélemy Micheli du Crest und gegen Ende des Jahrhunderts Nicolas Céard, die für das Seeufer Quaianlagen projektieren, die da und dort mit Alleebäumen bepflanzt sind. Doch die Annexion Genfs durch die Franzosen setzt all diesen Projekten des Ancien Régime ein Ende und versetzt die Stadt in einen Dornröschenschlaf.

Auf die von Kantonsingenieur Guillaume-Henri Dufour geplante Erneuerung der Stadt muss die Bevölkerung bis zur Restauration und der Wiederanbindung Genfs an die Eidgenossenschaft warten.[7] Der Stapellauf der «Guillaume Tell» im Jahr 1823, des ersten Dampfschiffs auf dem Genfersee, treibt diesen Prozess entscheidend voran. Genf muss der «Fremdenindustrie» ein Opfer bringen. Am 13. März 1829 werden die ersten Massnahmen gesetzlich genehmigt, und bald beginnen die Arbeiten.

Beide Ufer werden aufgeschüttet und mit Quaipromenaden ausgestattet, die über Wasserabflussrinnen verfügen. Am rechten Ufer, am Quai des Bergues, entstehen anstelle der ehemaligen Färberei Fazy und ihres Gartens ein neues Wohnquartier und ein Luxushotel. Eine Brücke verbindet das neue Quartier mit dem linken Seeufer, und eine Passerelle verbindet sie mit der Ile des Barques.

Leïla El-Wakil: Quaianlagen, Genf

In den 1820er Jahren verlangt die *vox populi,* die Ile des Barques sei Jean-Jacques Rousseau zu weihen. Ausser dem neu erwachten Interesse für den Schriftsteller sprechen noch weitere Faktoren für diese Umwandlung. Zwar ist die Bebauung des Ufers und eines Teils der Wasserfläche einem grossen Teil der Bevölkerung offenbar hochwillkommen, doch entzieht sie der Stadt ihre grosse grüne Lunge bei der Färberei Fazy.

Die heutige Ile Rousseau liegt gegenüber des Quartiers St-Gervais, in dem der Schriftsteller nahe der Strasse, die seither seinen Namen trägt, lebte. Sie erinnert an die Ile des Peupliers in Ermenonville, die er zu Lebzeiten besuchte und auf der sich nun sein Zenotaph erhebt. Wo sonst sollte man eine Statue zum Gedenken an den umstrittenen, gerade erst rehabilitierten Helden aufstellen? Wenn man richtig darüber nachdenkt, gibt es keinen zentraleren und zugleich isolierteren, «der Erde enthobenen»[8], Ort. Er ist vielleicht die geeignetste Stelle für die Würdigung des Genfer Sprösslings, der eine Aussenseiterexistenz führte.

Guillaume-Henri Dufour macht aus der ehemaligen Schanze geschickt das Meisterstück seines Projekts. Er bemächtigt sich ihrer wie eines Gartens, der der versteinerten, seinem Ingenieurhirn entsprungenen Welt noch fehlt. Der mit einem zentralen Rondell versehene Pont des Bergues soll über eine leichte Hängebrücke für Fussgänger mit der Insel verbunden werden – dieselbe Art Brücke, die auch über die Befestigungsanlagen führt. Die Insel wird eingeebnet, so dass Inselboden und Holzbelag der Brücke auf gleicher Höhe liegen; die bereits vorhandenen schönen Pappeln werden vorteilhaft zur Geltung gebracht. Die Umfassungsmauer, am Sockel von Steinbrocken gesäumt, erhält ein kunstvolles schmiedeeisernes Gitter, damit sie vom See aus nicht überstiegen werden kann. In der Mitte erhebt sich auf einem Sockel aus poliertem Granit das Bronzestandbild Rousseaus, das James Pradier in Paris gegossen und 1835 nach Genf geliefert hat.

Der landschaftliche Garten – oder müsste man ihn vielleicht «Jardin de Julie» nennen – wurde vermutlich von den Baumschulgärtnern Jean-Pierre und Jacques Dailledouze, zwei Brüdern, entworfen, die seit 1829 mit der Instandhaltung der öffentlichen Promenaden Genfs betraut waren. Zehn Jahre nachdem ihr Vater Henry Dailledouze für den Jardin des Plantes im Parc des Bastions orthogonale Wege und Parterres geplant hat, triumphiert der natürliche Ansatz, der Rousseau so wichtig war:[9] Es entstehen Pfade mit lieblichem Schwung; und die grasbewachsenen Uferzonen, eingesät mit einer Gräsermischung und mit Weissklee, Hopfenklee, Luzernen und Süssklee bereichert, schillern in allen Farben. Die Brüder Dailledouze stiften zahlreiche Pflanzen, darunter einige Rosen. 20 gerade oder geschwungene Bänke werden installiert, damit man sich – angesichts des Publikumsandrangs und wachsenden Erfolgs des Gartens – nicht mehr mit dem Vermieten von Stühlen abgeben muss. Um den Garten vor Vandalismus zu schützen, wird er nachts mit einem schmiedeeisernen Tor am Ende der Hängebrücke verschlossen. Privatpersonen stiften ein Schwanenpaar.

Die ehemalige Bastion, die sich unverhofft in einen Garten verwandelt hat, ist ausserdem der ideale Ort, um das neue Genf zu bewundern, das am Ende der neuen Quais entsteht. Von diesem Beobachtungspunkt aus sehen Schaulustige, welches Ausmass die Fortschritte am Vorabend der Restauration erreichen. Der baumbestandene Inselgarten kontrastiert mit der ehernen Strenge der Quais, diesem Lineal und Zirkel zu verdankenden Urbanismus, dem so viel Ehrfurcht entgegengebracht wurde, dass man sich dazu verpflichtete, weder

3 Der Jardin Anglais. Kolorierter Stich eines nicht ausgeführten Erweiterungsprojektes von H. Mezger, um 1870.
Centre d'iconographie genevoise, Genf.

Öffentliche Anlagen

4 Die berühmte Blumenuhr im Jardin Anglais.

einen Baum zu pflanzen noch ein Gebäude zu errichten, um die Aussicht nicht zu verbauen. Heute kann man sich kaum noch vorstellen, welch magische Anziehungskraft dieser zum See hin offene Garten nach seiner «Eroberung» durch die Genfer Bevölkerung 30 Jahre lang besass.

Der Eindruck von Weite wurde auch durch die Bildsprache der Kupferstecher vermittelt, die unendliche Quais, riesige Brücken, eine Insel inmitten einer mediterranen Rhone, eine Stadt aus der «Fischaugen»-Perspektive zeichneten. Durch das Schleifen der Befestigungsanlagen, einhergehend mit der Verlängerung des Quaisystems, der Schaffung eines neuen öffentlichen Gartens und dem Bau des Pont du Mont-Blanc nach Mitte des 19. Jahrhunderts verlor die Ile Rousseau ihre Vorrangstellung und büsste einen Teil ihres Reizes ein. Der Jardin du Lac lief dem Jardin de l'Ile schnell den Rang ab.

Heute zieht die Ile Rousseau mit ihrem Café-Restaurant Einheimische und Touristen an, die im Stadtzentrum nach einem Plätzchen zum Ausruhen suchen. Seit kurzem wird die Umfassungsmauer der ehemaligen Bastion nachts angestrahlt. Die Mittel dafür stellte eine Genfer Privatbank zur Verfügung. So wurde es möglich, sich ein einzigartiges topografisches Element der Genfer Stadtlandschaft optisch wieder anzueignen.

Die Entfestigung, die Ausweitung der Quais und die Anlage des Jardin du Lac (heute Jardin Anglais)

Ein Massnahmenbündel verstärkt und konkretisiert die buchstäbliche Kehrtwende von Genf in Richtung See. Die Schleifung der Befestigung zieht bedeutende Veränderungen der Stadtlandschaft nach sich, insbesondere auf der Seite des Seebeckens. In der Restaurationszeit reicht die Stadt bis zum Quai des Bergues gegenüber der Bastion von Chantepoulet und zum

Grand Quai bei Longmalle. Sie wird nun bis zu den Molen, die Léopold Stanislas Blotnitzki im Jahr 1856 entwirft und die den neuen Hafen abschliessen sollen, erweitert. Dieses Szenario setzt den Umzug öffentlicher Einrichtungen wie des Schlachthofs und der Metzgereien voraus, die flussabwärts verlegt werden. Der dadurch gewonnene Raum wird in ein Erholungsgebiet für die immer zahlreicher werdenden Touristen und die Genfer Bürger umgewandelt.

Die Umgestaltung erfolgt in mehreren Phasen. Die Arbeiten beginnen 1850: Am rechten Ufer entsteht der heute noch existierende Square du Mont-Blanc mit Garten, während am linken Ufer, in der Verlängerung des Grand Quai, eine Reihe ansehnlicher Häuser – das Hôtel Métropole in der Mitte – erbaut werden. ▸ 1 1854 bewilligt die Stadt einen Sonderkredit zur Gestaltung der zukünftigen Seepromenade. Die Bastion Longemalle wird bald in einen ersten Jardin du Lac umgewandelt, der sich in das unregelmässige, dreieckige Gelände einfügt. Kieswege schmiegen sich zwischen einfache Rasenflächen; es wird ein polygonaler Holzpavillon, dann ein erstes rundes Bassin mit Wasserspiel errichtet. Schon 1855 bietet die Promenade einen schönen Anblick.

Dieser Jardin du Lac oder Jardin Anglais wird zwischen 1862 und 1863, nach dem Bau des Pont du Mont-Blanc, massgeblich erweitert und erreicht damit seine heutige Form und Grösse von etwas mehr als 25 000 Quadratmetern. ▸ 2

Die Diskussionen, die sich im Zusammenhang mit der Errichtung eines Denkmals zur Erinnerung an den vor 500 Jahren erfolgten Anschluss der Stadt an die Eidgenossenschaft entspinnen, zeigen, welche Bedeutung die Genfer diesen Umgestaltungen beimessen. Ein Zentralkomitee unter dem Vorsitz von General Dufour und unter Beteiligung insbesondere des Architekten Samuel Vaucher, des Oberstleutnants Edmond Favre, des Malers Diday und des Dichters Suès-Ducommun diskutiert ausführlich den Standort.

Als klassisch ausgebildeter Architekt meint Samuel Vaucher, «dass man das Monument mitten im Jardin Anglais aufstellen könne; es befände sich so in grösserer Nähe zum See und zu den Schiffen, wäre durch die Absperrungen der Promenade schön eingefasst und sogar geschützt, so dass man die Fontäne in eines der Dreiecke verbringen und der Symmetrie wegen eine weitere im anderen Dreieck installieren könne»[10]. Daraus wird nichts, denn die Planung zur Gestaltung des Jardin du Lac ist so gut wie abgeschlossen. Das von dem Aargauer Bildhauer Robert Dorer entworfene Nationaldenkmal mit den Personifikationen der Stadt Genf und der Eidgenossenschaft wird 1869 am südlichen Ende des Pont du Mont-Blanc aufgestellt, wo es sich noch heute befindet.

Infolge des im März 1863 genehmigten Plans zur Erweiterung des Jardin du Lac erhält dieser durch Trockenlegung einer grossen Wasserfläche die regelmässige Form, in der man ihn noch heute kennt. Die Gestaltung wird neu überdacht, und verschiedene Bauten entstehen. In einem *ad hoc* errichteten Holzpavillon wird als Touristenattraktion das von Séné geschnitzte Mont-Blanc-Relief ausgestellt. Das von Guillaume-Henri Dufour am Ende des Grand Quai installierte Limnimeter wird in den Garten versetzt, bevor es – wegen der Strassenarbeiten, die den Jardin Anglais unablässig in Mitleidenschaft ziehen – an den heutigen Standort in die Rue Pierre Fatio umzieht.

In der Mitte des Gartens wird der «Quatre Saisons»-Brunnen aufgestellt, dessen Vorbild auf der Place Bellecour in Lyon steht. Dieses Werk des Pariser Bildhauers Alexis André besteht aus einem steinernen Becken mit zwei übereinander liegenden Bronzeschalen. Unten lehnen sich die Figuren der Jahreszeiten, oben rundliche Putti an den gegossenen Brunnstock. Am Rand der neuen Aussichtsplattform führt eine Uferpromenade entlang. Ihren Abschluss bildet ein filigranes Metallgeländer, auf das die Passanten sich aufstützen, um die Dampfschiffe und die Handelskähne im Hafen La Scie zu beobachten.

5 Der Hafendamm von Pâquis.

In den folgenden Jahrzehnten soll der Garten mehrfach erweitert werden. Manche dieser Projekte existieren nur auf dem Papier, wie zum Beispiel jenes eines gewissen H. Mezger, der in den 1870er Jahren vorschlägt, den Park um einen zoologischen Garten am jetzigen Quai Gustave Ador zu bereichern. Dafür hätte ein grösseres Gebiet rund um die Pierres du Niton trockengelegt werden müssen, und der Quai wäre beträchtlich erhöht worden. ▶3

Ende des 19. Jahrhunderts wird der Jardin anglais im Rahmen der Umstrukturierung der Quais im Hinblick auf die Landesausstellung von 1896 noch einmal verändert. Das zukunftsträchtige Schlüsselwort der Zeit lautet «modernisieren». Die Kieswege sind selbst in den Parks nicht mehr befriedigend. Asphalt ist angesagt. 1892 wird die Promenade am See um ein betoniertes Trottoir von 270 Metern Länge und drei Metern Breite ergänzt, um Passanten zwischen der Stadt und dem Quartier des Eaux-Vives und Spaziergängern die Zirkulation zu erleichtern.[11]

In der Hauptsache geht es darum, den Park und die Quais, die dem modernen Geschmack entsprechend in Promenaden umgewandelt wurden[12] – «ein grandioser und zugleich eleganter Anblick» – miteinander in Einklang zu bringen. Aus einer Ansammlung unterschiedlicher Einzelteile soll ein Ganzes werden. Zwei Landschaftsplaner legen Pläne vor: Baatard für die Umgebung des Nationaldenkmals und der «talentierte» Landschaftsarchitekt Jules Allemand für den Jardin Anglais.

Um «der Anlage Raum, Perspektive und Tiefe zu verleihen», werden zunächst die wenig dekorativen Büsche zugunsten schöner Bäume ausgelichtet: Birken, Eiben, Silberlinden, einige Trauerweiden, Akazien, Schnurbäume *(Sophora japonica),* Schwarzkiefern aus Österreich, Robinien, immergrüne Mammutbäume und verschiedene Thujaarten. Am südlichen Ende entsteht ein Alpengarten mit Bach, Kaskaden, Gebirgsgestein, Felsen mit alpinen Stauden, über denen ein rustikaler Eichenpavillon mit Strohdach thront.

6 Der Quai Wilson, ein Band aus Bitumen.

Der Bau eines neuen Musikpavillons, in dem noch heute Konzerte gegeben werden, und die damit einhergehende Umgestaltung der Wege krönen diese Etappe der «Rundumerneuerung». Begünstigt durch den Genius Loci, spielt der Jardin Anglais immer wieder eine besondere Rolle bei der Gestaltung der Genfer Seeufer. Zur alten Möblierung hinzugekommen sind ein Getränkekiosk namens «La Potinière», der in den 1990er Jahren rekonstruiert wird, und auf Antrag der Association des Intérêts de Genève im Jahr 1955 die Blumenuhr, die 2002 Gegenstand einer Kunstaktion wird.[13] ▸4

Die Umbauten für die Landesausstellung 1896 und die Verlängerung der Quais zu Beginn des 20. Jahrhunderts

Die Aussicht auf die zweite Schweizerische Landesausstellung im Jahr 1896 bietet die Gelegenheit, die Lage der Stadt neu zu überdenken. Besucher, insbesondere die aus allen Landesteilen zusammenströmenden Eidgenossen, sollen positiv beeindruckt werden. Die Behörden beraten über das Aussehen der Quaianlagen, und die Architekten arbeiten grossartige Pläne aus. Das Beste war für Genf gerade gut genug.

Der Hafen einer Stadt ersten Ranges muss bestimmten internationalen Ansprüchen genügen. Der bescheidene, zweckmässige, versteinert und defensiv wirkende Damm mausert sich zu einem breiten Quai mit einer Platanenreihe, begleitet von Promenaden mit schmalen Rasenstreifen, und wird mit Rundpavillons ausgestattet, die dem den «schönen Künsten» verpflichteten Geschmack der Belle Époque entsprechen. Nizza mit seiner Promenade des Anglais und Venedig mit seiner Riva degli Schiavoni sind die Bezugsgrössen, an denen sich Genf misst.

1894 gewinnt der Architekt Joseph Marschall mit seinen Plänen den Wettbewerb, und diese zwingen definitiv zur Umgestaltung der Seeuferzone. Die von Alfred Olivet und Alexandre Camolette geplanten schnurgeraden Quais – der Quai du Mont-Blanc bis zum Anwesen Plantamour (1914) und der Quai Gustave Ador bis zum Port Noir (1913) – werden von den Vertretern der Genfer Sektion des Heimatschutzes heftig kritisiert. Der Maler Horace de Saussure präsentiert einen Gegenvorschlag mit kleinen Buchten und Auskragungen, die das natürliche Gelände besser respektieren. Der Ästhetik von Lineal und Zirkel widersetzt sich eine landschaftspflegerische Sensibilität, die Mühe hat, sich durchzusetzen.

Zur «Versteinerung» der Ufer, die bis zum Ersten Weltkrieg weiterging, trägt auch der Neubau der Badeanstalt Bains des Pâquis am rechten Ufer zwischen 1931 und 1932 bei. Maxime Pittart zeichnet diese leichte, mit der Strömung verlaufende Betonstruktur wie ein am Quai du Mont-Blanc vertäutes Boot. Als Ende der 1980er Jahre der Abriss drohte, rettete die Genfer Bevölkerung das Bad. Kürzlich erhielt dieser Publikumsmagnet eine ins Wasser gesetzte Felslandschaft, einen Entwurf der Bildhauerin Carmen Perrin. ▸5

In dem versteinerten Universum der so genannten «Grande Rade» jedoch ist das Interesse für die Bepflanzung niemals abgeflaut. Es findet spürbaren Ausdruck in den liebevoll mit Blumen geschmückten Rabatten auf beiden Seiten. Seit den 1930er Jahren werden verstärkt Rosen entlang der Quais gepflanzt, insbesondere am linken Ufer, und Genf kann heute stolz darauf sein, sich im Besitz einer grossen Sortenvielfalt zu wissen.

Vor den Toren der Stadt: die grossen Parks

Über die Route de Lausanne, die Route de Thonon oder über den See in Genf anzukommen, ist ein unerhörtes Spektakel, das schon früher zahlreiche Besucher zelebrierten. Vergleicht Alexandre Dumas in seinen «Reise- und Lebensbildern aus Süd-Frankreich und der Schweiz» («Impressions de voyage», 1833) Genf nicht mit Neapel, wenn er in seinen Schilderungen lange bei den zauberhaft grünen, mit Villen übersäten Hügeln verweilt? Vom See aus gesehen, präsentiert sich die Hochburg der Reformation, überragt von der metallenen Turmspitze der Kathedrale Saint-Pierre, im Hintergrund eine Szenerie von grossen Parks und bewohnten Anhöhen.

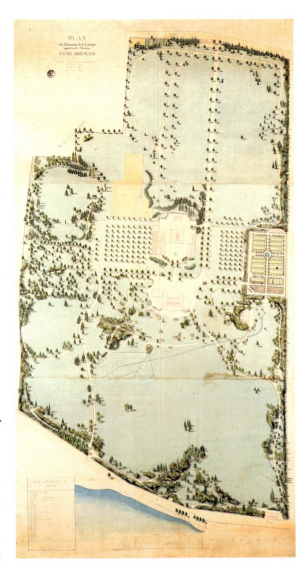

7 Park La Grange. Plan von Charles Haspel, 1848. Centre d'iconographie genevoise, Genf.

Diese Landschaft, die einem Bild von Konrad Witz entsprungen sein könnte, versetzt die Stadt Genf in die privilegierte Lage, ein grosser Landschaftsgarten zu sein, dessen Fortbestehen sich bis zu einem gewissen Grad dem Zufall verdankt. Denn zahlreich waren die Pläne zur Bebauung der Ufer: 1926 wurde ein erstes Szenario für den Völkerbundpalast geplant, schon in den 1950er Jahren entstand die Idee, anstelle der heutigen Parks am linken Ufer Schnellstrassen zu bauen, und immer wieder gab es Projekte zur Überquerung des Seebeckens.[14] Zurzeit schützen ein Landschaftsplan und diverse Massnahmen diese Anlagen gegen jeden unangebrachten Eingriff.

Die Verstädterung der Quais kommt seit dem Ersten Weltkrieg zum Stillstand. Die Besitzer der Ufergrundstücke schliessen sich den Protesten des Heimatschutzes an. Die landschaftliche Schönheit der Schweiz, in diesem Falle Genfs, ist ein schützenswertes Gut. Ausserdem springen die Schattenseiten der Urbanisation der Seeufer plötzlich ins Auge, in deren Rahmen hinter der prestigeträchtigen städtischen Fassade trostlose Quartiere ohne Sicht in die Weite aus dem Boden gestampft werden. Deshalb zweigt nun das endlose Asphaltband des Quai Wilson auf der Höhe des Gutes Plantamour zur Rue de Lausanne ab, während sich der Quai Gustave Ador vom Ufer entfernt und unter Umfahrung der dortigen Domänen oberhalb von La Belotte in die Route de Vésenaz übergeht. ▸6

Diese brüske Verwandlung einer Stadt, die plötzlich mit Parks abschliesst, resultiert auch aus der Grossmut des Patriziates. In der Tat ist dieser aussergewöhnliche Grüngürtel dem sukzessiven Vermächtnis mehrerer einander benachbarter Grundstücke an die Allgemeinheit zu verdanken, sowohl am linken als auch am rechten Ufer. Mit seiner Grösse trägt er massgeblich zu dem 20-prozentigen Grünflächenanteil von Genf bei.

Tatsächlich übereignet Philippe Plantamour sein Gut Mon Repos am Ende des Quai Wilson der Stadt als Schenkung; 1898 entsteht daraus und aus den dazugehörigen, etwa vier Hektar grossen Ländereien die erste öffentliche Seeuferanlage an der Zufahrt nach Genf. Neben dem Herrenhaus und seiner klassizistischen Orangerie liegt ein Garten mit südlichen Pflanzen.

Zu dem 1910 vermachten Anwesen von Gustave Moynier, das an der Stelle der ehemaligen, berühmten Auberge Dejean errichtet wurde und über eine Sammlung schöner Eichen verfügt, gesellt sich 1918 La Perle du Lac[15], eine aussergewöhnliche, fast fünf Hektar grosse Domäne, gestaltet durch die Brüder Bartholoni. Dort erblüht im Spätsommer auf der grossen Rasenfläche, die sich mit leichtem Gefälle unter der monumentalen Fontaine erstreckt, ein Meer bunter Dahlien.

Einige Jahre später erwirbt die Eidgenossenschaft angesichts vorrangiger Interessen des Völkerbundes die Parzelle, auf der Georges Epitaux schliesslich das Bureau international du Travail (heute Centre William Rappard) errichtet. Neben den grossen Platanen, deren Kronen sich über den See neigen, stehen dort riesige Zedern, eine Sommereiche aus Lettland und eine Blauzypresse aus Arizona. Die Villa Barton mit ihren monumentalen, an das Ursprungsland Amerika erinnernden Mammutbäumen vervollständigt 1936 die Folge öffentlicher Parks am rechten Ufer. Sehr viel später können Spaziergänger durch eine Unterführung der Rue de Lausanne auch den 1904 geschaffenen botanischen Garten problemlos erreichen. Heute erstrecken sich am rechten Ufer von Mon Repos bis nach Terre de Pregny sage und schreibe fünf Kilometer zusammenhängende Parkanlagen.

Die Vereinigung der fünf ehemaligen Güter von je etwa vier Hektar Grösse hat zwischen dem See und der Rue de Lausanne auf sanfte Weise eine grüne Girlande, einen grossen «englischen» Park, entstehen lassen. Unter den 100-jährigen Bäumen, an denen Eichhörnchen auf und ab flitzen, bleiben Schaulustige vor einem Karussell stehen; manche lassen auf der Bank Lamartines mit Blick auf den Mont-Blanc ihre Gedanken schweifen. In der beeindruckenden Vielfalt exotischer Bäume spiegelt sich ein Teil der grossen wissenschaftlichen Tradition, die Genf im 18. Jahrhundert pflegte. Die guten Geister des Marquis de Girardin und des Abbé Delille schweben noch immer über diesen Parks, die einem Bild Lorrains entsprungen sein könnten und von denen man gerne annimmt, sie hätten die grossen Hohenpriester des Landschaftsgartens entzückt, sei es Capability Brown oder Humphry Repton.

Am linken Ufer macht William Favre den entscheidenden Schritt und bietet sein mehr als 20 Hektar grosses Anwesen La Grange 1918 der Stadt Genf an. Es bildet ein Ensemble mit dem Nachbargrundstück von Plongeon, das von Zerstückelung bedroht war und 1913 mit Spendengeldern zurückgekauft wurde. Dieser aussergewöhnliche Komplex senkt sich von der Route de Frontenex sanft zum See hinunter. La Grange beherbergt noch heute das prächtige Herrenhaus und seine um 1770 errichteten Nebengebäude; mit seinen kontrastierenden Milieus führt der grosse Park die verschiedenen Erdteile vor Augen. Im Lauf der Zeit wird ein Teil des «französischen» Gartens Umgestaltungen unterworfen, die sich dank der Aufzeichnungen des Landschaftsplaners Charles Haspel von 1848 gut nachvollziehen lassen; die meisten geraden Achsen müssen grossen, von sich schlängelnden Wegen durchzogenen Rasenflächen weichen. Dies ist der Ausgangspunkt der gegenwärtigen Anlage. ▸7

Der Ausbau der Route du Lac hat 1858 die Veränderung der Zugänge und die Errichtung des

8 Der Parc des Eaux-Vives mit der inszenierten Sicht über die Toranlage hinweg auf den See.

monumentalen Portals zur Folge, das Löwenskulpturen von Dufaux flankieren; eine Portiersloge, Terrassen und eine italienische Pergola – aus jenem Italien, das der preussische Architekt Friedrich Schinkel so gut zu vermitteln verstand – verleihen der Ästhetik einer perfekt gestalteten Landschaft einen pittoresken und südlichen Akzent.

Die Pergola dient nicht nur Verliebten als Rückzugsort, sie ist auch der Ort, von dem aus Besucher der Stadt das vor ihnen liegende Panorama von See und Jura betrachten können, und wenn sie sich umdrehen, blicken sie auf die imposante Residenz aus hellem Sandstein. In diesem lebendigen Park, dem jede Generation einen eigenen Akzent verleiht, entsteht Ende der 1880er Jahre ein Alpengarten: Noch heute existiert im östlichen Teil die Miniaturausgabe des Mont Salève mit See, Felsen und Hügeln.

Während der Park von Eaux-Vives ▸8 durch seine Rhododendronsammlung bekannt ist, verdankt der Park La Grange sein internationales Renommee dem Rosengarten. Er wurde zwar bereits in den 1930er Jahren als «Echo» auf die Bepflanzung des Quai Gustave Ador konzipiert, doch der grosse Rosengarten, nach einem Entwurf des Landschaftsarchitekten Armand Auberson[16], wird erst Ende des Zweiten Weltkriegs angelegt und mit 12 000 Rosen ausgestattet. Bereits 1947 rufen der Service des parcs sowie die Société genevoise d'horticulture den internationalen Wettbewerb neuer Rosen ins Leben, der noch heute jedes Jahr im Juni stattfindet.

In diesem stetig wachsenden Ballungsgebiet, das ausser Einwohnern und Touristen auch die Grenzbewohner des Genferseebeckens anzieht, bleibt «La Rade» ein einzigartiger und kostbarer Publikumsmagnet. Die Szenerie, den Launen des Wetters unterworfen, verändert sich ständig. Bei kaltem Nordostwind türmen sich grüne, schaumgekrönte Wellen, die das Seebecken und seinen Leuchtturm in ein Gemälde von Joseph Vernet verwandeln; ist die Luft ruhig und der Himmel gnädig, scheint das Tableau um die klare, blaue Wasserfläche herum vom Pinsel eines klassizistischen Vedutenmalers zu stammen. Schlendert man den Quais entlang durch diese aussergewöhnliche Kulisse, in der Natur und Kultur ein empfindliches Gleichgewicht halten, wird man unmerklich zur Ruhe kommen und sich an den vielfältigen Zerstreuungen erfreuen, die die grossen Parks zu bieten haben.

Übersetzung: Jutta Orth

Öffentlich zugänglich

Urbane Promenaden und Aussichtstribünen

Die Seequais von Luzern, Zug und Zürich

Regine Abegg

«Zwischen der geschwungenen Kette der Hotels und dem See verläuft eine breite Promenade mit Lampen und einer Doppelreihe breitkroniger Bäume. Das Seeufer säumt eine Steinmauer wie ein Pier, und oben auf der Kante der Mauer läuft eine Reling entlang, damit die Leute nicht über Bord fallen.» Mark Twain entdeckte die neuartigen Uferpromenaden 1878 in Luzern während seiner ersten Schweizerreise.[1] Noch erinnerten sie ihn an den «quai» oder «kai» in der ursprünglichen Bedeutung als Befestigung von Ufern, Uferstrassen, Schifflanden oder Häfen[2] – Nutzbauten, die bis ins 19. Jahrhundert nur in Einzelfällen repräsentativen Anspruch erhoben. ▸ 1

Entwicklung, Funktion und Bedeutung dieser «ausdrucksvollen neuen Strassenart»,[3] die in der Schweiz ab den 1820er Jahren die Ufer zu säumen begann, werden hier exemplarisch und vergleichend an den Seequais in Luzern, Zug und Zürich skizziert. Für die am Ausfluss eines Sees gelegenen, mauerumgürteten Flussstädte Luzern und Zürich bedeuteten sie den Wandel zu offenen Seestädten, für Zug eine bauliche Verbindung zum See.

Entfestigung und Wachstum der Städte, neue Verkehrsachsen, der Fremdenverkehr und die Dampfschifffahrt sind praktische Sachzwänge zur baulichen Organisation der Naturufer, ein entscheidender Faktor war aber die Ästhetik: Durch Verschönerung der oft verwahrlosten Seegestade sollte die Lage der Stadt zur Geltung gebracht und der Ausblick optimiert werden. Mit der geografischen Erforschung und ästhetischen Entdeckung der Alpenwelt war die Betrachtung der «Naturschönheiten» zu einem wichtigen Reisemotiv geworden.

Nach Luzern reiste man der malerischen, «amphitheatralischen Lage» der Stadt und der Alpensicht wegen.[4] Als Aussichtstribüne nahm die 385 Meter lange, mit einem Alpenzeiger ausgerüstete Hofbrücke bereits die Hauptfunktion des späteren Schweizerhofquais wahr, dem sie ab 1836 stückweise weichen musste.

Zur gleichen Zeit stiegen in Zürich die Reisenden mit Vorliebe im Hotel Schwert an der Limmat ab, das Aussicht auf den «Zürcher See mit seinen paradiesischen Ufern und die Alpen» bot.[5] Wie in Luzern wurde die «unvergleichliche Lage» Zürichs mit Ausblick in die «schneebedeckten Alpen» zur wichtigsten Sehenswürdigkeit. Die Seepromenaden kamen in Luzern und Zürich einem längst vorhandenen Bedürfnis entgegen, zumal sie die Funktionen der traditionellen Promenade als gesellschaftlichen Treffpunkts des Bürgertums[6] und der Aussichtsterrasse gleichermassen erfüllten.

1 Luzern. Flanierende unter der Kastanienallee des Schweizerhofquais mit Blick auf die Türme der Hofkirche, Fotografie um 1900. Stadtarchiv Luzern.

Luzern – «Der weltberühmte Corso der feinen Welt»

Die Quaianlagen entlang des rechtsufrigen Seebeckens präsentieren sich als elegante Schaufassade, mit der sich die Kleinstadt ab den 1830er Jahren ein urbanes Gepräge verschaffte. In den älteren Abschnitten bilden die baumbestandene Uferpromenade und die Reihe monumentaler Bauten und Hotelpaläste des Fin de Siècle eine Einheit, die trotz moderner Eingriffe und Verkehrsachsen noch erkennbar ist Quai und Quaibebauung sind abschnittweise entstanden, initiiert und mitgetragen von einem risikofreudigen privaten Unternehmertum, oft in harten Konkurrenzkämpfen und gegen behördlichen Kleinmut.[7]

Auslöser für die Öffnung der Stadt zum See und für den Quaibau war der Brand, der 1833 elf Häuser Unter der Egg und an der Kornmarktgasse einäscherte. Als Ersatz für sein zerstörtes Gasthaus baute Xaver Grob mit dem 1835 eröffneten «Schwanen» das erste zum See orientierte Hotel. Davor liess er einen Platz aufschütten und erwirkte von der Stadt den Abbruch des die Aussicht störenden Kopfstücks der Hofbrücke. Im Gegenzug überliess er den nach dem Hotel benannten Schwanenplatz der Stadt, die hier die Schifflände für die 1837 eröffnete Dampfschifffahrt anlegte. Der erste Quaiabschnitt war gebaut!

Promenade der Luxushotels: Schweizerhofquai und Nationalquai

Den Investitionswert des Geländes am See erkennend, gelangte Xaver Grob 1836 an den Stadtrat mit dem Antrag für die Aufschüttung des sumpfigen Seegestades zwischen «Schwanen» und Hofbezirk und den Abbruch der Hofbrücke. Um die Quaiüberbauung nicht spekulativer Willkür zu überlassen, liess der Stadtrat einen Gestaltungs- und Bebauungsplan entwerfen und beauftragte den Basler Architekten Melchior Berri mit der Ausarbeitung eines Projekts.[8] ▸ 2
Dieses sah eine einheitliche Reihe von fünf Gebäuden direkt am Wasser vor, die seeseitig durch einen gedeckten Laubengang als Ersatz der Hofbrücke zu einer geschlossenen Anlage verbunden sind.[9] Das verkehrstechnisch weitsichtige, leider nicht realisierte Projekt hätte die Strasse zum Hofquartier hinter der Quaibebauung durchgeführt und die Uferpromenade vor dem späteren Missbrauch als Verkehrsschneise bewahrt. Erst 1843 kam die Planung mit dem Gesuch der Luzerner Unternehmerfamilie Segesser für einen weiteren Hotelbau am See wieder in Gang, und 1845 konnte der «Schweizerhof» als erstes Luxushotel und touristisches Wahrzeichen der Stadt eröffnet werden.

Wie beim «Schwanen» erfolgte erst in einer zweiten Etappe die Auffüllung eines 20 Meter breiten Uferstreifens mit Fussweg und Zugangsstrasse vor dem Hotel, der zwischen 1851 und

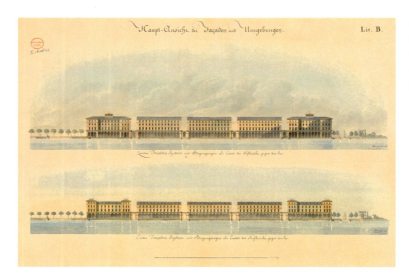

2 Luzern. Nicht ausgeführter Entwurf von Melchior Berri für einen Quai und eine Quaibebauung anstelle der Hofbrücke. 1836. Stadtarchiv Luzern.

1855, unter Abbruch des letzten Stücks der Hofbrücke, ausgebaut und bis auf Höhe der Alpenstrasse verlängert wurde.[10] Der 210 Meter lange und 26,5 Meter breite, geradlinige Quai bestand zur Hälfte aus einer gepflästerten Fahrbahn, zur andern aus einer zweireihigen Kastanienallee mit Bänken und einem Fussweg entlang der Quaimauer. ▶1 Obschon öffentlicher Grund, waren Bau und Nutzung aufs Engste mit dem Hotel verbunden. Der nach diesem benannte Schweizerhofquai war in erster Linie Aussichtspromenade für die Gäste.

Nun sah auch die Stadt den wirtschaftlichen Gewinn einer Urbanisierung des Hofquartiers und legte 1865 einen Bebauungsplan vor, der mit grossen Bauparzellen, einer Verlängerung

Öffentliche Anlagen

des Quais und einem Kurplatz eine attraktive Infrastruktur für den Fremdenverkehr bot.[11] Die auf Initiative der «Schweizerhof»-Besitzer gegründete Baugesellschaft Segesser & Cie. erwarb einen Grossteil des Bebauungsgebiets und begann 1867 mit den Auffüllarbeiten.[12] 1870 wurde das «Grand Hôtel National» eröffnet, und wiederum verlieh der Hotelbau dem 1872/73 davor gebauten Quaiabschnitt die prächtige Kulisse und den Namen.

Schweizerhof- und Nationalquai waren seit 1869/70 über die Seebrücke vom Bahnhof direkt und ohne Umweg durch die Altstadtgassen zu erreichen. Damit zeichnete sich eine Zweiteilung der Stadt in ein altes «Luzern der Luzerner» und eine mondäne Stadt am See – «der weltberühmte Corso der feinen Welt»[13] – ab, die bei der einheimischen Bevölkerung auch auf Kritik stiess.[14] Mit dem Bau des Kasinos 1882, einer Badeanstalt 1884/85 und der Rasentennisanlage 1901 stattete man die Promenade mit einem «gastfreundlichen» Unterhaltungsangebot aus. ▶3

Das 1906 wieder in Verbindung mit einem Quaiabschnitt eröffnete Hotel Palace und der 1907/08 ausgebaute Kurplatz mit Musikpavillon bildeten die Krönung des exklusiven «Touristenresorts». Die Reiseführer empfahlen, das «frische, sommerfrohe Leben» am Quai zu geniessen, «im Schatten der Bäume die hohen Hotelfronten ab[zuwandeln], vor denen sich das üppige Pflanzenleben des Südens, das Blumenleuchten der Tropen entfaltet» und sich abends in das «kaleidoscopische Menschentreiben» zu mischen.[15]

Da die Verkehrsverbindung am Nationalquai hinter der Quaibebauung durchführt, lässt es sich hier unter dem Kastanienlaubdach zwischen See und den Gartenterrassen der Hotels bis heute erholsam flanieren, und die Gusseisenkandelaber von 1888 vor dem «National» verbreiten noch einen Hauch des eleganten Nachtlebens der Belle Époque. Im Unterschied zum Schweizerhofquai besass dieser Quaiabschnitt nie eine Brüstung, sondern war gegen den See offen.[16]

3 Luzern. Ausblick vom mondänen Hotel Palace auf das Seebecken und den Pilatus und die schnurgerade Kastanienallee am Nationalquai mit den Anlagen für den Tourismus: Rechts das 1882 entstandene und 1910 umgebaute Kasino mit Kursaal. Zwischen diesem und dem «Palace» erstreckte sich einst die Rasentennisanlage, die 1901 gegenüber der 1884–1885 erbauten Badeanstalt entstand.

Zug – Seepromenade einer Kleinstadt

Bis in die 1860er Jahre säumten vor allem private Grundstücke und Gärten die malerischen Seegestade.[17] Beim Landsgemeindeplatz lag ein Umschlagplatz mit einer Schifflände und dem 1733 erbauten, im 19. Jahrhundert verlängerten Hafendamm, der «Platzwehre».[18] Trotz idyllischer Lage mit Alpensicht zog die Stadt kaum länger verweilende Gäste an, sondern war Station auf Reisen nach Luzern oder Italien. Als 1852 mit der Eröffnung der Sommerfahrten der Dampfschiffgesellschaft die Massenbeförderung von Reisenden ab Zug auf die Rigi einsetzte, sahen fortschrittliche Zuger die Gelegenheit für gekommen, durch eine Verschönerung des Seegestades die Stadt selbst für Fremde attraktiver zu machen. Wie in Luzern kam der Anstoss von privater Seite.[19]

Am Anfang: «Ein bunter Traum»

1857 präsentierte der Zuger Goldschmied und Querdenker Caspar Schell eine kühne Vision: Der «Schanzenplatz» (heute Postplatz), ausgebaut zu einer grosszügigen Platzanlage, öffnet sich zum See auf eine Uferpromenade, die das Vorbild des kurz zuvor vollendeten Schweizerhofquais in Luzern verrät. ▶4 Wie dort säumt eine Allee den schnurgeraden Quai, den zahlreiche Flaneure beleben. In den See hinausgebaute Kanzeln laden zum Genuss der Aussicht ein, und ein stattliches Seehotel bietet den in Kutschen vorfahrenden Gästen eine dem Luzerner Luxushotel ebenbürtige Unterkunft. Die Idee eines Seequais war geboren – aber dessen Verwirklichung sollte noch über 30 Jahre dauern.

Schleppende Planung, schlichtes Projekt

Die Pläne für den Quaibau konkretisierten sich mit einem Auftrag der Einwohnerversammlung an den Stadtrat 1859 und dem Angebot der Ostwestbahn-Gesellschaft, die Planungskosten zu übernehmen und das Aushubmaterial des Bahnbaus für die Uferaufschüttung zur Verfügung zu stellen. Deren Rückzieher dämpfte aber den Elan und verschleppte die Planung. Mit der Eröffnung des Bahnhofs und der Strecke Zürich–Zug–Luzern 1864 und der Anlage der Schifflände Bahnhof stieg der Druck. Doch erst 1873–1875 wurde mit dem Material des abgebrochenen Baarertors die erste kurze Uferbefestigung zwischen Hechtleist und Platzwehre erstellt und mit der Lagerung des Abbruchmaterials am Vorstadtufer der Quaibau mit der Schleifung der Stadtmauern koordiniert.

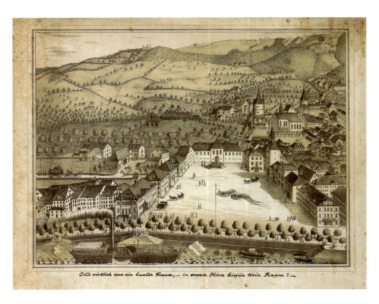

4 Die kühne Vision für eine Neugestaltung des Postplatzes und eine Quaipromenade in Zug, Lithografie von Caspar Schell, 1857. Museum in der Burg Zug.

«Ist es wirklich nur ein bunter Traum, ... in eurem Hirn hierfür kein Raum? –»

Nach einem auf der Basis älterer Projekte entworfenen Plan des Zuger Ingenieurs Franz Stadlin begann man 1883 mit dem Quaibau.[20] Die einstige Vision eines grosszügigen Quais mit urbaner Randbebauung wie in Luzern reduzierte sich auf eine dem Ufersaum zwischen Landsgemeindeplatz und Schützenhaus vorgebaute Promenade – elegant geschwungen, aber schmal, mit nur einer Baumreihe und ohne urbane Kulisse.

Pragmatischer Wiederaufbau nach der Katastrophe

Der Quai hatte eine Länge von über 200 Metern erreicht, als am 5. Juli 1887 ein Teil der Vorstadt im See versank. Man hatte, als sich kurz nach Baubeginn Risse gezeigt hatten, trotz Warnungen von Fachexperten weitergebaut.[21] Der Ufereinbruch riss eine ca. 120 Meter lange und 80 Meter breite Bucht auf, 26 Häuser versanken. Obschon durch lokale geologische Faktoren verursacht, führt die Katastrophe die technischen Herausforderungen vor Augen, wel-

5 Zug. Blick von der Platzwehre an den Vorstadtquai. Beim Springbrunnen wird die Quailinie von der «Katastrophenbucht» unterbrochen und setzt sich mit dem Alpenquai im Hintergrund fort.

che die neuartigen monumentalen Wasserbauten an Ingenieure und Architekten stellten. Für die technische Analyse der Katastrophe, die dem 1891 abgeschlossenen Wiederaufbau voranging, zog man auch Arnold Bürkli bei, den leitenden Ingenieur der wenige Tage vor dem Zuger Unglück eingeweihten Zürcher Quaianlagen.

Die Abbruchstelle ist als Einbruch in die gerade Quailinie, als «Katastrophenbucht», sichtbar geblieben und teilt die Uferpromenade in Vorstadt- und Alpenquai. ▸ 5, 6 Zur Baugrundentlastung mussten die verbliebenen Vorstadthäuser der Uferzeile abgebrochen werden, mit dem Vorteil, dass der Vorstadtquai grosszügiger als geplant und mit Parkflächen angelegt werden konnte und dass sich See, Quai und Stadt enger miteinander verzahnten als im Ausführungsplan vorgesehen.

6 Zug. Die Quaianlage nach dem Wiederaufbau 1891. Im Vordergrund die elegante Allee entlang der «Katastrophenbucht» und der öffentlichen Grünzone Rigianlage, in der Mitte der Vorstadtquai mit grosszügiger Parkanlage an der Stelle der abgebrochenen Vorstadthäuser, im Hintergrund die baumbestandene Platzwehre. Fotografie um 1891.
Stadt- und Kantonsbibliothek Zug.

Zürich – «einer der prächtigsten Uferwege Europas»

Effizienz im Planungs- und Bauablauf, technische Perfektion und höchste ästhetische Ansprüche vereinen sich in den 1881–1887 erbauten Zürcher Quaianlagen zu einem der glanzvollsten Werke dieser Bauaufgabe in der Schweiz und zum bedeutendsten städtebaulichen Unternehmen Zürichs.[22] Die über drei Kilometer lange Anlage um das untere Seebecken verband als Gemeinschaftsunternehmen die drei Gemeinden Zürich, Riesbach und Enge einige Jahre bevor die Stadtvereinigung 1893 auch politisch vollzogen wurde. ▸ 7

Idee und Planung des «grünen Gürtels»

Den Anstoss zur Erweiterung der Stadt Richtung See gab der Beschluss zur Schleifung der barocken Schanzen und damit zur endgültigen Entfestigung im Jahr 1833. Die Idee grösserer Quaianlagen wird in den 1860er Jahren fassbar,[23] doch erst die 1871 entfesselte Polemik um das Projekt einer Zürichsee-Eisenbahn entlang der Uferzone des Seebeckens leitete die konkrete Planung ein. Es war letztlich dieser «eiserne Ring», der die Idee eines «grünen Gürtels» entstehen liess.

1872 erarbeitete Stadtingenieur Arnold Bürkli zusammen mit dem Riesbacher Bauvorstand Peter Emil Huber-Werdmüller und Architekt Caspar Conrad Ulrich ein erstes offizielles Quaiprojekt als Alternative zum «eisernen Ring».[24] Mit Erfolg, denn ein Jahr später entschieden die Einwohner der drei Gemeinden gegen die geplante Eisenbahnlinie und stimmten 1881 nach einem intensiven Abstimmungskampf dem Quaibau zu, den die Befürworter als Aufbruch in ein neues Zeitalter geistiger und materieller Prosperität priesen.[25] Die Ausführung erfolgte nach dem überarbeiteten Projekt Bürklis, der als Stadtingenieur zurücktrat und 1882 die Stelle

7 Zürich. Situationsplan der Quaianlagen, 1887. Blau eingezeichnet ist der Verlauf der Uferlinie vor den ersten Aufschüttungen ab den 1830er Jahren. Rot eingefärbt sind die 1882–1887 auf Rechnung des gemeinsamen Quaiunternehmens fertig gestellten Quaianlagen zwischen Hafen Enge und Hafen Riesbach. Grün eingefärbt sind die auf Kosten der einzelnen Gemeinden nach 1887 erstellten Anlagen: das Zürichhorn (Riesbach) am rechten und der Belvoirpark und der Mythenquai (Enge) am linken Seeufer. Baugeschichtliches Archiv, Zürich.

Öffentliche Anlagen

des Quai-Ingenieurs und den Vorsitz der Seequaikommission übernahm.[26] Nach nur fünfjähriger Bauzeit wurden die Anlagen 1887 festlich eingeweiht.

Das in jeder Hinsicht gigantische Ausmass des Unternehmens belegen die Zahlen: Die Gesamtkosten beliefen sich auf neun Millionen Franken, die aufgefüllten Flächen umfassten 216 256 Quadratmeter, wofür 1 240 000 Kubikmeter Steinmaterial und Seeschlamm herbeigeschafft werden mussten. Bewältigt wurde die Ausführung in 400 000 Arbeitstagen.[27] Eindrücklich vermitteln zeitgenössische Fotografien, wie radikal die breiten, anfänglich dünn bewachsenen pistenartigen Anlagen ins Stadtbild eingriffen! ▶ 8

Der Quaivertrag von 1881 enthielt als Hauptziel, die Verkehrssituation und die «Schönheit» der Lage der Stadt und der Vorortsgemeinden zur Geltung zu bringen.[28] Die Ästhetik war oberstes Prinzip; es galt, die Hauptsehenswürdigkeit der Stadt, die «unvergleichliche Lage» und die Alpensicht, wirkungsvoll in Szene zu setzen. Im Vergleich zu Luzern geschah dies programmatischer, vielfältiger, auch theatralischer. Man zog alle Register möglicher Ufergestaltungen und bestellte dafür eine Fachkommission aus Architekten und «Kunstgärtnern».[29] So bietet der zwischen den neuen Häfen Enge und Riesbach beziehungsweise Zürichhorn angelegte Quai ein variantenreiches, mit ursprünglich 138 verschiedenen Gewächsen bepflanztes Uferbild, von dem aus sich unterschiedlichste Perspektiven auf See und Alpen ergeben.

8 Zürich. Blick auf Seefeldquai und Utoquai kurz vor Vollendung der Quaianlagen. Im Vordergrund die Badeanstalt Utoquai. Im Hintergrund rechts das Opernhaus im Bau und daneben links die Tonhalle und das prächtige Hotel Bellevue am Übergang zur Quaibrücke. Fotografie um 1891.
Baugeschichtliches Archiv, Zürich.

Uferpromenaden und Aussichtsestraden

Das Herzstück bildet der nach dem Quai-Ingenieur benannte Bürkliplatz, der sich vor den Stadthausanlagen mit einer grossen halbkreisförmigen Terrasse in den See vorschiebt, als «Tribüne, geschaffen zur Wahrnehmung von Zürichs Lage am Wasser, zur Bewunderung von See und Alpen, zur Abfahrt per Schiff, um selbst in die Naturszenerie eintauchen zu können».[30] ▶ 9 Die anschliessenden Quaiabschnitte, der Alpenquai (seit 1960 General Guisan-Quai) am linken und der Uto- und der Seefeldquai am rechten Ufer, wurden als breite Promenaden mit gemauerten Abschlüssen und schmiedeeisernen Geländern angelegt. ▶ 8 Sie weisen die «klassische» Dreiteilung in Uferweg, drei- bis vierreihige Allee und ursprünglich bekieste, später asphaltierte und heute leider verkehrsreiche Strasse auf.

9 Zürich. Die Aussichtsterrasse am Bürkliplatz. Im Hintergrund die ersten repräsentativen Gebäude am neuen Quai: das Opernhaus und das Utoschloss. Fotografie um 1900.
Baugeschichtliches Archiv, Zürich.

Der damals schon breite Alpenquai wies mit einer in der Mitte angelegten, die zwei mittleren von vier Trompetenbaum-Reihen *(Catalpen)* umfassenden Rasenrabatte eine platzartige Gestaltung auf, der man sich mit dem Ersatz der späteren Asphaltierung durch einen Kiesbelag im Jahr 2003 wieder angenähert hat.[31] Die Namengebung der Quaiabschnitte spielt auf deren primäre Funktion als Aussichtsterrassen- und promenaden mit Blick auf die Innerschweizer Alpen und den nahen Üetliberg an.[32]

Die «natürlich, gartenartig bepflanzten Gestade»

An beiden Enden der Anlage in Enge und Riesbach lösen sich die streng linear angelegten Quais in Landschaftspärke auf.

10 Zürich. Das Arboretum am Übergang vom Alpen- zum Mythenquai, von Otto Froebel und Evariste Mertens. Die in der Art eines Landschaftsgartens gestaltete Anlage dient als Lehrpark für einheimische und ausländische Gehölze.

Die Uferlinien sind hier als flache Steinböschungen oder als Kunststrände mit Pflanzungen und malerisch gruppierten Felsblöcken geformt und ermöglichen einen direkten Zugang zum Wasser. Am Übergang vom Alpen- zum Mythenquai war ein mit in- und ausländischen Gehölzen bepflanzter Park geplant, ein Arboretum, das «landschaftliche Schönheit» mit wissenschaftlicher Systematik «zum Zwecke der Belehrung und des Studiums» vereint, wofür eine Sonderkommission einen Bepflanzungsplan erstellte.[33] ▸ 10, 11

Die Ausführung oblag den renommierten Landschaftsarchitekten Otto Froebel und Evariste Mertens, die Bäume und Sträucher nach systematischen, pflanzengeografischen und -historischen Gesichtspunkten zu ordnen, aber natürlich wirkend zu gruppieren wussten. Dem didaktischen Ziel entsprach die Etikettierung der Gewächse und die Herausgabe eines botanischen und geologischen Führers.[34] Der künstlich aufgeschüttete Hügel bildete durch den Aufbau einer Gesteinsgruppe mit alpiner Flora eine Moräne nach und diente durch Aufstellung eines Panoramas als Aussichtspunkt. Am Fuss des Hügels erinnert ein schlichtes Denkmal an den Quai-Ingenieur Arnold Bürkli.

Kurz nach der Quaieinweihung entschied sich Riesbach für die Verlängerung des Seefeldquais bis zum Zürichhorn und die Umwandlung der auf dem Hornbachdelta wild gewachsenen Naturidylle mit prachtvollem Baumbestand in einen Park. Im Gegensatz zum künstlich angelegten Botanikpark im Arboretum sah das Projekt von Froebel und Mertens hier einen Naturpark mit Erhaltung des gewachsenen Vegetationscharakters und Baumbestands vor, der, ergänzt durch Rasenflächen, eine künstliche Bucht für Ruderboote und eine Wirtschaft, der «Geselligkeit und Belustigung» dienen sollte.[35] Damit entstand ein Quaikonzept, das die Idee der modernen Freizeitanlage im Grünen und die Seeufergestaltungen nach dem Zweiten Weltkrieg um Jahrzehnte vorwegnahm. Nicht zufällig ist das Zürichhorn mit nur geringen gestalterischen Anpassungen bis heute der beliebteste, belebteste und am vielseitigsten nutzbare Teil der Quaianlage geblieben.

Im Dienste der Ästhetik: Bauten am Quai

Die Zürcher Quaianlagen sind weder wie in Luzern zusammen mit der anstossenden Bebauung und als Teil eines Bebauungsplans entstanden, noch wollte die Quaidirektion durch eine Bauverordnung vorgreifend regulativ wirken. Es oblag der Quaikommission, nach Vollendung des Quais den Verkauf der angrenzenden Baugrundstücke in die Wege zu leiten, wofür sie steuerkräftige, für die schöne Lage empfängliche Käufer suchte. In den 1890er Jahren entstand eine Reihe repräsentativer Bauten in den üppigen Stilformen des Fin de siècle, von denen einige noch heute die «Perlen» der Seefront bilden. ▸9 Mit dem Opernhaus (1890/91) und der Tonhalle (1893–1895) wurden die bedeutendsten Kulturhäuser der Stadt an der neuen Seefront platziert.[36] An Privatgebäuden mit Luxuswohnungen seien als die wichtigsten das Weisse und das Rote Schloss (1890–1892 und 1891–1893) am Alpenquai (General Guisan-Quai) und das Wohn- und Geschäftshaus Utoschloss (1898–1900) am Utoquai erwähnt.

Im Unterschied zu Luzern besetzte die Hotellerie die privilegierte Seelage nur am Rand und erst Jahrzehnte nach Eröffnung der Quaianlagen. Bis zum Bau des «Eden au Lac» 1908/09 und «Bellerive au Lac» 1927–1929 am Utoquai blieben das schon in den 1840er Jahren erbaute «Baur au Lac» beim Bürkliplatz und das 1889 umgebaute «Bellevue» die einzigen Hotels an der Seepromenade. ▸8

Auch Schiffsanlegestellen und Badeanstalten hatten sich der Schönheit des Uferprospekts einzufügen und durften die Aussicht nicht beeinträchtigen. Aus diesem Grund ist der Dampfschiffsteg beim Bürkliplatz nicht quer vor der Quaimauer angelegt worden, sondern «parallel der Aussichtslinie».[37] Die Badeanstalten waren dem Uferbau diskret unterzuordnen, weshalb schwimmenden niedrigen Bauten der Vorzug gegeben wurde.[38]

Zur Unterhaltung und Belehrung – Die «Möblierung» der Quaianlagen

Als «Gegenzonen» zur urbanen Hektik dienten Quaianlagen der Musse und Kontemplation und stellten zugleich ein Angebot an Unterhaltung und leicht verdaulicher Bildung bereit. Teile der dafür installierten Möblierung sind bis heute erhalten geblieben oder erneuert worden. Zur Grundausstattung gehören die Bänke unter den zu Laubdächern zusammengewachsenen Baumkronen. Regelmässig und gleichgerichtet zwischen die Bäume gestellt, laden sie – Theaterbestuhlung ähnlich – zum bedächtigen Spektakel: zur Fernsicht auf See und Panorama oder zur Nahsicht auf die Flanierenden. ▸1, 8, 9 Für die Zürcher Quaianlagen wurden nicht weniger als 230 Bänke in edler Ausführung angefertigt,[39] die aber inzwischen alle ersetzt sind. Nur am Schweizerhofquai in Luzern haben sich einige Stücke des 19. Jahrhunderts erhalten.

Ohne «Repoussoirs» lässt sich das Panorama entlang der Brüstungen oder Geländer der Quaimauer geniessen, wo kanzel- oder terrassenartige Ausbuchtungen zum Innehalten laden.

11 Zürich. Blick an die mit Steinbrocken aus den umliegenden Moränen gestaltete Uferböschung und den künstlichen Hügel des Arboretums, dessen Aussichtsplattform entlang der Kante mit *Sorbus* bepflanzt war. Diese feuerbrandgefährdete Baumart wurde vor ein paar Jahren durch Kugelahorn ersetzt. Im Hintergrund das im Bau befindliche Weisse Schloss. Fotografie von Robert Breitinger, Januar 1891
Baugeschichtliches Archiv, Zürich.

Diese wurden mit den für das Studium der Aussicht nötigen Geräten ausgerüstet: mit Alpenzeigern und Fernrohren. In Luzern stehen auf den genau in den Mittelachsen der Hotels Schweizerhof und National errichteten Kanzelrondellen Alpenzeiger, die bereits im 19. Jahrhundert erwähnt sind.[40] Heute sind leider nur noch die Tafeln erhalten. ▸12 In den Zürcher Quaianlagen gab es drei Alpenzeiger, gezeichnet und lithografiert vom Geologen Albert Heim.[41] In Zug wurde 1905 bei der Schifflände am Alpenquai eine Panoramatafel mit Ortsbild vom Topografen Xaver Imfeld errichtet (1978 durch Kopie ersetzt).[42]

Mit der Popularisierung der Wetterkunde im 19. Jahrhundert begannen die naturforschenden Gesellschaften und die Kur- und Verkehrsvereine die Errichtung von Wettersäulen zu veranlassen, eine Dienstleistung für Touristen und Kurgäste, die aber auch bildende Funktion hatte. Bevorzugte Standorte waren folglich nebst Pärken, Bahnhofplätzen und Häfen die Quaianlagen.[43] In Luzern wurde 1870 nach dem Bau der Seebrücke eine Wettersäule beim Schwanenplatz aufgestellt und als Sehenswürdigkeit in den Reiseführern erwähnt.[44]

Mit Vorliebe in Quaianlagen integriert und als Besucherattraktionen beliebt waren Tiergehege. In Zug entstand 1890 auf dem Landsgemeindeplatz ein Hirschgarten, ein Jahr später veranlasste unweit davon der Ornithologische Verein die Errichtung einer Voliere.[45] 1897/98 wurde anstelle des an den Alpenquai versetzten Hirschgeheges ein Fasanengarten erstellt, «zur Zierde und Freude der Stadt wie zur Unterhaltung und Belehrung für Einheimische und Fremde».[46] Hirschgarten, Fasanerie (Neubau 1924/25) und Voliere (heutiger Bau 1986–1988) erfreuen bis heute die Quaibesucher – wie in Zürich seit 1903 die Voliere am Mythenquai (heutiger Bau 1937).[47] Als «Erziehungsmittel für unsere Jugend» sollte Letztere der Naturentfremdung entgegenwirken und, als Ersatz für die früheren Naturalienkabinette, Naturkenntnisse vermitteln. Musikpavillons wie im Jardin Anglais in Genf und auf dem Kurplatz in Luzern stehen vornehmlich in von Touristen oder Kurgästen benutzten Quaianlagen.

«Der dumme, künstliche weisse Kai» – Kritik am radikalen Konzept der Quais

Die schnurgeraden Quais, die sich als künstliche Gürtel mit ihren monotonen Kastanienalleen zwischen Stadt und See legten, stiessen in ihrer Radikalität auch auf Kritik. ▸3, 8 1882, im Jahr des Baubeginns der Zürcher Quaianlagen, beschreibt Gottfried Keller wehmütig die wilde Natur am Zürichhorn als «Überrest des ursprünglichen Ufergeländes im idyllischen Zustand vor der Zeit der Landanlagen und Kaibauten, als Schilf und Weidicht mit den über das Wasser hängenden Fruchtbäumen abwechselten» und bedauert – die vollendeten Quaibauten schon vor Augen –, dass man jetzt «keinen Begriff mehr von dem malerischen Anblick der Seeufer bis nahe an die Stadtmauern» habe.[48]

Radikaler ist der junge Leo N. Tolstoi, der im Juli 1857 in Luzern weilte und seine Erinnerungen in eine Novelle kleidete.[49] Bei ihm gerät die ästhetische Kritik zur Sozialkritik. Überwältigt vom Anblick der Landschaft vom Balkon seines Zimmers im «Schweizerhof», empfindet er den noch neuen Quai, diesen «schnurgeraden Sockeldamm», «diese grässliche gerade Linie des Dammes», als störenden Kontrast zur umgebenden Natur. Die Natur als «Bewegung, Unsymmetrie, Phantastik, eine unaufhörliche Vermengung und Verschiedenheit der Schatten und Linien» setzt er der Kategorie des Artifiziellen entgegen, in die der «dumme, künstliche weisse Kai mit den gestützten Lindenbäumchen und den grünen Bänken» gehört – samt der Gesellschaft, die ihn vereinnahmt: die englischen Touristen in ihrer Langeweile und sozialen Weltfremdheit.

Mit der Gründung des Schweizer Heimatschutzes 1905 und des Schweizerischen Bundes für Naturschutz 1909 organisierte und versachlichte sich die Kritik. Im Leitartikel der ersten

12 Luzern. Einrichtungen zur Unterhaltung und Belehrung: Aussichtskanzel mit Alpenzeiger und Fernrohr am Schweizerhofquai.

Nummer der Zeitschrift «Heimatschutz» geht Marguerite Burnat-Provins mit der Monotonie der Quais hart ins Gericht und plädiert für eine natürliche Ufergestaltung, die sie am Zürichhorn vorbildlich verwirklicht sieht.[50] Folgerichtig opponierte der Heimatschutz auch gegen das geradlinige Verlängerungsprojekt des Luzerner Nationalquais in den 1920er Jahren (Carl Spitteler-Quai) und schlug eine natürliche Aufschüttung mit geschwungener Uferlinie, bepflanzt mit Rasen und Baumgruppen, vor.[51] – Ohne Erfolg. Doch wie zukunftsweisend die Konzeption war, zeigt die spätere gestalterische Entwicklung der Seeuferanlagen.

Bedroht, umgestaltet, ausgebaut, restauriert – Streiflichter auf die «Nachgeschichte»

Die Geschichte der Seequais von Luzern, Zug und Zürich spinnt sich bis in die Gegenwart fort, geprägt von wechselnden Gestaltungs- und Nutzungskonzepten. Wiederholt waren die alten Uferpromenaden gefährdet, durch utopische Projekte der Moderne[52], vor allem aber durch den zunehmenden Verkehr. Es war unvermeidlich, dass sich die für Kutschen, Fuhrwerke und Pferdetrams angelegten Fahrbahnen städtischer Quais zu «Spülrinnen des Automobilverkehrs» entwickelten.[53]

In Luzern wurde bereits 1895/96 die Fahrbahn des Schweizerhofquais um zehn Meter verbreitert und die Allee durch Aufschüttung und Versetzung einer Baumreihe weiter in den See hinaus verschoben.[54] Glücklicherweise nicht für den Verkehr, sondern für die Fussgänger baute man den Alpenquai in Zürich 1919–1921 gegen den See auf die doppelte Breite aus und pflanzte zusätzlich drei Kastanienreihen,[55] doch 1938 musste der Fahrbahnverbreiterung eine Trompetenbaum-Reihe weichen. Auch in Luzern hatte eine weitere Strassenverbreiterung am Schweizerhofquai in den 1950er Jahren die Entfernung und Versetzung von Kastanienbäumen zur Folge. In Zug opferte man 1959–1961 dem Verkehr die elegante Quaiallee entlang der «Katastrophenbucht» ▶ 6 und ersetzte sie durch die Vorstadtbrücke, eine ästhetisch fragwürdige Konstruktion als Beton-Hohlkasten.[56] Trotz «verschönernder» Umgestaltung 1967 ist dieser Eingriff bis heute nicht vernarbt!

In den 1960er Jahren sollte in Zürich der Utoquai dem Verkehr weichen. Als Ersatz baute man 1970/71 eine weiter in den See vorgeschobene Promenade. Dank dem späteren Verzicht auf die zusätzliche Fahrbahn verlaufen heute zwischen Bellevue und Badeanstalt parallel zwei unterschiedliche Anlagen: die streng gegliederte, schattige Kastanienallee aus der Gründerzeit und die moderne, sonnige Promenade auf einer Betonplatte direkt über dem Wasser. Vielfältig bepflanzte Tröge, mehrstämmige Platanen und unregelmässig gesetzte Bänke schaffen hier eine gelockerte Raumordnung.

Trotz mehrfacher Bedrohungen und schmerzlicher Eingriffe haben die Quaianlagen aus der Gründerzeit in Luzern, Zug und Zürich überlebt und werden heute nicht nur nach bauhistorischen, sondern auch nach gartendenkmalpflegerischen Grundsätzen analysiert und samt Bepflanzung unter Schutz gestellt und konserviert; ungünstige Eingriffe werden nach Möglichkeit rückgängig gemacht. Beispielhaft dafür sind die Sanierung des General Guisan-Quais (ehemals Alpenquai) 2003 und die laufende aufwendige Restaurierung der originalen Ufermauer des Seefeldquais in Zürich oder die mit einer Verkehrsbefreiung einhergehende, 1988 abgeschlossene Umgestaltung des Zuger Landsgemeindeplatzes, der nun gestalterisch und funktional in die Quaianlagen integriert ist.[57]

Die Seequais wurden aber auch kontinuierlich erweitert. In Luzern wurde die Idee eines durchgehenden Uferwegs vom Nationalquai bis zur Seeburg bereits 1903 formuliert und 1978 mit dem Luzernerquai als letztem Teilstück abgeschlossen. Die einzelnen Abschnitte widerspiegeln, gleichsam als «stilgeschichtliche» Abfolge, unterschiedliche gestalterische Konzepte

für Seeuferanlagen.⁵⁸ Nachdem der Carl Spitteler-Quai 1924–1927 noch nach dem traditionellen Muster der strengen Hotelpromenade gestaltet wurde, stand der Uferausbau nach dem Zweiten Weltkrieg nicht mehr im Zeichen der Tourismusförderung, sondern orientierte sich an den modernen Bedürfnissen der Stadtbevölkerung nach Freizeit- und Erholungsräumen.
Frei zugängliche Ufer, naturalisierte Uferlinien und grosszügige Grünflächen ohne trennende Mauern, Zäune und Asphaltwege waren wegweisende Gestaltungskonzepte, welche die Zürcher Gartenarchitekten Ernst Baumann und Willi Neukom 1959 an den Riesbacher Ufern für die Erste Schweizerische Gartenbauausstellung (G 59) schufen, die als thematischen Schwerpunkt die Seeufergestaltung hatte.⁵⁹ Weit über die Schweizer Grenzen hinaus berühmt wurde der eng der Wasserfläche entlang führende Uferweg aus grossformatigen Steinplatten und Bollensteinen zwischen dem Hafen Riesbach und dem Zürichhorn.
Die «Erfindung Quai» hat als städtebauliche Errungenschaft des 19. Jahrhunderts keineswegs ausgedient, sondern wird bis heute fortentwickelt und findet in allen historischen Stilstufen, von der strengen Quaipromenade bis zu den lockeren Grünraumgestaltungen, ihr dankbares Publikum.

Alle Anlagen öffentlich zugänglich

Blick ins 20. Jahrhundert

Die folgenden drei Beispiele skizzieren ein zentrales Thema der Gartengeschichte des 20. Jahrhunderts: den Naturgarten. Die herrschaftlichen Villengärten mit ihren formalen Anlagen, die um 1900 gross in Mode waren, sind als eine aussterbende Gattung in anderen Kapiteln untergebracht. Zwar hat etwa Ernst Cramer auch nach dem Zweiten Weltkrieg in der Schweiz noch einige ausgedehnte Privatgärten angelegt, aber in einem Stil, der nicht dafür geschaffen war. Kein Wunder, sind sie schon überbaut oder werden es gerade. Das, was diese Generation bewegte, war der anspruchslose, pflegeleichte Wohngarten des kleinen bis mittleren Reihen- und Einfamilienhauses in den Wohnquartieren in den Städten oder am Rand der Städte.

Gustav Ammann – ein bis heute vorbildlich gepflegter Wohngarten am Zürichberg von ihm wird hier vorgestellt – war an der Zürcher Landesausstellung 1939 der federführende Gartenarchitekt. Er verstand es, dieses Thema an diesem exemplarischen Ort, wo Natur und Mensch im Mittelpunkt standen, gültig durchzubuchstabieren. Peter Meyer, der prominente Architekturkritiker jener Zeit, hob in seinen Kommentaren vor allem die Modernität dieser Naturgärten hervor. Er wertete ihre organische Gestalt als Fortschritt gegenüber den geometrisch-formalen Gärten. Inmitten der modernen Welt der Technik sei die Natur zum Schutzobjekt geworden und deshalb ein Garten zeitgemäss, in dem jede Pflanze als Individuum ernst genommen und die Landschaft durch gärtnerische Massnahmen in der Richtung vervollkommnet werde, die man als ästhetische Leitidee in ihr wahrzunehmen glaube. Nicht um eine Rückkehr zur Natur im Sinne Rousseaus, sondern um eine im modernen Sinn handle es sich, denn Naturschutz und Heimatschutz sind seiner Meinung nach keineswegs altmodische, sondern moderne, historisch gewachsene Bewegungen. Es seien Parallelströmungen zu der von der modernen, rationalen Seite herkommenden Landesplanung, die auch die Naturschutzforderungen in sich aufnehmen würde. Und wie schälen zwei Gründerfiguren dieses verflossenen Jahrhunderts die ästhetische Leitidee aus dem Rohstoff Landschaft? Rudolf Steiner versteht unter Anthroposophie einen Erkenntnisweg, der das Geistige im Menschen zum Geistigen im Weltall führen möchte. Deshalb baut er das Goetheanum nicht nur in organischen Formen, sondern platziert es auch an der Stelle, wo der Hügelrücken des Dornacher Geländes genau in der West-Ost-Achse mitten durch den Bau verläuft und die Höhenkurven der Juralandschaft diese Mysterienstätte magisch umkreisen. Weitere Symbole wie eine Promenade, welche die sakrale Ostrichtung des Goetheanums betont, das siebenstufige Felsli, das vom östlichsten Punkt der untersten Stufe bis zum westlichsten Punkt der Plattform 21 Meter misst und damit dem Durchmesser des «Urkreises» (3×7 Meter) entspricht, einheimische Gehölze, die Steiner zu Planetenbäumen erklärt, und daneben ein biologischer Gemüsegarten ergeben einen modernen Tempelbezirk, wo Nutzen und Zierde mit Magie aufgeladen sind.

Der Grossstädter Le Corbusier stellt sich der Herausforderung, auf kleinster Parzelle direkt am Genfersee zu bauen, und entwirft eine dialektische Lösung, an der in Zukunft niemand mit der gleichen Bauaufgabe vorbeikommt: das Haus erhält ein Panoramafenster mit Blick auf die weite Wasserfläche und den Mont Blanc, während der Garten zugemauert und die Sicht auf das traditionelle Format eines Tafelbildes eingeengt wird.

Katharina Medici-Mall

Abbild einer Weltanschauung in Architektur und Landschaft
Das Goetheanum in Dornach

Sonja Ohlenschläger

Wer in die Welt der Anthroposophie eindringen will, fährt von Basel kommend etwa zehn Kilometer in südlicher Richtung. Das Goetheanum, das die Hügellandschaft von Dornach dominiert, ist nicht zu übersehen. Auf verschiedenen Strassenkarten ist das monumentale Gebäude als Sehenswürdigkeit gekennzeichnet. Tourismusorganisationen und die Anthroposophische Gesellschaft selbst, die hier ihren Sitz hat, laden zum Besuch des Bauwerks und seiner Umgebung ein, die von Rudolf Steiner, dem Begründer der Anthroposophie, konzipiert wurden.[1]

Nachdem ein von Steiners Anhängern für München geplantes Bauprojekt kurz vor dem Scheitern stand, stellte der Zahnarzt Emil Grossheintz im Oktober 1912 in Dornach ein Grundstück für dieses Projekt zur Verfügung. Ohne Zögern nahm Steiner das Angebot an. In grosser Eile wurden Pläne angefertigt und zusätzliches Land erworben. Schliesslich standen auf der nach Westen vorstossenden Geländeterrasse über dem Dorf 450 Aren zur Verfügung. ▶ 1

Blick ins 20. Jahrhundert

Zentrum der Anlage ist das Goetheanum, das vornehmlich als Festspielhaus für die von Steiner initiierten Mysterienspiele errichtet wurde. Nach einem Brand Ende 1922 wurde es durch den heutigen Bau ersetzt, der nicht nur für festliche Aufführungen, sondern auch als Hochschule und Tagungsort dient. Für beide Goetheanum-Bauten sowie für weitere Nutz- und Wohngebäude in der nahen Umgebung waren die Vorstellungen von Steiner formgebend.[2]

Mit der Verwirklichung eines weithin sichtbaren «Ortes der Berufung» und eines «Festspielhügels» war es ihm gelungen, einen Wunschtraum zeitgenössischer Architekten zu verwirklichen, der seine Wurzeln unter anderem in Friedrich Nietzsches Werk «Also sprach Zarathustra» hat.[3] Wenig bekannt ist jedoch, dass Steiner auch massgeblich an der Gestaltung des Areals mitgewirkt hat, indem er Angaben zu Geländebildung und Wegführungen sowie Entwürfe zu Wegsteinen, Bänken und Gartentoren machte.[4]

Am augenfälligsten ist die so genannte Allee, ein ursprünglich mit Kies bedeckter, kurzer, gerader Weg von 6,7 Metern Breite, der sich vom Hauptzugang des Goetheanums nach Westen erstreckt. Seine Funktion ist nicht die einer Zufahrt – dazu dienen der Felsli- und der Hügelweg –, sondern die einer Promenade für die Besucher, die sich hier ganz der Betrachtung des eindrücklichen Gebäudes hingeben können.[5] ▸ 2 Kristallin gestaltete Wegsteine aus Beton verweisen den Blick mit der nach Osten geneigten Spitze immer wieder auf das Goetheanum.[6] Der Weg endet in einem elliptischen Platz, dem Rondell. Hier stehen fünf niedrige, lang gestreckte Sitzbänke aus Eisenbeton, deren Aufstellung so erfolgte, dass der Betrachter der Westfront des Goetheanums gegenübersitzt.

Der südwestliche Bereich wird von dem so genannten Felsli dominiert. Dem von zwei Linden bekrönten, felsigen Hügel gab Steiner bereits 1914 eine künstlerische Form, indem er ihn mit sieben ringförmig angelegten Kalksteinstufen umgab, die zu einer Plattform von 14 Metern Durchmesser hinaufführen. Bewusst liess er die Linden stehen, denn von hier lässt sich in ihrem Schatten die Südwestansicht des Goetheanums besonders gut betrachten. ▸ 3

An der Südseite des Felslis, wo der Jurakalk hervortritt, nehmen drei aus Kalkstein gebildete Strahlen ihren Anfang und leiten den Blick der Hangkante entlang wieder zum baulichen Zentrum der Anlage. ▸ 4

Auch die Bepflanzung folgt der Intention, die Aufmerksamkeit des Besuchers auf das Goetheanum zu lenken und ihn von dessen Grösse und Monumentalität zu überzeugen. Deshalb sollten nach Steiner schlichte, einheimische Pflanzen gewählt werden. Entlang der Allee waren es Weichselkirschen, an der südlichen Geländekante Nussbäume; die vorhandenen Kirschbäume am Südhang wurden übernommen, während am Fuss des Nordabhangs Quitten zu stehen kamen. Zwischen den Wegmalen ordnete Steiner das Pflanzen von Immergrün an, das heute mehrheitlich durch Lavendel ersetzt ist, und als äussere

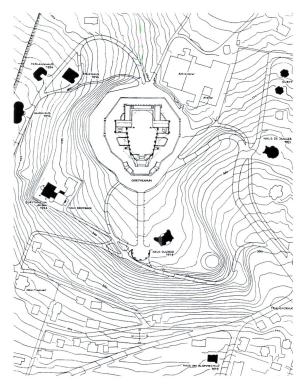

1 Lageplan des Goetheanums und seines Umfelds.

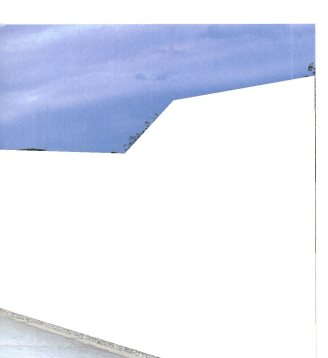

2 Ansicht des Goetheanums von Westen mit der Allee; rechts noch ein paar letzte Weichselkirschen, links im Hintergrund die Ermitage, erkennbar am Schloss Birseck (leider eingerüstet).

3 Das Felsli mit den Kalksteinstufen und den beiden Linden auf dem Plateau.

Begleitung der Rabatten niedrige Ligusterhecken. Immergrün und Liguster sollten einen der Pflanze gemässen Schnitt erhalten.

Blumen waren nirgends vorgesehen. Bis 1920 war das ganze Gelände wie ein antiker Temenos – ein heiliger Bezirk – schutzwallartig von einer Brombeerhecke umgeben. Im südöstlichen Teil des Geländes befinden sich heute ein Garten mit Heilkräutern und Färberpflanzen sowie ein Gemüsegarten.[7] Neueren Datums ist ein Gedenkhain im Nordwesten des Geländes, der über einen Weg vom Rondell aus zu erreichen ist. Hier sind seit einigen Jahren die sterblichen Überreste von Steiner und seinen Anhängern bestattet.[8]

Lange bevor das Goetheanum existierte, war die Ermitage im benachbarten Arlesheim ein gerühmtes Ausflugsziel.[9] Laut einem Zeugnis der Eurythmistin Ilona Schubert hat Steiner diese Anlage als «Gralsgebiet» bezeichnet, wo die «Schulung des Parzival durch Trevrizent» stattgefunden habe. Nicht auszuschliessen ist, dass sich Steiner durch diese Nachbarschaft nicht nur zu geistesgeschichtlichen Vorstellungen beflügeln liess, sondern dass die Ermitage auch sein Konzept für das Goetheanum beeinflusst hat. In beiden Anlagen wird eine natur- beziehungsweise kulturlandschaftliche Situation durch wenige punktuelle Eingriffe mit inhaltlicher Bedeutung aufgeladen.

4 Die «Gesteins-Strahlen», die den Blick vom Felsli zum Goetheanum führen.

Öffentlich zugänglich

«Licht, Raum – dieses Wasser und diese Berge ... damit ist das Spiel schon gewonnen!»[1]
Le Corbusiers Garten der Petite Maison in Corseaux

ARTHUR RÜEGG

Am Genfersee baute der Architekt für seine Eltern auf einem Uferstreifen zwischen Strasse und Quaimauer ein Meisterwerk der Landschaftsinszenierung.

Schon das 1912 vom jungen Charles-Edouard Jeanneret (dem späteren Le Corbusier) hoch über La Chaux-de-Fonds errichtete Elternhaus war nicht zuletzt ein Gartenkunstwerk gewesen. Dort führte ein erlebnisreicher Weg von unten durch den Hanggarten über eine enge Treppe auf ein mit Mauern und Treillagen eingefasstes «Sommerzimmer» und schliesslich einer Pergola entlang in die stattliche Villa hinein. Der Vater Georges-Edouard, ein begeisterter Gärtner, baute diese durch raffinierte Sichtbezüge und die gerahmten Blicke über das weite Tal charakterisierte Anlage kontinuierlich aus.[2]

1919 zog das Ehepaar Jeanneret-Perret an den Genfersee in ein mitten in den Weinbergen von Châbles gelegenes Chalet. Dort bot sich vom Balkon aus über den See ein überwältigender Rundblick, der das Grammont-Massiv von seiner charaktervollsten Seite zeigte. Der Sohn Charles-Edouard war verzaubert *(«enchanté»[3])*. Er zeichnete während seiner Aufenthalte diese «puristische» Landschaft unablässig[4] und machte sich schliesslich – einen Plan im Sack und eine Strategie im Kopf – auf die Suche nach einem Bauplatz, der das gleiche Panorama bieten konnte.

1924 entstand der Alterssitz der Eltern[5] ausserhalb des Städtchens Vevey direkt am See. Die Ausführungspläne waren schon gezeichnet, als im Mai die schwierigen Verkaufsverhandlungen zum Abschluss kamen und Haus und Garten auf einer kaum zwölf Meter tiefen Parzelle Gestalt annehmen konnten:[6] «Ein kleiner Uferstreifen, so schmal, dass ich nie gewagt hätte, ihn zu erwerben, wenn ich nicht die Gewissheit in der Tasche gehabt hätte, dass seine Dimensionen genügen.»[7]

In der Tat blieb zwischen dem bescheidenen Haus und dem See nur Platz für einen Rasenstreifen und einen Kiesweg, an dessen westlichem Ende eine steile Treppe auf das Flachdach führt. Dafür gelang es, den schmalen Bau nahe an die Westgrenze zu rücken und so gegen Osten hin einen die ganze Parzellentiefe umfassenden Gartenraum zu gewinnen. Dieser ist fast vollständig ummauert; selbst nach Süden – zum See hin – ist die Sicht mit einer Mauerscheibe versperrt: «Der Anblick der allgegenwärtigen Landschaft wirkt ermüdend. Haben Sie bemerkt, dass man sie unter solchen Umständen gar nicht mehr beachtet? Damit die Landschaft zählt, muss man sie durch eine radikale Massnahme begrenzen: man muss den Horizont verstellen, indem man Mauern errichtet und diese nur an einigen strategischen Punkten unterbricht. In unserem Fall ist diese Regel richtig: Mauern im Norden, Osten und Süden begrenzen

Le plan est installé sur son terrain; il y entre comme une main dans un gant. Le lac est à quatre mètres devant la fenêtre, la route derrière est à quatre mètres de la porte. La surface à entretenir est de trois cents mètres carrés, moyennant quoi est acquise une vue incomparable et inaliénable sur l'un des beaux horizons du monde.

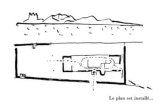

1 Le Corbusier, Ideogramm zu Haus und Garten der Petite Maison.

den kleinen quadratischen Garten von zehn Metern Seitenlänge und machen daraus ein ‹grünes Zimmer› – ein Interieur.»[8]

Noch eindeutiger als in La Chaux-de-Fonds ist diese zweite *chambre d'été* als architektonisch gefasster «Innenraum» ausgebildet, dessen Dach der Himmel bildet – und die Krone einer inzwischen riesigen *Paulownia*. Umso präziser liess sich die grandiose Aussicht in Szene setzen: Sie wird durch eine im Bruchsteinmauerwerk eingelassene Öffnung gerahmt und als wohlkomponiertes «Tableau» präsentiert. Der in glattem Zement ausgeführte Sims mit angeformtem Tisch verstärkt die Illusion des Blicks durch ein Fenster und fixiert gleichzeitig den idealen Standort für die Kontemplation. Das Ende der Mauerscheibe begrenzt seinerseits die Sicht von einem an der Stirnfassade des Hauses gelegenen Sitzplatz. Die Vertikale einer dünnen Stahlstütze, die das Vordach trägt, überlagert dort die Horizontale des Panoramas: «Ein kolossaler Tatbestand: Das Kreuz des rechten Winkels – die Koordinate von Wasserlinie und Gebirgszügen.»[9] Vertikale Sprossen unterteilen auch das elf Meter lange Schlitzfenster, das im Innern des Hauses den Blick ein drittes Mal rahmt – mit einer Fensterform, die als modernes Gegenstück zu dem rechteckigen, mit einem einfachen Sichtbetonsturz überspannten «Loch in der Mauer» *(«trou dans le mur»)* zu verstehen ist.

Die Idee für sein mit architektonischen Mitteln gefasstes «Sommerzimmer» soll der junge Charles-Edouard 1911 von der grossen Bildungsreise in den Orient heimgebracht haben. Ob er damals die Villa Tritone in Sorrent besucht hat, lässt sich nicht mehr eruieren, hingegen sind einschlägige Skizzen etwa aus der Kartause Ema (bei Florenz) erhalten.[10] Le Corbusier

2 Die Aussicht als gerahmtes Tableau.

Le paulownia est demeuré seul

3 Garten der Petite Maison mit Blick über den Genfersee. Links die *salle de verdure*.

hat sich später immer wieder mit dem Thema auseinander gesetzt, so 1929–1931 beim Projekt für Hélène de Mandrot in Le Pradet (bei Hyères).
Den Garten der Petite Maison hat er zeitlebens selbst überwacht.[11] Nach dem Ausbau des Chemin de Bergère zur Kantonsstrasse ersetzte er dort die hohe Hecke durch eine Betonwand. Auch die ursprüngliche Bepflanzung des Ufers mit einem Kirschbaum, einer Kiefer, einer Pappel, einer Akazie, einer Trauerweide und einer *Paulownia* hat er im Lauf der Zeit dezimieren müssen.
Heute soll das öffentlich zugängliche Meisterwerk in die Weltkulturerbeliste der Unesco eingetragen werden.

Zeitlich beschränkte Zugänglichkeit, Anfragen an: Administration communale, Rue du Village, 1802 Corseaux

Die Versöhnung mit der Natur
Der Garten Hauser-Studer in Zürich

JOHANNES STOFFLER

«Der Garten ist wie eine schöne, beglückende Insel im Getriebe des Alltags.»[1] So schlicht die Aussage des Zürcher Gartenarchitekten Gustav Ammann (1885–1955) formuliert ist, so treffend umschreibt sie das Programm des Gartens Hauser am Zürichberg. Im Garten, so war sich Ammann sicher, finde der Mensch wieder zu seinen natürlichen Wurzeln, seiner intuitiven Seite zurück. Hier erwachse ihm die Kraft, um gegen Vernunftdenken und kollektive Zwänge des Alltags seine eigene, innere Welt zu verteidigen. Voraussetzung für ein derartiges Programm war eine neue Lesart der Moderne. Eine Moderne, die auch die emotionalen Bedürfnisse des Menschen bewusst berücksichtigen wollte.

Als der Fabrikant Rudolf Hauser 1936 beschloss, sich ein Wohnhaus mit Garten am Zürichberg zu errichten, fiel seine Wahl auf zwei angesehene Gestalter der Moderne in der Schweiz. Zum einen war dies der Architekt Albert Heinrich Steiner (1905–1996), dessen Karrierestern seit seiner Selbständigkeit 1933 im raschen Aufstieg begriffen war und ihn bis zum Stadtbaumeister von Zürich und ETH-Professor tragen sollte. Zum anderen war es Gustav Ammann, der im Gegensatz zum 20 Jahre jüngeren Steiner auf eine ungleich grössere Erfahrung zurückblicken konnte. Ammann hatte bereits 1911 als leitender Gartenarchitekt im Traditionsbetrieb Froebels Erben in Zürich zu arbeiten begonnen und in dessen Namen zahlreiche architektonische Gärten angelegt. Als einer der Ersten hatte er sich gegen Ende der 1920er Jahre dem Ideengut des Neuen Bauens geöffnet und war Wegbereiter einer Stilwende im Garten geworden. Fortan trat der Zürcher für einen Hausgarten ein, der sich durch seine zwanglose Benutzbarkeit und, wie Ammann anmerkte, durch eine «natürliche» Auffassung in der Gestaltungsweise auszeichnen sollte.[2] Der Garten wurde damit vom Ort bürgerlicher Repräsentation zum intimen Wohnraum. Hier, inmitten einer «befreienden» Natur, umgeben von pittoresken Gehölzformationen und «wild» anmutenden Staudenpflanzungen, liess es sich trefflich auf dem Rasen spielen oder auf der Terrasse frühstücken.

Was heute noch im Garten Hauser zum selbstverständlichen Komfort gehört, war zu Ammanns Zeiten eine bissige Kritik an gesellschaftlichen Entwicklungen.[3] Der Wohngarten sollte eine Gegenwelt zu den Schattenseiten der technisierten Massengesellschaft des 20. Jahrhunderts sein, welcher Schriftsteller wie Franz Werfel die Schuld an einer Entfremdung des Menschen von sich selbst zuwiesen.[4] Im Garten am Zürichberg sollte daher nicht nur die den Körper betreffende Funktion von «Licht, Luft und Öffnung» erfüllt werden, wie dies der Architekturtheoretiker der Avantgarde, Sigfried Giedion, gefordert hatte.[5] Hier sollte die Familie

Hauser vor allem die Kraft schöpfen können, um jenen Schattenseiten zu widerstehen und damit freie Menschen zu bleiben. Diese Einstellung, die der technikbegeisterten Architekturavantgarde der 1920er Jahre durchaus skeptisch gegenüberstand, teilte ohne Zweifel auch Steiner. Im Gegensatz zu den Schweizer Pionieren des Neuen Bauens, etwa Le Corbusier, gehörte er jener zweiten Generation der Moderne an, die verstärkt den Aspekt der «Menschlichkeit» und der «Behaglichkeit» in ihren Bauten berücksichtigen wollte. Deswegen hatte er in seinem eigenen Wohnhaus in Zollikon, welches er im Jahr zuvor erbaut hatte, eine Annäherung zwischen modernen und traditionellen Bauformen gesucht und auf ein Flachdach verzichtet.

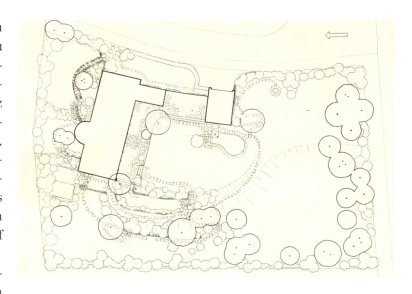

Bereits für Steiners Privathaus hatte Ammann den Garten entworfen. Hier hatte sich auch der Grundriss bewährt, der nun im Hauser'schen Anwesen wieder Anwendung fand: Ein quer zum Hang liegendes Wohnhaus mit rechtwinklig anstossender, offener Gartenhalle und Garage. ▸1 Damit trat das Haus in eine enge Beziehung zum Garten, der durch die grosszügigen Fensterbänder ungehindert in das Haus fliessen konnte und dem man sich in Hausschuhen über die Südterrasse leicht nähern konnte. Zentrum und Ruhepol des Gartens bildete eine grosse, bespielbare Rasenfläche, die zugleich Liegewiese für das in Mode gekommene Gartenbad mit Dusche war. In einer Frauenfigur des Bildhauers Berger, die sportlich und sinnierend zugleich am Becken sass, schien die Absichtserklärung des Gartens eingefangen, Körper und Seele in ein Gleichgewicht zu bringen. ▸2

1 Organische Formen im Grundriss: Plan des Gartens Hauser-Studer von Gustav Ammann, 1936. Nachlass Ammann, Zürich.

Die organische Form des Beckens verwies auf dessen Zugehörigkeit zum Garten, der mit seinen freien Formen in spannungsvollen Kontrast zur Sachlichkeit des Gebäudes trat. Der Garten seinerseits sollte sich sensibel in die umgebende Landschaft einfügen und im Idealfall in ihr aufgehen. Obwohl Letzteres im Falle des dicht besiedelten Zürichbergs kaum möglich war, wollte Ammann dennoch «mit einer Neuanlage keine Löcher in die Landschaft schlagen», wie dies zu seinem Ärger beim Bau von Strassen und Industriebauwerken in der offenen Kulturlandschaft oft genug geschah.[6] Ammanns Respekt vor der vorgefundenen Landschaft zeigte sich beim Garten Hauser vor allem im Umgang mit der Topografie, etwa im neu geformten, unmerklichen Übergang von der planierten Rasenfläche vor der Terrasse zu dem gewachsenen Hang des Zürichberges. Auf inszenierte Terrassierungen wurde zugunsten mehrerer schmaler, mit Wildstauden und Blütensträuchern bepflanzter Rabatten verzichtet. Gestützt durch Trockenmauern entlang der Höhenlinien gliederten sie den Hang in reizvoller Weise.

2 Kontrastierende Einheit: Haus und Wohngarten Hauser-Studer zu Beginn der 1940er Jahre. Nachlass Ammann, Zürich.

Auch die Wege folgten den Bewegungen des Geländes. ▸3 Sie führten den Neugierigen in die Geheimnisse der Natur des Gartens ein, lehnten sich an dessen organische Formen an

Johannes Stoffler: Garten Hauser-Studer, Zürich

und bildeten doch ein sinnvolles Erschliessungsnetz. Sie leiteten den Besucher in einer betont unrepräsentativen Art auf einem schmalen Verbund aus Polygonplatten zum Hauseingang, und sie führten wie beiläufig durch die gestuften Staudenrabatten am Hang. Vielfach wählte Ammann für die weniger wichtigen Verbindungen Trittplatten aus Naturstein, die den Vorteil hatten, den Rasen nicht zu unterbrechen wie die ungeliebten Kieswege, die Ammann noch zehn Jahre zuvor verwendet hatte. Naturstein hatte zudem den Vorteil, keine eingeschleppten Steinchen auf dem Hausfussboden zu hinterlassen und damit nicht zum «Feind der Verbindung des Gartens mit dem Haus zu werden», wie dies allgemeiner Konsens schien.[7] Auf Sichtbeton verzichtete Ammann im Garten jedoch aus konzeptionellen Gründen, sollte er doch allein der Künstlichkeit des Hauses vorbehalten bleiben.

Die Bepflanzung des Gartens hielt Ammann wild und gärtnerisch zugleich. Gewöhnliche einheimische Gehölze standen neben duftenden Exoten. Eine zentrale Rolle erhielten die Staudenpflanzungen, die sich wie selbstverständlich mit den zahlreichen, oftmals immergrünen Büschen mischten und den Eindruck einer blühenden Wildnis vermittelten. Eine lichte, gewöhnliche Silberweide brach die streng sachliche Fassade des Hauses, die an der anderen Seite von einer schattigen Paulownie gefasst wurde. Eine Hängeweide am Badebecken spielte auf das Wasserthema an.

Im Gegensatz zu vielen anderen Gärten des frühen 20. Jahrhunderts am Zürichberg entging der Garten Hauser der Parzellierung und Überbauung. Ein wahrer Glücksfall, wie ihn auch die Kontinuität der Pflege darstellt. Seit seiner Erbauung liegt sie in der Hand eines ortsansässigen Gärtnereibetriebs. Als die heutigen Besitzer das Anwesen zu Beginn der 1980er Jahre von der Familie Hauser erwarben, übernahmen sie mit dem Garten auch den Gärtner, der diesen über 30 Jahre pflegte. Bis heute ist der Garten deswegen in überraschend gutem Zustand und die räumliche Konstellation des Amman'schen Konzeptes gut ablesbar. ▸4 Dennoch hat er sich in rund 60 Jahren verändert. So scheint die ehemalige Wildheit der Pflanzungen etwas domestiziert und der Blühaspekt intensiviert worden zu sein. Die artenreichen, fast unablässig blü-

3 Sensibler Umgang mit der Topografie: Auf Schleichwegen den Hang erkunden.

Blick ins 20. Jahrhundert

4 Die Verschmelzung von Bauwerk und Natur: Blick aus der Gartenhalle.

henden Staudenpflanzungen wurden durch Rosen und einfache Polsterstauden ersetzt ▸ 4 und die Hängeweide ist einer japanischen Kirsche gewichen. Ein echter Verlust für die Atmosphäre des Gartens ist das verfüllte Badebecken, das im Boden jedoch erhalten ist. Andere Veränderungen, etwa ein neuer Nutzgarten in der Nordwestecke des Grundstücks, fügen sich harmonisch in die Gesamtanlage ein.

Seitdem der Gärtner unlängst in hohem Alter verstorben und der Faden seiner Zeitzeugenschaft abgerissen ist, stellt sich die Frage nach der Überlieferung des Gartens wieder neu. Ammanns Forderung, «dem lebendigen Werke den verantwortungsvollen Schöpfer dauernd zu verpflichten»[8], scheint heute nur noch über den Umweg zahlreicher Archivalien zum Garten Hauser einlösbar. Ein Umweg, der die Handschrift des verstorbenen Gärtners ebenso berücksichtigen müsste wie die berechtigten Vorlieben der Eigentümer. Letzteren war der Wohngarten über die Jahrzehnte tatsächlich immer jene «beglückende Insel», die Ammann einst als befreiende Gegenwelt zu den Zwängen des modernen Alltags propagiert hatte.

Der Garten Hauser gehört zu jenen Zeugnissen einer faszinierenden, noch wenig erforschten Gartenkunst der Moderne, die heute zunehmend vom Verschwinden bedroht ist. Eine Gartenkunst, welche sich unablässig mit den Fragen der Zeit beschäftigte, einen regelrecht weltverbessernden Anspruch entfaltete und diesen mit grossem Enthusiasmus und gärtnerischem Geschick umzusetzen suchte.

Privatgarten, nicht zugänglich

Anhang

Anmerkungen

Anmerkungen Seiten 16–21
Peter Paul Stöckli: Kloster Wettingen

1. ARNOLD KELLER, Augustin Keller 1805–1883. Ein Lebensbild und Beitrag zur vaterländischen Geschichte des XIX. Jahrhunderts, Aarau 1922, S. 261f.
2. Vgl. zur Baugeschichte des Klosters und der Gärten: PETER HOEGGER, Die Kunstdenkmäler des Kantons Aargau, Band 8: Der Bezirk Baden 3 – Das ehemalige Zisterzienserkloster Marisstella in Wettingen, Basel 1998. – ANDRÉ HÄGLER, ANTON KOTTMANN, Zisterzienserkloster Wettingen, in: Helvetia Sacra, Abt. III, Bd. 3, erster Teil, Bern 1982, S. 425–450. – PETER PAUL STÖCKLI, Die Gärten des Klosters Wettingen – ein lebendes Denkmal, in: Badener Neujahrsblätter 1999, S. 90–106.
3. Benedicti Regula Monasteriorum – Benediktinerregel, 66. Kapitel, zit. nach: WOLFGANG BRAUNFELS, Abendländische Klosterbaukunst, Köln 1978, S. 278.
4. Vgl. HOEGGER (wie Anm. 2), Abb. 14.
5. WOLFGANG SÖRRENSEN, Gärten und Pflanzen im Klosterplan, in: JOHANNES DUFT (Hrsg.), Studien zum St. Galler Klosterplan, St. Gallen 1962, S. 193–277, hier S. 194–199.
6. Vgl. dazu: HANS RUDOLF SENNHAUSER, St. Gallen. Klosterplan und Gotzbertbau. Zwei Aufsätze, Zürich 2001, S. 23–28 (Der Sadebaum im Kreuzgarten, mit älterer Literatur).
7. KELLER (wie Anm. 1), S. 264.
8. KELLER (wie Anm. 1), S. 262.
9. DOMINICUS WILLI, Baugeschichtliches über das Kloster Wettingen, in: Cisterzienser-Chronik 6, 1894, S. 329.
10. Peter Joseph Lenné. Katalog der Zeichnungen, bearbeitet von HARRI GÜNTHER und SIBYLLE HARKSEN, Tübingen/Berlin 1983, S. 303 (Russische Kolonie 1828), S. 353 (Garten Palais Prinz Albrecht 1830). Vgl. auch den Beitrag «Es begann mit dem Paradies» von Katharina Medici-Mall, S. 239ff.
11. Vgl. die Beschreibung der Villa im 6. Brief des 5. Buches der Pliniusbriefe.
12. MAYAKO FORCHERT, «Der römische Gartenstyl» im Historismus. Gustav Meyers formale Gestaltung und seine Rekonstruktion der Villa Tuscum von Plinius d.J., in: Die Gartenkunst 11, 1999, Nr. 1, S. 123–130.
13. Stöckli, Kienast & Koeppel, Parkpflegewerk Kloster Wettingen, Wettingen 1986 [unveröffentlicht]. Sowie weitere nicht veröffentlichte Berichte.

Anmerkungen Seiten 22–25
Rosmarie Nüesch-Gautschi: Kloster Leiden Christi, Jakobsbad

Ich danke der Schwesterngemeinschaft für die freundliche Aufnahme und die vielen interessanten Informationen zur Geschichte und zum heutigen Leben des Klosters.

1. Vgl.: Der rote Faden Gottes. Kloster Leiden Christi Jakobsbad, Texte: Werner Kamber, Gonten 1982. – RENATE BRÄUNIGER, FrauenLeben Appenzell. Beiträge zur Geschichte der Frauen im Appenzellerland. 19. und 20. Jahrhundert, Herisau 1999 (Frauenklöster Innerrhoden, Rosmarie Nüesch und Agathe Nisple).
2. Der rote Faden Gottes (wie Anm. 1), Abb. S. 40.
3. Neben der Schwesterngemeinschaft wurden damals die Kinder des klostereigenen Ferienheims und bis zu 20 Pensionäre des Gästehauses verpflegt.
4. Freundliche Mitteilung von Schwester Veronika.
5. Dieses und zwei weitere Tore liessen die Schwestern 1980 nach der Restaurierung der Kirche aus dem alten Chorgitter anfertigen.

Anmerkungen Seiten 26–31
Albert Hauser: Emmentaler Bauerngärten

1. DANIEL RHAGORIUS, Pflantz-Gart, darinn grundtlicher Bericht zu finden, welcher gestalten 1. Obs-Gaerten, 2. Kraut-Gaerten, 3. Wein-Gaerten mit Lust und Nutz anzustellen, zu bawen und zu erhalten ..., Bern 1639.
2. GERTRUD SCHRÖDER-LEMBKE, Petrus de Crescentiis und sein Einfluss auf die frühe deutsche Fachliteratur, in: Zeitschrift für Agrargeschichte und Agrarsoziologie 19,1971, Nr. 2, S. 160–169.
3. EMANUEL KÖNIG, Georgica helvetica curiosa, das ist: Neu curioses eydgnossisch-schweitzerisches Hauss-Buch, Basel 1706.
4. FRANZ JOSEF STALDER, Fragmente über Entlebuch; nebst einigen Beylagen allgemein schweizerischen Inhalts, 2 Bde., Zürich 1797/1798.
5. Zitiert nach: HEINRICH CHRISTOPH AFFOLTER, Das höhere Berner Mittelland, Bern 2001 (Die Bauernhäuser des Kantons Bern, Band 2), S. 58.
6. JOSEF BRUN, Pflanzenschmuck an Bauernhaus- und -hof im Luzerner Hinterland, in: Heimatkunde des Wiggertales 39, 1981, S. 113–196.

7   GOTTFRIED KELLER, Der Grüne Heinrich, in: GOTTFRIED KELLER, Sämtliche Werke, Braunschweig 1854, Bd. 1, S. 28.
8   FRITZ GERBER, Wandel im ländlichen Leben. Eine sozialökonomische und sozialpsychologische Untersuchung in fünf Gemeinden des Oberemmentals, Bern/Frankfurt a.M. 1974 (Europäische Hochschulschriften, Reihe 29, Sozialökonomie, Band 1), S. 199.

Anmerkungen Seiten 34–38
Leza Dosch, Alex Jost, Brigitt Sigel: Schloss Ortenstein

1   HEINRICH LUDWIG LEHMANN, Patriotisches Magazin von und für Bündten.., Bern 1790, S. 140.
2   Der Hauptturm der Burg Ortenstein ist dendrochronologisch ins Jahr 1279 datiert; freundlicher Hinweis von Mathias Seifert, Archäologischer Dienst Graubünden. – Ein grosser Umbau, der das Äussere wesentlich veränderte, fand zwischen 1720 und 1740 statt. OTTO P. CLAVADETSCHER, WERNER MEYER, Das Burgenbuch von Graubünden, Zürich/Schwäbisch Hall 1984, S. 146–149.
3   Eine Wasserleitung ist seit dem 16. Jahrhundert bezeugt. CLAVADETSCHER, MEYER (wie Anm. 2), S. 147. – Das Familienarchiv von Tscharner aus Ortenstein befindet sich zum Teil im Staatsarchiv Graubünden in Chur (D V/37); einige Bestände verblieben im Schloss. Explizite Einträge zu den Gärten sind weder in den allgemeinen Verzeichnissen dazu (1998/99) noch in den Regesten und dem Register zum Archiv Ortenstein (1996/97) zu finden.
4   ERWIN POESCHEL, Von alten Bündner Gärten, in: Das Werk 11, 1924, Nr. 9, S. 225–235, hier S. 225. – HANS-RUDOLF HEYER, Historische Gärten der Schweiz. Die Entwicklung vom Mittelalter bis zur Gegenwart, Bern 1980, S. 53, 101.
5   Poeschel berichtet von diesem Zwischenfall und der Tatsache, dass in der Korrespondenz «dieser Herren» oft von Pflanzen und seltenen Sämereien die Rede sei, leider ohne Quellenangaben. POESCHEL (wie Anm. 4), S. 227, 229.
6   PETER LIVER, Wolfgang von Juvalt 1838–1873, in: Bündner Jahrbuch 1976, S. 20–39. – PAUL FRAVI, Ortenstein, in: MARTIN SCHMID u.a.: Graubündens Schlösser und Paläste, 1. Teil, Chur 1969, S. 58–69. – PAUL FRAVI, Schloss Ortenstein, in: Terra Grischuna 42, 1983, Nr. 5, S. 52–54.
7   CLAVADETSCHER, MEYER (wie Anm. 2), S. 146.
8   Vgl. POESCHEL (wie Anm. 4). – HEYER (wie Anm. 4). Beide Autoren geben keine Quellen an. Poeschel wird sich auf von Sprecher gestützt haben (JOHANN ANDREAS VON SPRECHER, Kulturgeschichte der Drei Bünde im 18. Jahrhundert, bearbeitet und neu herausgegeben ... von Rudolf Jenny, Chur 1976², S. 24) – leider auch ohne Quellenangaben.
9   Sicher hat Wolfgang von Juvalt im Zuge der Sanierung und des Ausbaus der Schlossanlagen in den 1860er Jahren auch die Gärten instand gesetzt oder ganz neu angelegt. Das Parterre könnte zu einem späteren Zeitpunkt durch seine Tochter Meta noch einmal verändert worden sein.
10 Nach Angaben von Salome Linder-von Tscharner ersetzen die Buchsbaumkugeln die kegelförmigen, hochgewachsenen Eiben einer früheren Bepflanzung. Dieser Zustand ist auf einem Luftbild von 1947 gut dokumentiert wie auch die reichere Gestaltung des Mittelrondells, dessen Rasenband durch eine niedrige Buchshecke unterteilt war (Luftbild Schweiz, Dübendorf, Nr. H1-010130).
11 Es ist deutlich zu erkennen, dass ursprünglich sehr viel mehr Bäume den Bestand prägten. Vgl. den Beitrag «Frühe Spielarten des Historismus am Thunersee» von Steffen Osoegawa-Roth, S. 140ff.
12 RUDOLF H. KÜNZLER, Zur Geschichte des Obst- und Weinbaus im Domleschg, in: PLASCH BARANDUN, Das Domleschg, Chur 2004, S. 115–120, (Stumpfzitat: S. 115).
13 Vgl. Blatt 39 in: Jan Hackaert, die Schweizer Ansichten, 1653–1656. Zeichnungen eines niederländischen Malers als frühe Bilddokumente der Alpenlandschaft. Zweihundert Faksimilewiedergaben bearb. und kommentiert von GUSTAV SOLAR, Dietikon-Zürich 1981.

Anmerkungen von Seiten 39–45
Heinz Greter: Zurlaubenhof, Zug

1   ROLF E. KELLER, Zug auf druckgraphischen Ansichten. Band 1: Zug-Stadt, Zug 1991, S. 27.
2   LINUS BIRCHLER, Die Kunstdenkmäler des Kantons Zug. Zweiter Halbband, 2. Aufl., Basel 1959, S. 478.
3   WILHELM JOSEF MEYER, Zug. Ansichten auf Holzschnitten, Stichen und Lithographie von 1548 bis um 1870, Band 1: Zug-Stadt, 2. Aufl., Zug 1972, S. 15.
4   KELLER (wie Anm. 1), S. 29.
5   BIRCHLER (wie Anm. 2), S. 19.
6   HANS-RUDOLF HEYER, Historische Gärten der Schweiz. Die Entwicklung vom Mittelalter bis zur Gegenwart, Bern 1980, S. 65f. Vgl. auch den Beitrag «Der Garten als Burghof» von Markus Bamert, S. 62ff.
7   HEYER (wie Anm. 6), S. 74.
8   HEYER (wie Anm. 6), S. 251.
9   WERNER SPILLMANN, Zug. Von der landwirtschaftlichen Region zum erfolgreichen Wirtschaftsplatz, Zug 1988, S. 9. Die Ansicht zeigt jedoch die beiden historischen Gärten noch vor ihrer Umgestaltung, die somit nach 1867 erfolgt sein muss.
10 HEYER (wie Anm. 6), S. 152f.

Anmerkungen Seiten 46–49
Stefan Blank: Sommerhaus de Vigier, Solothurn

1   Zu Begriff und Geschichte der Ars topiaria vgl. CLEMENS ALEXANDER WIMMER, Ars Topiaria. Die Geschichte des geschnittenen Baumes, in: Die Gartenkunst 1989, Nr. 1, S. 20–32.
2   Literatur: Das Bürgerhaus in der Schweiz, Band XXI: Kanton Solothurn, Zürich/Leipzig 1929, S. XXXVIII–XXXIX, Tafel 61–63. – ALBERT BAUMANN, Der Solothurner Garten im 17., 18. und 19. Jahrhundert, in: Jurablätter 24, 1962, S. 73–94. – ERICH MEYER, Das Sommerhaus Vigier und seine Geschichte, in: Jurablätter 40, 1978, S. 1–16.
3   Der Stadtplan von 1712 stammt vom französischen Festungsingenieur Lessieur Demorainville (Paris, Château de Vincennes, Archives du Génie, Article 14, Soleure).
4   Auf dem Plan von 1712 sind die Eiben nicht dargestellt. Da ihr Alter von Fachleuten aber auf ungefähr 300 Jahre geschätzt wird, dürften sie auf die Gartenumgestaltung um 1700 zurückgehen.
5   Der Plan (45 × 71 cm) befindet sich im Besitz der Bill de Vigier-Stiftung Solothurn und wird im Sommerhaus selbst aufbewahrt.
6   Auf historischen Fotos der Jahrhundertwende bis um 1920 zeigen die Linden noch keinen Kastenschnitt. Wann dieser genau erfolgte, ist nicht bekannt. Einige der Bäume sind heute in schlechtem Zustand. Für die bereits vor Jahren vorgenommenen Neupflanzungen wurden aus unbekannten Gründen nicht Sommer- oder Winterlinden, sondern Silberlinden verwendet.
7   Die Skulptur des Solothurner Bildhauers Max Leu (1862–1899) entstand 1889 in Paris.
8   Vgl. den Beitrag «Hier sollten Rosen stehen» von Eeva Ruoff, S. 254ff.

Anmerkungen Seiten 50–54
Christine Amsler, Verena Best: La Gara, Jussy

1 CHRISTINE AMSLER, Les promenades publiques à Genève, de 1680 à 1850, Genf 1993 (Musée d'art et d'histoire).
2 CHRISTINE AMSLER, Maisons de campagne genevoises du XVIIIe siècle, Genf 1999–2001 (Domus antiqua helvetica), Bd. 2, S. 86–93.
3 Le domaine de La Gara, in: PIERRE BAERTSCHI u. a., Jussy – Facettes d'un patrimoine, Genf 2000, S. 169–173.
4 Von den Eigentümern zusammengestellte Dokumentation. – Architektonische Bestandesaufnahme des Kantons Genf.
5 Wenn die Mauern erst einmal restauriert sind, werden dort weitere Obstbäume an Spalieren gezogen.

Anmerkungen Seiten 55–59
Lucrezia Hartmann: Erkergut, Schaffhausen

1 Fertigungsbücher [Bd.] 31, S. 153 ff. und [Bd.] 33, S. 1 ff., S. 33 ff., S. 130 ff., im Stadtarchiv Schaffhausen.
2 Peyers Stadthaus Zum Luft gab dem Gut einen neuen Namen: Luftgut.
3 JOHANN JACOB RÜEGER, Chronik der Stadt und Landschaft Schaffhausen, hrsg. vom Historisch-antiquarischen Verein des Kantons Schaffhausen (C.A. Bächtold), 2 Bde. und Registerband, Schaffhausen 1884–1892, 1910.
4 Copeyenbuch [Bd.] 42, S. 68, im Stadtarchiv Schaffhausen.
5 Johann Ludwig Peyer, Plan der Stadt Schaffhausen, 1820, im Stadtarchiv Schaffhausen.
6 Fertigungsbuch [Bd.] XVI, S. 367, im Stadtarchiv Schaffhausen. Die heutige Gartenmauer geht auf den hier genannten «Einfang» zurück.
7 «Gemarkung Schaffhausen», Blatt 95, mit späteren Eintragungen, im Stadtarchiv Schaffhausen.
8 Fertigungsbuch [Bd.] XXV, S. 432 ff., im Stadtarchiv Schaffhausen.
9 Plan aus der Sammlung Mertens/Nussbaumer im Archiv für Schweizer Landschaftsarchitektur, Rapperswil (Archiv-Nr. SLA 1902.EM.35.1.1).
10 Beide Gebäude wurden, wie auch die Villa, nachträglich in den Katasterplan von 1863 eingezeichnet, s. Anm. 7.

Anmerkungen Seiten 62–69
Markus Bamert: Herrenhaus-Gärten, Schwyz

1 Zitiert nach: KURT GUGGENHEIM, Der labyrinthische Spazierweg. Goethes Reise nach Zürich, nach Stäfa und auf den Gotthard im Jahre 1797, Frauenfeld 1975, S. 64.
2 Siehe Aquarelle und Zeichnungen der Brüder David Alois und Franz Schmid in der Graphischen Sammlung des Staatsarchivs des Kantons Schwyz sowie in Privatsammlungen.
3 Auf älteren Ansichten wie von Matthäus Merian aus dem Jahr 1642 sind zwar die Herrenhäuser, jedoch nicht die Gärten zu erkennen. Zu Fassbind siehe: ANGELA DETTLING, Joseph Thomas Fassbind 1755–1824, Zürich 2005.
4 Vgl. dazu die Sommersitze in Bern, Luzern, Zürich.
5 So erinnert etwa die Silhouette des Reding-Hauses an der Schmiedgasse mit seinen mächtigen geschweiften Dachaufbauten an deutsche Renaissancebauten wie diejenigen des Heidelberger Schlosses.
6 Zur architektonischen Entwicklung der Schwyzer Herrenhäuser siehe: MARKUS BAMERT, Drei Brüder prägen das Ortsbild. Ikonographie der Schwyzer Herrenhäuser im frühen 17. Jahrhundert, in: MARKUS BAMERT, Meisterwerke im Kanton Schwyz, Bd. 1, Bern 2004, S. 234–241.
7 Mehrere Gartenniveaus besitzen einzig die Gärten beim Maihof und in der Waldegg.
8 Siehe die senkrechten Kanäle beim Garten des Hauses Ceberg und die Öffnungen mit Sandsteinrinnen in der Mauer des Palais Kyd.
9 Soweit bis heute bei Restaurierungen dieser Mauern festgestellt werden konnte, waren diese bis ins 19. Jahrhundert unverputzt.
10 So beim Haus Ab Yberg im Grund, wo die sechseckigen Pavillons über die Mauer hinaus ins Wiesenland vorkragen und dadurch trotz der geringen Höhe eine grosse Dominanz erhalten.
11 Dieses Gebäude wurde ab 1700 äusserst prachtvoll ausgestattet. Dabei entstand auch die qualitätsvolle Stuckdecke im Gartensaal. Auch der Zugang vom Gartensaal in den Garten des Hauses scheint zu diesem Zeitpunkt von einem Fenster in eine Türe vergrössert worden zu sein. Dasselbe siehe beim Gartensaal in der Waldegg.
12 Bereits das Haus Bethlehem von 1287 verfügt über einen von Traufe zu Traufe verlaufenden Mittelgang, der das Hinterhaus mit Küche und Speicher vom Vorderhaus mit Wohn- und Schlafräumen trennt.
13 Dies ändert sich erst im Verlauf des 19. Jahrhunderts. Seither werden die Obstbäume auf den ganzen Wiesen gepflanzt. Siehe dazu Aufnahmen des Talkessels von Schwyz des Fotografen Joseph Bettschart aus den 1890er Jahren in der Fotosammlung des Staatsarchivs Schwyz.
14 Nicht nur Schwyzer Herrenhäuser des frühen 17. Jahrhunderts zitieren Elemente von Burganlagen. Siehe etwa das Schloss A Pro bei Seedorf UR oder das Wasserschloss Bottmingen BL.
15 Ebenfalls zu einem Markenzeichen wurden die beim Reding-Haus an der Schmiedgasse erstmals realisierten geschweiften grossen Dachgiebel.
16 Bei älteren Herrenhäusern spielt das Treppenhaus eine untergeordnete Rolle. Vielfach wurde es erst durch einen traufseitigen Anbau im 18. Jahrhundert repräsentativer gestaltet. Siehe z.B. das Treppenhaus des Grosshus. Das Haus Ceberg besitzt auch einen merkwürdigen Dachaufbau, ein Zwischending zwischen Mansarddach und Belvedere.
17 Siehe z.B. die Gärten beim Haus Benziger im Unteren Feldli oder beim Haus Holdener in der Metzhofstatt.
18 Gleichzeitig wurde westlich des Herrenhauses auch ein grösserer Landschaftsgarten angelegt.
19 Von 1700 bis 1797 und von 1803 bis 1937 war das Haus und demzufolge auch der Garten auf zwei Besitzer aufgeteilt.
20 Die kolorierte, von Jost Rudolf Nideröst signierte Federzeichnung befindet sich im Besitz der Stiftung Ital-Reding-Haus, Schwyz.
21 Vom Habitus her könnte es sich um Zitruspflanzen handeln, obwohl in Schwyz beheizbare und helle Räume zur Überwinterung heikler Pflanzen fehlen. Soweit die mündliche Tradition zurückzuverfolgen ist, wurden grosse Kübelpflanzen wie Oleander oder Palmen in den südseitigen, hohen Gewölbekellern der Herrenhäuser überwintert.
22 Auch auf dem äusserst präzis gezeichneten so genannten Hedliger-Plan von Schwyz aus dem Jahre 1784 in der Plansammlung des Staatsarchivs Schwyz sind ebenfalls ausserhalb der Hofstätten keine Gärten auszumachen. Gut zu erkennen sind hingegen auch auf diesem Plan die einfachen rechteckig unterteilten Gartenbeete vor den Herrenhäusern, die Baumalleen und die Obstgärten zwischen Haus und Stall.
23 Zum Leonberger Garten siehe: ALFONS ELFANG, EHRENFRIED KLUCKERT, Schickhardts Leonberger Pomeranzengarten und die Gartenbaukunst der Renaissance, Bierlingen 1988.
24 Das Motiv der landschaftsprägenden Gartenterrassen mit Eckpavillons bleibt jedoch im schweizerischen Raum nicht auf Schwyz beschränkt. Ähnliche Anlagen finden wir etwa beim Schloss Toffen BE 1649, beim Bäumlihof in Riehen (siehe den Beitrag «Natur und Kunst liebreich

untereinander vermischet» von Anne Nagel, S. 96ff.) oder beim Zurlaubenhof in Zug (siehe den Beitrag «Noblesse und Nutzen» von Heinz Greter, S. 39ff.). Verwandt ist auch der Garten beim Lustschloss Neugebäude vor Wien. Hingegen fehlen vergleichbare Anlagen in der übrigen Urschweiz. So sind etwa die Herrenhausgärten in Altdorf UR in der Art italienischer Stadtpaläste hinter hohen Mauern versteckt.

Anmerkungen Seiten 70–77
Jane Bihr-de Salis, Diego Giovanoli: Salis-Gärten, Soglio

1 Anfänglich heirateten sie Mitglieder des südlichen Lokaladels, später stammten die meisten Ehefrauen aus dem protestantischen Norden; zuletzt heirateten sie im 18. Jahrhundert meist innerhalb der ausgedehnten Zweige der Salis-Familien.
2 Ulrici Campelli Raetiae alpestris topografica descriptio, hrsg. auf Veranstaltung der Geschichtsforschenden Gesellschaft von C. J. Kind, Basel 1884, S. 253. Ulrich Campell (ca. 1510–ca. 1582) attestiert dem Haus des «Augustinus de Salicibus» in Soglio – und sonst keinem anderen Haus in Südbünden – die Bedeutung einer «magnificentia regia».
3 Das Bürgerhaus in der Schweiz, Bd. 12: Das Bürgerhaus in Graubünden, 1. Teil – Südliche Talschaften, Zürich 1923, S. 122f.
4 Die Gartenurkunden liegen im Staatsarchiv Graubünden in Chur. Siehe D VI BD 37 und auch D VI BS 8.
5 JANE BIHR-DE SALIS, Der Garten der Casa Battista, in: CHARLOTTE VON SALIS-BAY, Die Casa Battista und ihr Garten, Soglio 1991, S. 31–41, hier S. 32.
6 Briefe an eine Reisegefährtin. Begegnung mit Rainer Maria Rilke anhand unveröffentlichter Briefe des Dichters geschildert von Ulrich Keyn, Wien 1947.
7 LETIZIA SCHERINI, DIEGO GIOVANOLI, Palazzi e giardini Salis a Soglio e a Chiavenna, Milano/Malans 2006, S. 248.
8 Archiv Salis, Bondo, Libro Massa Rodolfo.
9 Staatsarchiv Graubünden, Chur, D VI BS 255.
10 SCHERINI, GIOVANOLI (wie Anm. 7), S. 228.
11 JOHANN RUDOLF RAHN, Wanderungen durch zwei Bündner Thäler, 1893, in: Zürcher Taschenbuch 1897, S. 81–132, hier S. 81.
12 In beiden Gartenhäusern der Casa Battista wurden Steinsäulen verwendet. Es wird daher angenommen, dass sie von der zerstörten Casa Augustin stammen.
13 SCHERINI, GIOVANOLI (wie Anm. 7), S. 233.
14 Das Mauerwerk der originalen Rundbogennische war ursprünglich wohl verputzt gewesen. Rekonstruiert wurde der Zustand unmittelbar vor der Zerstörung, also ohne Verputz.
15 SCHERINI, GIOVANOLI (wie Anm. 7), S. 238.
16 SCHERINI, GIOVANOLI (wie Anm. 7), S. 235.
17 JOHANNES GULER VON WYNECK, Raetia, oder Beschreybung der dreyen Grawen Bündten und anderer raetischen völcker, Zürich 1616, S. 197.
18 JEAN-BAPTISTE DE LA QUINTINYE, Instruction pour les jardins Fruitiers et Potagers avec un Traité de la culture des orangers: suivi de quelques réflexions sur l'agriculture, vol. 1–2, nouvelle edition 1716. – LOUIS LIGER, Le Jardinier Fleuriste ..., Paris 1742. – Die über zwölf Monaten des Jahres verständige Garten-Meister ... anfangs in holländischer Sprache beschrieben von P. v. Engeln [Pieter van Anghelen]..., Leipzig 1798.
19 SCHERINI, GIOVANOLI (wie Anm. 7), S. 242, 291–292.
20 Lieferschein für Hyazinthen-, Narzissen- und Iriszwiebeln von Col. B. de Salis, Holland. Briefe von Karl Meissner an Peter de Salis, 1778–1781. Archiv Salis, Bondo.
21 Briefe von Karl Meissner an Peter de Salis, 1778–1781. Archiv Salis, Bondo.
22 Briefe an eine Reisegefährtin (wie Anm. 5).

Anmerkungen Seiten 78–81
Margherita Azzi Visentini: Palazzo Tonatsch, Sils im Domleschg

Ich danke Hans Müller und Rudolf Künzler, Sils i.D., Doris Amacher, Eidgenössisches Archiv für Denkmalpflege Bern, sowie Susanne Bieri, Graphische Sammlung der Schweizerischen Landesbibliothek, Bern, für zahlreiche Hinweise und Unterstützung.

1 In den ältesten Dokumenten lautet der Name Tonatsch bzw. Tonatz, Tonaz oder Tonascht und wandelte sich im Laufe der Zeit zu Donats, Donatsch und zum heute gebräuchlichen Donatz. Vgl. RUDOLF H. KÜNZLER, Der «neue» Palazzo, Thusis 1975, S. 5.
2 KÜNZLER (wie Anm. 1), S. 6.
3 KÜNZLER (wie Anm. 1), S. 12.
4 Zur Architektur vgl.: Das Bürgerhaus in der Schweiz, XVI. Bd.: Das Bürgerhaus in Graubünden, III. Teil – Nördliche Talschaften B, Zürich etc. 1925, S. XXVI–XXVII, Tafeln 66–72. – ERWIN POESCHEL, Die Kunstdenkmäler des Kantons Graubünden, Bd. III, Basel 1940, S. 147f.
5 Das Bürgerhaus in der Schweiz (wie Anm. 4), S. 68.
6 Vgl. die Abb. mit den heute verschwundenen Rosenbäumchen bei: HANS-RUDOLF HEYER, Historische Gärten der Schweiz. Die Entwicklung vom Mittelalter bis zur Gegenwart, Bern 1980, S. 98.

Anmerkungen Seiten 82–87
Catherine Waeber: Schloss Barberêche

1 Es handelte sich um eine Gesandtschaft mit dem Ziel, das Bündnis zwischen Frankreich und der Schweiz zu erneuern, vgl. MAX DE DIESBACH, Nicolas de Praroman, Avoyer de Fribourg, in: Fribourg artistique à travers les âges 23, 1912, Plan V.
2 Contrat de vente de la seigneurie de Barberêche à François d'Arsent par Christophe de Diesbach, 29. März 1507, vgl. Archives de l'Etat de Fribourg, Fribourg, RN 82, fo 89.
3 HERMANN SCHÖPFER, Les monuments d'art et d'histoire du Canton de Fribourg, Bd. IV: Le district du lac (I), Basel 1989, S. 43–55. – CATHERINE WAEBER, MICHEL WAEBER, Barberêche retrouvé, Fribourg 1992 (Pro Fribourg, 97).
4 Archives Pierre de Zurich, Barberêche, A 36, fo 3361; Archives de l'Etat de Fribourg, Fribourg, Famille de Praroman 1606. Mein Dank gilt Ivan Andrey, der so freundlich war, den vorliegenden Beitrag zu lesen, und der insbesondere meine Aufmerksamkeit auf diesen Text von 1606 gelenkt hat, wie auch Katrin Utz Tremp von den Archives de l'Etat de Fribourg, die die Transkription besorgte.
5 «[...] uni en perfection pour l'aisance, et beauté du pourmenoir». OLIVIER DE SERRES, Le théâtre d'agriculture et mesnage des champs, Sixième lieu (édition 1804–1805), Actes Sud, 2001, S. 784.
6 Dieses Datum belegt ein kürzlich erfolgtes dendrochronologisches Gutachten, erstellt durch das Laboratoire Romand de Dendrochronologie, Réf. LRD05/R5687.
7 Auf einer in den geometrischen Plan von 1786 eingefügten Ansicht von hinten ist dieser Pavillon mit einer Flachkuppel bedeckt und mit einem Fenster durchbrochen.

8 Zu den Beziehungen der d'Estavayer-Mollondin zu Barberêche und vor allem zu den sehr engen Verbindungen, die François-Pierre-Louis, der höchst brillante Chevalier de Mollondin, der bestens in die Pariser Gesellschaft des Endes der Herrschaft von Ludwig XIV. eingeführt war, und seinen Bruder François-Henri vereinten, siehe PAUL DE PURY, Les possesseurs de Barberêche du XVIe au XIXe siècle, in: Annales fribourgeoises 2, 1914, S. 150–157, 211–218.

9 CHARLES STUDER, Solothurner Patrizierhäuser, Solothurn 1981, S. 33–36.

10 HANS-RUDOLF HEYER, Historische Gärten der Schweiz. Die Entwicklung vom Mittelalter bis zur Gegenwart, Bern 1980, S. 75–80.

11 Siehe zu diesem Thema die Würdigung von Hermann Schöpfer. SCHÖPFER (wie Anm. 3), S. 54 f.

12 SCHÖPFER (wie Anm. 3), S. 43–55.

13 CHRISTIAN CAJ LORENZ HIRSCHFELD, Theorie der Gartenkunst, Kiel 1779 (Reprint Berlin/Stuttgart 1990), S. 202, zitiert bei GÜNTER MADER, LAILA NEUBERT-MADER, Bäume. Gestaltungsmittel in Garten, Landschaft und Städtebau, Stuttgart 1996, S. 114.

14 Es handelt sich um Johann-Jakob Weibel (1812–1851) und Hans Rychner (1813–1869), denen schon 1840 bedeutet worden war, dass die Bauleiter selbst die Aussenarbeiten leiten würden; vgl. Archives Pierre de Zurich, Barberêche, Inventaire sommaire du Fonds de Barberêche, S. 57 (23. November 1840).

15 Archives Pierre de Zurich, Barberêche, Inventaire sommaire du fonds de Barberêche, S. 61 f. (Oktober–November 1841).

16 Archives Pierre de Zurich, Barberêche, A 15, 1.

17 Archives Pierre de Zurich, Barberêche, Inventaire sommaire du fonds de Barberêche, S. 65 (22. April und 13. Juni 1842).

18 Würdigung bereits geäussert durch SCHÖPFER (wie Anm. 3), S. 55.

Anmerkungen Seiten 88–93
Klaus Holzhausen: Le Désert, Lausanne

1 Vgl. Einführungstext von Silvia Zamora in: Le Désert, restauration du parc historique et son aménagement en parc public, Faltprospekt, Lausanne 2001.

2 Zur Geschichte der Anlage vgl.: Christine Matter, Les jardins de la campagne du Désert, leur état actuel et leur évolution, Lausanne 1991, Archives de la Ville de Lausanne (AVL 108). – MARCEL GRANDJEAN, Les monuments d'art et d'histoire du canton de Vaud, vol. IV: Lausanne. Villages, hameaux et maisons de l'ancienne campagne lausannoise, Basel 1981, S. 162–168. – KLAUS HOLZHAUSEN, Le Désert, Wiederbelebung eines alten Lausanner Landgutes, in: Anthos, 1991, Nr. 2, S. 32–34. – KLAUS HOLZHAUSEN, PATRICIA GALLAY, CHRISTINE MATTER, Parc du Désert, réhabilitation d'une ancienne campagne lausannoise, in: NIKE Bulletin 2000, Nr. 1, S. 10–14. – THÉODORE RIVIER-ROSE, La famille Rivier, Lausanne 1987.

3 Abspaltung von der protestantischen Kirche, angelsächsischer Herkunft, zur Rückkehr zu den Ursprüngen aufrufend.

4 Siehe MARIE LUISE GOTHEIN, Geschichte der Gartenkunst, Bd. 2, Reprint der Ausgabe Jena 1926, Hildesheim/New York 1988, S. 302–315, Abb. 541, 543.

5 Klaus Holzhausen (Landschaftsarchitekt BSLA), Service des parcs et promenades de la Ville de Lausanne (Projektleiter); Christine Matter (Kunsthistorikerin), Historische Forschungen; Patricia Galley (Landschaftsarchitektin BSLA), Bauleitung.

Anmerkungen Seiten 96–101
Anne Nagel: Bäumlihof, Riehen

1 Johann Michael Zeyher und die ersten Beschreibungen des Schwetzinger Schlossgartens: Biographie und Bibliographie. Begleitheft zur Ausstellung im Karl-Wörn-Haus-Schwetzinger Sammlungen, Heidelberg 1999, S. 7.

2 Zur Geschichte des Bäumlihofs und seiner Besitzer: PAUL KOELNER, Bäumlihof Klein-Riehen. Ein Basler Landgut und seine Besitzer, Basel 1953. – Zum Garten zuletzt: SILVIA HOFMANN, Historische Gärten in Riehen: Der Bäumlihof, in: Z' Rieche 1991, S. 4–19, mit weiteren Literaturangaben.

3 HERMANN CHRIST, Zur Geschichte des alten Bauerngartens der Basler Landschaft und angrenzender Gegenden, Basel 1916, S. 80 f.

4 ANNE NAGEL, «Aux amateurs de la nature et de l'art». Aubert Joseph Parents Ausgrabungen in Augst und der Forcartsche Garten in Basel, in: Das Haus zum Kirschgarten und die Anfänge des Klassizismus in Basel, Basel 1995, S. 169–184.

5 MAX TRIET, PIUS MARRER, HANS RINDLISBACHER (Hrsg.), Die Matrikel der Universität Basel V, Basel 1980, S. 440.

6 Walter Schwenecke, Konzept für die Wiederinstandsetzung der Gartenanlage beim Bäumlihof in Klein-Riehen unter besonderer Berücksichtigung der überalteten Kastanien-Alleen. Eine Untersuchung im Auftrag der Basler Denkmalpflege, Karlsruhe 1987 (Typoskript).

7 Heute ist die Totalerneuerung von historischen Alleen nicht mehr über alle Zweifel erhaben. Vielmehr werden der schonungsvolle Umgang mit dem Altbestand und die Reparatur durch den Ersatz absterbender Einzelbäume angestrebt. Siehe dazu: BRIGITT SIGEL, Bäume als Denkmäler. Zu den Alleen im Wenkenhof in Riehen, in: Basler Magazin, 21. Januar 1995, S. 12 f.

Anmerkungen Seiten 102–107
Dominik Gügel: Schloss Arenenberg

1 Ein Engländer bei Königin Hortense, in: Thurgauer Jahrbuch 1972, S. 73 ff.

2 Zur Geschichte, Baugeschichte und Gartengeschichte vgl.: ALFONS RAIMANN, PETER ERNI, Die Kunstdenkmäler des Kantons Thurgau, Band VI: Der Bezirk Steckborn, Bern 2001, S. 281–291, und Abb. 291, die den Zustand der Anlage um 1825 dokumentiert. – DOMINIK GÜGEL, Arenenberg und sein Landschaftspark, in: Arkadien am Bodensee. Europäische Gartenkultur des beginnenden 19. Jahrhunderts, hrsg. von DOMINIK GÜGEL und CHRISTINA EGLI, Frauenfeld etc. 2005, S. 111–166.

3 LOUISE COCHELET, Mémoires sur la Reine Hortense et la famille impériale, Paris 1839, S. 329 ff.

4 Wie Anm. 3.

5 Vgl. dazu CHRISTINA EGLI, Eine botanische Familie: Die Bonapartes, die Beauharnais und ihre Parks, in: Arkadien am Bodensee. Europäische Gartenkultur des beginnenden 19. Jahrhunderts, hrsg. von DOMINIK GÜGEL und CHRISTINA EGLI, Frauenfeld etc. 2005, S. 11–63.

6 EMILE MARCO DE SAINT-HILAIRE, Souvenirs intimes du temps de l'Empire, Paris 1846, S. 562.

7 Vgl. zu Malmaison: H. WALTER LACK, Jardin de la Malmaison. Ein Garten für Kaiserin Josephine, München etc. 2004, S. 25.

8 Vgl. GÜGEL (wie Anm. 2), Abb. S. 159 (rechts).

9 SAINT-HILAIRE (wie Anm. 6), S. 562 f.

10 LACK (wie Anm. 7), S. 31, Abb. 17.

11 Vgl. dazu: ALFONS RAIMANN, «Reizendes Ineinander». Zur Umgestaltung der Untersee-Landschaft um 1820–1840, in: Architektur und Kunst in der Schweiz 2003, Nr. 4, S. 26–33, mit zahlreichen Abbildungen.
12 GÜGEL (wie Anm. 2), S. 132.
13 JEAN-JACQUES COULMANN, Réminiscences, Paris 1865, S. 10.

Anmerkungen Seiten 108–113
Madeleine Vuillemin, Martin Klauser: Weinburg, Rheineck

1 August Becker, 1821–1887. Das Leben eines Landschaftsmalers. Reiseberichte und Briefe, hrsg. von LOTTE HOFFMANN-KUHNT, Nürnberg 2000, S. 665. Brief an seine Gattin vom 16. September 1876.
2 Im selben Jahr kaufte Hortense de Beauharnais (1783–1837), die Stieftochter und Schwägerin von Napoleon I. und Mutter Napoleons III., den Arenenberg. Die Schwester von Napoleon I. war mit dem Onkel von Antoinette von Hohenzollern-Sigmaringen verheiratet. Vgl. den Beitrag «Ein vergessenes Juwel» von Dominik Gügel über Schloss Arenenberg, S. 102ff. – Die Hohenzollern-Sigmaringen waren 1623 in den Reichsfürstenstand erhoben worden. 1849 trat Fürst Karl Anton das Fürstentum Sigmaringen an Preussen ab.
3 Beda Müller-Friedberg, der Vermittler der Weinburg, pries namentlich die Aussicht vom «Steinernen Tisch», der sich etwas ausserhalb des Anwesens befindet, vgl. den Brief an Hofrat Schnell vom 23. Mai 1817, zitiert nach Pater STEFAN MEYERHANS, Wie kam die Weinburg an die Hohenzollern? Erstmals veröffentlichte Briefe und Akten von 1817, Marienburg/Rheineck 1971, S. 4. Meyerhans hat die Geschichte der Weinburg am umfangreichsten aufgearbeitet.
4 Pater STEFAN MEYERHANS, 500 Jahre «Hof unterm Stein» (Marienburg Rheineck), Marienburg/Rheineck 1969, S. 7ff.
5 Vgl. MEYERHANS (wie Anm. 3), S. 10. Der Grenzverlauf im Süden ist uns unklar. Weisen die Hohenzoller'schen Installationen entlang dem Felsen nicht darauf hin, dass das Grundstück hier über die Höhe des Fideikommiss respektive der Sternburg hinausging? Oder entstanden diese erst ab 1845 nach dem Kauf der Sternburg?
6 Vgl. THOMAS WALLISER KEEL, Die Weinburg bei Rheineck: Inszenierung unter der Felswand, in: Arkadien am Bodensee. Europäische Gartenkultur des beginnenden 19. Jahrhunderts, hrsg. von DOMINIK GÜGEL und CHRISTINA EGLI, Frauenfeld 2005, S. 213–222, hier S. 214, 216.
7 Zitiert nach einer Abschrift der Verfügung im Fürstlich Hohenzoller'schen Haus- und Domänenarchiv im Staatsarchiv Sigmaringen. Das Dokument wurde 2005 von Ulrike Gast, Studentin der Landschaftsarchitektur an der Fachhochschule Weihenstephan (Deutschland, im Zusammenhang mit ihrer Diplomarbeit über die Weinburg gefunden. Weitere Belege zu einer Mitwirkung Lennés sind allerdings bisher nicht aufgetaucht. Im Werkverzeichnis Lennés von 1989 ist die Weinburg nicht aufgeführt (vgl. GERHARD HINZ, Peter Joseph Lenné. Das Gesamtwerk des Gartenarchitekten und Städteplaners, Hildesheim 1989). Die Höhe des Kostenüberschlags von «1'930 fr» weist aber darauf hin, dass die geplanten Veränderungen beträchtlich gewesen sein müssen.
8 AUGUST NAEF, Chronik oder Denkwürdigkeiten der Stadt und Landschaft St. Gallen …, Zürich 1867, zitiert nach MEYERHANS (wie Anm. 4), S. 19.
9 MEYERHANS (wie Anm. 4), S. 25.
10 Die genauesten Hinweise zur früheren Anlage finden sich auf dem Perimeterplan Steinlibach des Ingenieurs Jules Anselmier vom 22. August 1892 (Staatsarchiv St. Gallen).

Anmerkungen Seiten 114–118
Catherine Waeber: Bois Murat, Corminbœuf

1 Fonds Duchêne, Brief der Gräfin Armand an Achille Duchêne vom 31. Oktober 1909. Ich danke Michel Duchêne, dem Vorsitzenden der Association Henri et Achille Duchêne in Paris, der so freundlich war, mir Einblick in diesen Fonds zu gewähren. Er enthält alle in dieser Darstellung zitierten Briefe. Ausserdem möchte ich Ivan Andrey danken, der so freundlich war, diesen Text gegenzulesen.
2 CATHERINE WAEBER, Bois Murat. Un jardin d'Achille Duchêne, in: Patrimoine Fribourgeois 15, 2003, S. 33–44.
3 ERNEST JUDET, Nécrologie du comte Armand, in: La Liberté, 5. Mai 1919. – WAEBER (wie Anm. 2).
4 Fonds Duchêne, Paris, Brief von Achille Duchêne an Adolphe Burnat, 6. Februar 1910.
5 Fonds Duchêne, Paris, Leistungsverzeichnis, am 23. August 1910 genehmigt durch die Entreprise générale de parcs et jardins L. Collin, 27, rue des Acacias, Paris (17. Arrondissement).
6 Fonds Duchêne, Paris, Brief von Adolphe Burnat an Graf Armand, 26. Juni 1910.
7 Auktionskatalog von Christies, London, 18.–19. Januar 2000, S. 294, Nr. 929.
8 Auktionskatalog (wie Anm. 7), S. 293, Nr. 927.
9 Le style Duchêne. Henri et Achille Duchêne, Architectes Paysagistes 1841–1947, Paris 1998, S. 108–109.
10 Fonds Duchêne, Paris, Brief von Adolphe Burnat an Achille Duchêne, 20. November 1909; Brief von Graf Armand an Achille Duchêne, 18. Januar 1911.
11 Le style Duchêne (wie Anm. 9), S. 46.
12 Les jardins des Duchêne en Europe [Ausstellungskatalog], Ecomusée du Creusot-Montceau, Neuilly-sur-Seine/Le Creusot 2000, S. 66.

Anmerkungen Seiten 119–123
Katharina Medici-Mall: Landhaus Waldbühl, Uzwil

1 HUMPHRY REPTON, Observations on The Theory and Practice of Landscape Gardening, London 1803, S. 11 (Faksimile-Ausgabe, Oxford 1980): «[…] it is part of the art from which the professor can derive but little credit, since his greatest praise must be, that the ground looks when finished, as if art had never interfered. Ars est celare artem.» (… es ist Teil der Kunst und sollte des Architekten grösstes Verdienst sein – ohne sich viel darauf einzubilden –, dass der fertige Garten oder Park so aussieht, als ob die Kunst sich nie eingemischt hätte. Die Kunst zu verbergen, ist die Kunst.) – Das *celare-artem*-Theorem geht auf Aristoteles' Abhandlung über die Rhetorik zurück und wurde in der Renaissance auch in der Malerei ein Thema. Vgl. VALESKA ROSEN, Celare artem. Die Ästhetisierung eines rhetorischen Topos in der Malerei mit sichtbarer Pinselschrift, in: ULRICH PFISTERER, MAX SEIDL, Visuelle Topoi. Erfindung und Tradierung in den Künsten der italienischen Renaissance, München 2003, S. 325–328. Ich danke den beiden Altphilologen Andreas Knecht und Peter Mall in Basel für ihre wertvolle Hilfe bei der Suche nach diesem Theorem
2 KATHARINA MEDICI-MALL, Die Mathematik des Villengartens, in: Neorenaissance – Ansprüche an einen Stil. Zweites Historismus-Symposium, Bad Muskau. Dresden 2001, S. 239–256.
3 «Neither have I any wish to pose as a partisan in the quarrel between the naturalists and formalists in its design. In the large garden each should have free scope, and natural garden and formal garden will

enter into no rivalry there, but each will only enhance the peculiar charm of the other, and afford a solace for varying moods.» M. H. BAILLIE SCOTT, Houses and Gardens, London 1906, S. 86.

4 JAMES D. KORNWOLF, M.H. Baillie Scott and the Arts and Crafts Movement. Pioneers of Modern Design, Baltimore/London 1972.
5 Aus einem Brief von Claudio Tolomei von 1543. Zit. nach CLAUDIA LAZZARO, The Italian Renaissance Garden. From the Conventions of Planting, Design, and Ornament to the Grand Gardens of Sixteenth-Century Central Italy, New Haven/London 1990, S. 289, Anm. 21.
6 MEDICI-MALL (wie Anm. 2), S. 240.
7 KATHARINA MEDICI-MALL, Das Landhaus Waldbühl von M.H. Baillie Scott. Ein Gesamtkunstwerk zwischen Neugotik und Jugendstil, Bern 1979, S. 62–66.
8 BAILLIE SCOTT (wie Anm. 3), S. 79, 85.
9 «In relation to the garden plan I thank you very much for the grand design. The way in which you treated the whole of the land is imposing. If the design would be executed the seat would equal the best of the time. The thing I fear is the cost. Anyhow I shall make the nearer surrounding and the terracing of the house after your design.» Archiv Familie Bühler, Uzwil.
10 «Le cose che si murano, debbono essere guida e superiori a quelle che si piantano.» MEDICI-MALL (wie Anm. 2), S. 240.
11 JANE BROWN, Gardens of a Golden Afternoon. The Story of a Partnership, Middlesex 1982, S. 189ff. – JUDITH B. TANKARD, Gardens of the Arts and Crafts Movement, New York 2004, S. 81f. (ohne Quellenangaben).
12 ROBERT WILLIAMS, Edwin Lutyens and the Formal Garden in England, in: Die Gartenkunst 7, 1995, Nr. 2, S. 201–209, hier S. 205.
13 TANKARD (wie Anm. 11), S. 83.

Anmerkungen Seiten 126–129
Joseph Chalverat: Botanischer Garten, Pruntrut

1 ANTOINE LAURENT DE JUSSIEU, Genera plantarum secundum ordines naturales disposita juxta methodum in horto regio parisiensi, Paris 1789.
2 Augustin Pyramus de Candolle ist der Begründer der botanischen Geografie und Autor der «Théorie élémentaire des plantes», vgl.: AUGUSTIN PYRAMUS DE CANDOLLE, Prodromus systematis naturalis regni vegetabilis …, Paris 1824–1882. – JEAN-BAPTISTE PIERRE ANTOINE MONET DE LAMARCK, AUGUSTIN PYRAMUS DE CANDOLLE, Flore français, ou descriptions succinctes de toutes les plantes qui croissent naturellement en France …, 3. Aufl., Paris 1815.
3 FRITZ ENKE et al., Zander Handwörterbuch der Pflanzennamen, 15. Aufl., Stuttgart 1994. – B. DAYSON, Index Kewensis. An Enumeration of the Genera and Species, Oxford 1977.

Anmerkungen Seiten 130–135
Claudio Ferrata: Brissago-Inseln

1 Madame TZIKOS DE SAINT LÉGER, The Vegetation of the Island of Saint Léger in Lago Maggiore, in: Journal of the Royal Horticultural Society 38, 1913, S. 503–514.
2 Wer sich interessiert, kann direkt zum Artikel der Baronin greifen oder zu folgenden Beiträgen: FRIEDRICH MARKGRAF, La flora del parco botanico, und: Elenco delle specie piantate all'aperto, beide in: GIUSEPPE MONDADA, Le Isole di Brissago. Nel passato e oggi, Brissago 1975 (1990²), S. 159–172 und S. 177–182.
3 GIUSEPPE MONDADA, Le Isole di Brissago. Nel passato e oggi, Brissago 1975 (1990²), S. 149, im italienischen Originalwortlaut.
4 CRISTIANE GARNERO MORENA, Il paesaggio spostato, Palermo 2003, S. 36.

Literaturhinweise:
- AAVV, 1885, 1950, 1985 le isole di Brissago, Pubblicazione edita dall'Amministrazione delle Isole di Brissago e dal Parco botanico del Cantone Ticino, 1985.
- GUIDO MASPOLI, La flora ticinese nelle pagine del Bollettino: lacune, oasi e un parco insulare, in: Bollettino della società ticinese di scienze naturali 91, 2003, Nr. 1–2.
- GIUSEPPE MONDADA, Le isole di Brissago. Nel passato e oggi, Brissago 1975 (1990²).
- RENATA LODARI (Hrsg.), Giardini e ville del Lago Maggiore. Un paesaggio culturale tra Ottocento e Novecento. Museo del paesaggio, Centro studi piemontesi – Ca dei stüdi piemontèis, Torino 2002.
- VALERIO SALA, Le isole di Brissago, paradiso lacustre, in: CARLO ALESSANDRO PISONI (Hrsg.), Horti Verbani. Coltura e cultura dei Giardini Verbanesi. Atti del convegno di Verbania-Pallanza, Comune di Verbania-Magazzeno Storico Verbanese, Verbania 2002, S. 23–31.
- WILLY ZELLER, Die Brissago-Inseln, Bern 1960.

Anmerkungen Seiten 136–139
Anne Vonèche: Alpengarten, Meyrin

1 MARTINE JAQUET, Der Alpengarten oder eine gewisse Miniaturschweiz, in: ANNEMARIE BUCHER, MARTINE JAQUET (Hrsg.), Von der Blumenschau zum Künstlergarten, Lausanne 2000, S. 25–34.
2 FRANÇOIS WALTER, Bedrohliche und bedrohte Natur: Umweltgeschichte der Schweiz seit 1800, Zürich 1996.

Anmerkungen Seiten 140–146
Steffen Osoegawa-Roth: Schloss Oberhofen

1 STEFFEN ROTH, Der Schlosspark von Oberhofen. Chronik des ersten historisierenden Landschaftsparks am Thunersee, in: GEORG GERMANN (Hrsg.), Riviera am Thunersee im 19. Jahrhundert, Bern 2002, S. 113–130. Aufgrund der dort zahlreich publizierten Abbildungen wird hier auf eine Wiederholung weitgehend verzichtet. Soweit nicht anders vermerkt, entstammen die Zitate im Text dem Aufsatz.
2 Vgl. GEORG GERMANN, Schloss Oberhofen und seine Architekten, in: GEORG GERMANN (Hrsg.), Riviera am Thunersee im 19. Jahrhundert, Bern 2002, S. 101–112.
3 Aquarelle im Depositum Schloss Oberhofen, Reproduktionen und Zitat in: GERMANN (wie Anm. 2), S. 103.
4 ROSEMARIE HESS, Schloss Oberhofen am Thunersee, Bern 1994 (Schweizerische Kunstführer, 558), S. 17.
5 GERMANN (wie Anm. 2), S. 105.
6 ROTH (wie Anm. 1), S. 116–118, Abb. 4–6, Archiv Schloss Oberhofen. Der Originalentwurf Lennés in: HARRI GÜNTHER, SIBYLLE HARKSEN, Peter Joseph Lenné. Katalog der Zeichnungen, Tübingen/Berlin 1993, S. 124, 347 (Katalognummer 323 «Schloss 1847: Die königliche Schlossterrasse in Berlin»).
7 Auch die Schlösser Hünegg und Schadau besassen eigene, ausserhalb des Schlosses gelegene Kinderhäuser.
8 HESS (wie Anm. 4), S. 179.

9   1829–1836 errichtet von Ludwig Persius nach Plänen von Karl Friedrich Schinkel.
10 Ich danke an dieser Stelle Peter Paul Stöckli in Wettingen. Das Planungsbüro SKK verfasste 2003 ein Parkpflegewerk für Schloss Oberhofen, woraus mir freundlicherweise die Gehölzkartierung zur Verfügung gestellt wurde. Vgl. auch: Peter Paul Stöckli, Fallbeispiel Schlosspark Oberhofen, in: Historische Gärten & Landschaften. Erhaltung & Entwicklung. Tagungsbericht, Zürich 2006, S. 112–121.
11 Richard Arioli, Schlosspark Oberhofen, Bern 1986 (Schweizerische Kunstführer, 403), S. 6.

Anmerkungen Seiten 147–153
Nadir Sutter: Villa Favorita, Lugano-Castagnola

Literaturhinweise:
–   Der Garten der Villa Favorita, Castagnola-Lugano, Faltprospekt, hrsg. von der Fondazione Thyssen-Bornemisza. Text von Paolo Cottini, Varese, Plan des Parks von Fulvio Gianinazzi.
–   Francesco Chiesa, La Casa borghese nella Svizzera Italiana. Il sottoceneri, Bd. XXVI, Zürich 1934, S. 59f., 91, 108–110.
–   INSA Inventar der neueren Architektur der Schweiz 1850–1920, Bd. 6, Bern 1991, S. 268, 336f. (einschliesslich der älteren Literatur und Reiseführer zu Lugano).

Anmerkungen Seiten 156–161
Katia Frey: Schloss Vullierens

1   1951 begann Doreen Bovet, die Gattin von Dr. Bernard Bovet, der das Gut kurz zuvor geerbt hatte, Iris zu sammeln. 1955 wurde der Irisgarten der Öffentlichkeit zugänglich gemacht. Vgl. Elisabeth Fontannaz et al., Le jardin d'iris du Château de Vullierens, Vullierens 1981.
2   Gabriel-Henri de Mestral erbte das Gut von Vullierens nach dem Tod seines Vaters Isaac im Jahr 1705. Zur Geschichte der Herren von Vullierens und des Schlosses siehe u. a.: «Vullierens» in: Dictionnaire historique, géographique et statistique du canton de Vaud, unter der Leitung von Eugène Mottaz, Bd. II, Lausanne 1921, S. 822–825, sowie Ric Berger, Villes et villages vaudois, Morges [1969], S. 102. Ich danke Monique Fontannaz, die sich mit der Architektur des Schlosses beschäftigt und so freundlich war, diesen Text zu lesen.
3   Zu erwähnen sind Joseph Abeille, einer von mehreren Architekten des Schlosses Thunstetten, und Albrecht Stürler, dem später das neue Schloss Worb zu verdanken ist.
4   Zu Guillaume Delagrange siehe Marcel Grandjean, «L'architecte Guillaume Delgrange», in: Le Refuge huguenot en Suisse, Lausanne 1985, S. 239–245. Delagranges Tätigkeit am Schloss Vullierens ist von 1714 bis 1728 dokumentiert: Er zeichnete Pläne für einige Schreinerarbeiten und führte sie aus, arbeitete aber auch als Architekt an verschiedenen Bauwerken. Vgl. Archives cantonales vaudoises, Lausanne, Schriftstücke von de Mestral, private Aufzeichnungen. Ich möchte an dieser Stelle Isabelle Ackermann danken, die mir Einblick in die unveröffentlichte Auswertung der Schriftstücke de Mestrals gewährte. Diese Auswertung führte sie zwischen 1996 und 1999 im Auftrag des ICOMOS und des Schweizer Heimatschutzes durch.
5   Grandjean (wie Anm. 4). Dank an Paul Bissegger und Patrick Dupuis, die mir ihre ikonografische Dokumentation über den Schlossgarten von Vullierens zur Verfügung gestellt haben.
6   Archives cantonales vaudoises, Lausanne, Schriftstücke von de Mestral, private Aufzeichnungen.
7   Dieser Plan wird in der Burgerbibliothek von Bern aufbewahrt, Dossier P.W.159 (Fonds Albrecht Stürler). Er wurde publiziert in: Patrick Dupuis, Jardins du Château de Vullierens, in: Bulletin de la Société Suisse pour l'Art des Jardins, 1994, Nr. 1, S. 15.
8   Antoine Joseph Dezallier d'Argenville, Die Gärtnerey sowohl in ihrer Theorie oder Betrachtung als Praxis oder Übung, hrsg. von Alexandre Le Blond. Neudruck der Ausgabe Augsburg 1731. München 1986. [Original: La théorie et la pratique du jardinage, Paris 1709, 2. Aufl. 1713.] Man vergleiche Delagranges Plan mit Abb. 11, untertitelt mit «parterre de broderie d'un goût très nouveau» (Broderieparterre in ganz neuem Stil).
9   Die Schwester von François-Louis Guiguer heiratete einen Mestral de Saint-Saphorin.
10 Erbaut nach den Plänen des Architekten Daniel-Henri Vaucher, vgl. Marcel Grandjean, Les temples vaudois. L'architecture réformée dans le Pays de Vaud (1536–1798), Lausanne 1988 (Bibliothèque historique vaudoise, 89), S. 247–249.
11 Abraham Ruchat, Les délices de la Suisse, Leyde 1714, Bd. I, S. 211f.
12 Henri-Albert de Mestral ist der Grossneffe von Gabriel-Henri.
13 So ist schon 1783 die Rede von der «fossoyage des 4 compartiments du jardin» (Ausschachtung von 4 Gartenkompartimenten), von der «nivellage du jardin potager» (Einebnung des Gemüsegartens), der Pflanzung von Lärchen und einer 20 Klafter langen Hecke. Archives cantonales vaudoises, Lausanne, Schriftstücke von de Mestral, private Aufzeichnungen.
14 Vgl. Paul Bissegger, Jardin anglais et collection botanique: l'aménagement du parc Mont-Repos à Lausanne, de 1818 à 1932, d'après les directives de Vincent Perdonnet, in: Revue historique vaudoise 102, 1994, S. 88–128.
15 So 1801: «le pré de l'hoirie de feu François Pelichet p[ou]r joindre à mon domaine» (die Wiese aus dem Erbe des verstorbenen François Pelichet sei meinem Gut hinzuzufügen), 1804: «deux pièces de la Cuetta et Vorsiaz, lesquelles m'arrondissent de ce côté là» (zwei Stücke von der Cuetta und Vorsiaz, die [meinen Besitz] auf dieser Seite abrunden), und «environ 500 toises[*] de pré p[ou] m'arondir près des Cuaros» (ungefähr 500 Klafter Wiese, um [meinen Besitz] bei Cuaros abzurunden); 1815: «896 toises de terrain en Fontanailles, joignant ma maison de Cologne» (896 Klafter Boden in Fontanailles, die an mein Haus von Cologne angrenzen). Archives cantonales vaudoises, Lausanne, Schriftstücke von de Mestral, private Aufzeichnungen.
*   Anm. d. Übers.: «Toise» ist eine alte Längeneinheit und bedeutet «Armspanne». Das deutsche Äquivalent ist das «Klafter». Eine Armspanne entspricht exakt sechs Fuss. Die französische «toise» misst allerdings nur fünf Fuss.

Anmerkungen Seiten 162–167
Anne-Laure Juillerat: Le Bied, Colombier

1   Archives de l'Etat de Neuchâtel, Manuel du Conseil d'Etat, XV/S. 203, 1656; XVII/S. 51, 1659; XIX/S. 147, 167, 1665. AE, E II, Nr. 30, 1653; L2, Nr. 24, 1660; Recettes, Bd. 17, comptes 1658–1661. Siehe zu diesem Thema: Jean Courvoisier, Les monuments d'art et d'histoire du canton de Neuchâtel. Bd. II: Les districts de Neuchâtel et de Boudry, Basel 1963, S. 280f. Darin ist ein Plan dieser Alleen von 1748 publiziert, ebenfalls abgedruckt in: Hans-Rudolf Heyer, Historische Gärten der Schweiz. Die Entwicklung vom Mittelalter bis zur Gegenwart, Bern 1980, S. 110.
2   Archives de l'Etat de Neuchâtel, Manuel du Conseil d'Etat, 20 VII 1734, Bd. 78, S. 301: «[…] moyennant que les batimens quel y fera construire

3 Der Landsitz von Le Bied wurde 1975 vom Kanton Neuenburg unter Denkmalschutz gestellt.

4 Dieser ehemalige Wasserlauf gab dem Besitz seinen Namen. Nach JEAN-PIERRE MICHAUD, Les noms de lieux de Colombier, in: Musée neuchâtelois 1977, S. 102, entspricht «Bied» dem französischen Wort *bief*, abgeleitet vom spätlateinischen *bedum*, «Kanal, Graben», und dem keltischen *bed*, «Bett». In der französischen Schweiz werden zahlreiche Kanäle und Bäche so bezeichnet.

5 Bereits 1765 erreichte der Sohn von Jean-Jacques Deluze, Jean-Jacques Deluze allié Warney (1728–1779), die Aufhebung der Klausel, die es verbot, in der Achse der Allee zu bauen. Er liess daraufhin ein grosses Gebäude errichten, die Maison Rouge (Rotes Haus) genannt wurde, in dem sich Büros und Werkstätten befanden. Siehe Archives de l'Etat de Neuchâtel, Manuel du Conseil d'Etat, 17. Februar 1765. Der letzte Abschnitt der grossen Allee von Le Bied wurde durch Bauten aus dem letzten Viertel des vergangenen Jahrhunderts beschnitten. Das schöne Nordportal wurde glücklicherweise verschont und in ein modernes Gebäude integriert.

6 Die acht anderen Statuetten auf den äusseren Abschnitten der Ostmauer und auf den seitlichen Balustraden wurden 1933 hinzugefügt. Es handelt sich um Kunststeinkopien der acht originalen Figuren auf dem halbrunden Mauerabschnitt.

7 Siehe JEAN COURVOISIER, Les monuments d'art et d'histoire du canton de Neuchâtel, 3 Bde., Basel 1955, 1963 und 1968.

8 Im Erdgeschoss des Nebengebäudes gibt es ein Bad im Stil Ludwigs XVI., das mit seinen weissen, blau bemalten Kacheln und bemalten Stofftapeten einzigartig ist.

9 «Jean Jacques Deluze, banneret de Neuchâtel, ayant fait construire un portail du côté de vent sa possession du Bied, qui avoisine les grands pâquiers des communautés d'Auvernier et Colombier, du côté de bise, il déclare qu'il ne prétendra jamais au droit d'issue ou de jour sur la possession desdites communautés, le portail n'ayant pour objet que l'embellissement de sa pièce et de sa symétrie.» (Jean Jacques Deluze, Bannerherr von Neuenburg, der auf der Windseite seines Besitzes in Le Bied ein Portal hat errichten lassen, das an die grossen Weiden der Gemeinden Auvernier und Colombier auf der Windseite angrenzt, erklärt, dass er niemals Anspruch auf das Recht eines Ausgangs oder der Öffnung auf den Besitz der genannten Gemeinden erhebt, da das Portal als einzige Aufgabe die Verschönerung seines Ensembles und dessen Symmetrie hat.) Siehe Archives communales d'Auvernier, Registre d'Actes, BB 1b, Nr. 3, 11.V.1774. Heute hat dieses Portal seinen Status als Dekorationsobjekt verloren, da es den Zutritt zu dem Gut bildet, das man mittels einer kleinen Lindenallee erreicht.

10 Archives communales de Boudry, Manuel de ville, Bd. A 13, 7. Februar und 17. November 1775.

11 Archives de l'Etat de Neuchâtel, Inventaire des cartes et plans, cote num. 541.

12 «Près de Colombier commence l'intéressante chaîne de manufactures de toiles peintes. La première se nomme le Bied; elle appartient aux enfants de Mad. De Luze, dont le mari l'a fait bâtir peut-être un peu trop près d'une vaste et belle maison de campagne, que cette veuve a conservée. Les jardins, situés sur la pointe de la baie, sont de niveau avec le lac: ils ne sont ni anglais, ni français, ni suisses; mais ils sont charmans, et l'on en rencontre raremant de plus jolis.» (In der Nähe von Colombier beginnt die interessante Kette von Manufakturen für bedruckte Stoffe. Die erste heisst Le Bied; sie gehört den Kindern von Madame De Luze, und ihr Gatte hat sie vielleicht ein wenig zu nahe neben einem weitläufigen, schönen Landhaus errichten lassen, welches diese Witwe bewahrt hat. Die am Ende der Bucht gelegenen Gärten befinden sich nicht auf gleicher Höhe wie der See: Sie sind weder englisch noch französisch, noch schweizerisch; aber sie haben Charme, und man findet selten hübschere.) Siehe Mme GAUTHIER, Voyage d'une Française en Suisse et en Franche-Comté depuis la révolution, London 1790, Bd. II, S. 408f.

13 Undatierter Plan, enthalten in einem unveröffentlichten Manuskript von Mme Henri de Bosset. Ich danke an dieser Stelle M. Philippe de Bosset dafür, mir den Zugang zu diesem wertvollen Dokument ermöglicht zu haben.

14 Das Bürgerhaus in der Schweiz, Bd. XXIV: Kanton Neuenburg, Zürich 1932, S. XXXV und Plan 93; siehe die folgende Anmerkung.

15 Die Pläne von Le Bied, die 1932 im «Bürgerhaus» erschienen sind, enthalten noch landschaftliche Gärten. Dies erklärt sich dadurch, dass die Arbeit an dem Buch vor dem Krieg begonnen und erst in den 1920er Jahren fortgeführt wurde. Die Pläne im Buch sind also vor 1928 entstanden.

16 Siehe Beitrag «Ein Garten über dem See» von Jacques Bujard, S. 168ff.

17 Jean-Jacques Rousseau hielt sich eine Zeit lang in Le Bied auf. Er unterhielt einen regelmässigen Briefwechsel mit Mme Deluze-Warney, die er «die Königin der Frauen» nannte. – «[...] le plus grand agrément des maisons de campagne [...]» ANTOINE JOSEPH DEZALLIER D'ARGENVILLE, La Théorie et la pratique du jardinage (...), Paris 1747, Reprint Genf 1972, S. 21. Die erste Ausgabe dieses Buches stammt von 1709.

Anmerkungen Seiten 168–173
Jacques Bujard: La Grande Rochette, Neuenburg

1 CHRISTIAN CAY LORENZ HIRSCHFELD, Theorie der Gartenkunst, Nachdruck der Ausgabe Leipzig 1779–1780, 5 Bände in zwei Bänden, Hildesheim/New York 1973, Bd. 2 (Buch V, Zweyter Anhang, II., S. 251–253).

2 Siehe PATRICE ALLANFRANCHINI, Neuchâtel 1642–1942, Trois siècles d'iconographie, Chézard-Saint-Martin 2005.

3 Genaueres zur Geschichte des Gutes und eine detailliertere Beschreibung findet man bei JEAN COURVOISIER, Les Monuments d'art et d'histoire du canton de Neuchâtel, Bd. 1, Basel 1955, S. 404–414.

4 Nach einer Federzeichnung von David-Alphonse Sandoz-Rollin (siehe ALLANFRANCHINI [wie Anm. 2], Nr. 17).

5 SAMUEL DE CHAMBRIER, Description topographique et économique de la mairie de Neuchâtel, Neuchâtel 1840, S. 9.

6 ARMAND DU PASQUIER, La Rochette à Neuchâtel, in: Musée neuchâtelois 1918, S. 44.

7 «Le domaine de la Rochette, situé au-dessus du Fauxbourg de Neuchâtel de Suisse, sur une colline qui domine tout le lac, la ville et le Fauxbourg, jouissant d'une des plus belles et riches vues de la Suisse, en face de la chaîne des Alpes, que l'on découvre dans toute leur étendue. Ce domaine consiste en de beaux grands bâtiments à deux étages, propres à deux ménages, avec toutes les commodités possibles; grande cour, avenue, porte-cochère en fer, granges, écuries et remises; et surtout belles et grandes caves, avec toutes les commodités possibles, propres à faire un commerce de vin très étendu. Verger, vigne, jardins potager et d'agrément, glacières, promenades, salons de tilleuls et marronniers, le tout en un mas renfermé de murs.» Zitiert nach EDOUARD QUARTIER-LA-TENTE, Le canton de Neuchâtel, 1ère série, Bd. 1, District de Neuchâtel, 1897, S. 218, Anm. 1.

8 ALLANFRANCHINI (wie Anm. 2), Nrn. 91–93.
9 «[…] la magnificence de la terrasse élargie de moitié et un peu prolongée par Meuron […], les serres et couches superbes, qu'il fait construire […], et le cabinet au bout de la terrasse du côté de la ville. Enfin, il fallut descendre [au Faubourg de l'Hôpital] par l'escalier […] qu'il a terminé avec des frais immenses; il y a des repos de distance en distance, et des ronds qu'il veut remplir par des cascades et je ne sais tout quoi.» PAUL DE PURY, Les séjours du conseiller François de Diesbach à Cressier (extraits de son journal), in: Musée neuchâtelois 1918, S. 166.
10 «On prit le café sous une galerie, au rez-de-chaussée, d'où la vue est admirable sur les glaciers.» DE PURY (wie Anm. 9), S. 103
11 DE PURY (wie Anm. 9), S. 205. Es sei daran erinnert, dass Charles-Daniel de Meuron auch ein beeindruckendes Kuriositätenkabinett erbauen liess.
12 «[…] vases de pierre peints en différentes couleurs, en arabesques». DE PURY (wie Anm. 9), S. 212.
13 ALLANFRANCHINI (wie Anm. 2), Abb. S. 8.
14 Paul Victor Frédéric, genannt Fritz, Du Pasquier (1823–1893) übernahm La Grande Rochette 1877 und wurde einziger Inhaber. Bis dahin befand sich das Gut im Besitz seiner zweiten Frau Elisabeth und deren Schwester, beide Töchter von James de Meuron. Tagebuch und Briefe von Gabrielle Du Pasquier, zitiert nach DENYSE DU PASQUIER-BARRELET, Trois Dames Du Pasquier, journaux et correspondance, Saint-Blaise 2005, S. 163.
15 Freundliche Mitteilung von Léon Du Pasquier, bei dem ich mich für die Lektüre dieses Textes bedanke.
16 JEAN COURVOISIER, Les Monuments d'art et d'histoire du canton de Neuchâtel, Bd. II, Basel 1963, S. 329–338.

Anmerkungen Seiten 174–181
Brigitte Frei-Heitz: Ermitage, Arlesheim

1 O glückliche Einsamkeit, o alleinige Glückseligkeit. Felsinschrift bei der Einsiedelei.
2 Taschenbuch der Geschichte, Natur und Kunst des Cantons Basel, Basel 1800, Band 2, S. 93.
3 1678–1792 befand sich der Sitz des Fürstbischofs von Basel in Pruntrut, das Domkapitel wohnte in Arlesheim. Die Residenz mit Domkirche und Domherrenhäusern wurde zwischen 1679 und 1687 erbaut. Das nach der Reformation beim Fürstbistum Basel verbliebene Territorium wurde erst nach dem Wiener Kongress (1815) schweizerisch.
4 Der neue Englische Garten bey Arlesheim, ohnweit Basel, in: Journal der Moden, hrsg. von GEORG MELCHIOR KRAUS und FRIEDRICH JUSTIN BERTUCH, Bd. 1, Hildesheim 1786, S. 303–311.
5 Über die Konzeption und Bauzeit des Gartens hat sich in den Archiven nichts erhalten. Aufschlüsse über die Grundkonzeption geben erste Schrift- und Bildquellen aus dem Jahre 1786 sowie ein undatierter Plan.
6 Hospes amice / hasce delicias / naturae debes / debes industriae / Balbinae ab Andlau / Henrici a Ligertz / MDCCLXXXV. Gast und Freund / diese Wonnen / verdankst Du der Natur / verdankst Du dem Fleiss / der Balbina von Andlau und / des Heinrich von Ligertz / 1785.
7 ISAAC A. ISELIN, Notizen zum Schloss- und Hofgut Birseck, Basel 1955, S. 99f. – HANS-RUDOLF HEYER, Die Kunstdenkmäler des Kantons Basel-Landschaft, Band 1: Der Bezirk Arlesheim, Basel 1969, S. 168.
8 Einzelne Exemplare im Historischen Museum Basel (Inv. Nr. 1967.3) und in der Stiftung Staatliche Schlösser und Gärten Berlin-Brandenburg, Berlin.
9 Staatsarchiv Freiburg i. Br. Familienarchiv von Mentzingen. Vgl. auch HANS-RUDOLF HEYER, Die Gästebücher der Eremitage in Arlesheim, in: Schweizerisches Archiv für Volkskunde 85, 1989, S. 135–145.
10 Weiterführende Literatur: HEYER (wie Anm. 7), S. 167–192. – ISELIN (wie Anm. 7).
11 Der neue Englische Garten (wie Anm. 4) S. 307.
12 Der neue Englische Garten (wie Anm. 4) S. 303, Anm. 1.
13 CHRISTIAN CAY LORENZ HIRSCHFELD, Theorie der Gartenkunst, Reprint der Ausgabe Leipzig 1779–1785, 5 Bände in 2 Bänden, Hildesheim/Zürich/New York 1985.
14 HERMANN FÜRST VON PÜCKLER MUSKAU, Andeutungen über Landschaftsgärtnerei verbunden mit der Beschreibung ihrer praktischen Anwendung in Muskau, hrsg. von GÜNTER J. VAUPEL, Frankfurt a.M. 1988, S. 120.
15 Die Voyage pittoresque de Basle à Bienne wird in zahlreichen Reisebeschreibungen und Stichfolgen festgehalten.
16 THÉOPHILE RÉMY FRÊNE, Journal de ma vie, volume IV, 1789–1804, Biel 1994: «[…] me mena au beau jardin de M. de Roggenbach, jardin qu'on appelle avec raison de Bellevue, hors de la Porte du fauxbourg contre Grandgourt. Il y a dans ce jardin de belles allées, de belles grottes ou cabinets, outre le Grand Pavillon, dans l'un desquels se trouve la Statue en grandeur Naturelle d'un pauvre Hermite ou Capucin en habit rapetassé et troué qui lit dans un livre.» Eintrag für den 18. September 1789, S. 50.
17 HANS-RUDOLF HEYER, Die Ermitage in Arlesheim. Neue Studien, in: Eremiten und Ermitagen in der Kunst vom 15. bis zum 20. Jahrhundert, Basel 1993, S. 33–37, hier S. 33f.
18 CHRISTIAN CAJUS LORENZ HIRSCHFELD, Die Basler vor 200 Jahren, mit einem Essay von Markus Kutter, Basel 1985, S. 47.
19 DANIEL SCHNELLER, Die Verenaschlucht als romantischer Landschaftsgarten, in: Die Gartenkunst 2, 1990, Nr. 2, S. 270–283.

Anmerkungen Seiten 182–185
Waltraud Hörsch: Schlössliwald, Beromünster

1 Akten und Pläne im Stiftsarchiv Beromünster, Propsteiarchiv Nr. 73 a Fasz. 12. Zusammenfassend dazu Waltraud Hörsch, «Spaziergang», «Schlösslipark», «Waldkathedrale». Metamorphosen einer spätbarocken Alleeanlage. Recherchen rund um die Schlössliallee bei Beromünster (Gemeinde Gunzwil), Luzern 2004, unveröffentlicht.
2 Leonz Alois Xaver und Kaspar Aloys.
3 Ein Cousin des Stiftsbaumeisters. Niklaus und sein Bruder Jakob Purtschert hatten um 1777/78 für das Zisterzienserkloster St. Urban LU die Orangerie erbaut. Die Vermittlung zeitgenössischer Gartenarchitektur ist eine wenig bekannte Seite der Baumeisterfamilie.
4 «Ueber die Bestandtheile und Heilkräfte der Bad- und Trinkquelle zu Knuthwyl», verfasst von «H.C. Docktor der Arzneywissenschaft» (Heinrich Krauer), Luzern 1791.
5 CHRISTIAN CAJ LORENZ HIRSCHFELD, Theorie der Gartenkunst, 5 Bde., Leipzig 1779–1785. Der aus Holstein stammende Hirschfeld setzte sich als Reisender und Publizist intensiv mit der Schweiz auseinander.
6 HIRSCHFELD (wie Anm. 5), Band 5, S. 68f.
7 Wobei das «Schlössli», einst ein barockes, privates Chorherren-Landhaus unterhalb des Hügels, weder besitzmässig noch konzeptionell in speziellem Kontext mit der Allee steht.
8 Vgl. ein Gemälde von Jean Danner von 1901 in der Sammlung Dr. Edmund Müller, Dolderhaus, Beromünster, Inv.-Nr. 0557.

Anmerkungen Seiten 186–191
Thomas Freivogel: Bonstetten-Park, Gwatt

1 «Dans une belle prairie attenante à cette campagne et en face de la maison nous vîmes un fort joli canal d'une eau courante et limpide qui va se jeter dans le lac, et sur ce canal un pont fort exhaussé dans le goût du pont Rialto à Venise. On a placé sur ce pont un cabinet chinois d'un très bon goût.» EDUARD BÄHLER (Hrsg.), Eine Reise nach dem Berneroberland 1783 nach den Aufzeichnungen von Abraham Henri Petitpierre, französischem Pfarrer in Basel, in: Neues Berner Taschenbuch auf das Jahr 1918, 23 (1917), S. 122.

2 HEINRICH TÜRLER (Hrsg.), Aus den Erinnerungen Karl Ludwig Stettlers (Das Jahr 1801), in: Neues Berner Taschenbuch auf das Jahr 1922, 27 (1921), S. 148f.

3 Zu Besitzer- und Baugeschichte: K. L. FRIEDRICH VON FISCHER, Emanuel Friedrich Fischer 1732–1811, in: Sammlung Bernischer Biographien I, Bern 1884, S. 424–427. – Landsitz Bellerive im Gwatt, in: Das Bürgerhaus im Kanton Bern, II. Teil, Zürich 1922, S. LXIX. – SAMUEL A. GASSNER, Herrschaftssitze am Thunersee, in: Berner Volkskalender 29, 1945, S. 82–84 (Bellerive). – WOLF MAYNC, Kleine Berner Landsitze, Bern 1973, S. 108–111 (Bellerive in Gwatt). – LOUIS HÄNNI, Strättligen, Thun 1997, S. 303–311 (Bellerive, Gwatt- oder Bonstettengut). – BARBARA BRAUN-BUCHER, Fischer, Emanuel Friedrich [No 16], in: Historisches Lexikon der Schweiz [elektronische Publikation HLS, Version vom 19. Januar 2005]. – Akten- und Planmaterial auf der Denkmalpflege des Kantons Bern, dessen Einsichtnahme an dieser Stelle bestens verdankt sei.

4 Dieses Datum belegt eine signierte und 1764 datierte Kachel eines Ofens mit Landschaftsdarstellungen von Hafner Peter Gnehm (1712–1799) im Erdgeschoss.

5 Eine eindrückliche Charakterisierung der Campagne als solcher ist zu finden bei: MICHAEL STETTLER, Bernerlob, Versuche zur heimischen Überlieferung, Bern 1963, S. 233–240.

6 Henry B. de Fischer (1861–1949) war ein wichtiger Erneuerer von barocken Gartenanlagen: der Wenkenhof in Riehen BS sowie mehrere Villengärten in Bern und Umgebung legen davon Zeugnis ab. Vgl. dazu: PETER HONEGGER, Fischer, Henry Berthold von [No 39], in: Historisches Lexikon der Schweiz [elektronische Publikation HLS, Version vom 19. Januar 2005].

7 Staatsarchiv Bern (AA V, Thuner- und Brienzersee 1). Vgl.: GEORGES GROSJEAN, Johann Jakob Brenners Thunerseeplan von 1771, in: Jahrbuch vom Thuner- und Brienzersee 1967, S. 15–24. – Johann Jacob Brenner, in: THOMAS LÖRTSCHER (Hrsg.), «währschafft, nuzlich und schön». Bernische Architekturzeichnungen des 18. Jahrhunderts, Bern 1994, S. 387.

8 Staatsarchiv Bern (AA IV 1985). Vgl.: GEORG GERMANN, Seeufer mit Alpenblick, in: GEORG GERMANN (Hrsg.), Riviera am Thunersee im 19. Jahrhundert, Bern 2002, S. 9–14, hier S. 12f. (mit falscher Signatur!).

9 JOHANN LINDT, Die Typographische Gesellschaft in Bern, Bern 1958 (Bibliothek des Schweizerischen Gutenbergmuseums Bern, 23).

10 Zum Beispiel Gottlieb Sigmund Gruner, Albrecht von Haller, Johann Georg Heinzmann, Christian Cay Lorenz Hirschfeld, Vinzenz Bernhard Tscharner, Johann Rudolf von Sinner von Ballaigues.

11 Auch in Wörlitz bildet die Rousseau-Insel einen Bestandteil des ebenfalls seit 1764 (!) angelegten Landschaftsparks, der als einer der frühesten und bedeutendsten Kontinentaleuropas gilt. Allerdings wird die pappelumstandene Insel von Bellerive erst nachträglich, das heisst zwischen 1780 (Schmalz-Plan) und 1783 (Aufzeichnungen von Petitpierre), entstanden sein.

12 Rousseau propagiert 1761 in seiner «Julie ou la Nouvelle Héloïse» den reinen Baumgarten ohne schmückende Elemente.

13 THOMAS FREIVOGEL, Emanuel Handmann 1718–1781, Murten 2002, S. 30.

14 MICHAEL BRECKWOLDT, «Das Landleben» als Grundlage für eine Gartentheorie. Eine literaturhistorische Analyse der Schriften von Christian Cay Lorenz Hirschfeld, München 1995 (Arbeiten zur sozialwissenschaftlich orientierten Freiraumplanung, 14).

15 CHRISTIAN CAY LORENZ HIRSCHFELD, Theorie der Gartenkunst, Bd. 2, Leipzig 1780, S. 59.

16 JOHANN CHRISTOPH GOTTSCHED (Hrsg.), Handlexicon oder Kurzgefasstes Wörterbuch der schönen Wissenschaften und freyen Künste, Leipzig 1760. Darin verfasste der Korrespondent C. (Friedrich August Krubsacius [1718–1789], sächsischer Hofarchitekt) sämtliche mit der Gartenkunst in Verbindung stehenden Artikel wie z.B. *Quinconce*, Sp. 1358–1359. Vgl. dazu: UTA HASEKAMP, Gartentheorie und stilistische Züge deutscher Gartenkunst um 1760, in: Die Gartenkunst des Barock, München 1999 (Arbeitshefte des Bayerischen Landesamtes für Denkmalpflege, 103), S. 169–175. Gottsched war übrigens ebenfalls einer der Autoren der Typographischen Gesellschaft in Bern, und auch Krubsacius selbst pflegte Kontakte zu dieser Stadt (Korrespondenz mit Erasmus Ritter, vgl. LÖRTSCHER [wie Anm. 7], S. 74, Anm. 22).

17 Traité des jardins, par le Sieur Saussay, Bruxelles 1728. Vgl. dazu auch: Der Gärtner Saussay über die barocke Lustgärtnerei, in: Zandera 20, 2005, Nr. 1, S. 3–22. Dezallier d'Argenville bringt in der erweiterten sechsten Auflage von 1747 zum Stichwort *Quinconces* nichts wesentlich Neues (ANTOINE JOSEPH DEZALLIER D'ARGENVILLE, La Théorie et la pratique du jardinage, Paris 1760[6], S. 74, 223).

18 Es verwundert nicht, dass der Architekt Henry B. de Fischer aus Gründen der Axialität und Symmetrie postbarockerweise einen zweiten Pavillon beisteuerte.

19 Vgl. dazu auch JACEK WOŹNIAKOWSKI, Die Wildnis. Zur Deutungsgeschichte des Berges in der europäischen Neuzeit, Frankfurt a. M. 1987.

20 HIRSCHFELD (wie Anm. 15), Bd. 1, Leipzig 1779, S. 194–198.

21 Popes Manifest war auch in Bern bekannt, floss es doch als Zitat sogar in die damalige Porträtkunst ein; vgl. dazu FREIVOGEL (wie Anm. 13), S. 109, 161.

Anmerkungen Seiten 194–199
Brigitt Sigel: Garten Honnerlag, Trogen

1 HEINRICH HEIM, Die Heilkräfte der Alpenziegen-Molken und der Kurort Gais, Zürich 1844, S. 136.

2 Vgl. zur Baugeschichte: EUGEN STEINMANN, Die Kunstdenkmäler des Kantons Appenzell Ausserrhoden, Bd. 2: Der Bezirk Mittelland, Basel 1980, S. 153f. Die Gartenhäuschen entstanden zu Beginn des 19. Jahrhunderts und bestehen bis heute. – Vgl. zur Biografie: Nekrolog des H. Obristl. Johann Konrad Honnerlag, in: Appenzellisches Monatsblatt 14, 1838, S. 113–128 und 154–158.

3 Zusammen mit den Privatbibliotheken von Pfarrer Johann Jakob Frei und von Johann Caspar Zellweger gelangte die Sammlung nach Honnerlags Tod in die von ihm mitbegründete Gemeindebibliothek von Trogen, die den Grundstock der heutigen Kantonsbibliothek von Appenzell Ausserrhoden bildet. Vgl. dazu: MATTHIAS WEISHAUPT, Die «Description de l'Égypte» in der Bibliothek von Trogen, in: Appenzellische Jahrbücher 2002, S. 14–30, hier S. 26f.

4   1829, Kantonsbibliothek Appenzell Ausserrhoden, Trogen. Vgl. dazu: HEINRICH THOMMEN, Uli Rotach im Kampf gegen zwölf Feinde. Ludwig Vogels Historiengemälde von 1829, in: Appenzeller Jahrbücher 2004, S. 59–75.

5   «Trop heureux le mortel / Qui sans trouble et sans bruit / Vit dans l'obscurité d'un champêtre réduit, / Et borné dans ses vœux / Content du necessaire, / Interdit à son cœur / Tout espoir téméraire / Sa seul ambition / Est de donner des loix / Aux fleurs de ses jardins / Aux arbres de ses bois» und «Heureux si je coule ma vie / Loin des honneurs et de l'envie. / Et si des humains oublié / Je vois ma carrière embellie / Par la bonne et franche amitié.» VIKTOR EUGEN ZELLWEGER, Die Familie Honnerlag in Trogen 1671–1839, in: Appenzellische Jahrbücher 1931, S. 1–19, hier S. 13.

6   Die erwähnten Dokumente befinden sich im Eidgenössischen Archiv für Denkmalpflege (Sammlung Bürgerhausarchiv), Bern, und in der Kantonsbibliothek Appenzell Ausserrhoden, Trogen (Honnerlag Chronik). Den Mitarbeiterinnen und Mitarbeitern der beiden Institutionen sei für ihre Hilfe herzlich gedankt.

7   Freundliche Mitteilung von Georg Frey, Zug.

8   HEIM (wie Anm. 1), S. 135.

9   Freundliche Auskunft von Förster Michael Kuster, Trogen.

10 So die Bezeichnung auf der Planaufnahme im Bürgerhausarchiv, vgl. Anm. 6.

11 Wichtige Hinweise zur literarischen «Abstammung» der Gedichte verdanke ich Simone de Reyff, Fribourg, und Peter Mall, Basel.

12 Die Gründe dieser Überlagerung von Libertas und Helvetia mögen dahingestellt bleiben. Zur Libertas vgl.: Lexicon iconographicum mythologiae classicae, Bd. VI/1, Zürich/München 1992 (Rainer Vollkommer: Libertas). Zur Helvetia vgl.: Georg Kreis, Helvetia – im Wandel der Zeiten. Die Geschichte einer nationalen Repräsentationsfigur, Zürich 1991.

13 Aus Platzgründen wurde der erste Vers, der eigentlich «Auf den Bergen ist Freyheit! Der Hauch der Grüfte» lautet, auf zwei Zeilen aufgeteilt. Das zweite Gedicht auf der Tafel, mit einem T unterzeichnet und auf Fitzis Darstellung nicht vorhanden, ist nachträglich dazugekommen und dürfte mit dem späteren Besitzer der Anlage, Johann Jakob Tobler-Fehr im Zusammenhang stehen.

14 Schiller, Die Braut von Messina, Verse 2585–2588.

Anmerkungen Seiten 200–205
Hans-Christian Steiner: Villa Bellerive, Luzern

1   Luzerner Tagblatt Nr. 245, 20. Oktober 1908, S. 3.

2   HANS-RUDOLF HEYER, Historische Gärten der Schweiz. Die Entwicklung vom Mittelalter bis zur Gegenwart, Bern 1980, S. 56–59.

3   Die geborene Gräfin Hangwitz aus Mähren, spätere Sophie d'Harnancourt, kauft das Landgut «Zerleitenbaum» 1844 und verkauft es 1853 mit dem neuen Namen Bellerive. Vgl. JANET LÜTHY, Villa Bellerive, Luzern 1979, S. 5f. – 100 Jahre Villa Bellerive, hrsg. vom Kantonalen Lehrmittelverlag Luzern, Luzern 1990, S. 1f.

4   Guido Hager, Gartendenkmalpflegerisches Gutachten Villa Bellerive Luzern, Zürich 1996, S. 6, 11–13 [unveröffentlicht]. Der Architekt Bringolf wie auch der Landschaftsgärtner Froebel waren an der Landesausstellung in Zürich beteiligt. Vgl. HANS-CHRISTIAN STEINER, Villa Bellerive, Kindergartenseminar. Gesamtrenovation, in: Jahrbuch der Historischen Gesellschaft Luzern 19, Luzern 2001, S. 107–113. – ANNEMARIE BUCHER, Vom Landschaftsgarten zur Gartenlandschaft – Schweizerische Gartengestaltung auf dem Weg in die Gegenwart, in: Vom Landschaftsgarten zur Gartenlandschaft. Gartenkunst zwischen 1880 und 1980 im Archiv für Schweizer Gartenarchitektur und Landschaftsplanung, Zürich 1996, S. 35–86, hier 43–46, Abb. 15.

5   LÜTHY (wie Anm. 3), S. 6–10. – 100 Jahre ... (wie Anm. 3), S. 9–22. – Hager (wie Anm. 4), S. 7–15. – CHRISTOPH FAHRNI, Monumentale Sinnlichkeit, in: Umbau und Renovation Villa Bellerive Kindergartenseminar Luzern 1999–2000, Luzern 2000, S. 16–18, hier S. 16.

6   Gartenjournal 1891 (Übersetzung aus dem Englischen, Maschinenschrift), S. 95, 113, 166, 168, 179, und Gartenjournal 1891–1899 (handschriftliche, französische Originalfassung) auf Mikrofilm im Staatsarchiv des Kantons Luzern, Luzern, unter der Filmsignatur FA 098.

7   Diese räumliche Anordnung kommt einer Forderung des Landschaftsgärtners Evariste Mertens nach, der 1871 schreibt: «Der Bewohner des Hauses oder sein Gast muss durch den vom Fenster gewährten Blick in den Garten gelockt werden und, denselben durchwandernd, noch diesem oder jenem unerwarteten und interessanten Motiv begegnen, das seine Aufmerksamkeit weckt und ihn erholend beschäftigt; nur in diesem Fall wird der Aufenthalt ein wirklich kurzweiliger, angenehmer.» Vgl. BUCHER (wie Anm. 4), S. 42.

8   DAVID R. COFFIN, Gardens and Gardening in Papal Rome, Princeton 1991, S. 30–38. Der von Martin Bodmer offensichtlich geschätzte Architekturtheoretiker der Renaissance Leon Battista Alberti führt in seinen Traktaten bereits Grotten an, die im Inneren mit Meeresmosaiken und echten Muscheln ausgestattet waren, was sich natürlich für ein Gebirgsland wie die Schweiz im Hinblick auf die Tropfsteinhöhlen nur adaptiert umsetzen liess.

9   CLAUDIA LAZZARO, The Italian Renaissance Garden. From the Conventions of Planting, Design, and Ornament to the Grand Gardens of Sixteenth-Century Central Italy, New Haven/London 1990, S. 109–130. – COFFIN (wie Anm. 8), S. 28–57.

10 COFFIN (wie Anm. 8), S. 38, 53.

11 Gartenjournal 1891–1899 (wie Anm. 6) unter 20. Januar 1896.

12 Gartenjournal 1891–1899 (wie Anm. 6) unter Juli 1893, August 1893, August 1894 und Oktober 1898.

Anmerkungen Seiten 206–210
Samuel Rutishauser: Bally-Park, Schönenwerd

1   Die Angaben zur Baugeschichte beziehen sich grossenteils auf nicht publizierte Quellen aus dem Firmenarchiv Bally. Hinweise zu Quellen und Literatur: Carl Franz Bally, Tagebuch (handschriftlich verfasste Erinnerungen). – HERMANN BUECHI, Aus der Heimat des Bally-Schuhs, Berlin o.J. – 50 Jahre des Hauses C. F. Bally Söhne in Schönenwerd, Schönenwerd 1901. – Eduard Bally, Geschichte der C. F. Bally AG (Typskript um 1920). – A. SONDEREGGER, M. STOCKER, Bally und Schönenwerd, Unternehmens- und Siedlungsentwicklung bis 1926, Zürich 1991. – PETER HEIM, Königreich Bally, Baden 2000.

2   50 Jahre ... (wie Anm. 1), S. 79.

3   Brief von Walter Mertens an Bally, 1923. Nachlass Bally, Bally Archiv, Schönenwerd.

4   50 Jahre ... (wie Anm. 1), S. 80.

5   Das idyllische Bild von Pfahlbaudörfern wurde in der zweiten Hälfte des 19. Jahrhunderts in dem noch jungen Bundesstaat zum Sinnbild einer friedlichen Schweiz inmitten Europas, und die Pfahlbauer nahmen je länger, je mehr die Bedeutung der Urahnen unserer Schweiz an.

6   50 Jahre ... (wie Anm. 1), S. 80.

Anmerkungen Seiten 211–213
Helmi Gasser: Das Rütli

1. Hauptquelle: Jahresberichte der Schweizerischen Gemeinnützigen Gesellschaft, in: Schweizerische Zeitschrift für Gemeinnützigkeit ab 1858. – Literatur: HELMI GASSER, Die Kunstdenkmäler des Kantons Uri, Basel 1986, S. 417–426, einschliesslich der älteren Literatur. – GEORG KREIS, Mythos Rütli. Geschichte eines Erinnerungsortes. Mit zwei Beiträgen von Josef Wiget, Zürich 2004, einschliesslich weiterer Literatur.
2. «Von ferne sei herzlich gegrüsset / Du stilles Gelände am See […]», Anfang des Rütlilieds von Johann Georg Krauer, vertont von Josef Greith, 1821.

Anmerkungen Seiten 216–219
Annemarie Bucher: Grandhotel Giessbach

1. ALBRECHT VON HALLER, Die Alpen (1729), Verse 355–360.
2. Literatur: JÜRG SCHWEIZER, ROGER RIEKER, Grandhotel Giessbach, Kanton Bern, Bern 2004 (Schweizerische Kunstführer). – H. BERLEPSCH, Der Giessbach und … seine Umgebung, Giessbach 1875.
3. AUREL SCHMIDT, Die Alpen, Zürich 1990. – ISABELLE RUCKI, Das Hotel in den Alpen. Die Geschichte der Oberengadiner Hotelarchitektur von 1860–1914, Zürich 1989. – JOHANN GOTTFRIED EBEL, Anleitung auf die nützlichste und genussvollste Art die Schweiz zu bereisen, Zürich 1809–1810.
4. Vgl. z.B. Kassel Wilhelmshöhe (spätes 18. Jh.). Auch natürlichen, aber eher bescheidenen Wasserfällen wurde gelegentlich künstlich nachgeholfen, vgl. den Amselfall in der Sächsischen Schweiz: «Wer da nun doch die grosse Schönheit des Platzes kennenlernen möchte […], der schicke […] einen Boten zu dem Rathewalder Lochmüller mit einem guten Trinkgelde, um ihn zu bewegen, dass er seinen Teich zieht, dadurch wird das Wasser und also auch der Fall um ein grosses verstärkt werden. Ist die Bach hingegen sehr stark, so verursacht ihr Fall hier ein unaufhörliches Rauschen.» Zit. nach KARL-LUDWIG HOCH, Caspar David Friedrich in der Sächsischen Schweiz, Dresden 1995, S. 37.
5. CHRISTIAN CAY LORENZ HIRSCHFELD, Theorie der Gartenkunst, Nachdruck der Ausgabe Leipzig 1779–1780, 5 Bde. in zwei Bänden, Hildesheim/New York 1973, Bd. 2 des Originals, S. 114f.
6. HIRSCHFELD (wie Anm. 5), S. 121.

Anmerkungen Seiten 220–222
Marcus Casutt: Hotel Palace, Maloja

1. Camille de Renesse, Mémoire vom 24. Juni 1885, übersetzt bei PETER BÖCKLI, Bis zum Tod der Gräfin. Das Drama um den Hotelpalast des Grafen de Renesse in Maloja, Zürich 1998, S. 120.
2. Ankele wirkte ab 1876 als Stadtgärtner in Bern – das Zustandekommen seines Entwurfs für Maloja ist unklar. Erste Elemente des Parks erschienen bereits im Ingenieurplan von R. Wildberger 1883.
3. «Im Hôtel Maloja […] ist die Saison dies Mal sehr gut (c. 300 Personen) […]. Um einen Begriff von der Frequenz zu geben: Am 9. August verkehrten in Maloja, bei dem Hôtel, c. 900 Wagen, davon c. 500 Kutschen und Equipagen. Sehr Nizza-mässig […]», berichtet Friedrich Nietzsche am 19. August 1887 aus Sils Maria (Neue Zürcher Zeitung vom 14. November 1998, S. 16).
4. Bündner Tagblatt, Nr. 275, 23. November 1883.
5. Weitere Literatur: JANE BIHR-DE SALIS, Giardini e orti in Val Bregaglia, Chur 1995 (Ausstellung Ciäsa Granda, Stampa). – ISABELLE RUCKI, Das Hotel in den Alpen. Die Geschichte der Oberengadiner Hotelarchitektur von 1860–1914, Zürich 1989. – ROLAND FLÜCKIGER, Hotelpaläste zwischen Traum und Wirklichkeit. Schweizer Tourismus und Hotelbau 1830–1920, Baden 2003.
6. Zeitgenossen kritisierten das Verschwinden der Alpenflora und betonten den Wert der einheimischen Arten. The Maloja Cronicle (Hauszeitung des Hotels), 22. August 1885, und Times vom 6. Juli 1885.

Anmerkungen Seiten 228–233
Judith Rohrer-Amberg: Rieterpark, Zürich

1. Weiterführende Literatur zu den Persönlichkeiten der Wesendoncks und den Umständen ihrer Übersiedlung: AXEL LANGER, CHRIS WALTON (Hrsg.), Minne, Muse und Mäzen. Otto und Mathilde Wesendonck und ihr Zürcher Künstlerzirkel, Zürich 2002.
2. Theodor Froebel (1810–1893), geb. in Thüringen, durchläuft seine Lehr- und Wanderjahre in bedeutenden, meist botanischen Gärten Deutschlands, so auch in den königlichen Gärten von Sanssouci unter Peter Joseph Lenné. 1834 Niederlassung in Zürich, ab 1841 unterhält er ein eigenes Gärtnereigeschäft, daneben ist er Handelsgärtner und Pflanzenzüchter.
3. LANGER, WALTON, (wie Anm. 1), S. 23–51.
4. CONRAD ESCHER, Die Villa Rieter in Zürich, auch Villa Wesendonk genannt, Zürich [ca. 1912].
5. Das Verhältnis zwischen Richard Wagner und Mathilde Wesendonck beflügelt so manche Fantasie und wird ebenfalls von LANGER, WALTON (wie Anm. 1) aus verschiedenen Blickwinkeln beleuchtet.
6. Dr. Jürg Wille, geb. 1916 und aufgewachsen in der benachbarten Villa Schönberg, kannte das grossmütterliche Anwesen bis zum Wegzug der Familie 1932 wie seine Hosentasche. Ihm verdankt die Gartendenkmalpflege die Einsicht in die Familienalben und auch eine Fülle von mündlichen Hinweisen, was für das Verständnis der Anlage von unschätzbarem Wert ist.
7. Auf Einladung des Bundesrates besucht der deutsche Kaiser Wilhelm II. Militärmanöver in der Ostschweiz, welche unter der Leitung von General Wille standen. Er logierte vom 3. bis 6. September 1912 standesgemäss in der Villa Rieter. Frau Rieter musste in dieser Zeit bei Bekannten wohnen, wurde aber zum Dank vom Kaiser in ihre eigene Villa zum Tee eingeladen. JÜRG WILLE, Das Weiterleben. Rieter im Rietberg, in: LANGER, WALTON (wie Anm. 1), S. 169–175, hier S. 172.
8. Die Villa Wesendonck wurde nach einer weiteren Volksabstimmung 1949 umgebaut und als Museum für die Sammlung von Baron Eduard von der Heydt eingerichtet, die er der Stadt Zürich vermachte. Im Jahr 1952 wurde das Museum Rietberg als Museum für aussereuropäische Kunst eröffnet.
9. Zwischen 2004 und 2006 baute die aus einem Wettbewerb erfolgreich hervorgegangene Architektengemeinschaft Grazioli und Krischanitz einen unterirdischen, an den bestehenden Baukomplex angedockten Museumsneubau, der bis auf den gläsernen Eingangspavillon wieder überdeckt wurde, wobei die ursprüngliche Topografie bestmöglichst nachgebildet wurde.
10. Steffen Roth, Parkpflegewerk Rieterpark/Villa Wesendonck, Zürich 2001 (in Auftrag gegeben vom Gartenbau- und Landwirtschaftsamt Zürich, 2. überarbeitete Fassung, unpubliziert).

Anmerkungen Seiten 234–238
Pascal Ruedin: Schloss Mercier, Siders

1 Zum Schloss Mercier siehe: PASCAL RUEDIN, Le château de la famille Mercier-de Molin à Sierre. Histoire et collection d'une dynastie bourgeoise en Suisse au début du XXe siècle, Sierre 1998. – PASCAL RUEDIN, La collection Mercier-de Molin au Château de Pradegg sur Sierre. Quelques aspects d'une collection d'art résolument conservatrice au début du XXe siècle, in: Die Kunst zu sammeln. Schweizer Kunstsammlungen seit 1848 / L'art de collectionner. Collections d'art en Suisse depuis 1848 / L'arte di collezionare. Collezioni svizzere d'arte dal 1848, Zürich 1998, S. 167–172. – Zum Park im Besonderen siehe: Walther W. Nossek, Parc du château Mercier. Revalorisation du site. Conservation et renouvellement des végétaux, rapport déposé au Service des bâtiments de l'Etat du Valais, o.J. (um 1991).

2 Zu Henry Correvon siehe: MARTINE JAQUET, Le jardin alpin ou une certaine Suisse en miniature, in: Des floralies aux jardins d'art. Un siècle d'expositions de paysagisme en Suisse / Von der Blumenschau zum Künstlergarten. Schweizerische Gartenbau-Ausstellungen, hrsg. von ANNEMARIE BUCHER und MARTINE JAQUET, Lausanne 2000, S. 25–34. Der Nachlass von Henry Correvon wird in den Archives de la construction moderne an der Ecole polytechnique fédérale in Lausanne aufbewahrt.

3 «[...] quand, il y a trente ans, vous m'avez annoncé votre projet de vous attaquer à la pente aride et nue de Pradegg où de rares et chétifs moutons trouvaient à peine en automne quelque chose à brouter et où, autrefois, j'herborisais péniblement et récoltais pour mon herbier les espèces désertiques qui les hantaient en certains de leurs recoins, j'ai admiré votre enthousiasme mais ne vous ai pas encouragée. Il s'agit, en effet, du climat le plus sec et aride de la Suisse. [...] Là où les maigres moutons trouvaient à peine quelques herbages secs, vous avez établi un parc de la Beauté et apporté vie et fraîcheur.» HENRY CORREVON, Floraire. Genèse et développement d'un jardin séculaire, Genève 1936, S. 3.

Anmerkungen Seiten 239–243
Katharina Medici-Mall: Villa Tössertobel, Winterthur

1 DIETER SCHWARZ (Hrsg.), Die Sammlung Georg Reinhart, Winterthur 1998. Ich danke Frau Nanni Reinhart-Schinz dafür, dass ich den Garten mehrmals besuchen und Einsicht in das Familienarchiv nehmen durfte.

2 Georg Reinhart, Aus meinem Leben, Winterthur 1931. Die Einsicht in ihr Exemplar dieses Privatdrucks gewährte mir freundlicherweise die Enkelin Olga Jung-Hafter.

3 MARIE LUISE GOTHEIN, Indische Gärten, München/Wien/Berlin 1926. Nachdruck mit einem Nachwort von Horst Schumacher, Berlin 2000, S. 72.

4 Stadtarchiv Winterthur, Rittmeyer & Furrer: Situationsplan 1:500, ASS 2824, September 1907. Vgl. die lückenlose Baugeschichte einschliesslich der älteren Literatur von KATHARINA FURRER-KEMPTER, Die Villa Tössertobel in Winterthur. Privatwohnhaus und Gesamtkunstwerk, in: SCHWARZ (wie Anm. 1), S. 85–123.

5 FURRER-KEMPTER (wie Anm. 4), S. 92.

6 Reinhart liess ihn von einem lokalen Künstler namens Fritz Liechti einer japanischen Bronze nachbilden, Reinhart (wie Anm. 2).

7 OSCAR REUTHER, Indische Paläste und Wohnhäuser, Berlin 1925, S. 59. Baradaris waren im Westen durchaus bekannt und werden z.B. im Wasmuths Lexikon der Baukunst, Bd. 1, Berlin 1929, S. 319, aufgeführt. Gewiss kannte Reinhart auch das Buch «Indische Baukunst» des Baslers Emanuel La Roche von 1921/22, für das der Winterthurer Heinrich Wölfflin das Geleitwort geschrieben hat, abgedruckt in: HEINRICH WÖLFFLIN, Kleine Schriften, Basel 1946, S. 220–223. Freundliche Mitteilung von Georg Germann, dem ich weitere wertvolle Hinweise und die Durchsicht des Manuskripts verdanke.

8 SCHWARZ (wie Anm. 1), S. 259. – Reinhart (wie Anm. 2).

9 PETER CORNELIUS MAYER-TASCH, Der Garten Eden, in: HANS SARKOWICZ, Die Geschichte der Gärten und Parks, Frankfurt a. M./Leipzig 1998, S. 11–24. – HANS-DIETER STOFFLER, Kräuter aus dem Klostergarten. Wissen und Weisheit mittelalterlicher Mönche, Stuttgart 2002, S. 22. – RUDOLF HAGELSTANGE, Die Elemente. Gedichte zu den Mosaiken von Frans Masereel, Verona 1950.

10 ROBERT STEINER, Die Villen und ihre Gärten nach 1850, in: Winterthur und seine Gärten, Ausstellungskatalog Gewerbemuseum, Winterthur 1975, S. 29–52. – INSA Inventar der neueren Schweizer Architektur 1850–1920, Bd. 10, Zürich 1992, S. 115

11 Stadtarchiv Winterthur, F 38. – Moderne Bauformen 10, 1911, Nr. 2, S. 87. Ich danke Herrn Alfred Büttikofer für die Hilfe bei der Durchsicht der Pläne und Akten. Es sind auch keine Pläne vom Tössertobel in den Nachlässen von Otto Froebel oder Evariste Mertens, der ebenfalls Gärten in Winterthur angelegt hat, erhalten Freundliche Mitteilungen von Johannes Stoffler und Beatrice Nater.

12 FURRER-KEMPTER (wie Anm. 4), S. 104.

13 Gaius Plinius Caecilius Secundus, Briefe, Fünftes Buch, 6. Brief, hrsg. lateinisch-deutsch von Helmut Kasten, Zürich 1995[7], S. 263.

14 FURRER-KEMPTER (wie Anm. 4), S. 104, 110, 145, 260.

15 Stadtarchiv Winterthur, Brief von Georg Reinhart an die Herren Rittmeyer und Furrer vom 10. November 1914; Plan «Vergrösserung der Gartenanlage» vom November 1916, 1:100, von Paul Schädlich. Dieses Vorgehen beim Gemüsegarten zeigt, dass Georg Reinhart federführend bei der Anlage des Gartens war. Für andere Gärten scheint Rittmeyers Rolle als Entwerfer profilierter gewesen sein, so etwa bei der Villa Flora der Familie Bühler-Hahnloser. Für diesen Garten ist noch eine Skizze des Büros Rittmeyer & Furrer erhalten. Freundliche Mitteilung von Robert Steiner.

16 FURRER-KEMPTER (wie Anm. 4), S. 105–107, 261.

17 FURRER-KEMPTER (wie Anm. 4), S. 112–116.

18 Vgl. die Artikel über das Tössertobel von ANTHONY DU GARD PAISLEY, Spirit of a New Age, in: Country Life 13, 1991, S. 198–201, und von GEROLD FISCHER, Garten der Villa Tössertobel, Winterthur, in: Anthos 1995, Nr. 2, S. 8f.

19 Reinhart (wie Anm. 2).

Anmerkungen Seiten 244–247
Jean-Yves Le Baron, Klaus Holzhausen, John Aubert: Villa Eupalinos, Pully

1 L'Atelier du Paysage – Jean-Yves Le Baron, architectes-paysagistes, Villa «Eupalinos» – Pully. Etude historique du jardin, Lausanne 2003.

2 CHARLES STERN, Bizarreries, Lausanne 1926.

3 EUPALINOS [Charles Stern], Poèmes subtils, Lausanne, 1930.

4 Eupalinos, griechischer Ingenieur und Architekt, der in der zweiten Hälfte des 6. Jahrhunderts v. Chr. lebte, ist bekannt als der Erbauer eines unterirdischen Aquädukts in Samos, den Herodot als das bemerkenswerteste aller griechischen Bauwerke bezeichnete. Der Aquädukt war 1036 Meter lang und leitete das Wasser einer Quelle nördlich der Akropolis in die Stadt.

5 PAUL VALÉRY, Eupalinos ou l'architecte, in: La Nouvelle Revue Française, Nr. 90, 1. März 1921. Deutsche Fassung: PAUL VALÉRY, Eupalinos oder Über die Architektur, übertragen von Rainer Maria Rilke, Leipzig 1927 [spätere Ausgaben unter dem Titel: Eupalinos oder Der Architekt].

6 STEPHANIE PALLINI, Entre Tradition et Modernisme. La Suisse romande de l'entre-deux-guerres face aux avant-gardes, Bern 2004, S. 167–169. – Siehe auch: JACQUES GUBLER, Nationalisme et internationalisme dans l'architecture suisse, Lausanne 1975, S. 346.

7 Henri et Achille Duchêne, Architectes Paysagistes 1841–1947. Le style Duchêne, Paris 1998, S. 28.

Anmerkungen Seiten 250–253
Pia Amstutz: Garten Oberhaus, Stans

1 Hauptflecken Stans, Stich von Johann Michael Blunschi, 1756. Abgebildet in: ROBERT DURRER, Die Kunstdenkmäler des Kantons Unterwalden, unveränderter Nachdruck Basel 1971, S. 844.

2 «Vue de Stans». Radierung von Joh. J. Biedermann, 1796. Nidwaldner Museum, Stans.

3 «Stans im Wächterruf». Plan von 1845. Kantonsbibliothek Stans.

4 Flecken Stans. Plan und Modell von Jakob Christen, 1885. Nidwaldner Museum, Stans.

5 Fotos im Privatarchiv von Familie Kayser.

Literaturhinweise:
– ROBERT DURRER, Die Kunstdenkmäler des Kantons Unterwalden, unveränderter Nachdruck Basel 1971, S. 842, 844, 935, 1118 (Ennerberg).
– INSA Inventar der neueren Schweizer Architektur 1850–1920, Bd. 9, Zürich 2003, S. 217–293.
– LISELOTTE STEINER-BARMETTLER, Der Dorfbrand von Stans 1713, in: Beiträge zur Geschichte Nidwaldens 39, 1980, S. 9–94.
– Chronik des Johann Laurentz Bünti, Landammann 1661–1736, in: Beiträge zur Geschichte Nidwaldens 34, 1973, S. 235–245 (Feuersbrunst), S. 260–264 (neu erbaute Häuser), S. 330.
– HANS VON MATT, Johann Melchior Wyrsch. Der Einfluss von Abstammung und Verwandtschaft auf die Entwicklung seines Talents, in: Der Geschichtsfreund 101, 1948, S. 14–27 (Familie Achermann vom Ennerberg).
– HANS VON MATT, Kunst in Stans bis 1900, Stans 1981, S. 34–43 (Paul von Deschwanden, 1811–1881).
– ALBERT KUHN, Melchior Paul v. Deschwanden, Einsiedeln 1882.
– JOSEF THEODOR VON DESCHWANDEN, Versuch einer Chronik der väterlichen Verwandtschaft von Deschwanden, Fotokopie einer Handschrift, 1894. Kantonsbibliothek Nidwalden, S. 9–13 (Oberhaus).

Anmerkungen Seiten 254–257
Eeva Ruoff: Schloss Bothmar, Malans

1 Gemeint ist *le jardin des sources,* das berühmte, aber nachträglich zerstörte Spätwerk von André Le Nôtre.

2 Staatsarchiv Graubünden, Chur, Familienarchiv von Salis-Seewis D VII/B192 (Tagebuch von G.A. von Salis 1724–1726), unpaginiert.

3 Nach Bauinschriften hat er 1739 den Südflügel, 1751–1753 den Westflügel (mit der so genannten Orangerie im Parterre), 1740 den Brunnen hinter dem Schloss sowie 1762 das Einfahrtstor erbaut. Das Bürgerhaus in der Schweiz, XIV. Bd.: Das Bürgerhaus im Kanton Graubünden, II. Teil: Nördliche Talschaften A, Zürich 1924, S. XLIX.

4 Es könnte sich dabei um die Darstellung eines Projekts handeln, da der im Jahr 1739 fertig gestellte Südflügel im Bild ein Stockwerk höher als ausgeführt ist. Siehe auch Anm. 5.

5 Dieses Portal wurde möglicherweise nie erstellt. Es ist stilistisch dem in Anm. 3 erwähnten Einfahrtstor am Bothmarweg sehr ähnlich. Ob die inzwischen verschwundenen Fundamente einer bogenförmigen Treppe, die auf älteren Fotografien unter dem jetzigen Gartentor zu sehen sind, als Indiz für die ehemalige Existenz jenes Portals oder eines anderen, älteren Tors gelten dürfen, ist nicht klar.

6 Auf dem Plan in: Das Bürgerhaus in der Schweiz (wie in Anm. 3), Tafel 79, Abb. 2, ist an dieser Stelle ein Tor oder eine Toröffnung eingezeichnet.

7 GUIDO VON SALIS-SEEWIS, Ein bündnerischer Geschichtsforscher vor hundert Jahren. Johann Ulrich von Salis-Seewis 1777–1817. Aarau 1926, S. 2.

8 Abbildung auf S. 17, in: ROBERT DONATSCH, Malans in der Bündner Herrschaft, Chur 1981².

9 «Der burde have været Roser», *verbatim:* «Dort hätte es Rosen geben sollen». Rainer Maria Rilke und das Schloss Bothmar, [Privatdruck, unpaginiert], Brief Rilkes an Guido von Salis vom 10. September 1920.

10 Freundliche Mitteilung seiner Tochter, Frau Flandrina von Salis, der die Autorin auch weitere Informationen über den Garten zur Zeit von Hans Wolf von Salis verdankt.

Anmerkungen Seiten 258–263
Claudia Moll: Villa Schuler, Glarus

1 Vgl. JÜRG DAVATZ, Glarner Heimatstil, in: ELISABETH CRETTAZ-STÜRZEL, Heimatstil. Reformarchitektur in der Schweiz 1896–1914, Frauenfeld/Stuttgart/Wien 2005, Bd. 2, S. 128–137.

2 Der heutige Besitzer Andrea Schuler änderte dies in den 1980er Jahren. Der ehemalige Diensteingang an der Nordfassade wurde zum Haupteingang, die Zufahrt führt heute von der Strasse nicht mehr direkt vor die Terrasse, sondern in einem Bogen zur Nordfassade.

3 Mertens muss den architektonischen Entwurf Heinrich Leuzingers gekannt haben. Eine Kopie des Plans befindet sich in seinem Archiv.

4 Ca. 1910 wurde im südlichen Teil der Wiese ein Tennisplatz angelegt, der 1950 aber wieder aufgehoben wurde. Der untere Abschnitt der Wegschlaufe wurde zu diesem Zweck begradigt, dieser Eingriff wurde in den 1980er Jahren rückgängig gemacht.

5 In dem in Anm. 6 genannten Plan wird dieses Gebäude als Gewächshaus bezeichnet. Auf den ersten Fotos sah es aber schon aus wie heute. Man kann davon ausgehen, dass der Begriff «Gewächshaus» als deutsche Übersetzung für Orangerie benutzt wurde.

6 Der Plan von 1906 ist der einzige, der im Archiv der Familie Schuler zum Garten der Villa Schwitter erhalten ist. Er ist unterzeichnet mit «Schmid-Lütschg Architekten, Glarus». Aufgrund der Datierung kann angenommen werden, dass es sich bei diesem Plan um eine Bestandesaufnahme des Gartens handelt.

7 Heute asp Landschaftsarchitekten AG.

Anmerkungen Seiten 266–268
Hermann Schöpfer: Fischmarkt, Freiburg

Quellen und Literatur:
– Staatsarchiv Freiburg, Ratsprotokolle, Seckelmeister- und Baumeisterrechnungen der 1760er Jahre.

- Stadtarchiv Freiburg, Protokolle des Gemeinderates, Gemeinderechnungen, Rechnungen und Protokolle des Stadtbauamtes der 1830er/40er Jahre.
- Grégoire Girard, Mémoire sur le cimetière primitif du couvent des PP. Cordeliers de Fribourg, in: Annales fribourgeoises 1956, S. 7–42.
- Leonz Waltenspühl, Charles de Castella, Diss. phil. Freiburg 1955, S. 117f. (mit Zuschreibung der Anlage an de Castella).
- Marcel Strub, Les monuments d'art et d'histoire du Canton de Fribourg, Bd. I, Basel 1964, S. 197f., mit Abb.
- Charles de Castella. Le dessin d'architecture/Die Architekturzeichnungen [Ausstellungskatalog], Museum für Kunst und Geschichte Freiburg, Freiburg 1994, S. 37, 163f., Abb. 21 (kritische Bemerkung zur Zuschreibung an de Castella).

Anmerkungen Seiten 269–274
Christof Kübler: Waldfriedhöfe, Schaffhausen und Davos

1 Tage-Blatt für den Kanton Schaffhausen, Amtliches Publikationsorgan für die Stadt und den Kanton Schaffhausen, Montag, 14. September 1914, S. 1f.
2 Neue Friedhof-Anlage im Rheinhard, Bericht des Stadtrates an den Grossen Stadtrat vom 28. April 1909, Schaffhausen 1909, S. 4.
3 INSA Inventar der neueren Schweizer Architektur 1850–1920, Bd. 8, Bern 1996, S. 265–423.
4 Neue Friedhof-Anlage … (wie Anm. 2), S. 21.
5 Neue Friedhof-Anlage … (wie Anm. 2), S. 24.
6 Vgl. Hans Ulrich Wipf, Die Entstehung des Waldfriedhofs, in: Waldfriedhof Schaffhausen 1914–1989, Hrsg. Stadtgärtnerei Schaffhausen, Schaffhausen 1989, S. 3–6.
7 Georg Jakob Wolf, Münchener Waldfriedhof, Augsburg 1928 (Deutsche Kunstführer, 15).
8 Vgl. Barbara Happe, Die Entwicklung der deutschen Friedhöfe von der Reformation bis 1870, Tübingen 1991, S. 237ff.
9 Fritz Dürst, Nekrolog Rudolf Gaberel, in: Davoser Zeitung vom 14. Oktober 1963.
10 Vgl. allgemein: INSA Inventar der neueren Schweizer Architektur 1850–1920, Bd. 3, Bern 1983, S. 317–464. Weiter: Christof Kübler, Wider den hermetischen Zauber. Rationalistische Erneuerung alpiner Architektur um 1930. Rudolf Gaberel und Davos, Chur 1997, S. 21–24, 164.
11 Brieffragment von Gaberel an Borchardt, nach Januar 1937. Deutsches Literaturarchiv/Schiller-Nationalmuseum, Marbach am Neckar.
12 Christian Caminada, Die Bündner Friedhöfe. Eine kulturhistorische Studie aus Bünden, Zürich 1918.
13 Erwin Poeschel, Der Waldfriedhof von Davos, in: Das Werk 1928, Nr. 15, S. 379.
14 Faltprospekt mit Abreisscoupon für Bepflanzungsauftrag und Unterhalt eines Grabes durch die Friedhofverwaltung, o. J. Vgl. weiter: Verordnung über Anlage und Betrieb des Waldfriedhofs und des Krematoriums der Stadt Schaffhausen, Regierungsratsbeschluss vom 3. November 1915, unterzeichnet von Staatsschreiber Otto Schärrer.
15 Aus den Grabmal- und Bepflanzungsvorschriften für den Waldfriedhof Wildboden Davos, in: Das Werk 1928, Nr. 15, S. 386.
16 Verordnung über Anlage und Betrieb … (wie Anm. 14), S. 3.
17 Emil Wiesli, Die Gestaltung und der Betrieb eines Friedhofs im Wald, in: Waldfriedhof Schaffhausen 1914–1989, Hrsg. Stadtgärtnerei Schaffhausen, Schaffhausen 1989, S. 19–23.
18 Gaberels Bibliotheksverzeichnis führt das Buch: Hans Grässel, Friedhofanlagen und Grabdenkmale, 1919.
19 Wolf (wie Anm. 7), S. 7.
20 Robert Rittmeyer, Friedhof und Grabmal, in: Die neue Friedhofsgestaltung. Ausstellung im Gewerbemuseum Winterthur, Winterthur 1932, S. 11. Als Aussteller werden u.a. die Fraktionsgemeinde Davos Platz und Rudolf Gaberel aufgeführt.

Anmerkungen Seiten 275–285
Leïla El-Wakil: Quaianlagen, Genf

Ich bedanke mich herzlich bei meinen Kolleginnen und Freundinnen Christine Amsler und Anastazja Winiger für ihre aufmerksame Lektüre des Textes.

1 Vgl. dazu: Les Monuments d'art et d'histoire du canton de Genève, Bd. 1: La Genève sur l'eau, Bern 1997, zur Place Bel-Air insbesondere die Seiten 70–86 (Alain Melo, Le confinement de la petite rade au XVIIe siècle).
2 Zur Geschichte der Genfer Promenaden im Allgemeinen siehe die hervorragende Lizentiatsarbeit von Christine Amsler: Un aspect du développement urbain à Genève: Les promenades publiques de la fin du XVIIe siècle à l'Occupation française, Genf, März 1991; publiziert: Christine Amsler, Les promenades publiques à Genève de 1680 à 1850, Genf 1993 (Musée d'art et d'histoire).
3 Amsler 1993 (wie Anm. 2), S. 35, 42, 57.
4 Plan géométrique des Fonds de M. Fazy des Bergues, situés à Genève, levé sur les Lieux par moi Jean Heberlé. Arpenteur à Genève ce 13 mars 1788, Centre d'iconographie genevoise (Bibliothèque publique et universitaire), Genf.
5 Archives Dufour (einst im Besitz von Olivier Reverdin), Guillaume-Henri Dufour, Histoire de mon voyage en France dans les mois de novembre et décembre 1829 et janvier 1830, 12 décembre 1829.
6 Anastazja Winiger-Labuda, L'urbanisation des rives et du plan d'eau au XVIIIe siècle: projets et réalisations, in: Les Monuments d'art … (wie Anm. 1), S. 87–113.
7 Armand Brulhart, Guillaume-Henri Dufour: génie civil et urbanisme à Genève au XIXe siècle, Lausanne 1987. – Armand Brulhart, L'ingénieur civil, in: Guillaume-Henri Dufour. L'homme, l'œuvre, la légende, hrsg. von Leïla El-Wakil, Genf 1987, S. 89–130. – Leïla El-Wakil, Guillaume-Henri Dufour et le nouveau visage de Genève, in: Guillaume-Henri Dufour dans son temps, 1787–1875, Genf 1991, S. 199–214. – André Corboz, La «refondation» de Genève en 1830 (Dufour, Fazy, Rousseau), in: Genava n.s. 40, 1992, S. 55–85.
8 David Dunant, Rousseau au temple de Mémoire ou ses titres à l'immortalité et la nécessité, pour ses concitoyens, de lui élever une statue dans une place publique: recueil de fragmens extraits des fastes de Clio, Genf 1829. – David Dunant, Rousseau au temple de Mémoire ou mémorandum sur le citoyen de Genève, à l'occasion de sa statue, Genf 1833.
9 Amsler 1993 (wie Anm. 2), S. 93.
10 Archives de l'Etat de Genève, Monuments 1, «Monument national», 20. April 1863.
11 Mémorial Conseil Municipal, März 1892.
12 Mémorial Conseil Municipal, 16. Oktober 1894.
13 «Relookage» des Künstlers Josée Pitteloud und des Bildhauers Jean Stern.
14 Vgl.: Laurence Bezaguet, David Hiler, La traversée de la rade. Serpent de mer des Genevois, Genf 1996.

15 ANASTAZJA WINIGER, La villa Bartholoni, Genf 1991. – LEÏLA EL-WAKIL, Bâtir la campagne: Genève 1800–1860, Genf 1988, S. 220–229.

16 CHRISTINE AMSLER, Maisons de campagne genevoises du XVIIIe siècle, Genf 2001 (Domus antiqua helvetica), Bd. II, S. 209.

Anmerkungen Seiten 286–299
Regine Abegg: Seequais von Luzern, Zug und Zürich

1 MARK TWAIN, Zu Fuss durch Europa. Aus dem Amerikanischen übersetzt von Gustav Adolph Himmel, Göttingen [1963], S. 180.

2 Deutsches Wörterbuch von JACOB und WILHELM GRIMM, Leipzig 1854–1960, Bd. 11, S. 35. – Le Robert, Dictionnaire historique de la langue française, art. «quai».

3 ADOLF REINLE, Zeichensprache der Architektur, Zürich 1976, S. 26.

4 Vgl. die Reiseberichte in: FRANZ ZELGER (Hrsg.), Luzern im Spiegel alter Reiseschilderungen 1757–1835, Luzern 1933.

5 Zit. in: JEAN-DANIEL CANDAU, L'image de Zurich chez les voyageurs des Lumières, 1760–1797, in: HELMUT HOLZHEY, SIMONE ZURBUCHEN (Hrsg.), Alte Löcher – neue Blicke. Zürich im 18. Jahrhundert: Aussen- und Innenperspektiven, Zürich 1997, S. 15–31, hier S. 16.

6 Dazu HANS-ULRICH JOST, Promenades dans la ville, in: Vivre et imaginer la ville, XVIIIe – XIXe siècles. Contributions réunis par FRANÇOIS WALTER, Genf 1988, S. 83–95.

7 Die wichtigste Literatur zu den Luzerner Quaianlagen: Renato Lampugnani, Der Quai von Luzern. Betrachtet unter gartenarchitektonischen, historischen und städtebaulichen Aspekten. Lizentiatsarbeit der Philosophischen Fakultät I der Universität Zürich, Prof. Stanislaus von Moos, Zürich 1992. – ROMAN HANS CHRISTIAN OTTIGER, Luzerner Hotelbauten von 1833–1871. Entwicklung einer Fremdenverkehrsstadt, Diss. Zürich 1976. – BEAT WYSS (unter Mitarbeit von Edgar Rüesch), Luzern, in: INSA Inventar der neueren Schweizer Architektur 1850–1920, Bd. 6, Bern 1991, hier S. 379–385. – HEINZ HORAT, Bauen am See. Architektur und Kunst an den Ufern der Zentralschweizer Seen, Luzern 2000, S. 58–60, 186–188. Unter dem wirtschaftlichen Aspekt: PAUL HUBER, Luzern wird Fremdenstadt. Veränderungen der städtischen Wirtschaftsstruktur 1850–1914, Luzern 1986.

8 OTTIGER (wie Anm. 7), S. 43f., 47f., 52f. Bebauungsplan von Ludwig Pfyffer von Altishofen mit der projektierten Linienführung des späteren Schweizerhofquais: Stadtarchiv Luzern, E2a.171. Projekt von Melchior Berri mit Situationsplan, Aufrissen und Details: ebd., E2b.172. Zum Projekt Berris siehe vor allem: OTTIGER (wie Anm. 7), S. 61–71. – ADOLF REINLE, Luzern, wie es nie gebaut wurde, in: Innerschweizerisches Jahrbuch für Heimatkunde, Bd. 15/16, 1951/52, S. 79–82.

9 Die Idee des Laubengangs ist schon im Bericht mit ersten allgemeinen Richtlinien zur Überbauung des Seegestades enthalten, den der Grössere Stadtrat am 25. Januar 1836 als Antwort auf die Eingabe Xaver Grobs vorlegte: Unter den Häuserreihen entlang des Quais seien «fortlaufende Bögen von einer gewissen Höhe und Breite anzubringen [...], weil einzig darin ein Ersatz für die sonst so angenehmen, bey schlechter Witterung gleichsam unentbehrlichen Brücken gefunden werden kann»; zit. in: OTTIGER (wie Anm. 7), S. 44.

10 Nach OTTIGER (wie Anm. 7), S. 111f., mussten gemäss Vertrag mit der Stadt vom 4. August 1845 die Gebrüder Segesser die Kosten für die Auffüllung und Anlage der ersten Uferstrasse übernehmen. Die Stadt trug die Kosten für den Abbruch der Hofbrücke und den späteren Unterhalt und bot an, «dem Fussweg entlang gegen den See zu ein solides Geländer» zu erstellen. Vgl. zu dieser Uferstrasse und ihrem Ausbau zum Schweizerhofquai die Pläne aus den 1840er und 1850er Jahren im Stadtarchiv Luzern.

11 Pläne: Stadtarchiv Luzern, E 2b.33 und 34. Zum Bebauungsplan ausführlich OTTIGER (wie Anm. 7), S. 137ff.

12 OTTIGER (wie Anm. 7), S. 161ff. Infolge eines Rechtsstreits wurde das Baugelände 1868 durch einen Entscheid des Obergerichts nicht als uneingeschränktes Eigentum der Baugesellschaft anerkannt, sondern mit einem Nutzungsrecht «auf Dauer» versehen.

13 JAKOB CHRISTOPH HEER, Führer für Luzern, Vierwaldstättersee und Umgebung, hrsg. von der Offiziellen Verkehrskommission Luzern, Luzern 1892, S. 9, 16.

14 Die hohen Ausgaben der Stadt bis 1874, hauptsächlich für das neue Fremdenquartier, wurden von den davon kaum profitierenden Bevölkerungsteilen nur widerwillig mitgetragen. Nach HUBER (wie Anm. 7), S. 183, konnten die Quaibauten vom Stadtrat gegen den Willen der Bevölkerung nur mit regierungsrätlicher Unterstützung durchgesetzt werden.

15 HEER (wie Anm. 13), S. 10f. Vgl. auch die lobende Erwähnung der Quais mit den «schattigen Alleen» und den «prächtigen Blicken auf See und Alpen» in den verschiedenen Auflagen der Reiseführer durch die Schweiz von Karl Baedeker.

16 Die nach der Verbreiterung des Schweizerhofquais 1895/96 entstandene schöne steinerne Balusterbrüstung ist 1977 entfernt worden und nur noch an der Aussichtskanzel erhalten. ▶ 12

17 Diese Situation zeigen noch der erste offizielle Strassenplan der Stadt Zug von Heinrich Weiss-Keller von 1867 (Museum in der Burg Zug) und zahlreiche druckgrafische Ansichten, zusammengestellt in: ROLF E. KELLER, Zug auf druckgraphischen Ansichten, Bd. 1, Zug 1991. Zur Entwicklung von Zug als Siedlung am Wasser siehe HORAT (wie Anm. 7), S. 124–127.

18 «Platzwehre» oder «Platzwehri». Aus den Schriftquellen geht nicht immer klar hervor, ob die Bezeichnung nur den Damm betrifft oder auch einen Teil des angrenzenden Platzes, der Ende des 19. und im 20. Jahrhundert nach dem Gasthof auch als Löwenplatz benannt wurde. Durch Stadtratsbeschluss vom 8. November 1988 wird das Areal unterhalb der Seestrasse, zwischen neuer Voliere und Platzwehri, als Platzwehri bezeichnet, das Areal oberhalb der Seestrasse als Landsgemeindeplatz.

19 Die wichtigste Literatur: CHRISTOF BURI, CHRISTIAN RASCHLE, Der Untergang der Zuger Vorstadt am 5. Juli 1887, in: Die Zuger Vorstadt. Gedenkschrift zum 100. Jahrestag der Vorstadtkatastrophe vom 5. Juli 1887, hrsg. von der Stadt Zug, Zug 1987, S. 9–50. – JOSEF SPECK, CHRISTINE KAMM-KYBURZ, PETER KAMM, Die Vorstadt vor und nach 1887, in: ebd., S. 51–100. – CHRISTINE KAMM-KYBURZ (unter Mitarbeit von Christian Raschle), Zug, in: INSA Inventar der neueren Schweizer Architektur 1850–1920, Bd. 10, Bern 1992, hier S. 476–483.

20 KAMM-KYBURZ (wie Anm. 19), S. 544, Plan Nr. 28. – Abb. in: BURI, RASCHLE (wie Anm. 19), S. 18f.

21 Auszüge aus den Gutachten von Ingenieur Robert Moser und Geologieprofessor Albert Heim in: BURI, RASCHLE (wie Anm. 19), S. 22.

22 Wichtigste Literatur und Quellen: Bericht über die Ausführung des Zürcherischen Quaiunternehmens in den Jahren 1881–1888, erstattet dem Verwaltungsausschusse der Unternehmung von der Direktion der Quaibauten, Zürich 1889. – MORIZ SUTERMEISTER, Quai-Bürkli. Aus dem Leben des Nationalrat Dr. A. Bürkli-Ziegler, Schöpfer der Quai-Anlagen in Zürich, Zürich 1899. – ROMAN G. SCHÖNAUER, Von der Stadt am Fluss zur Stadt am See. 100 Jahre Zürcher Quaianlagen, Zürich 1987. – HANSPETER REBSAMEN u.a., Zürich, in: INSA Inventar der neueren Schweizer Architektur 1850–1920, Bd. 10, Bern 1992, hier S. 255, 383f. – ANDREAS HAUSER, Das öffentliche Bauwesen in Zürich. Dritter Teil: Das städtische Bauamt 1798–1907, Zürich, Egg 2000, S. 82ff. Die

wichtigsten Aktenbestände: Stadtarchiv Zürich, VII.3: Seequai-Unternehmung (Zürich, Riesbach, Enge) 1872–1892. Die wichtigsten Planbestände: Baugeschichtliches Archiv Zürich, Za–f.

23 Vgl. z.B. Generalplan von Johann Jakob Breitinger zur «Erweiterung & Correction des städtischen Strassennetzes» von 1866/67 mit einem als Allee gestalteten Seequai mit Hafendamm zwischen dem Hafen beim heutigen Bellevue und der Höhe der heutigen Klausstrasse im Seefeld (Baugeschichtliches Archiv Zürich, C 254), mit Bericht von Breitinger 1867 (Stadtarchiv Zürich, V.G.b.29).

24 Plan: Baugeschichtliches Archiv Zürich, Za 3. Vertragsentwurf für ein gemeinsames Quaiprojekt der Gemeinden Zürich, Riesbach und Enge und Wahl einer gemeinsamen Seequaikommission: Stadtarchiv Zürich, VII.3.:1.

25 Vgl. die Druckschriften beider Parteien in: Stadtarchiv Zürich, VII.3.:121.

26 Beim international ausgeschriebenen Quaibauwettbewerb 1873/74 mit 27 eingereichten Projekten wurde kein erster Preis vergeben, sondern dem «ursprünglichen Projekt des städtischen technischen Bureau die grösste Anerkennung» gezollt und Bürkli die definitive Ausarbeitung des Projekts übertragen. Dazu: HAUSER (wie Anm. 22). S. 84f.

27 SUTERMEISTER (wie Anm. 22), S. 27. – SCHÖNAUER (wie Anm. 22), S. 31 und 39. Das Füllmaterial wurde aus Kosten- und Transportgründen vor allem aus dem Obersee und aus Wollishofen bezogen und durch Aushubmaterial vom Eisenbahnbau in Riesbach ergänzt. Zu den bau- und wassertechnischen Einzelheiten des Baus siehe: Quaibauten in Zürich. Pflichtenheft, Zürich [1882], und SCHÖNAUER (wie Anm. 22), S. 38–41.

28 «Vertrag der Gemeinden Zürich, Riesbach und Enge betreffend die Erstellung von Quaianlagen», 4.9.1881, S. 1 (Stadtarchiv Zürich, VII.3.:121).

29 Architekten Julius Stadler aus Zürich und Gustav Kelterborn aus Basel, Kunstgärtner Otto Froebel und der Münchner Hofgartendirektor Karl von Effner. Siehe: Bericht über die ... (wie Anm. 22), S. 11.

30 REBSAMEN u.a. (wie Anm. 22), S. 255.

31 Zur baulichen Entwicklung, Gestaltung, Bepflanzung siehe Guido Hager, General Guisan-Quai. Gartendenkmalpflegerisches Gutachten, 30. September 1991 (Grün Stadt Zürich, Gartendenkmalpflege). Zur jüngsten Restaurierung: Grünzeit, in: Zeitschrift für den Lebensraum Zürich, hrsg. von Grün Stadt Zürich, Nr. 5, 2003, S. 2–5. – Baublatt Nr. 46, 6. Juni 2003, S. 16–17.

32 Der Utoquai bietet die beste Sicht auf den Üetliberg (alte Bezeichnung «Uto»). Die vom Alpen- bzw. vom heutigen General Guisan-Quai abgehenden Strassen – Clariden- und Tödistrasse, Mythenstrasse (seit 1942 Genferstrasse) und Alpenstrasse (seit 1927 Beethovenstrasse) – bezogen ihre Namen von den berühmtesten Bergspitzen der Innerschweizer Alpen, auf welche dieser Quaiabschnitt Aussicht bietet.

33 Bericht über die ... (wie Anm. 22), S. 138. – Führer durch die Quaianlagen in Zürich, hrsg. von A. USTERI, Landschaftsgärtner in Zürich, Zürich 1898, S. 6. Der im Juli 1885 gebildeten Arboretum-Kommission gehörten Professor E. Landolt, Forstmeister Meister, Professor Nowacki, Botanikprofessor Carl Schröter und die Landschaftsgärtner Evariste Mertens und Otto Froebel an. Zu ihrer Tätigkeit vgl. die Sitzungsprotokolle vom 1. Juli 1885 bis 11. Februar 1887 in: «Protokoll des Initiativ-Comité für ein Arboretum» (Stadtarchiv Zürich, VII.3.171).

34 Führer durch die Quaianlagen ... (wie Anm. 33), mit Pflanzplan. Das Vorwort betont: «Die Anlagen sollten nicht nur Schatten und ästhetischen Genuss, sie sollten durch den Reichtum ihres Pflanzenmaterials und durch die Anordnung desselben auch Belehrung bieten» (S. 3). Zur Bepflanzung siehe auch: Bericht über die ... (wie Anm. 22), S. 137–141. Das Arboretum ist im Laufe der Zeit verschiedentlich verändert und ergänzt worden. Seit 1984 obliegt die Betreuung und Entwicklung der Anlage unter Wahrung des ursprünglichen wissenschaftlichen und ästhetischen Konzepts einem Parkpflegewerk (Grün Stadt Zürich).

35 Führer durch die Quaianlagen ... (wie Anm. 33), S. 9f.

36 Auch das Kunsthaus sollte ursprünglich am Quai, am Bürkliplatz (heute Nationalbank, Börsenstrasse 15–17) gebaut werden, doch verwarf eine Volksabstimmung 1899 das Projekt. Vgl. MARTIN FRÖHLICH, MARTIN STEINMANN, Imaginäres Zürich, Zürich 1978, S. 68.

37 Bericht über die ... (wie Anm. 22), S. 113.

38 Bericht über die ... (wie Anm. 22), S. 29. Als schwimmende Konstruktion wurde 1883 allerdings nur die Männerbadeanstalt am Bürkliplatz an der exponiertesten Aussichtslage gebaut (1964 zerstört). Die Frauen- und die Männerbadeanstalt beim Hafen Enge (1886–87), die Badeanstalten im Tiefenbrunnen (1886) und am Utoquai (1888–90) wurden aus Kostengründen auf Pfählen erbaut.

39 Bericht über die ... (wie Anm. 22), S. 14f.: «Die Bedeutung der Quaianlagen verlangte, dass man sich bezüglich der Ruhebänke nicht mit einem schon im Handel befindlichen Modell begnüge, [...] sondern dass dafür ein eigenes Modell angefertigt werde.» Dieses bestand aus gusseisernen Füssen und Sitzen und Lehnen aus Eichenholz.

40 Vor der Verbreitung des Schweizerhofquais 1895/96 erwähnen die Reiseführer auf der Steinbrüstung «eine in Stein geschnittene Karte der Umgebung als Ortszeiger», vgl. KARL BAEDEKER, Die Schweiz. Handbuch für Reisende, Auflagen von 1868 (S. 52), von 1883 (S. 98), von 1885 (S. 70). – HEER (wie Anm. 13), S. 10. – Vgl. OTTIGER (wie Anm. 7), S. 131. Den Alpenzeiger am Nationalquai liess der Verschönerungsverein 1884 aufstellen; vgl. JOSEF DALI, Bericht über die Tätigkeit des Verschönerungsvereins der Stadt Luzern in den Jahren 1880–1929, Luzern 1929, S. 7. Er ist erwähnt in: KARL BAEDEKER, Die Schweiz ..., 28. Aufl., Leipzig 1899, S. 87.

41 Führer durch die Quaianlagen ... (wie Anm. 33), S. 117. Vgl. Albert Heim, Gebirgs-Ansicht für den Alpenzeiger vom Stadthausplatz am Quai. Ausgeführt im Auftrag der Quaibautendirection. Getönte Lithografie, Zürich 1890. Erschien mit Nachträgen in Tondruck 1892 (Zentralbibliothek Zürich, Kartensammlung, S Z Zürich Stadthausplatz IV 2).

42 KAMM-KYBURZ (wie Anm. 19), S. 499.

43 Zu den Wettersäulen in der Schweiz siehe das Objektinventar von Paul Bächtiger (www.horgen.net/baechtiger/wetters.html) und: Von Wettersäulen und Wetterfröschen, in: Heimatschutz / Sauvegarde 99, 2004, Nr. 3, S. 2–19. Die beiden bisher ältesten bekannten Wettersäulen stehen in Quaianlagen: am Grand-Quai (heute quai Général-Guisan) in Genf (1838) und am 1838–1840 erbauten Quai Ostervald in Neuchâtel (1854). Beispiele weiterer Wettersäulen in Schweizer Quaianlagen: Arbon, Nyon, Morges, Rapperswil, Rolle.

44 WYSS (wie Anm. 7), S. 490. Erwähnt in: KARL BAEDEKER, Die Schweiz ..., 20. Aufl., Leipzig 1883, S. 97f. – HEER (wie Anm. 13), S. 9.

45 PETER OTT, Aus der Geschichte des Ornithologischen Vereins Zug, in: Ornithologischer Verein Zug. Hundert Jahre 1878–1978.

46 KAMM-KYBURZ (wie Anm. 19), S. 522f.

47 REBSAMEN u.a. (wie Anm. 22), S. 373.

48 GOTTFRIED KELLER, Ein bescheidenes Kunstreischen. Zuerst erschienen am 22. März 1882 in der Neuen Zürcher Zeitung.

49 LEO N. TOLSTOI, Luzern. Aus dem Russischen von Alexander Eliasberg, Luzern 1989.

50 MARGUERITE BURNAT-PROVINS, Les quais, in: Heimatschutz 1906, Nr. 1, S. 1–2. Vgl. Lampugnani (wie Anm. 7), S. 106f. – HORAT (wie Anm. 7), S. 64.

51 Ausführlich dazu: Lampugnani (wie Anm. 7), S. 46–54. Vgl. auch HORAT (wie Anm. 7), S. 62f.

52 Vgl. z.B. die teilweise gigantischen Projekte für den 1925 ausgeschriebenen Wettbewerb für die Gestaltung der Seeufer. Zahlreiche Projektpläne von 1926 («Wettbewerb Quaianlagen Zürich und Vororte») im Baugeschichtlichen Archiv Zürich.

53 STANISLAUS VON MOOS, Industrieästhetik, Disentis 1992 (Ars Helvetica, 11), S. 97.

54 Zur Bau- und Restaurierungsgeschichte der Luzerner Quaianlagen siehe vor allem die entsprechenden Kapitel in Lampugnani (wie Anm. 7) und die zusammenfassenden Bemerkungen in: Städtebauliches und gartendenkmalpflegerisches Gutachten Schweizerhofquai Luzern, hrsg. von der Baudirektion der Stadt Luzern, verfasst von Dieter Geissbühler, Guido Hager und Renato Lampugnani, 18. März 1996 (Denkmalpflege Luzern).

55 Hager (wie Anm. 31), S. 11–14. Die beiden mittleren von den ursprünglichen vier Baumreihen wurden gefällt und durch eine neue Reihe ersetzt und auf dem neu aufgeschütteten Terrain zwei neue Reihen gepflanzt. Bei dieser Gelegenheit wurden auch die Rasenrabatten entfernt, die ganze Fläche chaussiert und das schmiedeeiserne Geländer durch die heutige Steinbrüstung ersetzt.

56 SPECK, KAMM-KYBURZ, KAMM (wie Anm. 19), S. 83–86. Die 1933, 1961 und 1985 durchgeführten Ideenwettbewerbe zur Neugestaltung des Zuger Seeufers, Richtpläne, Teilrealisierungen etc. sind zusammengestellt in: Seeufergestaltung Zug, hrsg. vom Baudepartement der Stadt Zug, Zug 2003, und ausführlich kommentiert in: SPECK, KAMM-KYBURZ, KAMM (wie oben), S. 87–97.

57 Nach dem Projekt von Kamm Architekten AG und Landschaftsarchitekt Karl Marty. Ich danke Herrn Peter Kamm, Zug, für die Zustellung diesbezüglicher Unterlagen. Zum dritten Ideenwettbewerb für die Gestaltung des Zuger Seeufers, der die Befreiung der Vorstadt vom Durchgangsverkehr und eine durchgehende Seeuferpromenade mit guter Anbindung an die anstossenden Stadtbereiche zum Ziel hatte, siehe SPECK, KAMM, KAMM-KYBURZ (wie Anm. 19), S. 96f.

58 Siehe die ausführlichen Beschreibungen und entsprechenden Kapitel in Lampugnani (wie Anm. 7).

59 Siehe WALTER FRISCHKNECHT, Das Zürichhorn und seine Seeanlagen, in: Gärten in Riesbach, hrsg. von der Gesellschaft für Gartenkultur in Zusammenarbeit mit dem Gartenbauamt der Stadt Zürich, Zürich 1984, S. 75–84.

Anmerkungen Seiten 302–304
Sonja Ohlenschläger: Goetheanum, Dornach

1 Vgl. zur Bau- und Anlagegeschichte: HERMANN RANZENBERGER, Rudolf Steiner als Geländegestalter, in: Das Goetheanum 1949, Nr. 1, S. 5; Nr. 2, S. 9. – Sabine Sonntag, Das Goetheanumgelände Dornach, Diplomarbeit Technikum Rapperswil 1988. – CLEMENS ALEXANDER WIMMER, Geschichte der Gartentheorie, Darmstadt 1989. – WILFRID BOOS, HANS-DIETRICH ERICHSEN, BERNARDO GUT, Das Goetheanumgelände. Beiträge zur Erkenntnis der Gestaltungsidee, 2 Bde., Basel (Selbstverlag) 1991. – SONJA OHLENSCHLÄGER, Rudolf Steiner (1861–1925). Das architektonische Werk, Petersberg 1999 (mit älterer Literatur). – ROBERT JAN KELDER, Von Chastel Marveil nach Munsalvaesche, in: Willehalm Institut Nachrichten 1, 2002, Nr. 1.

2 Weltanschauliche Aspekte waren schon im 19. Jahrhundert Anlass vieler Gründungen von Gemeinschaftssiedlungen in naturnaher Umgebung. Berühmtes Beispiel ist die Vegetabilische Gesellschaft des Monte Verità bei Ascona.

3 «Also sprach Zarathustra», geschrieben 1883–1885, begeisterte mit seinen vielen Architektur-Metaphern zahlreiche Architekten. Sie identifizierten sich gerne mit Zarathustra, jener Figur, die auf einem Berg lebte und ihre Botschaft von der Höhe in die Niederungen trug. Auch Steiner setzte sich intensiv mit den Schriften Nietzsches auseinander.

4 Mittlerweile ist das gesamte Goetheanumgelände vom Kanton Solothurn unter Schutz gestellt worden. Vgl.: Sonderbauvorschriften zum Zonen- und Erschliessungsplan «Goetheanum und seine Umgebung», rechtsgültig mit Regierungsratbeschluss vom 24. Februar 1992.

5 Entfernt klingt hier die Anfang des 19. Jahrhunderts erfolgte Entdeckung des Spaziergangs an. Vgl. z.B.: KARL GOTTLIEB SCHELLE, Die Spatziergänge oder die Kunst spatzieren zu gehen, Leipzig 1802. – GUDRUN M. KÖNIG, Eine Kulturgeschichte des Spaziergangs, Wien/Köln/Weimar 1996. Für die Goetheanum-Besucher steht nicht wie bei Schelle das Erleben der Natur, sondern der Eindruck des Gebauten im Vordergrund.

6 Die Wegsteine wurden in der Höhe von 77 cm und 125 cm gegossen. Die Stärke der Ersteren beträgt 34 × 41 cm, die der Letzteren 47 × 54 cm. Die grösseren Wegsteine wurden zur Akzentuierung des Goetheanums diesem gegenüber in den Boden eingelassen.

7 Dieser Teil des Geländes ist durchaus mit einem mittelalterlichen Klostergarten zu vergleichen, dessen Zweck es war, die Bewohner mit Gemüse und Heilkräutern zu versorgen (vgl. St. Galler Klosterplan, um 820).

8 Die Urne Steiners wurde im November 1992 in Anwesenheit des Vorstands der Anthroposophischen Gesellschaft vom Goetheanum in den Park transferiert. Die Neugestaltung des Gedenkhains wurde im Oktober 2004 abgeschlossen.

9 Dieser grösste Landschaftsgarten der Schweiz wurde 1785 eröffnet. Vgl. den Beitrag «O beata solitudo, o sola beatitudo» von Brigitte Frei-Heitz, S. 174f.

Anmerkungen Seiten 305–307
Arthur Rüegg: Petite Maison, Corseaux

1 LE CORBUSIER, Une petite maison, Zürich 1954, (Les carnets de la recherche patiente, 1) S. 31: «Subitement, le mur s'arrête et le spectacle surgit: lumière, espace, cette eau et ces montagnes ... Voilà: le tour est joué.» Die kleinformatige Monografie wurde von Le Corbusier selbst minutiös kontrolliert, wie mehrere in der Fondation Le Corbusier in Paris aufbewahrte Maquetten zeigen.

2 Die Maison Blanche wurde in den Jahren 2004–2005 vorbildlich restauriert und dabei der Garten inklusive der *chambre d'été* aufgrund von Fotografien und Bodenfunden rekonstruiert.

3 Vgl. den Eintrag im Tagebuch von Georges-Edouard Jeanneret vom 26. August 1919: «Nous sommes allés à Montreux avec Edouard et son ami [Amédée Ozenfant] pour visiter le chalet de Châbles qu'on nous offre en location. C'est petit et les dépendances sont nulles, la contrée est ravissante, la vue incomparable. Edouard enchanté croit qu'on en pourrait tirer un parti très heureux.»

4 Vgl. STANISLAUS VON MOOS (Hrsg.), Le Corbusier. Album La Roche, Faksimile-Edition mit Kommentarband, Mailand 2006. Vgl. auch Fondation Le Corbusier C 3-6, 24-30, wo Le Corbusier die Petite Maison vor der Silhouette des Grammont mit der Bemerkung «esprit nouveau/esprit classique» versah.

5 Der Vater lebte nur ein Jahr in dem Haus, die Mutter dagegen bis zu ihrem Tod im Jahr 1960. Der ältere Sohn Albert Jeanneret verbrachte anschliessend noch 13 Jahre in der Petite Maison, die heute der Fondation Le Corbusier gehört.

6 Vgl. die grundlegende Arbeit von Bruno Reichlin, La «Petite maison» à Corseaux. Une analyse structurale, in: Isabelle Chafollais, André Ducret (Hrsg.), Le Corbusier à Genève 1922–1932, Lausanne 1987, S. 119–134, speziell S. 129.
7 Le Corbusier, Précisions sur un état présent de l'architecture et de l'urbanisme, Paris 1930, S. 130, cit. in: Reichlin (wie Anm. 6), S. 129.
8 «Le paysage omniprésent sur toutes les faces, devient lassant. Avez-vous observé qu'en de telles conditions, on ne le regarde plus? Pour que le paysage compte, il faut le limiter, le dimensionner par une décision radicale: boucher les horizons en élevant des murs et ne les relever, par des interruptions de murs, qu'en des points statéquiques. La règle servit ici: murs nord, est et sud ont cloîtré le tout petit jardin carré de dix mètres de côté et ils en ont fait une salle de verdure – un intérieur.» Le Corbusier (wie Anm. 1), S. 28.
9 «Fait insigne: la croisée d'angle droit – coordonnée des eaux et des monts.» Le Corbusier (wie Anm. 1), S. 33.
10 Le Corbusier, Voyage d'Orient. Carnets, Mailand und Paris 1987, 1994, Carnet 6, Bll. 11, 13, 15, 17.
11 Die letzte, dem Verfasser bekannte Skizze mit Anweisungen zum Gartenunterhalt stammt aus dem Jahr 1956 (Privatsammlung Schweiz).

Anmerkungen Seiten 308–311
Johannes Stoffler: Garten Hauser-Studer, Zürich

1 Gustav Ammann, Blühende Gärten, Erlenbach-Zürich 1955, S. 8.
2 Gustav Ammann, Vom Naturgarten zum natürlichen Garten, in: Neue Zürcher Zeitung vom 1. September 1929, Nr. 1674 (erste Sonntagsausgabe).
3 Johannes Stoffler, Grüne Gegenwelten. Natur als Zivilisationskritik im Werk Gustav Ammanns und Richard Neutras, in: Werk, Bauen und Wohnen 92/52, 2005, Nr. 4, S. 48–53.
4 Franz Werfel, Realismus und Innerlichkeit, Berlin/Wien/Leipzig 1933.
5 Sigfried Giedion, Befreites Wohnen, Zürich 1929. Die drei Begriffe sind in die Abbildung auf dem Buchumschlag integriert.
6 Gustav Ammann, Gestaltungsprobleme in Garten und Landschaft, in: Neue Zürcher Zeitung vom 16. Juli 1939, Nr. 1295.
7 Hermann Baur, Über die Beziehungen von Haus und Garten, in: Das Werk 30, 1943, Nr. 9, S. 284–291, hier S. 289.
8 Gustav Ammann, Das Raumgesicht, in: Gartenkunst 42, 1929, Nr. 6, S. 83–87, hier S. 83.

Donatoren

Otto Gamma-Stiftung, Zürich
Ulrico Hoepli-Stiftung, Zürich
Loterie Romande
Migros-Kulturprozent
Pro Helvetia, Schweizer Kulturstiftung
Pro Patria
Werner H. Spross-Stiftung, Zürich
Bill de Vigier-Stiftung, Solothurn

Aargau, Departement Bildung, Kultur und Sport / Abteilung Kultur
Appenzell Ausserrhoden, Kulturförderung
Appenzell Innerrhoden, Lotteriefonds
Basel-Landschaft, Lotteriefonds
Basel-Stadt, Lotteriefonds
Bern, Amt für Kultur
Fribourg, Service des biens culturels
Stadt Freiburg
Genève, Département de l'aménagement, de l'équipement et du logement
Ville de Genève
Glarus, Lotteriefonds
Graubünden, Kulturförderung
Jura
Luzern, Kantonale Denkmalpflege
Neuchâtel, Service de la protection des monuments et des sites
Nidwalden, Kulturkommission
Obwalden, Kulturpflege
St. Gallen, Kulturförderung
Schaffhausen, Lotteriefonds
Stadt Schaffhausen
Schwyz, Lotteriefonds
Solothurn, Lotteriefonds
Ticino, Dipartimento del Territorio
Thurgau, Lotteriefonds
Uri
Valais, Service des bâtiments, monuments et archéologie
Vaud, Département des infrastructures / Section des monuments et des sites
Zürich, Denkmalpflegefonds
Stadt Zürich, Grün Stadt Zürich
Zug, Kantonale Denkmalpflege

Bund Schweizer Landschaftsarchitekten und Landschaftsarchitektinnen BSLA
Fachgruppe Gartendenkmalpflege des BSLA
Schweizerische Dendrologische Gesellschaft
Mitglieder des BSLA
Mitglieder von ICOMOS Schweiz
Mitglieder der Schweizerischen Gesellschaft für Gartenkultur

Hauenstein AG Baumschulen, Rafz
Raderschall Landschaftsarchitekten, Meilen
Spross Ga-La-Bau AG, Zürich
Van den Berk Baumschulen, Sint-Oedenrode (Niederlande)

Liste der Gärten nach Kantonen

Aargau	Wettingen, ehem. Zisterzienserkloster	Nidwalden	Stans, Garten Oberhaus
Appenzell Ausserrhoden	Trogen, Garten Honnerlag	Obwalden	Sachseln, Hotel Paxmontana
Appenzell Innerrhoden	Jakobsbad, Kloster Leiden Christi	St. Gallen	Rheineck, Weinburg (heute Gymnasium Marienburg)
Basel-Landschaft	Arlesheim, Ermitage		Uzwil, Landhaus Waldbühl
Basel-Stadt	Riehen, Bäumlihof	Schaffhausen	Schaffhausen, ehemaliges Erkergut
Bern	Brienz, Grandhotel Giessbach		Schaffhausen, Waldfriedhof
	Gwatt, Bonstettengut	Schwyz	Schwyz, Herrenhaus-Gärten
	Lützelflüh/Waldhaus, Bauerngärten	Solothurn	Dornach, Goetheanum
	Oberhofen, Schloss		Schönenwerd, Bally-Park
Fribourg	Barberêche, Château		Solothurn, Sommerhaus de Vigier
	Corminbœuf, Bois Murat	Ticino	Isole di Brissago, Parco botanico
	Freiburg, Fischmarkt		Lugano-Castagnola, Villa Favorita
Genève	Jussy, La Gara	Thurgau	Salenstein, Schloss Arenenberg
	Genève, La Rade	Uri	Seelisberg, Rütli
	Meyrin, Jardin alpin	Valais	Sierre, Château Mercier
Glarus	Glarus, Villa Schuler	Vaud	Corseaux, La Petite Maison
Graubünden	Davos Frauenkirch, Waldfriedhof		Lausanne, Le Désert
	Malans, Schloss Bothmar		Pully, Villa Eupalinos
	Maloja, Hotel Palace		Vullierens, Château
	Sils im Domleschg, Palazzo Tonatsch	Zürich	Winterthur, Villa Tössertobel
	Soglio, Salis-Gärten		Zürich, Garten Hauser-Studer
	Tomils, Schloss Ortenstein		Zürich, Quaianlagen
Jura	Porrentruy, Jardin botanique		Zürich, Rieterpark
Luzern	Beromünster, Schlössliwald	Zug	Zug, Zurlaubenhof
	Luzern, Villa Bellerive		Zug, Quaianlagen
	Luzern, Quaianlagen		
Neuchâtel	Colombier, Le Bied		
	Neuchâtel, La Grande Rochette		

Bildnachweis

Alle hier nicht aufgeführten Fotografien stammen von Heinz Dieter Finck, Zürich (Sommer 2005/Frühjahr 2006).

Seiten 16–21: Kloster Wettingen
1: Eidgenössisches Archiv für Denkmalpflege, Bern (EAD-Wehr-2716-B-gn). – 2: Archiv Abteilung Hochbau, Aarau.

Seiten 22–25: Kloster Leiden Christi, Jakobsbad
1: Repro aus: Der rote Faden Gottes. Kloster Leiden Christi Jakobsbad, Gonten 1982, Abb. 42.

Seiten 34–38: Schloss Ortenstein
1: Staatsarchiv Graubünden, Chur (FN XII 13 / 18 Nr. 1928).

Seiten 39–45: Zurlaubenhof, Zug
1, 2: Amt für Denkmalpflege und Archäologie, Zug (1: Alois Ottiger).

Seiten 46–49: Sommerhaus de Vigier, Solothurn
1: Kantonale Denkmalpflege, Solothurn.

Seiten 50–54: La Gara, Jussy
1: Matthias Thomann, Genève. – 3: Sammlung Luc-Eric Revilliod, Jussy.

Seiten 62–69: Herrenhaus-Gärten, Schwyz
1, 6: Staatsarchiv Schwyz (6: Graphische Sammlung). – 10: Stiftung Ital-Reding-Haus, Schwyz.

Seiten 78–81: Palazzo Tonatsch, Sils im Domleschg
1: Gemeindearchiv Sils im Domleschg.

Seiten 82–87: Schloss Barberêche
1, 2: Yves Eigenmann, Fribourg.

Seiten 88–93: Le Désert, Lausanne
3: Archives de la Ville de Lausanne.

Seite 94: Ausländische Bauherren und Gartenkünstler als Vermittler neuer Ideen
Catherine Waeber, Barberêche

Seiten 96–101: Bäumlihof, Basel
1, 2: Basler Denkmalpflege, Basel (Erik Schmidt).

Seiten 102–107: Schloss Arenenberg
4: Staatsarchiv des Kantons Thurgau, Frauenfeld (Nr. 2421). – 5: Napoleonmuseum Schloss Arenenberg, Salenstein.

Seiten 108–113: Weinburg, Rheineck
1, 4: Archiv Steyler-Missionare, Rheineck. – 6: Lotte Hoffmann-Kuhnt (Nachlass Becker).

Seiten 114–118: Bois Murat, Corminbœuf
1: Sophie Waeber, Basel.

Seiten 119–123: Landhaus Waldbühl, Uzwil
1: Jakob Tanner, Uzwil.

Seiten 130–135: Brissago-Inseln
5: Archiv Brissago-Inseln.

Seiten 140–146: Schloss Oberhofen
1, 3: Bernisches Historisches Museum, Bern.

Seiten 147–153: Villa Favorita, Lugano-Castagnola
2–6: Nadir Sutter, Lugano.

Seiten 156–161: Schloss Vullierens
4, 6: Archives des monuments historiques, Lausanne. – 5: Archives cantonales vaudoises, Chavannes-Renens.

Seiten 162–167: Le Bied, Colombier
5: Service de la protection des monuments et des sites, Neuchâtel. – 6: Archives de l'Etat de Neuchâtel.

Seiten 168–173: La Grande Rochette, Neuenburg
3, 4: Service de la protection des monuments et des sites, Neuchâtel.

Seiten 174–181: Ermitage, Arlesheim
2, 3, 6, 7: Bildarchiv Kantonale Denkmalpflege Basel-Landschaft, Liestal.

Seiten 182–185: Schlössliwald, Beromünster
2: Stift Beromünster, Propsteiarchiv (Nr. 73 a Fasz. 12). – 3: Zentral- und Hochschulbibliothek Luzern (LKb 48:2:1).

Seiten 186–191: Bonstetten-Park, Gwatt
1: Staatsarchiv Bern (Gerhard Howald, Kirchlindach).

Seiten 194–199: Garten Honnerlag, Trogen
1, 3: Staatsarchiv Appenzell Ausserrhoden, Herisau. – 5–7: Kantonsbibliothek Appenzell Ausserrhoden, Trogen.

Seiten 200–205: Villa Bellerive, Luzern
1: Amt für Hochbauten und Immobilien des Kantons Luzern, Luzern.

Seiten 211–213: Das Rütli
1: Schweizerische Landesbibliothek, Graphische Sammlung, Bern.

Seiten 220–222: Hotel Palace, Maloja
1: Archiv für Schweizer Landschaftsarchitektur, Rapperswil. – 2: Eidgenössisches Archiv für Denkmalpflege, Bern (EAD-ZING-15468-fp).

Seiten 223–225: Hotel Paxmontana, Flüeli-Ranft
1: Foto Reinhard, Sachseln. – 2, 3: Peter Omachen, Sarnen.

Seiten 228–233: Rieterpark, Zürich
1: Baugeschichtliches Archiv, Zürich. – 2–6: Grün Stadt Zürich/Fachstelle Gartendenkmalpflege.

Seiten 234–238: Schloss Mercier, Siders
2: Fondation du Château Mercier, Sierre.

Seiten 239–243: Villa Tössertobel, Winterthur
1: Repro aus: Moderne Bauformen 10, 1911, Nr. 2, S. 87. – 4: Familie Reinhart, Winterthur.

Seiten 244–247: Villa Eupalinos, Pully
1: L'Atelier du Paysage Jean-Yves Le Baron, Lausanne. – 2: Archives de la Construction Moderne, EPFL, Lausanne.

Seite 248: Gartenkultur als Familientradition
Jenny de Bary-Haegler.

Seiten 250–253: Garten Oberhaus, Stans
1: Staatsarchiv Nidwalden, Stans.

Seiten 254–257: Schloss Bothmar, Malans
1: Staatsarchiv Graubünden, Chur.

Seiten 258–263: Villa Schuler, Glarus
2, 3: Familienarchiv Schuler, Glarus.

Seite 264: Öffentliche Anlagen
Brigitt Sigel, Zürich.

Seiten 266–268: Fischmarkt, Freiburg
2, 3: Kantonale Denkmalpflege, Freiburg.

Seiten 275–285: Quaianlagen, Genf
3, 7: Centre d'iconographie genevoise, Genève.

Seiten 286–299: Seequais von Luzern, Zug und Zürich
1, 2: Stadtarchiv Luzern (2: E2b.172). – 4: Museum in der Burg Zug. – 6: Stadt- und Kantonsbibliothek, Zug. – 7–9, 11: Baugeschichtliches Archiv, Zürich. – 10: Brigitt Sigel, Zürich.

Seiten 302–304: Goetheanum, Dornach
1: Repro aus Wolfgang Pehnt, Rudolf Steiner, Goetheanum Dornach, Berlin 1991, S. 46.

Seiten 305–307: La Petite Maison, Corseaux
1–3: 2006, FLC / ProLitteris, Zürich. – 1, 2: Repro aus Le Corbusier, Une petite maison, Zürich 1954 (Les carnets de la recherche patiente, 1), S. 13, 52.

Seiten 308–311: Garten Hauser-Studer, Zürich
1, 2: Nachlass Ammann, Zürich.